博雅语言学书系

Towards a New Approach
to Constructing a Country-Specific Word List
for Teaching Chinese as a Foreign Language

"国别化"
对外汉语教学用词表制定的研究

甘瑞瑷 著

图书在版编目(CIP)数据

"国别化"对外汉语教学用词表制定的研究/甘瑞瑗著. —北京:北京大学出版社,2006.11
(博雅语言学书系)
ISBN 978-7-301-11263-2

Ⅰ.国… Ⅱ.甘… Ⅲ.对外汉语教学—词表—研究　Ⅳ.H195

中国版本图书馆 CIP 数据核字(2006)第 133474 号

书　　　名:"国别化"对外汉语教学用词表制定的研究
著作责任者:甘瑞瑗　著
责 任 编 辑:沈　岚
标 准 书 号:ISBN 978-7-301-11263-2/H •1707
出 版 发 行:北京大学出版社
地　　　址:北京市海淀区成府路 205 号　100871
网　　　址:http://www.pup.cn
电 子 邮 箱:zpup@pup.pku.edu.cn
电　　　话:邮购部 62752015　发行部 62750672　编辑部 62752028
　　　　　　出版部 62754962
印　刷　者:河北三河新世纪印务有限公司
经　销　者:新华书店
　　　　　　730 毫米×980 毫米　16 开本　23 印张　400 千字
　　　　　　2006 年 11 月第 1 版　2007 年 7 月第 2 次印刷
定　　　价:45.00 元

未经许可,不得以任何方式复制或抄袭本书之部分或全部内容。
版权所有,侵权必究　举报电话:010—62752024
　　　　　　　　　　电子邮箱:fd@pup.pku.edu.cn

目 录

序一 ··· 陆俭明 1
序二 ··· 张 普 3
Abstract ··· 7
前 言 ··· 11

基 础 篇

第一章 "国别化"对外汉语教学用词表制定的背景和发展现状 ············ 3
  1.1 本研究提出的背景 ·· 3
    1.1.1 "对外汉语教学"的发展现状 ··· 3
    1.1.2 "对外汉语教学"模式的变化 ··· 5
    1.1.3 "对外汉语教学"的教学任务和目的 ··· 6
    1.1.4 "国别化"的界定 ·· 7
    1.1.5 "国别化"的对外汉语教学的重要性 ··· 7
    1.1.6 "词汇教学"与"对外汉语教学" ··· 8
    1.1.7 "国别化"对外汉语教学用词表的制定与"对外汉语教学" ········· 9
  1.2 国内外词表研究的发展与现状 ·· 10
    1.2.1 国内词表研究的发展与现状 ··· 10
    1.2.2 国外词表研究的发展与现状 ··· 11
  1.3 界定对外汉语教学中"词"的意义 ·· 13
  1.4 "国别化"对外汉语教学用词表制定依据、基本原则和前提假设 ············ 14
    1.4.1 词表制定的依据 ··· 14
    1.4.2 词表制定的基本原则 ·· 15
    1.4.3 词表制定的前提假设 ·· 15
  1.5 本研究的目标 ·· 16

1.6　小结 ………………………………………………………………… 16

理 论 篇

第二章　"国别化"对外汉语教学用词表制定的相关理论基础 …………… 21
2.1　关于认知科学方面的研究 ………………………………………… 21
   2.1.1　认知的含义和语言的联系 …………………………………… 22
   2.1.2　语言的认知基础 ……………………………………………… 23
      2.1.2.1　语言的神经和心理认知基础——记忆 ………………… 24
      2.1.2.2　主客体相互作用论 ……………………………………… 27
      2.1.2.3　"原型"理论和基本范畴的研究 ………………………… 28
      2.1.2.4　认知模式的研究 ………………………………………… 29
   2.1.3　对外汉语教学的认知理论研究 ……………………………… 31
2.2　关于"中介语"的研究 ……………………………………………… 32
   2.2.1　"中介语"的出现和发展 ……………………………………… 32
   2.2.2　"中介语"的界定 ……………………………………………… 34
   2.2.3　韩国学生汉语词汇习得的"中介语"现象 …………………… 35
2.3　关于对外汉语教育学的研究 ……………………………………… 38
   2.3.1　对外汉语教育的目的和作用 ………………………………… 38
   2.3.2　对外汉语教学的教学原则 …………………………………… 39
   2.3.3　汉语本身所具有的特点 ……………………………………… 40
2.4　关于社会语言学的研究 …………………………………………… 41
   2.4.1　社会语言学中"语言"的本质 ………………………………… 42
   2.4.2　汉语词的社会语言学研究 …………………………………… 43
2.5　关于语料库语言学的研究 ………………………………………… 44
   2.5.1　"语料"、"语料库"和"语料库语言学" ……………………… 45
   2.5.2　"语感"的测量和"流通度"的理论 …………………………… 46
   2.5.3　"动态语言知识更新"理论 …………………………………… 47
   2.5.4　基于"语料库"方法的"国别化"对外汉语
          教学用词表研究的重要性 …………………………………… 47
2.6　关于第二语言词汇习得的研究 …………………………………… 48
   2.6.1　第二语言词汇习得的发展与现状 …………………………… 49
   2.6.2　第二语言词汇习得与"理解"和"表达"的联系 ……………… 52

2.7	韩语的语言结构	56
2.8	小结	58

研究方法篇

第三章 对外汉语教学中"词"的界定研究 67
- 3.1 从语言学的视角来看对外汉语教学中的"词" … 68
- 3.2 从认知科学的视角来看对外汉语教学中的"词" … 69
- 3.3 从社会语言学的视角来看对外汉语教学中的"词" … 72
- 3.4 从信息处理的视角来看对外汉语教学中的"词" … 74
- 3.5 从教学功能的视角来看对外汉语教学中的"词" … 74
- 3.6 对外汉语教学的"词"的界定 … 75
- 3.7 小结 … 78

第四章 "国别化"对外汉语教学用词表制定的总体建构模块和研究方法 82
- 4.1 总体建构模块 … 82
- 4.2 研究方法 … 84
  - 4.2.1 语料库的介绍 … 86
    - 4.2.1.1 韩国国立国语研究院的"常用韩国语语料库" … 86
    - 4.2.1.2 北京语言大学应用语言学研究所的"动态流通语料库" … 89
    - 4.2.1.3 中国国家汉办的《HSK 大纲》 … 91
  - 4.2.2 研究的整体技术路线 … 91
- 4.3 研究流程图 … 93
- 4.4 词语筛选的程序 … 93
- 4.5 小结 … 94

第五章 "国别化"对外汉语教学用词表的前期研究工作 95
- 5.1 关于《HSK 大纲》的问卷调查 … 95
- 5.2 关于《HSK 大纲》和韩语前 1,000 高频词的对比分析 … 98
- 5.3 小结 … 103

第六章 "国别化"对韩汉语教学用词表的提出 105
- 6.1 汉、韩语料提取和入库程序 … 105
- 6.2 韩国语料转译程序 … 105
- 6.3 汉、韩语料对比程序 … 106

6.3.1　词语的对比 …………………………………………………… 106
　　6.3.2　汉字词和汉语词的对比 ………………………………………… 107
6.4　汉、韩语料筛选的程序 ……………………………………………… 109
　　6.4.1　汉语语料筛选程序 ……………………………………………… 109
　　6.4.2　韩语语料筛选程序 ……………………………………………… 110
　　6.4.3　中国流行词语和韩国特色、流行和补充词语筛选程序 ……… 110
6.5　"国别化"对韩汉语教学用词表的提出 ……………………………… 110
6.6　查询界面程序的编写 ………………………………………………… 111
6.7　小结 …………………………………………………………………… 112

第七章　存在的问题和下一步工作 ………………………………………… 113
7.1　存在的问题 …………………………………………………………… 113
　　7.1.1　词表分级的问题 ………………………………………………… 113
　　7.1.2　词性标注的问题 ………………………………………………… 114
　　7.1.3　词语筛选的权威性和代表性的问题 …………………………… 114
　　7.1.4　韩国特色、流行和补充词语筛选的代表性的问题 …………… 114
　　7.1.5　汉字词的注解的问题 …………………………………………… 115
7.2　下一步工作 …………………………………………………………… 115
　　7.2.1　词表分级研究 …………………………………………………… 115
　　7.2.2　提高词语筛选的权威性 ………………………………………… 115
　　7.2.3　汉字词的注解 …………………………………………………… 116
　　7.2.4　对外汉语教学用词表制定的平台研究 ………………………… 116
7.3　小结 …………………………………………………………………… 116

应 用 篇

第一章　基于对外汉语教学的"国别化"双语《学习词典》编撰的构思：以韩国为例 …… 121
　一　引言 …………………………………………………………………… 121
　二　什么是"国别化"的双语《学习词典》……………………………… 122
　三　"国别化"的双语《学习词典》编撰的构思 ………………………… 123
　四　"国别化"的双语《学习词典》编撰的词条例样 …………………… 127
　五　结语 …………………………………………………………………… 128

第二章　韩·中同形异义汉字合成词的对比研究 ………………………… 131
　一　韩语的词汇构造 ……………………………………………………… 132

二	韩中同形异义汉字合成词词义的偏误辨析和教学	132
三	结语	139
附录1	"对韩汉语教学用词表"总表(10,037个)	142
1—1	汉语词语集合(8,686个,音序)	142
1—2	韩语词语集合(1,020个,频序)	216
1—3	中国流行语词语集合(35个)	225
1—4	韩国特色、流行和补充词集合(296个)	226
附录2	韩国语料库的素材来源	229
附录3	HSK四级词汇使用度调查问卷(2003年)	235
附录4	韩语前3,000高频词(频度序)	237
附录5	韩语前3,000高频词中为《HSK》甲级词(719个,音序)	282
5—1	韩语前1,000高频词中为《HSK》甲级词(482个,频度序)	284
5—2	韩语前1,001到2,000高频词中为《HSK》甲级词(160个,频度序)	286
5—3	韩语前2,001到3,000高频词中为《HSK》甲级词(77个,频度序)	287
附录6	韩语前3,000高频词中为《HSK》乙级词(903个,音序)	288
6—1	韩语前1,000高频词中为《HSK》乙级词(314个,频度序)	291
6—2	韩语前1,001到2,000高频词中为《HSK》乙级词(348个,频度序)	292
6—3	韩语前2,001到3,000高频词中为《HSK》乙级词(241个,频度序)	294
附录7	韩语前3,000高频词中为《HSK》丙级词(508个,音序)	295
7—1	韩语前1,000高频词中为《HSK》丙级词(146个,频度序)	297
7—2	韩语前1,001到2,000高频词中为《HSK》丙级词(186个,频度序)	297
7—3	韩语前2,001到3,000高频词中为《HSK》丙级词(176个,频度序)	298
附录8	韩语前3,000高频词中为《HSK》丁级词(436个,音序)	300
8—1	韩语前1,000高频词中为《HSK》丁级词(98个,频度序)	301
8—2	韩语前1,001—2,000高频词中为《HSK》丁级词(159个,频度序)	302
8—3	韩语前2,001到3,000高频词中为《HSK》丁级词(179个,频度序)	303

附录9　韩语前3,000高频词没包含在《HSK》的词
　　　　（1,020个,频度序） ………………………………………………… 304
　9—1　韩语前1,000高频词没包含在《HSK》的词
　　　　（198个,频度序） …………………………………………………… 309
　9—2　韩语前1,001到2,000高频词没包含在《HSK》的词
　　　　（355个,频度序） …………………………………………………… 310
　9—3　韩语前2,001到3,000高频词没包含在《HSK》的词
　　　　（467个,频度序） …………………………………………………… 312
附录10　韩语前3,000高频词中的外来词 ……………………………………… 315
附录11　韩语前3,000词中分布在《HSK》的汉字词（877个,音序） ……… 318
　11—1　韩语前3,000词中分布在《HSK》甲级词的汉字词
　　　　（197个,音序） ……………………………………………………… 321
　11—2　韩语前3,000词中分布在《HSK》乙级词的汉字词
　　　　（353个,音序） ……………………………………………………… 322
　11—3　韩语前3,000词中分布在《HSK》丙级词的汉字词
　　　　（186个,音序） ……………………………………………………… 323
　11—4　韩语前3,000词中分布在《HSK》丁级词的汉字词
　　　　（141个,音序） ……………………………………………………… 324
附录12　在DCC流通语料库61,746个词的词语表中,
　　　　流通度为58和58以下的词（236个） …………………………… 326
附录13　《HSK》四级词汇流通度在58和58以下并经专家
　　　　干预过的词（148个） ……………………………………………… 333
附录14　《HSK》8,822词中,学生问卷与教师问卷调查
　　　　同属"没用过"的词（200个） ……………………………………… 336
附录15　《HSK》8,822词中,被筛选出去的词（262个） …………………… 337
　15—1　《HSK》8,822词中,最终被筛选出去的词（136个） …………… 338
附录16　韩语前3,000词中被删除的词（35个） ……………………………… 339
附录17　2003年中国主流报纸流行词（35个） ……………………………… 341
附录18　韩国特色、流行和补充词问卷调查（2004年8月20日） ………… 342
附录19　韩国特色、流行和补充词（296个） ………………………………… 343

后　　记 ……………………………………………………………………… 347

序一

韩国甘瑞瑗博士在攻读博士学位期间的研究课题是"'国别化'对韩汉语教学用词表制定的研究",导师是张普教授。呈现在读者面前的《"国别化"对外汉语教学用词表制定的研究》一书,就是甘瑞瑗博士在她的博士论文的基础上撰写而成的。这虽是甘瑞瑗博士的处女作,但在汉语作为第二语言教学领域里则是一部创新之作。"国别化"汉语教学的观念前人早已有之,并不始于本书(前人的提法一般是"要注意/针对不同母语语区的特点开展汉语教学")。本书的创新之处就在于将汉语教学"国别化"的观点升华为理论——第一次真正从理论上,具体说从认知科学、"中介语"理论、教育学、外语教学、社会语言学、语料库语言学等多个角度,对"国别化"汉语教学进行了充分的、有说服力的论述,论说了"国别化"的必要性、可行性和"国别化"的理论基础。

关于"国别化"汉语教学,甘瑞瑗博士在书中是这样说的,"所谓国别化的对外汉语教学,简单地说,就是基于不同国家的不同情况而进行的汉语教学";唯有这样,"才能真正满足对外汉语教学的针对性原则","才能提高教学的质量和成功率"。她的意见我是完全同意的。甘瑞瑗博士只重点研究了对韩汉语词汇教学的"国别化"问题。她选择词汇方面来谈,是有道理的。我们知道,外语教学的根本目的,就在于(一)为了更好地运用语言进行跨民族、跨国家的交际;(二)为了更好地运用语言认识、体验不同国家、不同民族的多元文化;(三)为了更好地运用语言学习、掌握世界各种学科知识;(四)为了更好地运用语言通过比较了解不同民族在语言、文化上的共性和特点;(五)为了更好地运用语言在国内外能较自由地与他人沟通。汉语作为外语教学必须考虑上述外语教学的目的。1999年8月在德国汉诺威举行的第六届国际汉语教学讨论会上,我在大会发言里曾强调指出,"**对外汉语教学的总的指导思想是,怎么让一个从未学过汉语的外国留学生在最短的时间内能最快最好地学习、掌握好汉语**"。怎样有效地进行汉语教学呢?怎样使汉语教学收到预期的效果,达到预期的目的呢?当然,对一个学习汉语的外国学生来说,汉语语音、汉语语法和汉字等方面的学习都是很重要的,但更重要的是抓词汇学习,要掌握大量的词汇,要有足够的词汇量。掌握的词汇量越大,用汉语进行听说读写的自由度也就越大。换句话说,作为外语的汉语教学必须重视并抓好词汇教学。词汇教学,应属于汉语教学中的重点教学内容,特别在初级阶段。甘瑞瑗博士正是基于这样的认识,所以她首先开展制定"国别化"对外汉语教学用词表的研究。

对于如何研究、制定"国别化"对外汉语教学用词表,甘瑞瑗博士提出了"总体建构模块",并且在具体研究、分析汉语词汇情况和韩语词汇情况的基础上,具体提出了一份体现"国别化"的"对韩汉语教学用词表"总表。总表的词语包括四部分词语——汉语最基本的常用词语、韩语特色词语、汉语流行词语和韩语流行词语。这里特别值得注意的是,将韩语特色词语、汉语流行词语和韩语流行词语列入对韩汉语教学用词表之中。这是创举。这就告诉我们,作为国别化的汉语教学用词表,应以汉语基本词语为主,同时应包括一定数量的他国特色词语和汉语的、他国的流行词语。甘瑞瑗博士那"国别化"的观点和理论,无疑具有普遍意义,不仅适用于汉语词汇,也将适用于汉语语音、汉语语法等方面。

  无论从应用语言学的角度说,也无论从教育学的角度说,也无论从人治心理学的角度说,作为外语的汉语教学,本身就是一门科学。作为科学,来不得半点虚夸和浮躁。甘瑞瑗博士对"国别化"对外汉语教学用词表制定的研究,是踏踏实实的。读者可以从书中了解到,作者在研究过程中,查阅了大量的有关文献资料,作了多方面的问卷调查,进行了各种统计分析。当然,该书肯定会有这样那样的问题与不足,但我想这不值得诧异。应该看到,研究并具体制定国别化汉语教学用词表,不是一件容易的事。甘瑞瑗博士完全清楚这一点,而且她也毫不掩饰自己研究中所存在的和现在已经觉察到的问题。在该书第七章里,她把自己研究和论述中遇到和存在的问题和盘托出。这些问题主要是,词表分级的问题、词性标注的问题、词语(包括汉语词语和韩语词语)筛选的权威性和代表性问题以及汉字词的注释问题等。这就充分体现了甘瑞瑗博士实事求是的研究学风,同时也有利于人们在该书研究成果的基础上进一步进行探索。

  任何论著都贵在创新,汉语作为第二语言教学的论著也不例外。可以毫不夸张地说,《"国别化"对外汉语教学用词表制定的研究》的问世,以它独有的特色填补了作为第二语言的汉语教学的基础研究方面的空白。我相信,这部书一定会受到海内外汉语教学的老师、学生以及有关指导机构的欢迎和重视。是为序。

陆俭明
2006 年 6 月 30 日
于北京大学

序二

瑞瑷希望我为她的书写一篇序,我非常高兴地同意了。能为她的书作序,是我的荣幸。

我常常对我的学生说:"博士论文不是拿到博士文凭和学位的终点,而是你们的人生和事业的新起点。"本书正是瑞瑷的博士论文,本书出版之际,她已经在她的人生和事业的新起点出发,迈向又一个高度了。

记得瑞瑷在她的博士论文最后部分致谢说:"我是一个有福的人,在我生命的过程中,总是有许多良善心谦的好人,用他们有力的双手支持着我。在韩国说这是'人福'。是的,我是一个有'人福'的人。"其实,我也是一个有福的人,尽管我做老师不一定优秀,但是,我总是幸运地得到优秀的学生。甘瑞瑷就是我得到的优秀学生之一。她是我培养的第一个外籍博士,也是我的学生中第一个在读博期间就晋升正教授的,更是为数有限的获准提前毕业的博士。

在她的感谢辞中,有一段是"感谢张普教授收容了我这个外来取经者。"对此,我要做几点说明:

首先,我哪里是"收容"?我几乎差一点就错过了接受瑞瑷这位优秀学生的机会。当北京外国语大学张洪波老师向我推荐说韩国的甘瑞瑷要报考我的博士的时候,我的第一反应是断然拒绝,说我不招外国留学生读博士。因为语言信息处理这个方向,需要语言学、计算机技术、认知科学、对外汉语教学等多种学科的交叉知识结构,外国学生读硕士还勉强,而博士生的研究是要求必须有创新的,这对于母语不是汉语的外国学生来说实在是太艰难了。张洪波说:"您先别拒绝,可不可以给我两分钟听我简单介绍她的情况,然后您再表态。"瑞瑷的确有'人福',由于洪波的坚持,这两分钟,改变了她"生命过程"的轨迹,也使我有幸得到了这样令我骄傲的学生。所以人不可以太主观,要善于倾听,予人机会,才能予己机会。

其次,她哪里是"外来的"?瑞瑷出生在台湾,1981年她本科毕业于台湾东吴大学电子计算机系,留学美国十年,认识了她的韩国籍的丈夫,随夫到了韩国之后,仍不放弃作为职业妇女的拼搏奋斗,选择了汉语教学作为自己的事业,因此她又觉得有必要到北京语言大学来攻读博士学位。她在博士论文摘要的开头第一句就写到:"对外汉语教学现在是,将来也一直会是中国和中华民族的一项伟大事业。如何全面地、有效地展开这项事业,是值得从事对外汉语教学研究和教学的学者以及教师们努力探讨的一个重要问题。"这样的出身、经历和认识,说明她就是"中国和中华民族的一项伟大事业"中的一员,她绝对不是"外来的",恰恰相反,是"内"来的。

再次,她哪里是"取经者"? 她在美国获得了 MBA(商学)、MIS(信息管理学)两个硕士学位,到韩国后从事汉语教学,她又攻读了第三个硕士学位——中国语言文学。基于十余年对外汉语教学实践经验的积累,基于她已经具备的多学科交叉的知识结构,她提出了"国别化"对外汉语教学用词表制定(以韩国为例)的研究设想,我仅仅是支持了她的国别化的提法和思路。她的论文从选题到答辩都得到了北京大学陆俭明教授和其他答辩委员会的专家教授的首肯,陆老师称赞这"是一篇具有开创性的论文。""理解和表达并重,并强调这两方面要充分发挥。这一教学理念贯穿在词表中,这一理念不仅对于对外汉语教学,而且对于整个外语教学来说都具有普遍指导意义。"我相信随着本书的问世,第一个"国别化"的对外汉语教学用词表——"对韩汉语教学用词表"将会首先显现对韩国的汉语教学的指导作用,所以,她哪里只是一个"取经者"? 她分明是一个希望独树一帜的传道、授业、解惑的师者。

我也常常和我的学生们讲:做研究,特别是做有创新性的博士课题研究,要具备"四气",即:才气、灵气、志气、勇气。瑞瑷兼具四气。

她具有"才气"。我们仅看本书第二章"国别化"对韩汉语教学用词表制定的理论基础,就可知她的知识面:该章涵盖了"认知科学方面的研究"、"'中介语'的研究"、"对外汉语教育学的研究"、"社会语言学的研究"、"语料库语言学的研究"、"第二语言习得的研究"、"韩语的语言结构"等。如前所述,她已经具备文、理、工三方面的知识结构,并取得了三个硕士学位,她还有长期在韩国从事汉语教学的经历。她还娴熟地掌握英语(不仅在美国学习工作了十余年,而且家庭日常生活用语就是英语),2002 年,在学校没有找到合适人选的情况下,我大胆推荐了瑞瑷担任一门博士课程的教师,教授专业(计算语言学)英语口语,她也欣然同意了。她下载国际上计算语言学网站的最新论文,大家在课堂上用英语讨论,她的课得到大家的一致好评,同学们感到收获很大。一个博士研究生,在读博期间,给自己的同学开课,而且受到欢迎,这大概也是很少有的。她的才气当然也是无可否认的。

她还具有"灵气"。创新性的研究,只有才气是不够的,还需要有灵气。有灵气,方可融会贯通、事半功倍,方可有超乎寻常的奇思妙想。创新思维常常就是顿悟,在学科或知识的结合处、综合处、交叉处突然闪现智慧的火花,关键是你要善于捕捉并生发开去。我们过去说"死读书、读死书、读书死",就是指缺少实践、缺少灵气、缺少创造精神。"国别化"对外汉语教学用词表研究这个思想火花一经闪现,她就抓住不放,从词表制定的原则、方法、理论、基础、构成模式,到汉韩两国语料的分析与筛选、词语表的"词"的界定与提取,无处不透着她的灵气,比如:就语料库而言,她就不是仅仅了解和综述国内外有关"语料"、"语料库"、"语料库语言学"的理论基础研究,而是紧扣住中韩两国语料库的最新权威成果进行筛选，又敏感地利用动态语言知识更新的前沿成果加入教学词表，为国别化的词表制定服务。这样她才能在现有的基础上完成以韩国为例的国别化词表研究，并建立一个进行国别化研究的平台，从方法论的角度奠定国别化的第二语言教学研究的基础。

我在和瑞瑷谈话时，常常觉得她一点就通。但她的灵气不仅仅于此，更重要的表现是她善于理智地、逻辑地、严密地进行实施与整合，在我们第一次正式讨论她的博士论文可不可以开题时，她就向我报告她的研究共有 20 个步骤，现在已经进行了 11 步……这就不仅仅是一般的聪颖了，所展现的行动力令我暗中称许。

她更重要的是具有"志气"。有了才气、灵气，还必须要有志气，这样才能自主创新，度越前人。瑞瑷说："二十一世纪的对外汉语教学研究应该要朝一个更大的研究空间展开，更具有针对性、实用性和系统性。"还说："在中国和平崛起，汉语热持续升温的大趋势下，对'外'汉语教学与研究应该与时俱进，我们应该重新看待'外'的所指，并对'外'提出更精准的诠释与界定，将对'外'汉语再推向一个新的高度。"有志气，就需要站得高，看得远。二十世纪，对外汉语教学完成了从经验型向科学的量化型教学的转化，我们有了《汉语水平考试大纲》、《汉语水平词汇和汉字等级大纲》等，二十一世纪我们还需要将粗放型的等级大纲推向精细化、精密化和精准化，即更加科学化、实用化。"国别化"是这个进程的一个重要方面或者重要方向，这个进程完成，就将结束把所有的外国人当作同一类型来教学汉语的状态。瑞瑷看到的就是这样"一个更大的研究空间"和"一个新的高度"。"志气"仅仅停留在站得高、看得远也是不够的，很容易变成好高骛远。路在脚下，"志气"还需要一点一滴地做、一步一步地走。瑞瑷说："如何将对外汉语教学推向一个新的高度，并将'国别化'的对外汉语教学研究落到实处，'国别化'对外汉语教学用词表的研究将是一条必经之路，更是我们从事对外汉语教学者当务之急的重要研究课题与任务。"不仅站得高、看得远，还能把研究"落到实处"，这就是瑞瑷的志气所在了。我也常常送给每个做研究的学生八个字——"高瞻远瞩，脚踏实地"，瑞瑷是真正地做到表率了。

最后是她还具备"勇气"。在才气、灵气、志气的基础上，创新最需要的是勇气，大智还须大勇，智勇要双全。她的勇气首先体现在她的研究中有许多在别人看来最好采取"回避"、"绕道"、"稳妥"、"保险"的方式来处理的问题或提法，甚至有人认为她的整个研究课题都可能受到质疑，是带有"风险性"的。比如："国别化"的提法、教学"词"的界定、词表编制的表达和理解"双重（zhòng）"原则等等，万一有任何一点引起争议，都可能殃及博士论文的答辩。瑞瑷在经过认真思考和仔细调研后，仍然敢于执著地面对，但这并不等于盲目的冒险主义。她正面论述了所有需要论述的问题，因为她认定"对外汉语教学的主要教学目的是培养学习者用汉语交际的能力，是现实的、实际的、活生生的、有绩效的交际活动"，她必须回答也自信能够回答这些问题。其次，她的勇气也表现在她不畏惧课题的难度和巨大工作量，她的前期的问卷调查、她的《HSK 大纲》和韩国语前 1000 高频词的对比分析、她的中韩两国语料的提取与入库、她的韩国语料的转译、汉韩语料的对比等等,每一项的完成都何等的不容易,需要付出十分细致而又十分艰巨的辛劳。看看她论文后的[附录],共两百多页,就可知她的研究的艰辛,更不要说她只有一年脱产时间,主要靠执教的业余时间来完成,她的勇气不是值得我们学习的吗?

请读者注意读本书的最后一节"存在的问题和下一步的工作",瑞瑷开列了5个方面的问题和4个方面的下一步工作。陆俭明老师说:"这种学风和求实的态度,值得提倡。"科学研究,本来就是严谨的、实事求是的,不可浮躁、不可急功近利,也不可好大喜功。相信瑞瑷能保持这种纯净的科学精神。

陆老师也是我的老师,我愿与瑞瑷共勉。

张 普

Abstract

Teaching Chinese to foreigners is, and will continue to be, a great undertaking for the Chinese government and nation. In this regard, the discovery of methods to effectively promote and develop this undertaking using our inherent strengths has become an important task which must be addressed. A vital development in the field of teaching Chinese as a foreign language (TCFL) has been the research conducted on the construction of a word list which can be used to teach Chinese to foreigners. The development of such a word list has a direct influence on matters such as: the writing of teaching materials; the compilation of dictionaries and reference books; the formulation of curricula and instruction syllabi for the teaching of vocabulary; the measurement and testing of the teaching itself.

The traditional way of building a word list attaches much importance to questions such as "What should we teach foreign students?" and "How should we teach foreign students?" while paying less attention to the question of "Who are we teaching?" Therefore, academic circles have tended to regard the Chinese corpus as the definitive vocabulary list. However, viewed from today's vantage point, much of the data which has been collected is now antiquated. Furthermore, our own practical experience with teaching Chinese to foreigners has revealed that simply teaching foreign students to understand Chinese culture and present-day society is inadequate. Rather, students should also be taught how to express their own thoughts. Here, it must be recognized that foreign students have their own cognitive structures and schemata, and that these cognitive structures will affect their learning of Chinese. Moreover, most of these foreign students will, after having learned Chinese, return to their respective countries and engage in business, cultural, economic and academic activities that will require the use of Chinese. What's more, the teaching of Chinese as a foreign language is not restricted to a particular zone or region; that is, it is not something that is conducted solely within China, but something which can be conducted at the global level. Therefore, it is essential that foreign students be able to express their thoughts and ideas in Chinese.

This research presents a new approach to the building of a word list for the teaching of Chinese as a foreign language, one which is grounded in a general view of human cognition. As we know, human cognitive processes are geared towards achieving the greatest possible cognitive effect while expending the smallest possible processing effort. In order to achieve this, individuals must focus their attention on what appears to them to be the most relevant and important information available. The essence of communication lies in its two critical characteristics: "understanding" and "expressing."

Based on this fundamental notion, this research proposes a new conception of the "country-specific" teaching of Chinese as a foreign language. "Country-specific" is defined as "implementing different Chinese teaching curricula and methods for each individual country." Furthermore, this research unveils a methodology which clarifies the important conceptual distinction between "teaching Chinese" and "teaching Chinese to foreigners." The theories behind this methodology are also discussed herein.

The question of "What is the role of words/vocabulary in the teaching of Chinese as a foreign language?" is also discussed in this paper. Here we argue that in terms of the teaching of Chinese as a foreign language, "words" should possess two sets of characteristics: "significant adequacy" and "fluent adequacy." "Significant adequacy" refers to an integrated unit with structural compactness and significant definitude. On the other hand, "fluent adequacy" refers to a cognitive unit with explicit phonetic form which conforms to the limits of humans' working memory.

The development of a "country-specific" TCFL which uses the corpus of the student's mother country when constructing the word list will not only enhance the applicability of such a system, but also provide a valuable reference when it comes to the development of the necessary theoretical foundation. Three corpora are employed in this research: *The Syllabus of the HSK Vocabulary and Hanzi* (《汉语水平词汇与汉字等级大纲》), Korean Frequency Corpus (KFC) and the Dynamic Circulating Corpus (DCC). Moreover, this research combines quantitative examination and qualitative investigation. The logical design of this research consists of four modules: typical Chinese words, typical Korean words, popular Chinese words as well as Korean feature and supplementary words. We believe that the use of such a modular design will not only simplify the manipulative procedure, but improve the function of updating the word list.

This research is expected to make the following contributions:

1. Present a new approach to the teaching of Chinese as a foreign language and apply this new approach towards constructing a word list for the teaching of Chinese to Koreans.
2. Define the term "country-specific".
3. Define the meaning of the term "word" as it pertains to the field of teaching Chinese as a foreign language.
4. Bring forward the idea that the building of a country-specific word list for teaching Chinese as a foreign language should be based on both Chinese and the learner's mother country corpora.
5. Advance the idea that Chinese and Korean experts and researchers in the field of teaching Chinese should be involved in the building of a country-specific word list for the teaching of Chinese as a foreign language.
6. Build a word list for the teaching of Chinese to Koreans.
7. Promote attempts to establish a methodology for building a country-specific word list for the teaching of Chinese as a foreign language.

Keywords: country-specific, teaching of Chinese as a foreign language, country-specific word list for the teaching of Chinese as a foreign language, understanding, expressing, word list for the teaching of Chinese to Koreans

前　言

　　对外汉语教学现在是,将来也一直会是中国和中华民族的一项伟大事业。如何全面地、有效地展开这项事业,是值得从事对外汉语教学研究和教学的学者以及教师们努力探讨的一个重要课题。"对外汉语教学用词表"的拟定对对外汉语教学来说是一项非常重要的研究工作,直接影响到教材的编写、辞书的编撰和词汇教学大纲的制定与教学测试。

　　传统的"对外汉语教学词表"的拟定多只考虑到"该教外国学生什么"、"怎么教"的问题,着重汉语学习者对中国社会和文化的理解,因此多只考虑汉语方面的语料,而且收集的语料也多是20世纪90年代以前的,今天看来有些词比较陈旧、过时,无法完全跟上时代发展的潮流。再说,教学实践表明只教会学生如何理解中国社会和文化是不够的,也必须教会他们如何用汉语将他们固有认知中的思维表达出来。我们必须认识到:第二语言也是交际的工具,并不是仅仅表达汉语或中国事物的工具。因为我们不能否定学生有其本身的母语认知,我们也不能否定学生的母语认知对他们的汉语学习有着一定的影响,而且可以说几乎绝大多数的汉语学习者在学习汉语后,仍居留在他们自己的国家,进行与中国人在商业、文化、经济、学术等的各项交际的活动。加之对外汉语教学不只限于中国本土的汉语教学,也包括在学习者母语国进行的汉语教学,因此,考虑学习者的表达需要也就显得特别地重要。

　　本书主要是在笔者的博士论文《"国别化"对外汉语教学用词表制定的研究》的基础上编撰而成的,试着从人类理解和表达的认知层面和交际的本质以及生存的需要出发,提出"国别化"对外汉语教学的理念和研究方向,以动态更新的大规模汉语和韩语真实语料库为主要的研究材料,不但考虑汉语学习者在汉语理解上的需要,也考虑他们用汉语表达时的需要,企图将静态式、被动式的教学带向动态式、主动式的教学。因为这不但符合教育学的原则,也符合时代的需求。本书还主张:一个具有针对性的"对外汉语教学用词表"必须是在中、外的对外汉语教学专家与学者的共同参与下研制出来的,不能只限于中国的专家和学者单方面的研究。

　　推广和倡导"国别化"对外汉语教学是本书书写的最主要目的,我们以为唯有展开"国别化"的教学研究才能有效地进行对外汉语教学,提高教学的质量和成功率。再说,在对外汉语教学的实践中,我们可以确定一件事,那就是对韩国汉语学习者的汉语教学与对美国、法国、德国、泰国、阿拉伯等等的汉语教学有很大的不同,教学出现的难易点也不完全一样,比如说对欧美学生的汉语教学必须强调汉字的教学,必须是一笔一画地教,因为每一个汉字对他们来说就是一幅图画、一个记忆工程,然而对韩国、日本学生的汉语教学,就不必花太大的力气去教汉字,因为汉字词在他们语言结构里占了很大的一个部分,加之汉字的教学在韩国和日本一直被重视,大部分的学生从小学就开始学习写汉字、认汉字,汉字对他们来说不是很陌生。语法方面,教学实践证明韩国学生对"把"字句的学习与掌握要比欧美学生来得容易;语音方面,由于韩国的发音系统中没有"f"、"v"、"r"等音,因此,对韩国学生来说要正确地发出这些音来就存在很大的困难,然而对欧美学生来说问题就不太大;对音调的掌握也是一样,韩国学生和欧美学生也都各自显示出在音调掌握上的不同难点;词汇和阅读方面,韩国学生因为对汉字已有认知的缘故要比欧美学生占优势。这种种现象说明要有效地发展对外汉语教学,"国别化"的对外汉语教学研究是势在必行的,不但符合语言教学的理论,也与语言交际的实质目标基本一致。其实很早王力、朱德熙、陆俭明、吕叔湘、王还、胡明扬等语言学家和教育家在不同的场合都说过类似这样的话:怎样教外国人学汉语,可以通过比较的方法使他们学得更快更好,这类的教学研究应该更细致些,分门别类地研究,如教日本人怎么教,教英国、美国人怎么教等等;对外国人的汉语教学特别能发现汉语研究的不足,开拓我们汉语的研究点。不可否认,今天的对外汉语教学的研究在教学实践中显出了它的局限性,"国别化"的对外汉语教学和研究具有一般对外汉语教学研究所没有的新视角,具有很大的实践意义和理论意义,是针对性、实用性和系统性的具体实现,能突破教学实践中的局限性。

  本书中将"国别化"(country-specific)界定为"针对不同的国家而实行不同/差别的汉语的教学",由于大多数的国家都是由一个主要民族所建立,都有它共同的民族语言,所以,将国家作为一个研究的整体单位在研究和操作上都较为方便。假若一个国家内有不同的民族,使用不同的民族语言,那么将进一步细化对这个国家的研究,以这个国家的各民族为研究对象,建构出一套适合他们的汉语教学大纲。因此,所谓"国别化的对外汉语教学",简单地说,就是"基于不同国家的不同情况而进行的汉语教学。"我们以为唯有如此,才能真正地满足对外汉语教学的针对性教学原则,也才能为"个性化"的对外汉语教学打下基础。

  对外汉语教学中所谓的"词"应该是一个严格定义的"词",还是一个包含"语"、"词组"的广义的"词"? 这个问题很少受到对外汉语教学学者和教师们的关心,从对外汉语教学成为一门学科后,迄今也没有被界定过。本书尝试综合语言学、认知科学、社会语言学、计算语言学的观点对它进行界定。我们认为以实用为主的对外汉语教学中的"词"和以学术研究为主的语言学中严格定义的"词"是两个不甚相同的概念,对外汉语教学中所谓的"词",也就是所谓的"教学词",不应该是语言学中严格语法定义的"词",而是一个结合紧密、符合人类语感、能说、能理解的语义理解和表达的单位;也是符合人类记忆节约原则的一个认知的"组块"单位。换言之,它是一个广义的词。其实《HSK 大纲》8,822 四级词表里收录的就有不少的"语"。再说,汉语的词、词组、短语甚至句子之间的界限还不是很明晰,加上大量的新词、新语、新用法的出现,也带来了不小的混乱,使得词语间的界限划分变得越来越困难。另外,认知心理学的研究表明,人脑在接收语音流和符号序列的时候,倾向于"整块"处理,譬如人在阅读和听人说话的时候,并不是一个单字一个单字地读和听,有的时候也不是一个单词一个单词地读和听,而是"一块一块"地读和听。这个"一块一块"的"语"的单位,我们以为只要是符合人类的认知和语感习惯,应该包含在对外汉语教学中"词"的范畴里。因此,本书中试着将对外汉语的教学词界定为:语言中能说能听或用来造句的单位,它一般具有相对固定的语音形式,是一个在现实交际中用来理解和表达,具有"意义充分性"(significant adequacy)和"流畅充分性"(fluent adequacy)的语言单位。所谓"意义充分性"是指是内部结合紧密,意义明确且已经凝固为一个整体,不能随意切分的语言单位;所谓"流畅充分性"是指在语音形式上凝固性强,且为人类认知记忆范围内整体输入和输出的一个不大不小的组块单位,具有所有"词"和"词汇"的属性,但包含层面却更广泛。界定对外汉语教学中的"词"—"教学词",不仅是完善对外汉语教学学科本体研究的一项重要且必须的工作,而且在汉语的教学和学习中也客观地存在这么一个基本的单位,而且也需要这么一个单位。

研究中所使用的语料来源分别是:北京语言大学应用语言学研究所的"动态流通语料库";韩国国立国语研究院的"常用韩国语语料库";中国国家汉办的《HSK大纲》。在实际的语料处理和筛选过程中,组织了中国和韩国的对韩汉语教学专家的参与,采用了"定量"和"定性"相结合的综合集成的研究方法。整个词表制定的逻辑流程,主要是以"模块"的建构方法操作,以达到简化词表更新的程序,增强词表的更新能力。考虑词表的更新,主要是因为当我们走进语言当中,从语言社会性的微观视角来考虑语言,语言这个变数同社会这个变数之间具有"互变"(共变)的关系。换言之,它与社会是互相作用、互相变化、互相影响,也互相制约的。社会不断地向前发展与变化,语言也就随着社会不断地发展与变化,因此,作为语言标志的词汇也就应该定时地更新,以反映社会的发展。为了考虑研究的质性,在我们的研究中还设计了三项问卷调查,调查结果作为筛选词语的一个主要参照指标。研究结果显示:汉语语料方面共收词8,686个,韩语语料方面共收词1,020个,中国流行语方面共收词35个,韩国特色、流行和补充词方面共收词296个,总共收词10,037个。

本书共分为基础篇、理论篇、研究方法篇和应用篇四个篇目。第1章基础篇主要说明选题的背景和目前有关此研究课题发展的现况,共分为5节,分别是:对外汉语教学的发展现状,对外汉语教学的教学任务和目的,"国别化"对外汉语教学的界定,国内外词表研究的发展和现状,什么是对外汉语教学中的"词"。

第2章理论篇综述了有关此研究论题的相关理论基础,这些理论为人是如何进行词汇的学习提供了说明与解释。Thomas & Collier 的"The Prism Model"(四角棱柱模式)

指出了四个影响语言习得要素间的关系。这四个因素分别为：社会文化的进展(sociocultural processes)、语言上的发展(linguistic development)、学术表现的发展(academic development)和认知的发展(cognitive development)。(Thomas & Collier in Ovando & Collier，1998，p.89)我们在他们的基础上，试着从和对外汉语教学用词表拟定有着密切相关的一些交叉学科出发阐述它赖以支撑的理论基础，他们分别是认知科学、第二语言词汇习得、第二语言教育学、社会语言学和语料库语言学。

第3章~第7章研究方法篇主要展开了整个研究的过程、研究的成果、研究所存在的问题和下一步意欲进行的工作，其中研究的过程包括了"词"的界定研究、总体建构的逻辑模块、研究方法流程、前期调查研究等节目。整个的研究程序可以说展现出了制定"国别化""对外汉语教学用词表"的一套方法论。应用篇则论及了和"国别化"(韩国)对外汉语教学相关的一些应用研究，包括了《基于对外汉语教学的"国别化"双语〈学习辞典〉编撰的构思：以韩国为例》和《韩·中同形异义汉字合成词的对比研究》两篇论文。

本书作为"国别化"("本土化")对外汉语教学研究的一个具体实践，希望能将对外汉语教学从粗放型的量化教学进一步推向更有针对性的精准型量化教学，为学习者"怎么学"提供实质性的指导，也希冀对对外汉语教学的理论建设和教学研究起到一定的助益作用，对人类的共同认知和语言获得的研究提供些许的帮助，更希望能为对外汉语教学的"国别化"动态词汇平台建设打下一定的基础。由于笔者在学识、智力、心力上的有限，不够谨慎及疏漏之处，敬请读者谅解并给予批评与指正。

基础篇

第一章 "国别化"对外汉语教学用词表制定的背景和发展现状

> "种族的特性和语言的特性是形影相随的——我就是我的语言。直到我能以我的语言为傲,我不可能以我自己为傲。"①
> ——(Anzaldúa, 1987, p.59)

1.1 本研究提出的背景

最近二十多年来,对外汉语教学事业发展异常迅速,尤其是对英、美西方国家的汉语教学研究,已经取得了相当的进展,然而在对亚洲汉字圈国家的汉语教学研究,尤其是对韩国学生的汉语教学研究方面,却仍待我们付出更多的关心与更深、更专门、更系统的研究。选择"国别化"对外汉语教学用词表的制定为研究对象,不但是因为"对外汉语教学"发展本身所具有的现实背景以及"国别化"对外汉语教学研究的时代需要;而且是因为词表是教学大纲设计、教材编写、课堂教学和教学测试的一个重要依据。下面,我们将从几个方面对相关的研究背景进行扼要的论述。

1.1.1 "对外汉语教学"的发展现状

随着中国的和平崛起,与世界各国的互动关系日益密切,作为世界上使用人口最多的语言——汉语,不但是联合国法定的一种工作语言②,而且在"中国热"的浪潮中,世界各地也形成了一股"汉语热"。因此,"对外汉语教学"在这个意义上,有了它更深层的含义——"了解"、"交流"、"友好"、"和平"。它不仅仅是一种语言教学,更是了解中国,认识中国的一个窗口,以及促进世界友好、和平的一项事业。1989年5月8日中国国家教委在《关于印发〈全国对外汉语教学工作会议纪要〉的通知》一文中就明确地指出:"发展对

---

① "Ethnic identity is twin skin to linguistic identity—I am my language. Until I can take pride in my language, I cannot take pride in myself." (Anzaldúa, 1987, p.59)
② 联合国安理会规定的工作语言为中文、英文、法文、俄文、西班牙文和阿拉伯文。

外汉语教学事业是一项国家和民族的事业。"在这个信念下,怎样使对外汉语教学在实践和理论基础上更趋完善,并进而对人类的语言能力和认知系统有着进一步地理解是本研究最终想要达到的目标和研究的意义所在。王力、吕叔湘、王还、胡明扬、陆俭明等语言学家和教育家在不同的场合都说过类似这样的话:对外国人的汉语教学特别能发现汉语研究的不足,开拓我们汉语的研究点;汉外语的比较研究不但推动了对外汉语教学本身,而且对汉语的研究也起到了很好的推动作用。因此,从对外汉语教学出发而进行的汉语研究具有一般汉语研究所没有的新视角。然而,今天的对外汉语教学的研究在教学实践中又显出它的局限,21世纪的对外汉语教学研究应该要朝一个更大的研究空间展开,更具有针对性、实用性和系统性。"国别化"的对外汉语教学和研究又具有一般对外汉语教学研究所没有的新视角,具有很大的实践意义和理论意义,是针对性、实用性和系统性的具体实现。

  韩国与中国是一衣带水的近邻,两国的交流关系随着汉风韩流的盛行愈加亲密,依据2004年5月4日北京国家留学生基金管理委员会的报告指出:2002年末留学生人数已达85,829名,比往年增加了38.7%,留学生来自的国家也比往年增加了6个,共175个国家。其中韩国留学生有36,093名,占第一位,其次是日本和美国。鼓励汉语学习已经成为而且将会持续成为韩国外语教育的主要政策,加之韩语中汉字词在汉语学习上起着一定迁移的作用,因此今天极有必要探讨将对韩汉语教学推向新台阶的有效途径。

  另外,从教材编撰和使用的情况来看,今天的对外汉语教学的教材建设中仍存在着一些问题,刘珣先生较早在《对外汉语教育学引论》中就明确地指出了对外汉语教学教材编撰的四个主要问题:(1)教材的质量和品种都不能很好地满足教学的需要;(2)缺乏基础研究,影响到教材的科学性;(3)教学法的大胆探索不够,教材缺乏多样化;(4)利用现代化教学技术手段不够。(刘珣,2000)在我们看来,对外汉语教学教材存在的一个最大的问题就是缺乏针对性,缺乏对教学对象的研究,缺乏以"学生为中心"来编撰教材。以韩国为例,今天在韩国所使用的汉语教材有很大部分为韩国的汉语教师所编著,主要就是因为中国国内的汉语教材并不适合韩国学生的汉语学习,而且大多数教材编著者在编写教材时,几乎没有参考《HSK词汇大纲》;而部分引进的中国国内汉语教学教材也多不是特别为韩国学生编撰的,只是将国内的教材附上了部分韩文的解释。世界其他国家进行的汉语教学所使用的教材也多为此种情况。在中国和平崛起,汉语热持续升温的大趋势下,对"外"汉语教学与研究应该与时俱进,我们应该重新看待"外"的所指,并对"外"提出更精准的诠释与界定,将对"外"汉语教学与研究再推向一个新的高度。

1.1.2 "对外汉语教学"模式的变化

传统的"对外汉语教学"主要是采用"以教师为中心"的课堂教学,强调"教"的作用。在进行教学时,主要考虑的是"教什么"、"怎么教"的问题,较少考虑"教谁"的问题,因此,教师常是从"学生应该学什么"出发来备课和编撰教材。换言之,这种教学模式可以说是一种以一大锅饭喂食全部外国学生的粗放式教学模式。在讲究美食、美味的今天,如何满足各国学生特殊的胃口,是21世纪的对外汉语教学与研究所该致力钻研的方向,也是我们研究这个课题主要的动机和最终想要达到的目标。

经过二十多年的建设,"对外汉语教学"的教育观念和各个教学环节都发生了很大的变化,并逐渐跳出了传统的教学框架。以教师为中心的教育观念逐渐向以学生为中心的教育观念转变,开始朝"个性化"教学发展。教学的中心是"学生/学习者",提倡以"学生为主体,教师为主导"为教学模式,重视培养学生的自主学习能力,强调"学"的作用——"学什么"、"怎么学",学习科学成为学者、教师关注的重心和教学研究的主流。以前,教师被看作是知识的源泉,他们的任务是将知识传授给学生,学生处于被动的知识接收地位。现今的"对外汉语教学"在语言学习理论和认知理论的指导下,认识到学习者在学习能力和学习方式上的差异,着重研究学习过程和心理过程等等,学习者的认知背景也就成了教学的关键所在,这也就是说,今天的对外汉语教学的模式是:首先要充分地了解教学的对象,所谓"知己知彼,百战百胜",然后考虑该"教什么",最后才考虑"怎么教"。(见下图1)对词汇教学来说,"教什么"就是考虑该教什么词汇,而在决定该教什么词汇之前又必须了解学习者的学习和认知的背景,因为从认知词汇学或认知词汇语义学的角度来看,词汇的习得和词汇的选用跟学习者的认知能力与认知背景有着绝对的关系。在确定了该教什么词汇后,我们才有可能谈论"怎么教"的问题。这个教学模式或间接或直接地指出"国别化"的对外汉语教学研究的重要性。

至于目前正被对外汉语教学界重视的"个性化"教学,平心而论,要想真正做到这一点,首先应该将对外汉语教学精细(细致)化、专业化起来。我们在对我们教学对象的母语背景、知识背景和文化背景尚未完全地了解以前就谈论个性化的教学,就如同在沙地建堡垒一样,没有支撑的基础。"国别化"的对外汉语教学研究就是为个性化教学打地基。唯有将地基建得深广、打得坚固,个性化的对外汉语教学才有可能确确实实地发展起来;对外汉语教学学科也才能进一步完善起来;属于国家和民族的对外汉语教学这项永远的事业也才能轰轰烈烈地推广起来。或者我们也可以认为对外汉语教学的"国别化"也就是一种更宏观意义的"个性化"。

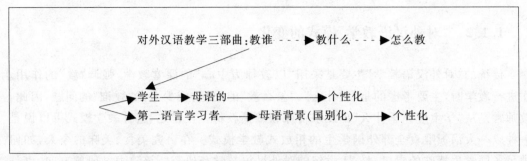

图 1　对外汉语教学模式

1.1.3　"对外汉语教学"的教学任务和目的

"美国外语教育委员会"(ACTFL)等40多个单位在美国联邦政府教育部和全美人文基金会的资助下,历时数年,于1996年完成了《外语学习的标准:迎接21世纪》的研究项目,提出了21世纪第二语言教育的纲领,并概括了教育的目标和学习标准的5个"C":Communication(运用语言进行交际)、Cultures(体认多元文化)、Connections(贯连其他学科)、Comparisons(通过"比较"了解语言和文化的特性)、Communities(应用于国内外的多元社区)。(刘珣,2000)这五个第二语言教育的目标和学习的标准充分指明了"第二语言教学"的教学任务和目的不是单向的"教",纵向地展开,而是双向的"学",多方位地展开。此外,21世纪联合国教育委员会也就教育的目标提出了教育的四大支柱的理念:学会认知、学会做事、学会共同生活和学会生存。(Jacques Delors et al.,1996;张普,2002)然而,不管是学会认知、学会做事、学会共同生活还是学会生存都脱离不开言语交际的活动。

刘珣先生总结"对外汉语教学"的教学任务和目的为:掌握汉语基础知识和听、说、读、写、译基本技能,培养运用汉语进行交际的能力;增强学习汉语的兴趣和动力,发展智力,培养汉语的自学能力;掌握汉语的文化因素,熟悉基本的中国国情和文化背景知识,提高文化素养(刘珣,2000)。其中,培养汉语学习者的汉语交际能力可以说是对外汉语教学中最主要的目标,也就是说,让汉语作为第二语言的学习者掌握用汉语进行"听"、"说"、"读"、"写"和"译"交际活动的能力。唯有掌握了交际能力,才有可能谈到文化的理解,贯连其他学科,进行对比研究和应用,也才有可能谈到生存。反过来从交际的目的来看,交际最终的目的也就是培养学习者的生存能力。成功地掌握交际的技能将能帮助学习者更好地生存。

从交际的本质来看,"交际"其实是一个涉及信息意图和交际意图的一个明示——推理的过程(ostensive-inferential process)(Dan Sperber & Deirdre Wilson,2001);也就是一个表达——理解的过程。表达是一种明示行为,即说话人把信息意图明白地展现出来;理解是一种推理行为,即听话人根据说话人的明示行为,理解说话人的信息意图。然而,信息意图是在自我的认知下形成的,它离不开言语者的特殊母语环境。因此,考虑交际双方的认知情况必将有助于提高交际活动的能力,达到对外汉语教学的目的。"国别化"的对外汉语教学的研究也就显出它的重要性来。

1.1.4 "国别化"的界定

本研究中所谓的"国别化"(country-specific)主要是指针对不同的国家而实行不同的汉语的教学与研究。由于大多数的国家都是由一个主要民族所建立,都有它共同的民族语言,虽然有部分的国家是由几种不同的民族构成,说着几种不同的民族语言,然而他们仍然归属于一个国家。我们希望以国家作为一个研究的"整体单位",然后以这个单位出发来研究对外汉语教学。假若一个国家内有不同的民族,使用不同的民族语言,那么将进一步细化对这个国家的研究,以这个国家的各民族为研究对象,建构出一套适合他们的汉语教学大纲。因此,所谓"国别化"的对外汉语教学,简单地说,就是基于不同国家的不同情况而进行的汉语教学。

1.1.5 "国别化"的对外汉语教学的重要性

从对外汉语教学的学科性质来看,"对外汉语教学"的研究对象,不但应包括在中国进行的汉语教学,也应包括在中国以外其他地方进行的汉语教学。不仅如此,我们还有必要将"对外汉语教学"里所谓的"外"更加细致化、精准化。"国别化"的对外汉语教学的研究是达到这个目标的一个重要的手段。其实许多前人学者早就注意到了对外汉语教学不但要从教的角度着手进行也要考虑到学习者的背景问题,如:王力先生1984年在《语言教学与研究》第3期里就说到:"怎样教外国人学汉语,可以用一种比较的方法来说明。这类文章不妨写得详细些,分门别类地写,如教日本人怎么教,教英国、美国人怎么教等等。关于语言研究方面,我感到也应该从这方面来多写文章。""对外汉语教学,我认为是一种学问,一种科学。我们教中国人汉语很好教,知道他懂在什么地方,不懂在什么地方。可是教外国人,如果我们不懂外国语的话,你就不知道他什么地方懂,什么地方不懂。"陆俭明先生也在1984年的《语言教学与研究》第3期里说到:"对外汉语教学是一个新的领域……可是我们现有的研究成果,不论是语音、词汇还是语法,都还不能完全满足对外汉语教学的需要。"另外,朱德熙先生1987年8月15日载于《北京日报》的第二届国际汉语教学讨论会暨世界汉语教学学会成立大会的答问:"教外国学生说汉语,你最好懂得他的母语,这样才能通过比较使他们学得更快更好。"

从确定对外汉语教学是一门学科开始,到现在已经二十多年了(王力先生和陆俭明先生发言后的二十年,朱先生发言后的十七年),平心而论,至今我们仍未能全面地展开教日本人怎么教,教英国、美国人怎么教的"国别化"的对外汉语教学、词汇对比研究、中介语研究和词汇大纲的研究;仍不能说我们已经成功、有效地进行了对外汉语教学的工作,因为从目前的对外汉语教学课程大纲的设置可以看出我们在对外汉语教学的理论或实践研究上下的功夫还不够,不够精也不够深。培养出来的外国学生仍不能有效、成功地掌握汉语。举个实际的例子来说,有一次一所姊妹学校来我校访问,席间一位已经在国内待了七年并已拿到文学博士学位的韩国老师在介绍另一位未婚的女老师时,指着那位未婚女老师说:"她是处女。"在场的中国老师和领导们顿时面带窘色,不知如何是好。"处女"在韩国指未婚的女子,不带贬义,这位老师一时之间忘了"未婚"这个词,也不知道中国人对说"处女"的禁忌,因此,直接用韩国的汉字词来表达。这个实例说明了三个事实,其一,母语的认知在第二外语的学习中起着重要的作用,在无法用目的语表达的情况下,大脑总是自然而然地在记忆中寻找已存在的相似概念;其二,对韩国汉语学习者来说,汉字词的影响也在起作用,当他们无法用汉语表达时,常在不知不觉中很自然地借助于大脑中已有的母语汉字词词库;其三,汉语教学包括词汇教学、语音教学、语法教学、汉字教学等都应该走向"国别化",因为唯有知己知彼,才能真正体现出"因材施教"的教育原则,也才能达到语言教学的实质目标。事实证明国外的许多学者早已注意到并且展开各种不同的语言学习(词汇学习、语音学习、语法学习)的比较研究,如 Ann Ryan 就对阿拉伯、日本、泰国、罗马尼亚和美国的学生在英文母音和子音的发音学习上进行了详实的对比研究(Ann Ryan,1994,1997),Kantor 对希伯莱语学习者的词汇偏误分析(Kantor,H.,1978),Jamieson 对托克劳群岛(新西兰属地,位于南太平洋)的年轻人习得英语的研究等等(Jamieson,P.,1976)。然而反观我们的对外汉语教学,仍然未能全盘地展开对外国学生汉语学习的研究。反过来再看学习了七年汉语的外国博士生会犯下这样的用词错误,平心而论,主要的原因是我们对学生的母语背景不够了解,也没有将这方面的研究用一种比较严谨的治学态度推广起来,因此,我们培养了许多能做研究、写论文而张口不能不出错的外国学生。因此,如何将对外汉语教学推向一个新的高度,并将"国别化"的对外汉语教学研究落到实处,"国别化"对外汉语教学用词表的研究将是一条必经之路,更是我们从事对外汉语教学者当务之急的重要研究课题与任务。

1.1.6 "词汇教学"与"对外汉语教学"

从语言系统来说,作为语言建筑材料的词汇和其意义,无疑是整个语言系统的基础,也是语言系统中最活跃、最具生命力的元素。假若没有了词汇材料,语音发挥不了它的作用,语法也无法建构起来。换句话说,语音依附于词汇,语法也只有在词汇和词汇具体运用的过程中体现出来,三个要素中词汇占有十分重要的地位。语言系统中的各种元素可以在词汇中得到具体的体现。语音、语义都具体地存在于词汇中,整个语言系统的语法规则也是从词在具体言语中的组合和聚合关系概括出来的,与词汇有着直接或间接的联系,因此词汇的研究就具有它一定的、无可取代的价值和意义。West 曾很明确地指出:"学习一种语言最重要的就是词汇的习得以及练习如何使用它。"① Gass 和 Selinker 也主张:"词汇对学习者来说也许是最重要的部分。"② McCarthy 也曾说过:"无论学生在语法上学习地如何得好,也无论学生对第二语言的发音掌握地如何成功,没有词汇用来表示一个较广泛的意义,交际在第二语言里就不具有任何的意义。"③在语言教学中如此,在对外汉语教学中更是如此。词汇教学与词汇的习得可以说是对外汉语教学中最重要的一环。你能了解一个外国学生的话语,往往是因为他所用到的某个词,也就是说词汇在发挥它的交际作用。在交际中词汇扮演着一个无可取代的重要角色,语音和语法出了错有时并不会直接影响到交际,但是词用错了就很可能造成交际的失败。这也间接地指出词表的制定在对外汉语教学中具有主要的实践和理论的意义。在对韩汉语教学与研究上,韩国汉字词在汉语教学和研究中又起着一定的影响,怎样正确地看待和分析这种影响,将成为对韩汉语教学的至关重要的问题之一。

1.1.7 "国别化"对外汉语教学用词表的制定与"对外汉语教学"

词汇教学既然在对外汉语教学中是如此的重要,那么如何帮助学生掌握第一线所需的词汇,以满足他们生存的需要,这就要论及词表的制定。词表无疑是教学大纲设计、教材编写、课堂教学和教学测试的一个重要依据。然而,词表的收词标准是什么呢? 我们以为这要依据词表制定的目的而定。假若词表制定的目的是向学生展示国内前 3,000 最常用的体育专业用语,那么我们就只需要考虑本国的体育语料,然后根据他们的频度、使用度或流通度来排序和收词。假如词表制定的目的是为了更好、更有效地进行"对外汉语教学",帮助学生成功地用汉语来交际,那么在语料的收集上,不但应该考虑国内的常用汉语语料,也应该考虑学生的母语的常用词汇语料。因为成功的交际是理解和表达交互的作用,理解是为了更好地了解说话者的意思,而表达是学生根据自我的母语认知体系,将自己意欲表达的概念、思维、意思用汉语表达出来。因而,制定这样的词表就不

---

① The primary thing in learning a language is the acquisition of a vocabulary, and practice in using it. (West, 1930, p.514)

② "The lexicon may be the most important component for learners." (Gass and Selinker, 1994:270)

③ No matter how well the student learns grammar, no matter how successfully the sounds of L2 are mastered, without words to express a wider range of meanings, communication in an L2 just can not happen in any meaningful way. (McCarthy, 1984)

能不考虑汉外双语料。又由于学生的母语背景的不同,制定"对外汉语教学用词表"就不能不朝"国别化"发展。进一步说,对外汉语教学发展到今天,应该从语言的"大"共性中,开始寻求语言的个性("小"共性);然而事实上,对外汉语教学若想要得出语言的"大"共性,只能找出所有个性("小"共性)交集的"核心"(kernel),才有可能得出真正具有代表性、具有理据的"大"共性。认知语言学一直致力于寻求的人类共同的基本认知,在我们将"国别化"的对外汉语教学用词表一一制定出来后,他们之间交集核心的部分,不就是人类共同基本认知的词语,从另一层意义来说,不也就是人类共同的基本认知吗?(见下图 2,标示"X"的部分即为各个词表核心交集的部分)

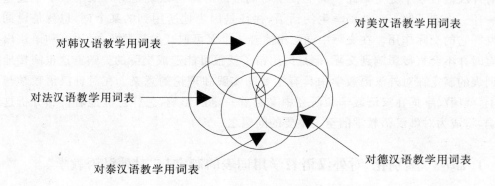

图 2 人类的共同认知图

1.2 国内外词表研究的发展与现状

1.2.1 国内词表研究的发展与现状

对外国人基础汉语用词的思考与词表制作的研究一直是国内学者们所关心的课题。早在 1959 年就有文字改革委员会汉字组编撰的《普通话三千常用词表》(3,000 词),后陆续有北京语言学院(今北京语言大学)于 1964 年发表的《外国学生用四千词表》(4,000 词)、1981 年的《外国人实用汉语常用词表》(3,040 词)、1983 年的《报刊词语三千六百条》(3,600 词)、1985 年的《现代汉语频率词典》(常用词部分 8,548 词)、1986 年的《对外汉语教学常用词表》(4,000 词)和 1991 年的《北京口语调查》(常用词部分 6,966 词),1989 年北京航空航天大学的《现代汉语常用词词频词典》,1990 年北京师范大学现代教育技术研究所的《中小学汉语常用词表》(常用词部分 8,107 词),山东大学的《现代汉语常用词库》

(常用词部分9,000词),及1992年的《汉语水平词汇和汉字等级大纲》等。① 然而,这些词表今天看来语料都比较陈旧,一些词语显得过时且缺少针对性,而且大多是在一个共时的语料库上进行字频或词频的统计,再经大量的人工干预,并且大多只是在考虑了西方国家学生汉语学习的需要设计而成的。其中《汉语水平词汇和汉字等级大纲》(下简称为《HSK大纲》)在所有词表中是比较权威的,它是一种规范性的水平大纲,是在中国国家教委、国家汉办和中国30多所高等院校和研究机构的支持下,由中国国家汉语水平考试委员会办公室考试中心所编制,共收录了8,822个词语,分成甲(1,033词)、乙(2,018词)、丙(2,202词)、丁(3,569词)四级。它采用了当时中国国内最先进的汉语词汇计量学知识和研究成果,并由70多位汉语专家、教授和对外汉语教学的工作者参与编制,它的研制和推出在中国的对外汉语教学发展中,具有不可替代的历史地位和历史贡献。然而它的语料多为20世纪90年代以前的,而且整个研究的出发点似乎仍停留在以"教"为主的思维架构,没有考虑到汉语学习者的背景差异性和在真实生活交际中表达上的需求。近来在认知科学、脑科学、社会学、人类学方面的研究成果清楚地表明,所有的词汇生成和使用都脱离不开它特定的文化模式和社会规范,"约定俗成"的"情境"以其强有力的方式影响着词汇的使用、学习和迁移,这为词表的制定研究提供了更有利、更合理的支撑、建构条件。

1.2.2 国外词表研究的发展与现状

国外对词汇和词表的专门研究开始得较早,早在1898年德国学者Kaeding就用频率编制了世界上第一部频率词典《德语频率词典》。1920年,英国学者Ogden和Richards用直觉的语感开始拟定词表,并开始重视词汇的学习与教学研究,提出了含有850个英语单词的"基础英语"(basic English)词表,他们宣称这850个单词足够用来表达人类思维活动的一切内容,也可以给语言中的一切词下定义。(Kelly,1969 & 冯志伟,2001,p.74)接着Henry Sweet在语言学改良运动(Reform Movement)中提出了利用统计的测量方法来研究词表(Kelly,1969);Michael West在他的 *Speaking-vocabulary in a foreign language* 明确地指出"学习一种外语最重要的一件事就是词汇的获得和使用,然而哪些词汇应该学习,现今却没有一本通行的教科书试着解决这个问题。"② (West,1930,p.514)他进一步阐明外语学习者在学了三年外语后仍然不能掌握

---

① 详细的资料可参见2001年《汉语水平词汇与汉字等级大纲》(修订本)第11页,第12页。

② The Primary thing in learning a language is the acquisition of a vocabulary, and practice in using it. The problem is what vocabulary; and none of these 'modern textbooks in common use in English schools' have attempted to solve the problem. (West, 1930, p.514)

1,000个基本词语的主要原因有三:(1)学习者的时间多花在那些无法帮助他们开口练习说外语的活动上;(2)学习者所学习的词汇对他们没有用处;(3)他们并没有完全掌握(fully mastering)他们所学的词汇。他还提出使用 Thorndike's 的词汇频度表作为学生学习用教材的词汇选择和排序的依据。(West,1930,p.511)West 所指出的第二个原因,在我们看来是对外汉语教学不能有效地起到它教学作用的主要原因,也是本研究意欲解决的问题。后来随着各种语料库如 SEU、Brown、LOB、LLC、COBUILD、Longman、BNC 等和语料库语言学和词汇计量学(lexicometric)[①]的蓬勃发展,学者们开始更加投入到第二语言词汇的研究,如:1953 年 West 出版了 2,000 标题字的 *A General Service List of English Words*(通用英语词汇表)(实际上他从 40 年代开始编著);1944 年,Thorndike 和 Lorge Palmer 依据 18,000,000 字的语料库编著的 *The Teacher's Word Book of 30,000 Words*;1971 年 Carroll、Davies 和 Richman 依据 5,000,000 中、小学用语料编著的 *The American Heritage Word Frequency Book* 以及 1982 年 Francis 和 Kucera 所编的 *The Brown* 和 LOB 等等语料库所建立的词表。此外,Nation 和 Waring 提出了拟定高频词表的准则:1. 词汇所依据的语料库必须具有充分的代表性,覆盖的语言使用范畴较广,语料的来源不但应考虑文本材料,也必须考虑真实的口语语料;2. 必须考虑词汇的频度和分布状态;3. 必须考虑词族的关系和表现形式;4. 必须考虑成语和习惯用语;5. 必须考虑词汇所含的信息范畴,包括词汇的最基本的意义、词义和搭配关系的变化、使用的限制、使用地区分布等等;6. 其他标准,包括词汇学习的难易度(ease or difficulty of learning)、必要性(necessity)、适用度(cover)、文体和感情色彩(stylistic level and emotional words)。(Nation & Waring,1997)Batia Laufer 和 Deville 研究第二语言学习的词汇阈值问题,也就是基本词汇量的问题,研究结果显示 3,000 生词,5,000 词语是通过 EFL 阅读考试所需的最低词汇量(The threshold vocabulary)。(Laufer & Deville,1985)Nation 和 Waring 认为在编有近 54,000 个词族(word family)的 Webster's Third 版本的词典里,一个受过教育说本族语——英语的人大约认识 20,000 个词族左右,满足基本阅读的需求大约需要 3,000~5,000 个词族,满足基本的说和写的需求则大概需要 2,000~3,000 个词族左右。(Nation & Waring,1993)Hazenburg 和 Hulstijn 认为对英语作为第二语言学习的荷兰人来说大约需要掌握 10,000 个英语词。(Hazenburg & Hulstijn,1996)Paul Nation 和 Jonathan Newton 以教学教材和学术文献为基础研究了词汇排序的问题,提出了四个分级:高频度词汇、学术专用词汇、技术专用词汇和低频度词汇。(Nation &

---

① 1935 年,加拿大学者 Beke 提出了词的分布率的概念,并以分布率为选词的标准,出版了《法语词汇手册》。1965 年,德国学者 Keil 把词汇频率的统计与现代统计学结合起来,提出了"词汇计量学"。(冯志伟,2001,pp.73—74)

Newton,1997)(见下表 1)Nation 认为除了 2,000 高频的 GSL (*A General Service List of English Words*)词语必须学习外,第二外语学习者所需要学习的词汇将依照学习者学习第二外语的目的来决定。假若学习者没有要在学术方面发展的特别意愿,那么他应该学习低频的词汇;假若学习者希望继续在学术方面发展,那么他应该学习一般性的综合学术词汇(UWL, University Word List,含有 836 个词语)。(Nation, 1990, 1993)

表 1 词汇的分级,摘自于 Nation & Newton 的"Teaching vocabulary", 1997

Level	Number of words	Text coverage, %
High-frequency words	2,000	87
Academic vocabulary	800	8
Technical vocabulary	2,000	3
Low-frequency words	123,200	2
Total	128,000	100

他们的研究为我们提出"国别化"的对外汉语教学、界定对外汉语教学中"词"的涵盖范围以及词表的拟定上提供了有益的基础。目前欧、美国家第二语言词汇的研究正不断朝着各种不同的个案研究发展,个案研究对象划分很细,不但从各种不同的民族层、年龄层、教育层来研究,也从性别层、心理层来研究。

1.3 界定对外汉语教学中"词"的意义

汉语的词、词组、短语甚至句子之间的界限划分原本就不是非常地清楚,再加上大量新词、新语、新义、新用法的出现,以及研究的出发点和目的的不同,也带来了不小的混乱,这使得词语的界限划分和确定变得越来越困难。我们以为纯理论研究中的词和实际言语交际使用中的词是属于两个不同的词的体系,他们之间既有紧密的联系又有差异。在纯理论哲学领域里,我们可以抛开其他因素而只对静态的词语进行研究,然而在实际的现实状况里,词语具有其交际的目的,它是动态的、实用的,因此目前一般从语法理论出发对词的界定不能很好地满足现实中人们对词的认识。再说,对外汉语教学的主要教学目的是培养学习者用汉语交际的能力,是现实的、实际的、活生生的、有绩效的交际活动,因此,"什么是对外汉语教学中的词"就成了对外汉语教学领域必须回答的一个问题。第二章中,我们从语言学、认知科学、社会语言学、信息处理和对外汉语教学的功能出发来探讨什么是对外汉语教学中的"词",然后在他们的基础上提出我们对对外汉语教学中的"词"的界定。

1.4 "国别化"对外汉语教学用词表制定依据、基本原则和前提假设

1.4.1 词表制定的依据

研制"国别化"对外汉语教学用词表的主要依据是以下三种语料库和词语表：
1)《汉语水平词汇与汉字等级大纲》的8,822个"词汇等级大纲"语料[①]；
2) 北京语言大学应用语言学研究所的"动态流通语料库"(Dynamic Circulating Corpus，DCC)；
3) 韩国国立国语研究院的"韩国常用词语频度语料库"(Korean Frequency Corpus，KFC)；

选择这三种语料库和词语表作为制定"国别化"对外汉语教学用词表的依据，主要是因为他们所具有的代表性(representativeness)。《汉语水平词汇与汉字等级大纲》是在中国国家教委、国家汉办和中国30多所高等院校和研究机构的支持下，由70多位汉语专家、教授和对外汉语教学的工作者共同制定出来的一种规范性的水平大纲，具有一定的权威性。"动态流通语料库"主要是基于大规模真实报纸文本的书面语语料来测量语言成分的流通度而构建的语料库。它把语料库的建设从静态推向了动态，把文本和词语的量化标准从分布原则推向流通原则，也把对语言成分的一般性的统计分析推向对语感的测量性统计分析和验证。由这个语料库提取出来的词语表也具有一定的代表性，是我们取词、删词的一个重要的依据和参考。

"韩国常用词语频度语料库"是由韩国国立国语研究院所开发的"韩语常用词库"中提取出来的。"韩语常用词库"收集了2000年到2002年三年间九大类(韩语教材、教科书、基本教养书、文学、新闻、杂志、剧本、口语、其他)176个文献，150万个音节的数据；并使用了韩国文化观光部所主持的"21世纪世宗计划"课题中开发出来的智能语素分析器、语流器进行语素和语流的分析，然后进行人工干预，选择词语，最后通过一个频度调查程序，进行机器处理的频度统计工作。这个语料库建设的主要目标是回答两个问题：1. 韩语中最常用的词语是什么？2. 外国人学韩语时应该从什么词语开始学？它具有一定的代表性，为我们在拟选韩国的高频词语上提供了最佳的语料来源。在第四章我们将对这些语料库和词表做进一步的介绍。

[①] 2001年《汉语水平词汇与汉字等级大纲》(修订本)中按甲、乙、丙、丁四个级别排列了"词汇等级大纲"，共8,822个词汇，甲级词为1,033个，乙级词为2,018个，丙级词为2,202个，丁级词为3,569个。

1.4.2 词表制定的基本原则

制定"国别化"对外汉语教学用词表所持的总原则为:1."理解"和"表达"的双"重"(zhòng)原则(满足生存性原则);2.汉语语料和学习者母语语料的定量统计和群族性的定性分析相结合原则(满足科学性和针对性原则);3.对外汉语教学学科理论和实际教学实践相结合原则(满足实用性原则)。

在前文中我们已经反复强调了对外汉语教学的最主要的目标是培养汉语学习者的汉语交际能力,也就是说让汉语作为第二语言的学习者掌握用汉语进行"听"、"说"、"读"、"写"和"译"交际活动的能力。从交际的本质来看,培养交际能力无外乎就是培养"理解"和"表达"的能力。"听"属于"理解"的层面,"说"属于"表达"的层面,"读"属于"理解"的层面,"写"属于"表达"的层面,"译"则是"理解"和"表达"的最高层面。"理解"和"表达"不但符合人类的认知行为,也符合对外汉语教育学的教学原则,而且具有将学习从一个被动学习的状态朝一个主动、积极学习的状态发展的实质意义。其实1994年在Duck of Edinburgh English Language Book 大赛中获奖的 *Longman Language Activator* 词典就是从"理解"和"表达"的交际功能出发编撰的,以后所编撰的各种学习词典,也都是朝着这个方向进行的。

再说,"国别化"的词表研究唯有兼顾目的语和母语语料的定量分析和目的语国和母语国的群族性(国别性)的定性分析,才能有效地建设起来。在本研究中,我们首先进行语料选择和转译的定性研究,然后根据定量原则将每一个收进词表的词语依照频度、使用度和流通度来调整,最终再由中、韩双方汉语教学专家的定性审核拟定出来。简单地说,选词标准将依照频度、使用度、流通度的客观定量标准与联想性、国别性、生存必须性的定性标准来确定。

另外,对外汉语教学原本就是以实用为主的教学,学科理论需要和实际的教学实践相配合,才能真正地发挥它的作用,提高教学的效率,也才能有效地培养出能听、能说、能读、能写、能译,具有理解和表达的汉语交际能力的"中国通"。因此,本研究设计了《HSK大纲》使用度的问卷调查,希望能确定《HSK 大纲》的实用性,进一步为我们制定"国别化"对外汉语教学用词表提供一定的参考。

1.4.3 词表制定的前提假设

由于词表的研究不是一时一式拍脑袋就能出来的,它是一个极为复杂的研究过程,为了考虑人类认知的客观事实、交际的实质意义以及本研究在人力、物力上的有限性,我们对本研究已经拿到的一些统计材料设定了几个前提:

1) 假设韩国高频词语和韩国特色词语能够体现韩国学生在表达上的基本词汇需要;
2) 假设《HSK大纲》和在"动态流通语料库"上提取出来的"流行语词表"已经覆盖了韩国学生在理解上的基本词汇需要;
3) 假设《HSK大纲》使用度的调查、韩国汉字词、生存所需词语、词语的流通度和词语的流通走势是调整"对韩汉语教学用词表"的必要参数。

1.5 本研究的目标

本研究的实质目标就是从"理解"和"表达"的交际需要入手建立一个真正具有针对性、实用性和系统性的"对韩汉语教学用词表"("国别化"的对外汉语教学用词表)为其通用支撑平台建设的打基础。它既能满足现实的对韩汉语教学的迫切需要,将来在足够的实践基础和通用支撑平台上又可以陆续推出对日、对美等国别化的词汇大纲,为国别化的对外汉语教学研究起到奠定基础,进而为人类拥有共同的基本认知——"人同此心,心同此理,人的认知心理不仅古今相通,而且中外相通。"(沈家煊,1998)提供一定的理据。

更广泛地说,本研究试着从一种全新的视角,突破已有的研究方法和思维来制定"对外汉语教学用词表",试图将词表的研究推向一个新的高度,更专门化、更精细化。词表的语料来源,不但考虑了中国国内的语料库的语料,也考虑了汉语学习者母语背景的语料库的语料(本研究以韩国学生为研究对象)。因为我们相信对外汉语教学所需的词汇存在于公众的认知和使用之中,只有用科学的方法收集来自公众语感方面较为客观可靠的数据,并利用科学的方法进行定量统计分析,才能有效地制定出一个具有客观真实性的"国别化"的对外汉语教学用词表。语料将考虑它的频度、分布系数,也考虑它的流通度,因为,流通度所涉及的是一个成熟度的问题,词语的成熟与否与我们语感的形成有着一定的联系。研究词语的流通度将有助于我们确定收词、拟定词表。总而言之,一个"国别化"的对外汉语教学用词表不但应具有针对性、科学性,又应符合"国别化"的不同学习者的需求,而且在语料处理上必须具有更新的能力,在词表设计和操作方法上也应该突破传统的局限。今天的科技和通讯网络技术的发展,为我们在语料的获取、更新以及词表的操作实践上提供了有利的条件。

1.6 小结

现在的对外汉语教学已不再是一锅饭就可以满足所有的汉语学习者胃口的时代了。在这一章里,我们从对外汉语教学的发展现状、教学模式的改变、教学任务和目的、什么是"国别化"、"国别化"对外汉语教学的重要性以及词汇教学和词表制定在对外汉语教学中的重要性探讨了本研究提出的主要背景。在这样的一个大背景下,我们展开了"'国别化'对外汉语教学用词表的制定"这个研究课题。希望藉由这个研究课题带动对不同国家的汉语学习者汉语学习需要的研究。

本章主要参考文献

北京国家留学生基金管理委员会数据统计报告，
　　http://www.chinagateway.com.cn/chinese/news/4523.htm
冯志伟,《计算语言学基础》,商务出版社,2001年。
刘珣,《对外汉语教育学引论》,北京语言文化大学出版社,2000年。
陆俭明,《汉语教学与研究》,第3期,1984年。
沈家煊,实词虚化的机制,《当代语言学》,第3期：41—46,1998年。
汤廷池,《语言学与语文教学》,台湾学生书局,1993年。
王力,《汉语教学与研究》,第3期,1984年。
吴丽君等,《日本学生汉语习得偏误研究》,中国社会科学出版社,2002年。
许国璋,《论语言》,外语教学与研究出版社,1999年。
张普,信息处理用动态语言知识更新的总体思考,《语言文字应用》,第2期,2002年。
周荐,《汉语词汇研究史纲》,语文出版社,1998年。
《汉语水平词汇和汉字等级大纲》,经济科学出版社,2001年。
《韩国常用词语频度语料库》,韩国国语研究所,2004年。
Ann Ryan & Alison Wray. *Evolving Models of Language*. (Eds). Cambridge University Press, 1997.
Anzaldúa, G. *Borderlands/La Frontera: The new mestiza*. San Francisco: Aunt Lute books, 1987.
Batia Laufer & Deville, Taking the Easy Way Out: Non Use and Misuse of Contextual Clues in EFL Reading Comprehension *, *English Teaching Forums* 23 (2): 7—10, 20, 1985.
Carroll, Davies, Richman, *The American Heritage Word Frequency Book*, American Heritage Publishing Co. Inc., 1971.
Dan Sperber & Deirdre Wilson, *Relevance: Communication and Cognition*, Blackwell Publishers, Ltd., 2nd edition, 1995.
Francis & Kucera, *Computational Analysis of Present-Day American English*, Brown University Press, 1967.
Gass & Selinker, *Second Language Acquisition: an introductory course*, Amsterdam: John Benjamins, 1994.
Hazenbury & Hulstijn, Defining a Minimal Receptive Second Language Vocabulary for Non-native University Students: An empirical investigation, *Applied Linguistics* 17(2): 145—163, 1996.
Jamieson, P. *The Acquisition of English As a Second Language by Young Tokelau Children Living in New Zealand*, Unpublished Ph. D. thesis, Victoria University of Wellington, 1976.
Kaeding, F. W. *Haufigkeitsworterbuch Des Deutscher Sprach*, Berlin: StegalitzIn, In 冯志伟《计算语言学基础》: p. 75, 2001.
Kantor, H. *An Analysis of Lexical Errors in the Interlanguage of Hebrew Learners*, Bar-Ilan

University: MA thesis, 1978.

Kelly, Guessing: No Substitute for Systematic Learning of Lexis, *System*, 18 (2): 199—207, 1990.

McCarthy, A New Look at Vocabulary in EFL, *Applied Linguistics*, 5(I): 12—22, 1984.

Nation, *Teaching and Learning Vocabulary*, New York: Newbury House, 1990.

Nation, Vocabulary Size, Growth and Use, In R. Schreuder and B. Weltens (eds.) *The Bilingual Lexicon*, 115—134, Amsterdam/Philadelphia: John Benjamins, 1993.

Nation, P. & Newton, J. *Teaching vocabulary*, In M. H. Long & J. C. Richards (Series Eds.) & J. Coady & T. Huckin (Vol. Eds.), *Second language vocabulary acquisition*, The Cambridge applied linguistics series, (pp. 238—254), New York: Cambridge University Press, 1997.

Nation, P. & Waring, R. Vocabulary size, text coverage and word lists. In Schmitt, N. & McCarthy, *Vocabulary Description, Acquisition and Pedagogy* (ed.), Cambridge University Press, 1997.

Thorndike & Lorge Palmer, *The Teacher's Word Book of 30,000 Words*, New York: Teachers College, Columbia University, 1944.

Weinreich, U. Lexicology, In T. Sebeok (ed.) *Current Trends in Linguistics*, I:60—93, The Hague: Mouton, 1963.

West, M. Speaking-vocabulary in a foreign language, *Modern Language Journal*, 14, 509—521, 1930.

West, M. *A General Service List of English Words*, London: Longman, Green and Company, 1953.

Longman Language Activator, 1994.

Webster's Third New International Dictionary, Springfield, MA: G. and C. Merriam Co., 1963.

理论篇

野作錢

第二章 "国别化"对外汉语教学用词表制定的相关理论基础

对外汉语教学属于学习科学的范畴,是一门交叉性的学科,它跨越了认知科学、心理学、神经科学、脑科学、人类学、文化学、教育学、社会学、计算机科学等学科领域。这一章我们将从和"国别化"对韩汉语教学用词表有着密切关系的认知科学、第二语言词汇习得、中介语理论、对外汉语教育学、社会语言学、语料库语言学和韩语的语言结构等几个领域进行相关的理论回顾和综述。

2.1 关于认知科学方面的研究

> "语言归根到底是认知的一个部分。"[①]
> ——(Lakoff,1987,p.21)

语言学习可以说是一种知识的获得,也是一种能力的培养,更是一种认知的心理活动。认知语言学家认为语言的意义取决于人们对其生存的世界的感知所形成的概念体系,也就是说人们通过概念化的能力形成概念体系,从而决定了语言的意义,简单地说,语义的形成是概念化的过程,也就是认知的过程。由于认知语言学家认为没有独立于人的认知以外所谓的意义,也没有独立于人的认知以外所谓的客观真理。(Johnson,1987)人类的概念体系以来自人的生理、心理活动以及与外部世界相互作用的基本范畴和意象图示(即基本关系)为基础,通过人的认知能力而获得的。所以,语言能力不是独立于其他认知能力的一个自主的形式系统,而是认知机制的一个部分。按照"人类中心说"(anthropocentrism),只有人类的存在才是有意义的,人类一切的认知也都是从认识自身开始的,然后引申到外界空间、事物及时间、性质等。事实上,研究表明我们在表达中对词语的选择并不是任意的,而是有一定认知基础的。J. Piaget 曾提出认知发展过程或建构过程有:图示(schemas)、同化(assimilating)、顺化(accommodating)和平衡(equilibrium)四个核心概念。(Piaget,1990)他认为大脑的认知活动是在已有的记忆知

[①] "Language after all is a part of cognition." (Lakoff,1987,p.21)

识的基础上以最节约的方式进行的,所以随着对新事物的认识,大脑总是在记忆中寻找已存在的概念,根据新认识事物的物理、功能等属性将其与已认识的事物发生某种"联系",通过平衡——不平衡——平衡的动态平衡过程(dynamic equilibrium),对其进行类比、归类。然后将旧知识的概念模型改变,容纳新的内容,实现着思维结构的不断变化、迁移和发展。而所谓的"联系"亦即是"相似性",这种"相似性"不仅仅存在于客观事物本身,而且也决定于人的认知方式,尤其在第二语言的习得中母语与目的语之间起着重要的作用。我们以为 Piaget 的四个认知发展和建构过程也就是第二语言习得的过程。然而由于第二语言习得者图式、同化、顺化和平衡的过程不甚相同,如何针对他们不同的习得过程来提高对外汉语教学的绩效,"国别化"的研究就显得重要。因此,从认知角度来探讨语言现象,为我们在制定"国别化"的词表上提供了重要的依据,也充分说明国别化词表中的"词"不该是客观存在于学习者的思维以外——不能完全独立于"人",词表的制定必须考虑多种因素——客观现实、人类的生理基础和学习者的知识经验和认知能力。

2.1.1 认知的含义和语言的联系

认知(cognition)一词原出自于拉丁语 cognitio (the action or faculty of knowing or learning),主要是指大脑的智力作用于认识事物和获取知识的行为和能力。换言之,就是指人类获得知识或学习的能力和心理过程,包括了意识、知觉、动机、情感、意愿、意志、推理和判断等方面。美国心理学家 T. P. Houston 归纳了有关认知的五种定义:(1)认知是信息加工;(2)认知是心理上的符号运算;(3)认知是解决问题;(4)认知是思维;(5)认知是一组有关的活动,如知觉、记忆、判断、推理、解决问题、学习、想象、概念形成、语言使用等(朱智贤,1987, John P. Houston, 1986)。从 Houston 对认知的定义来看,我们能确定一件事,那就是语言的使用与学习和人类的认知有着难以割裂的联系。

认知语言学家认为语言来源于客观世界,"词语"具有相对明确且能客观反映现实世界的意义,但没有所谓的"绝对客观"的现实,也没有离开客观现实而独立存在的感知和思维,只有"相对"于一定自然和社会人文环境的认知。他们并且强调"经验"在人类的认知和语言中的重要性。人类的经验源于天、地、人之间的相互作用,换句话说,是人与大自然、人与生存环境和人与人之间的相互作用。这些主客体之间相互交错的作用(相互作用论,interactionism),在人的大脑逐步形成了认知世界(cognitive world)或认知结构(cognitive structure)。"联想"、"完形概念"和语言的发展进一步完善和扩展了人类的认知结构。(F. Ungerer & H. J. Schmid, 1996)。对第二语言学习来说也是如此,总是在学习者已有的感知、完形概念和相互作用上,以最节省的方式,扩展他的认知范畴去认识第二语言的世界。

1989 年"认知语言学"的崛起明确地指出了"认知"和"语言"之间的血水关系。认知语言学的奠基人和认知语法学的创造者 Ronald W. Langacker 认为语言不能脱离开认知,语义学就是关于概念的学问,语义分析就是所谓的概念分析。(Langacker,1991)这也就是说语言不能脱离开思维,思维是可以脱离开人的自然语言而独立存在的,然而语言不是思维的唯一表现形式,语言能力的发展不能先于认知能力的发展。瑞士著名儿童心理学家 J. Piaget 主张语言不能包括全部的认知能力,也不能决定认知能力的发展,但语言在动作内化为思维的过程中起着决定性的作用,语言能够促进认知的发展,而且又是以认知的发展为其基础。众所周知,认知的发展是以大脑的成熟为其生物基础,由于儿童和成人的大脑成熟度的不同,因而儿童的认知发展异于成人的认知发展,儿童的语言也就异于成人的语言。(J. Piaget,1990)

在认知语言学的基础上,我们大致可以总结出认知和语言的几层关系:
1. 认知是内在建构的,认知的发展先于语言的发展,语言可以说是认知过程的一个产物;
2. 认知是语言的基础(所谓的"言之有物,言之无物"),语言则是认知的物质外壳(符号表象)和认识能力的体现;
3. 认知和语言之间呈现出"iceberg effect"(冰山效应)的关系(1+1>2),这也就是说认知促进了语言的发展,而语言又促进了认知的发展,然而人类的认知范畴永远大过于语言范畴,所谓的"言有尽,意无穷"、"不可名状"、"无法言尽",也就是这个道理。由于人类的认知没有界限,因此语言也就永远无法穷尽地表达人类的认知;
4. 认知和语言之间的对应关系常常不是 1 对 1 的,而是 1 对多或多对 1 的关系。

语言的产生是对世界认知的结果,是以认知为基础的;语言运用和理解的过程也是认知处理的过程,所谓语言知识只不过是关于世界的知识和经验固化于语言符号而已。人在理解世界、认识世界的过程中是以社会和文化的方式为中介的,在人际的互动中通过社会性的协商进行语言符号的建构。从另一方面来说,语言符号既存在任意性也存在它的理据性,所谓理据性是指语言符号的音义之间具有它的人文联系,而这个人文联系则来源于人对世界(天、地、人)普遍存在的认知,支持着语言的有序性、机制性和可验证性。对外汉语教学属于语言教学,语言与认知有着如此密切、不可分的关系,也就是说对外汉语教学与认知也有着密切、不可分的关系,正如 Lakoff 所说的:"语言归根到底是认知的一个部分。"(Lakoff,1987,p.21)了解了语言和认知的关系将有助于我们展开对外汉语教学的研究。

2.1.2 语言的认知基础

语言和认知既然有着密切不可分的关系,我们有必要进一步了解认知和语言相关联的一些重要的理论。下面,我们就有关学习科学研究涉及到的认知的神经和心理学、主客观相互作用论、原型、基本范畴和认知模式等来探讨语言的认知基础。因为,这些基本理论有利于改进教学实践,为学习的科学的知识基础增添一个重要的维度。我们认为对外汉语教学必须在语言的认知基础上发展起来,才具有它实质的教学效益。"国别化"对外汉语教学用词表的制定也必须凭借语言的认知基础,才具有它真实的实践意义。

2.1.2.1 语言的神经和心理认知基础——记忆

脑神经细胞是记忆发生的地方。信息就是运用脑神经细胞和脑神经细胞彼此联结的方式来表达。由于联结的组合无数多,也就能表达各种不同的信息,记录我们一生中所面临的无数信息。打从 Ebbinghaus[①] 对记忆现象进行了开创性的实验研究以来,学习和记忆一直是心理学、认知学和神经生物学等相关领域中最为活跃的研究方向之一,也促使了学习科学的产生。虽然当时他研究的是长时记忆,但他本人在"自由回忆"的实验研究中,就已注意到短时记忆的现象,他首先发现在无意义音节的系列学习中,当每个音节只学习一次时,则人可以正确地回忆出 7 个音节。1950 年代末,以计算机建模的认知心理学崛起,信息加工的观点被引入了认知科学的领域,认为人的大脑类似于计算机,编码、贮存、提取是人脑对外界信息加工的基本过程。人们开始用自由回忆、线索回忆等各种记忆试验的方法代替原有的研究范式。这个时候出现了短时记忆(short-term memory,STM)和长时记忆(long-term memory,LTM)两种记忆过程理论(两种记忆说,Dual Memory Theory)。后来,还进一步发展了工作记忆理论、加工层次理论(加工水平说)等。目前,最为神经认知学和认知心理学学者接受的记忆储存的模型是"记忆信息三级加工模式",亦即:感觉记忆(sensory memory,SM)、短时记忆(short-term memory,STM)和长时记忆(long-term memory,LTM)。(见下图 3)

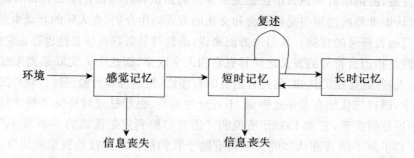

图 3 记忆的三个存储模型,摘自于王甦、汪安圣,《认知心理学》p.127;
原出于 Shiffrin & Atkinson, 1969

---

① Ebbinghaus 于 1885 年发表了著名的《记忆》(*Memory*)一书,影响并激励着以后的人们对记忆进行更为深入的探索。

大脑对语言的处理主要是在短时记忆(STM)中进行的。短期记忆主要连接来自外部世界的感觉记忆和长时记忆两个部分。短时记忆从 Ebbinghaus 的"自由回忆"实验开始便引起了人们的广泛研究。它也被称之为工作记忆[①]，是信息加工系统的核心。短时记忆在感觉记忆中经过编码的信息，进入短时记忆后经过进一步的加工，再从这里进入可以长久保存的长时记忆。在短时记忆中，信息的保持时间是有限的。如果它们得不到复述，就会很快消失掉。从 Peterson 的实验[②]（Brown-Peterson Interference Test）中我们可以看到随着间隔时间的延长，回忆成绩迅速下降（见下图4）。这也就是说，如果得不到复述（rehearsal），信息即使进入了短期记忆也会很快地消逝。(L. R. Peterson & M. J. PeterSOIl, 1959)一般说来，信息在短时记忆中最多只能保持 20 秒，但如果加以复述，便可以继续保存。

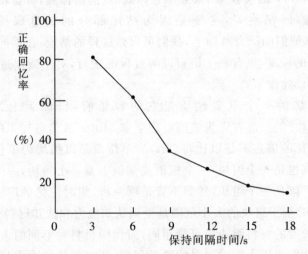

图 4　短时记忆的迅速消退图，摘自于 Schmidt & Lee 1999，p.57；
原出于 Peterson and Peterson, 1959

短时记忆在人类的心理活动中具有十分重要的作用，它所储存的是我们正在使用的信息，使我们能够采取各种复杂的行为直至达到最终的目标。我们大致可以总结出短时记忆的功能有：1. 短时记忆扮演着意识的角色，使我们知道自己正在接收什么以及正在

---

① 工作记忆的概念来自一种假设，即：某种形式的信息的储存对于许多认知活动，如：学习记忆、推理等是必要的。工作记忆可以在短时间内贮存和保持信息。

② 在 Peterson 等人的实验中，被试者的任务是记住由 3 个无意义音节组成的三字组（trigrams），如 BCM；然后依 3，6，9，12，15，18 秒的间隔时间进行回忆。在一般正常情况下，被试者正确地完成这个任务没有任何的问题；然而，在刺激呈现以后，立即呈现一个三位数的数字，要求被试以这个数字为起点，进行每隔3的倒数数，持续到18秒为止。这时再让被试回忆字母，回忆成绩不足 20%，即回忆的平均数还达不到一个字母。

做什么；2. 短时记忆使我们能够将许多来自感觉的信息加以整合构成完整的图像；3. 短时记忆在思考和解决问题时起着暂时寄存器（register）的作用；4. 短时记忆保存着当前的策略和意愿。[①] 后来，认知神经学和认知心理学家从"阅读理解"和"词位"的角度进行了记忆的研究。研究表明，短时记忆容量与阅读理解能力之间存在着密切的关系，阅读理解的程度取决于认知加工系统能否协调地完成同时性的加工和存储工作。另外，Freeddle 的研究证明在听读反应中，整词的识别速度和精确度与单音识别相似，也就是说语言反应时间并不随着语言单位的长度增加而增加。换言之，固定词组、习语、成语等的识别速度与词相似。(Freeddle, 1979) Osgood 和 Hoosain(1974) 的研究也说明，熟悉的复合名词的识别速度与同样长度和同样频率的单词识别速度相同。(Osgood & Hoosain, 1974) Murdock 的实验[②]结果显示近因效应（前摄抑制）有着较优的回忆成绩，也就是说结尾部分的回忆更好，主要是因为结尾部分的信息保持在短时记忆里。(Murdock, 1962) 在他们的研究基础上，我们可以做这样的结论：在相同反应时间控制下，加大语言识别单位的长度，更有利于语言理解过程的进行，对于阅读过程来说，这种做法能够有效地提高阅读速度。

然而，短时记忆的一个重要性质是它的容量有限，即为七加减二个"组块"（"Chunk"）[③]。"组块"的概念首先为美国心理学家 Miller 从信息加工的角度出发所提出的。他认为短时记忆的信息不是以比特（bit）为单位而是以组块为单位。一个字母是一个组块，一个字或词也是一个组块，一个短语或词组也是一个组块，一个音节、一个数字、一句话、一件事也可以是一个组块，然而不管是哪一种，短时记忆的广度一般来说都只是 7 个。(Miller, 1956) 至于组块的大小范围是受到认知能力和认知材料的性质制约的。对一个人来讲，不同长度的材料组块数可能相同；而相同材料对不同的人，所构成的组块数也可能差异很大，这取决于人们对材料的熟悉程度，所以组块的大小是可变的。比如说："对外汉语教学"这六个字，对不懂教学的人来说也许是六个组块，对懂教学的人来说，也许是三个组块（对外、汉语、教学）或者是两个组块（对外、汉语教学），但对对外汉语教学的人来说，也许就只是一个组块（对外汉语教学）。认知心理学家曾做过实验，把十个项目分成两块来记，比分成十块要好记。例如，现在的手机号码 01190983049 有 11 位，超出了 7 位的界限，但如果把它分为 011（局号），9098 和 3049 三个部分来记，就能很容易记住了。换句话说，组块是指人们最熟悉的认知单元，是人们通过对刺激的不断编码所形

---

① 参考 http://student.zjzk.cn/course_ware/psychologycai/study.htm。

② Murdock 进行了一个由 30 个常用词组成的词表，每次呈现一个词，每次 1 秒，然后进行自由回忆。

③ 美国心理学家 George A. Miller 在其发表的《神奇数 7 加减 2：我们加工信息能力的一些限制》(*The magical number seven, plus or minus two: Some limits on our capacity for processing information*)明确地提出短时记忆的容量为 7±2。他的这个说法为大量的心理实验所验证并得到许多认知心理学家的公认。

成的稳定的心理组合。学会将更多的项目组成一个有意义的组块,可以大幅度地提高记忆的广度。因此,许多认知学家认为"组块"是一个"学习机制"(learning mechanism),符合人类的惯性规律(the power law of practice),可以使学习加速成指数学习(exponential learning)的成长曲线。(Newell,1990;Newell & Rosenbloom,1981)

根据认知神经学和认知心理学关于记忆理论的有关研究和实验,我们提出了:

一、对外汉语教学中的"词"的界定。既然人的认知活动具有显著的模块性、惯性和整合性,那么,使用自然语言交际(理解和表达)的单位也必然具有其模块性、惯性和整合性。从认知的角度看,对外汉语教学中的"词"就是一个认知的组块单位;

二、对外汉语教学用词表的制定必须"国别化",必须考虑汉外双语语料。因为认知组块单位随着人(中国人、韩国人、美国人)的不同又有所不同,也直接影响到他们对"词"的界定以及他们语言的结构,比如说,韩国人将"사회적"(社会的)、"정치적"(政治的)、"경제적"(经济的)当作一个词来使用,然而中国人却认为他们不是一个词。这指明了"组块认知单位"随着不同的国家而不同。在对外汉语教学中,我们若对汉语学习者的语言认知单位有所了解,将能有效地推广对该国的对外汉语教学。至于如何获取该国语言认知单位的有关信息,我们以为该国的常用词语语料库就是了解该国语言认知单位最好的信息来源。

2.1.2.2 主客体相互作用论

主客体互动的信念来自于认知心理学的奠基人 Piaget 的心理发展的相互作用论。他从 1927 年开始,主要研究儿童学话和思维和智力的发展,建立了结构主义儿童心理学(发生认识论),对后来的语言习得、语言使用以及思维的关系的研究都有很大的影响,也为后来的认知心理学和认知语言学的发展提供了一定的理论依据。他的心理结构的发展涉及图示或结构(schemata or structure)、同化、顺化(适应)和平衡四个方面。图示就是行为结构或组织,最初取决于遗传,一经与外界接触,就在适应环境的过程中向环境学习,不断产生迁移,变化,丰富和发展起来。Piaget 强调行为和认知是主客体相互作用的产物(即生物适应论的观点),是内因、外因相互作用的发展理论,被称为相互作用论(interactionism),是在内在组织和外在环境的相互作用下,通过平衡——不平衡——平衡这种动态的平衡过程(dynamic equilibrium),使得思维结构不断产生迁移、变化和发展。他的一个重要的发现是,语言能力是建立在认知能力发展的基础上,语言的发展不能超越认知能力的发展。这说明语言习得是以自身认知能力的发展为基础。而自身能力又和他赖以生存的语言环境有着不可分离的关系。另外,R. Jackendoff[①] 于 1983 年

---

① R. Jackendoff 是试图将语义理论和认知理论联系起来的第一位语言学家。

出版的"Semantics and Cognition"一书中,论述了语义与认知的主客体关系。他认为认知是客体作用于主体的结果,是大脑经过加工对客体世界进行重新认识的过程。他还提出了"投射世界"(projected world)的概念,认为语言传递的信息并不是关于真实世界的,而是真实世界反映在头脑中的投射世界。我们感知到的世界是经过大脑自动地、无意识地重新组织的结果,这即是认知过程。Lakoff 和 Johnson 合著的《我们赖以生存的隐喻》以人类隐喻的认知结构为基础,用大量的语言事实说明语言与人的认知能力的密切关联性和系统性,指出语义研究不仅是对客体真值条件的描述,还必须参照主体对客体的经验及人的隐喻概念体系来研究语言的意义。(Lakoff. C. & Johnson. 1980)Langacker 认为人的大脑的经验(mental experience)是客观世界在大脑中的重现,是从人的真实经历中得来的,因此形成了我们的概念世界(conceptual world)。他并认为认知的运行大部分是自主的(Cognitive functioning is largely autonomous)是按照自己的规律建构自己的理念世界,对具体事物的意象是直接来自自我感官的经验,对抽象事物的意象则是在对具体事物的意象基础上进行加工、综合的结果。(Langaker, 1991, p. 112)

图示、同化、顺化(适应)和平衡的认知过程中的主客体相互作用应用在对外汉语教学中,强调了研究汉语学习者的母语认知环境,更多地关注母语环境(客体)对于目的语的习得(主体)的影响。因此,在这样的论证下,研究"对外汉语教学用词表"的制定就必须考虑汉外双语料库,因为汉语学习者在主客体相互作用下,逐步发展他们的汉语认知能力,改善他们的汉语"理解"与"表达"的交际能力。主客体的相互作用对第二语言的学习起着关键性的作用。

2.1.2.3 "原型"理论和基本范畴的研究

词汇的形成在于人类如何对世界进行范畴化和概念化,是人们对世界的经验和与外部世界相互作用的结果。(Jackendoff, 1983)虽然人类学家大多支持沃尔夫的"语言相对论",也就是不同的语言对现实进行不同的、任意的切分,就如同爱斯基摩人对冰的切分与美国人、中国人都不相同,然而在 Lounsbury 和后来的颜色词的研究中,学者们发现不同的语言中实际上存有其基本切分范畴的特性,不是任意切分的,而是基于大脑范畴化的认知能力。Rosch 指出原型(Prototype)是人们对世界进行范畴化主要的一个认知参照点(cognitive reference point),所有的概念的建立都是以"原型"为中心发展起来的。换句话说,原型对范畴的形成起着重要的作用,所有事物的认知范畴是以概念上突显的原型来定位的,"基本范畴"是认知的最初切分状态,是最核心的部分,相邻的范畴与范畴之间则互相重叠、互相渗透。"原型说"确立了范畴在认知心理学和认知语言学研究中的重要地位。

有关基本范畴(basic-level categories)的研究始于 Roger Brown。(Roger Brown, 1958)他观察到一个东西在不同的范畴等级里,可以有不同的名称,而其中某特定范畴具有其一定的优先地位(superior status),事物首先在这个等级上被划分。这个等级范畴被认知学家称为基本范畴。它是人类对世界各种事物进行分类最基本的心理等级,在基本范畴等级上,人与环境的相互作用提供了认知结构与客观世界的重要关联,因而在此等级上,人们更容易感知、学习、记忆事物的非连续体。早在 1953 年,维特根斯坦(L. Wittgenstein,1953)在他的"游戏"范畴的研究中提出了范畴没有固定明确的边界,而且范畴的成员间也没有共同的特性,只有多种方式的相似性——家族相似性(family resemblance)。他的理论为奥斯丁(J. Austin)用于词汇的研究,在他的论文"词的意义"(*The Meaning of a Word*,1961)中提出一个词的各种意义构成一个范畴,各意义间不是具有相同的特征,而是以某种方式发生联系,其中有中心含义,也有衍生含义,而这些含义之间不是任意的,而是构成一个相关的范畴,是自然的、心理真实的,并具有一定的认知背景。对基本范畴的认知主要依赖人的最基本的感知能力:完型感知(gestalt perception)、意象(mental imagery)、动觉功能(motor movement)和外界接触所产生的直接的、重要的经验。(Austin,1961)(赵艳芳,2000)

从心理角度来看,基本范畴是表现感知和功能完形最高的词汇等级;从概念化角度来看,是原型效应最明显的等级;从教学角度来看,基本范畴词的使用频率最高。

认知学的原型和基本范畴的理论帮助我们了解到:一、在对外汉语教学中基本范畴的词汇应该是词汇教学的重心,是汉语学习者必须掌握的词汇;二、目的语的范畴的形成常会受到母语范畴的影响。这也就是说目的语的范畴是在母语的原型范畴的基础上以某种联系的方式发展起来的,而且多是跟着母语的原型范畴一起发展。因此,对外汉语教学不能忽略汉语学习者母语的认知模式。我们以为认知的基本范畴和原型效应的研究将能帮助我们更好地进行对外汉语的词汇教学和研究。

2.1.2.4 认知模式的研究

依照以研究隐喻(metaphor)和提出物化的心智(the embodied mind)[①]著称的美国加州伯克莱大学认知语言学者 George Lakoff 的论述,认知模式是在人与外部世界互动的基础上形成的认知方式,即对我们的知识进行组织和表征的方式,不是客观存在的,而是人类所创造的,Lakoff 称之为理想化的认知模式(Idealized Cognitive Models,简称

---

① 物化的心智(The Embodied Mind)有时被称为"embodied mind thesis","embodied cognition",或者"the embodied cognition thesis",主要倡导人是 George Lakoff,Mark Johnson,Mark Turner 和 Rafael E. Núñez。他们主张人类是具有神经中枢的生物(neural beings),我们的大脑的运作是由我们身体其他部位输入的,我们的身体像什么以及他们是如何的运作决定了我们的思维,因此只有将形体和心智较原始的物质基础考虑进去,才有可能更佳地了解人类的心智。思维的法则是隐喻性的,不是逻辑性的;真实是隐喻的建构,不是客观事实的属性。更多见 Lakoff & Johnson,*Metaphors We Live By*,1980。

ICMs①)。(Lakoff,1987)范畴结构(category structures)和原型效应(prototype effects)是认知模式②的副产品。Lakoff将认知模式分为四种:(1)命题模式(Propositional Structure),概念和概念之间关系的知识结构是以命题模式的形式储存的;(2)意象图示模式(Image-Schematic Structure),所有涉及空间结构,即涉及形状、移动、空间关系的知识是以意象图示的模式储存的;(3)隐喻模式(Metaphoric Mappings),隐喻主要由一个命题或意象从一个认知域(源域,source domain)投射到另一个认知域(目标域,target domain)上生成的,对抽象事物的概念化、理解和推理是以隐喻模式进行的。人类的心智是物化的心智,因为我们的大脑不会凭空形成抽象的概念,必须是在空间和物理世界的基础上展开,语言及词义的发展正是反映了认知的这种隐喻性质③;(4)转喻模式(Metonymic Mappings),转喻原属于修辞学的词汇,在符号学中指部分代替整体,在Lakoff的认知模式中则指部分认知域能够表示或代表整体认知域的模式。这四个模式之间是互相联系的,具有结构性、动态性和概念的互相依赖性。

如前所述也从"主客体相互作用论"的角度提出了认知发展的四种模式:图示(schemas)、同化(assimilating)、顺化(accommodating)和平衡(equilibrium)。他所谓的认知中的"图示",就是将知识形象化,成为一个概念模型。知识可以透过同化或顺化来达成;所谓"同化",就是将新知识和旧有的知识类比,并做出关联;所谓"顺化",就是将旧知识的概念模型改变,以容纳新的内容;这种形象化过程不会完全只有同化或顺化的过程,而是两者之间的一个平衡点。找出这个平衡点的过程就是"平衡"。平衡有三种:第一种平衡是同化和顺化之间的联系;第二种平衡是个体图示中子系统的平衡;第三种平衡是一种调节个体部分知识与整体知识之间关系的平衡。(Piaget,1990)

Langacker则从物体的动态性出发,提出了"台球模式"(billiard-ball model)。(Langacker,1991)所谓"台球模式"就是把台球看作名词的原型,把台球的有力、有能量的相互作用看作动词的原型。空间、时间、物体和能量是台球模式的主要构成成分。物体在概念上具有自主性,相互作用在概念上则具有依赖性。

不管是哪一种认知模式,都说明了已有的认知对新知识获取的重要影响。认知模式理论不但为人类认知的方式提出了一定的理论基础,也为第二语言习得理论提供了一定的参照依据。它可以说不但是语言形成和语义概念赖以生存的认知基础,也是本研究所持的认知理论的一个重要基础。

---

① ICMs(理想化的认知模式)主要是在Fillmore的框架语义学(Frame Semantics),Lakoff & Johnson的隐喻和转喻学说(Metaphor & Metonymy),Langacker的认知语法(Cognitive Grammar),以及Fauconnier的心智空间理论(Theory of Mental Spaces)的基础上提出的。

② 认知模式的观点来源于Minsky(1975)的"框架理论"(frame theory)以及Fillmore的框架语义学(frame semantics)。

③ 据统计,语言中的70%的词义是隐喻或源于隐喻。

认知模式在本研究中起到四个主要的作用：(1)提供了理解与表达的认知理论背景；(2)激活了有关的其他认知的概念和知识，如原型理论和基本范畴理论；(3)进一步解释了学习的认知心理过程；(4)为语言的形成和语义概念的生成提供了一定的理据。

2.1.3 对外汉语教学的认知理论研究

最近四五十年在心理、大脑和认知方面的研究对教育产生了重要的意义和影响。这些研究成果清楚地表明，所有的学习与知识的获得离不开人类的认知。对外汉语教学的认知理论研究，不只是阐发认知的过程和认知的规律，而且把认知的过程和理论同对外汉语教学结合起来进行研究。从认知的视角来看对外汉语教学，它具有几个特点：(1)对外汉语教学属于学习科学的领域，关注"理解"与"表达"的认知过程是对外汉语教学的一个主要的特征；(2)汉语学习者虽然有其自身的认知"个性"，但同一国家的汉语学习者又存有他们认知的"共性"；(3)汉语学习者的母语的语言系统有别于汉语的语言系统，他们属于不同的语言系统；(4)汉语学习者多来自不同的国家，彼此之间又有着不同的母语背景、语言系统和不同的认知基础；(5)汉语学习者的年龄层有所不同，一般多在20岁到50岁不等，和学龄儿童相比，他们的理解力较强，经验较丰富，然而记忆能力却较弱；(6)儿童汉语学习者的知识结构也和成人不同，儿童的汉语学习受到了来自生物的和生态的两方面的影响。儿童知识结构犹如一个白板，具有极强的好学易学的先天素质，习得语言比较简单，如同在"白板上学写字"，；一笔一画，跟着老师，也不多想，很容易就能把握住字的学习[①]；而学习汉语的外国人多已有其母语语言基础，母语的基础对汉语的习得有其中介语的过程和正、负迁移的作用；(7)对外汉语教学不仅仅只是在中国境内进行，也在学习者的母语进行，学习环境的不同也使得学习者在汉语的认知和习得上呈现出很大的差别；(8)来自汉字文化圈的汉语学习者和非汉字文化圈的汉语学习者在汉语的习得上也呈现出不同的迁移作用；(9)同一汉字文化圈的汉语学习者或者同一非汉字文化圈的汉语学习者在汉语习得上也呈现出不同的迁移作用；(10)对外汉语教学离不开特定的文化模式和社会规范，这些特定的情景以强有力的方式影响着汉语的学习和迁移。凡此种种，都影响着学习者的汉语学习。

从1950年代起，当人们越来越清楚地认识到人类的学习及其环境的复杂性时，认知科学的研究也就越加显示出它的重要性和它广泛的覆盖层面，它不仅涉及到各类学科，尤其影响到教育学科的发展。了解了认知对学习的影响，以及它们之间的关系将有助于我们进行汉语的教学。所谓的"以学生为中心"的汉语教学，放在教学的大框架里，事实

---

① 一般说来，13岁前的学龄孩子最能把握语言的学习。

上就是"以认知为中心"的教学。因为唯有如此,教学才能达到它的成效,而这些有关在人类学习的基础研究上的投资也才能在实际应用中得到它的回报。

2.2 关于"中介语"的研究

> "当一个语言学习者试着用目的语交际时,他会使用一个有别于他的母语和目的语的语言系统。"① ——(Dürmüller, 2004)

从1983年美国黎天睦教授(Timothy Light)在北京语言学院(今北京语言大学)讲学时引进了中介语理论的知识以及北京语言大学的鲁健骥先生的《中介语理论和偏误分析》报告开始,中介语的研究在中国已经走过了整整二十年的岁月。这期间中介语研究一直是对外汉语教学界所关心的一个课题,并被用来研究外国人汉语学习。然而这些研究多以西方学习者为研究的中心,忽略了汉字圈国家和非汉字圈国家的异质性,较少考虑到中介语的"国别性"特征。然而,语言这个社会的产物,脱离开社会就没有存在的意义,因此不同的社会的差异决定了语言系统的不同发展,也影响到第二语言的习得过程。本节中我们将简述中介语的产生,并且在前人的基础上进一步对中介语进行界定,最后集中探讨韩国学生在汉语习得上的中介语现象,以揭示"国别化"对外汉语教学研究的重要性和必要性。

2.2.1 "中介语"的出现和发展

中介语的研究属于第二语言习得研究(SLA)的领域。1972年Selinker在《中介语》(*Interlanguage*)中正式提出"中介语"这个术语并正式建立起中介语理论。然而中介语的思维框架早在1967年S. P. Corder的《学习者的错误的重要性》(*The significance of learner's errors*)一文中,就已被提出来了。Corder不但提出了学习者拥有他们自己的"固有大纲"(built in syllabus)的假说,并且用了一个完全不同的视角来看待学习者在学习过程中所犯的"错误"(errors)。(鲁健骥,1999)他认为"错误"不纯粹是一个负面的现象,它是学习者对目的语所做假设设定(hypothesis formulation)和再设定(reformulation)的一个连续的过程,是说明"固有大纲"存在的一个有效的证据,因此每一个学习者所使用的句子都应该被视为"特异的"(idiosyncratic)。"错误"的产生和"犯错"

---

① "When the learner is attempting to communicate in the target language, he employs a linguistic system distinct from the source and the target language."

的行为被给予了新的注释和新的含义，"犯错"被视为从母语到目的语的一个自然发展的过程。学习者不需为犯错而担忧，错误也不再是失败的记号，而是学习者的一个暂时性语言系统（temporary language system）的反射，是语言学习、发展和进步的证据。从Corder的研究开始，"学习者"成了第二语言教学的主体，整个教学研究方向从怎么"教"走向怎么"学"，而学习过程也就成了研究第二语言习得的中心课题。"固有大纲"的提出不但引起了学术界广泛的反应，掀起了研究学习者的语言系统的热潮，而且也为中介语的研究与发展打下了理论的基础。

众所周知，第二语言习得研究最终的目标是揭示人们习得第二、三……语言的奥秘。为了揭示这个奥秘，学者们的研究不是从学习者本身入手就是从学习者的习得过程入手。不管是从学习者本身或是从学习者的习得过程入手，从信息论的角度来看，我们可以说一种语言的学习不外是在一定的学习环境下进行"输入——处理——输出"的一个过程（Ellis, 1985; Gass, 1988）。若从学习者本身的研究出发，强调的是学习者的母语背景、文化背景、年龄、性别、教育背景、外语背景、接收能力、认知的特点、学习的动机和学习者的个性、兴趣以及输入的方式等等；若从习得过程来研究，就是探讨从输入到输出这个中间过程的"黑箱"。然而这个未知的黑箱，在目前人类有限的知识领域里尚无法被完全地解析出来。因此，为了研究这个黑箱，我们只有从可知的输出来描绘一个可以用来比拟黑箱的"白箱"来推断、摸索黑箱的运作情形。因而如何将白箱描绘得清晰可见的研究就自然地成了学者们关心的研究课题，对比分析（Contrastive Analysis）、偏误分析（Error Analysis）、语用分析（Performance Analysis）、话语分析（Discourse Analysis）等研究方法应运而生，研究者们想从这些分析的结果——白箱——中找出可以用来描写、说明和解释黑箱的蛛丝马迹。

"对比分析"强调目的语和母语的对比研究，主张学习必须经过不断的刺激和强化练习才能达到良好的学习效果。Fries曾说过："最有效的数据是那些根据科学描述的目的语很细致地和一个学习者的母语进行平行地对比的结果。"（Fries, 1945）我们也认为"对比分析"的结果不但可以将因母语迁移而产生的错误（可预知的错误）降到最低，而且多少也为目的语受到母语的影响画下了一张白箱的素描，虽然只是静态式粗线条地描绘，但这个静态式粗线描绘的白箱却是我们可以用来比拟黑箱的第一手材料。在进一步检验"错误"（描绘"白箱"）的过程中，研究者们开始注意到一个现象就是因为学习者"类推"心理的作用而产生过度泛化（overgeneralization）的错误，这种错误随着学习者的学习程度的增高而增加（Taylor, 1975）。这种因为过度泛化而产生的语内错误（intralingual errors）为偏误分析打开了一扇天窗。偏误分析强调的是学习者所使用的目的语的形式和目的语的规范形式之间的差异，以及造成这些差异的原因（Corder, 1981）。Corder的"固有大纲"被普遍接受与采纳，偏误分析蔚然成风，成了一股研究热潮。以后的语用学带动了语言运用的分析，开始注意到学习者所有的言语行为，包括错误的和正确的，帮助了研究者们进一步勾画出学习者语言发展的轨迹。交际语言教学法的出现,与过去只强调词汇和句法结构的教学法不同,认为学习者正是通过言语交际,在交际过程中学会了词汇的使用和句法结构(Hatch,1978;Corder,1978),将整个的研究从静态的研究带向动态的研究,带动了话语分析的风潮。然而,不论是偏误分析、语言运用分析还是话语分析,不难看出他们都脱不出中介语的框架,而且实际上都是为了揭示中介语的特点,"并对其形成过程和影响这一过程的诸因素进行分析,因而描绘出第二语言习得的规律和轨迹"(孙德坤,1993)。

2.2.2 "中介语"的界定

有许多学者分别对中介语下过不同的定义。有的说中介语是一种由第二语言或外语学习者在学习过程中所产生出来的语言。有的说中介语是一个拥有结构性介于母语和目的语的中间状态,是第二语言学习者学习系统里的分离性(separateness)。Corder 认为语言学习是一个中介语的建构过程,反映了学习者语言发展系统里的动态的本性(dynamic nature),因而,严格地说,中介语具有它的个别性——"个性",每一个学习者的中介语建构过程都不尽相同。然而,教学的实践证明学习者又存在其族群中介语的"共性",也就是说错误具有族群性,大多数同一族群的汉语学习者会犯下差不多类似的错误,例如说:大多数的韩国学生会说:"从大田到汉城需要三个时间。"

Selinker 界定的"Interlanguage"主要涉及了 L1 到 L2 学习的系统性的知识(systematic knowledge),独立于 L1 的学习和 L2 的学习。他指称的中介语是:1) 指一系列标识第二语言习得的连锁系统(interlocking systems);2) 指一个在某一语言习得阶段里被观察的语言系统;3) 指某一种母语(L1)和目的语(L2)的混合产物(L1/L2 combinations),如 L1 为法语,L2 为英语及 L1 为日语,L2 为英语(Roderick Ellis,1994)。

Brown 对中介语的界定是:"它不是母语系统也不是目的语系统而是一个介乎其中的系统,它主要是学习者对他周围语言的刺激(stimuli)所做出对该语言的语序和结构最好的尝试,在逐步尝试错误(trial and error)和假设检验(hypothesis testing)的过程中,学习者慢慢地越加向原语者的母语系统靠近。"(Brown,1994)

鲁健骥先生等曾在 1984 年给中介语下过这样的定义:"中介语指的是由于学习外语的人在学习过程中对于目的语的规律所做的不正确的归纳与推论而产生的一个语言系统,这个语言系统既不同于学习者的母语,又区别于他所学的目的语。"(鲁健骥,1999)

笔者在前人学者的基础上,试着对中介语的界定提出一己之见:"中介语不是母语也不是目的语而是介乎母语和目的语之间的一套语言系统,是从母语向目的语投射(mapping),并对目的语的所有语言现象包括语音、词汇、语用、语序和结构所做出的正确的和不正确的推论,并形成目的语的结构图象(structural picture)的一个过程,在不断尝试错误(trial and error)和检验假设(hypothesis testing)的过程中逐步地相似于目的语。"笔者以为中介语是一个从母语不断向目的语投射的过程,它包含了一切正确和不正确的语言现象,而且在不断地尝试错误、修正当中,越加完善,越加相似于目的语,但却不等同目的语。我们若用数学式来表达中介语发展的轨迹,它大致可以表述如下:

设定母语为 M,目的语为 O,i、n 为时间序列。那么中介语就介于 M、O 之间。

$$M < I = \sum_{i=1}^{n}(R_i + W_i) < O$$

其中,I = Interlanguage,表示中介语;I_i 表示在 i 时间序中介语的现象;

R = Right,表示正确的语言现象;R_i 表示在 i 时间序正确的语言现象;

W = Wrong,表示不正确的语言现象;W_i 表示在 i 时间序不正确的语言现象;

我们研究中介语不但要探讨语言发展的轨迹,其中一个最主要的目的就是如何将 R_i 的值最大化,而将 W_i 的值不断地修正,最小化,以帮助学习者成功地学习目的语。(甘瑞瑗,2003)

2.2.3 韩国学生汉语词汇习得的"中介语"现象

从教学经验和研究中,我们总结了韩国学生汉语习得过程中容易产生的五个中介语现象:借用(borrowing)、替换(code-switching)、过度泛化(overgeneralization)、扩散(diffusion)和化石化(fossilization)。这五个中介语现象进一步揭示了 Sharwood Smith 的"跨语言的影响"[①]("Cross Linguistic Influence")的实质意义。下面我们就针对"词汇"的习得简单地分述这五种中介语现象。

1. 借用现象

韩中两国一衣带水的地理联系和源远流长的文化交流,共同创造了文化传统相近的东北亚汉字圈文化。大部分韩国学生从小就开始学习汉字,因此在学习汉语时,汉字对他们来说并不陌生。然而,随着历史长河一波又一波的翻涌,时代的变迁、社会生活的变动,使得中、韩两国所使用的汉语词和汉字词在词义、语体、感情色彩、义项和词素方面产生了很大的差异,成为两个不同的系统。然而由于韩国的汉字词语在韩语的词汇构造里

---

① Corder 在 1983 年提出有必要用新词取代属于行为主义范畴的"迁移"(transfer)一词。他提议用"母语的影响"(Mother Tongue Influence)代之。1986 年 Sharwood Smith 提出"跨语言的影响"一词。他认为不一定只有 L1 会对 L2 产生影响,有时 L3 也会对 L2 产生一定的影响,因此他主张采用"跨语言的影响"(Cross Linguistic Influence)。笔者也认为用"跨语言的影响"来泛指母语到目的语中间过程影响语言习得的所有现象比"迁移"这个偏向受母语影响的词汇来得恰当。一般来说,产生"跨语言影响"的原因很多,大致以来自母语的影响、对目的语知识的有限、学习者的个人素质和教材或教师的教学质量有关。

占有很高的比例,近53%①,因此在汉语的学习上,和西方的汉语学习者比起来,在词语的使用和交际文化方面更容易产生"借用"的现象②。这里所谓的"借用"是指照搬韩国汉字词的词形和词义,使用时也不做任何的改动。"借用"(borrowing)从心理语言学的角度来说,一般是外语学习者在习得过程中最先采取的学习策略。比如说:前辈、后辈、时间、食堂、汽车、家族、竞技、造成、运命、和平等等。韩国学生常用汉字词"前辈"指称他们的学长(师兄)、学姐(师姐),"后辈"指称他们的学弟(师弟)、学妹(师妹)。并用"时间"指称时间和时间的单位,用"食堂"泛指一切的餐馆和食堂。因此他们会说:"从大田到汉城,坐汽车得三时间"(火车,三个小时);"昨天我和我的家族去了中国食堂③吃饭"(家人,餐馆);"今天晚上有韩国和日本的足球竞技"(比赛);"这个地方应该造成绿化森林"(建成);"他们的运命不一样"(命运);"他们的脸好像小孩子一样和平"(平和)。这种借用的现象对汉字圈国家的汉语学习者来说是从母语过渡到目的语的一个普遍现象,更是汉字圈国家和非汉字圈国家的汉语学习者在"跨语言的影响"上的一个主要差异点。交际文化影响方面由于对本族文化和目的语文化的差别和联系认识不清,以至在运用目的语进行交际时,很容易出现交际文化的失误。如:韩国男人和某位女士第一次见面的时候常喜欢用"美人"赞美对方长得美丽,然而在中国的传统社会文化环境里,第一次见面就以一个人的长相为开场白是不礼貌而且带有轻浮的意思。另外,"处女"在韩国也用来指尚未结婚的女人,笔者在第一章里的例子就说明了这种情况。这种汉字词"借用"所产生的语义和文化偏误是韩国汉语学习者或其他汉字圈国家的汉语学习者的一个独有的现象。

2. 替换现象

"替换"现象也是第二语言习得过程的一个常见的现象。表现在韩国学生习得汉语上,"替换现象"主要是指韩国汉语学习者在学习过程中由于尚不能正确地掌握汉语,在其仅有的知识背景下转用而产生的现象。这种替换现象主要表现在词汇、发音、语法和语序上。在词汇上,不少韩国学生受了汉语语素的能产性的影响,在使用汉语表达时常自造生词或转写成词义相近的词语,如:"很久很久的故宫"(很古老);"四川的好生活"(幸福生活);"我也"(我也一样);"他生气的时候,喜欢听热闹的音乐"(热门);"我想快回家"(赶快);"他快写完作业"(很快地);"你来家以后,给他打电话"(回家);"他每天都这样过生活"(过日子);"他星期六下午常去公园过时间"(打发时间);"他对韩国一点儿也不知道"(不了解);"我一直觉得自己很聪明,现在才醒,其实自己很笨"(知道);"我们两个跟着湖边,一边散步,一边聊天"(沿);"我妈妈被姐姐哭了"(气哭)。

---

① 参看강신항,《현대 국어 어휘사용의 양상》p.585,1991,大学社出版社,韩国。
② 参看甘瑞瑗,韩国汉字词和中国汉语词在意义与形式之间的对比研究,p.410,《E-Learning与对外汉语教学》,北京:清华大学出版社,2002。
③ 虽然中国陕西卢县也将饭店说成食堂,但这里考虑的是正确的普通话说法。

3. 扩散现象

扩散现象(Gatbonton,1978)主要是指学习者对目的语和非目的语交替使用时的语言自由变异(free variability)的现象。这种现象在韩国学生习得汉语过程中常可见到,突出表现在语音、语法和词汇上。词汇和语法方面如"一个小时",有时说成"一时间",有时说成"一个点",有时说成"一点钟",有时又很正确地说"一个小时"。再如"我还没吃饭",有时说"我还没吃饭",有时又说"我还不吃饭";"起不来"有时又说成"不起得来"。这种交替使用的语言自由变异现象说明了语言的习得过程原本就是形式和功能不断分类和整合的一个过程(Ellis,1985),也是不断尝试错误(trial and error)的一个过程。这种现象常表现在已有些汉语基础的学习者身上。

4. 过度泛化现象

韩国学生在汉语学习的过程中,由于汉语知识的不足,把有限的汉语知识套用在新的语言现象上,因而产生了类推式或比附式的错误,这种现象被称为"过度泛化"。韩国学生过度泛化的现象主要表现在语法、语音和语用方面。语法方面主要是忽略了词汇的语法功能。语用方面则突出在语言交际中的社交语用失误(Sociopragmatic Failure)。如下列的泛化句式:

* 我见面他。(我和他见面。)
* 我伤心我妈妈。(我让/使我妈妈伤心。)
* 我毕业在又松大学。(我毕业于又松大学。)
* 我要去中国学习一个年。(我要去中国学习一年。)
* 我每天每天来学校。(我每天来学校。)

由于受到本族文化的影响,许多韩国学生直接套用韩语中的习惯说法,或未能全面了解汉语的惯用语、称谓语、俗语或流行语的使用情境以至在运用目的语进行交际时出现词汇语用方面的错误,如韩国学生在形容他人的目光很厉害时常说"他的眼睛像蛇一样"。像这种词汇语用的错误有时比语言知识所造成的错误更加严重。它不但容易使交际失败,而且容易使交际的另一方(理解者)产生误解。

5. 化石现象

这里所谓的化石现象是指学生的犯错行为已经成为一种顽固的"坏"习惯,虽然经过反复地纠正与操练,却仍然恶习难改。笔者以为化石现象的产生除了与学习者的年龄、抽象思维能力和语言偏见有关外,更多与学生的学习态度、兴趣和个性有关,而且突出表现在对本族语言、文化依附心理强且保守的学生身上。根据笔者对大二的汉语专业学生的观察,对汉语感兴趣的学生,常表现出对汉语发音、词汇用法、句法的警觉性,另外个性属于开放型的学生对汉语的接受似乎比内向型的学生更快。化石现象一般多表现在发音和词汇的语法功能上。词汇的语法功能方面如:"我见面他"、"我旅游中国"、"我也"的

误用。(甘瑞瑗,2003)

由于人类认知能力的有限,再加上第二语言习得的过程原本就是从母语走向目的语的过程,因此免不了要受到母语的影响。韩国学生由于受到汉字认知的影响,很容易产生"借用"和"替换"的现象。当越向目的语靠近的时候,也就是脱离母语影响越远的时候,就很容易出现"扩散"和"过度泛化"的现象。再加上学习者个人素质的差异或学习策略的不当,化石化现象的产生就在所难免。韩国学生汉语词汇习得中介语的研究,不但可以帮助我们发现和解析从韩语到汉语中间过程的一些词语"跨语言影响"的言语现象,而且可以帮助我们更好、更有效地进行对韩汉语词汇教学,对"对外汉语教学用词表"的拟定也有很大的帮助,且进一步指出了"国别化"对外汉语教学研究的重要性。(甘瑞瑗,2003)

2.3 关于对外汉语教育学的研究

> "对外汉语教学是一种外语教学。"
> ——(吕叔湘,《对外汉语教学》,1983,第一期)

早在2500年前,至圣先师孔子就已经提出了"因材施教"的教育原则。这个原则不但适用于一般的教育学也适用于对外汉语教育学。在对外汉语教育学上,"因材施教"的"材"的含义扩大了,不单是指学生的性向(性格、爱好)、知识背景、学习认知能力,也指学生的民族性背景。因此,了解学习者的母语背景和认知环境在对外汉语教学上就显得意义重大,所谓"知己知彼,百战不殆"。本研究提出拟订"国别化"的对韩汉语教学用词表,最终的目的就是为了推广"国别化"的对外汉语教学,将"国别化"的对外汉语教学的理念确实地落实在研究和教学中,并将"因材施教"的教育原则发挥出来,实质地运用在对外汉语的教学和研究上。

2.3.1 对外汉语教育的目的和作用

教育是人类社会"培育人"的活动。21世纪联合国教育委员会就教育的目标提出了教育的四大支柱理念:学会认知(Learning to know)、学会做事(Learning to do)、学会共同生活(Learning to live together)和学会生存(Learning to be)。(Jacques Delors et al.,1996;张普,2002)这四个教育支柱原则,也可以说是对外汉语教育的四大支柱原则,是对外汉语教育意欲达到的最终教育目的。换句话说,就是培养为社会发展、时代进步所需要,且德、智、体、美全面发展、统一协调的人才;也就是培养身体、心智都健全,又具有专业技能的人才,能为社会的进步、国家的发展,甚至世界和平起到促进作用的人才。因此,教育的作用,对社会来说,在于传授前人所总结出来的知识结晶,专业技能和一定社会所需要的思想意识、道德规范、文化习俗,使人类社会得以延续和发展;对人类来说,在于提高人类的生存素质,发展人类的智力,发挥人类的潜能,创造更高的人类文明,进而为人类创造继起的生命。人类和社会又可以说是统一的,人脱离不开社会,社会没有了人,就无法存在,更无法发展;人类的发展得通过社会的发展来实现,社会的发展又得通过人类的努力来实现。因此,教育对人的培养不仅仅是促成了人类的发展,也促进了社会的发展。

对外汉语教学首先是语言教学,是一种外语教学,一种第二语言教学,一种汉语作为第二语言的教学,也是对外国人进行的汉语作为第二语言的教学。众所周知,语言教学的根本任务就是把语言教好。吕叔湘先生曾说过:"学习语言不是学一套知识,而是学一种技能。"(吕叔湘,"关于语文教学的两点基本认识",《文字改革》,1963,第四期)教知识,教语言的规律主要是为了培养汉语学习者运用语言进行交际的能力。因此,对外汉语教育的不同于一般教育的一个主要的特点是:它主要是藉由汉语的教学,培养汉语学习者的交际能力来达到教育的目的,间接起到促进教育的作用。也就是说,对外汉语教学不同于一般的教学在于它是以培养学习者的汉语交际"互明"(mutual manifestness)的能力。所谓"互明",指在话语的产出和话语的理解的语言交际中,交际双方共同明白的信息或事实。Dan Sperber 和 Deirdre Wilson 很明确地指出,交际是一个涉及信息意图和交际意图的一个明示——推理过程(ostensive-inferential process)。(Dan Sperber & Deirdre Wilson,2001)换言之,也就是表达——理解的过程。表达是一种明示行为,即说话人把信息意图明白地展现出来;理解是一种推理行为,即听话人根据说话人的明示行为,理解说话人的信息意图。推理的依据除了逻辑信息、百科信息外,一个最主要的依据就是词汇信息。Dan Sperber 和 Deirdre Wilson 认为人们推理时在心理上得付出一定的努力,付出的努力越多,话语的"关联性[①]"("relevance")就越弱;如果理解话语时心理上无须付出太多的努力,那就说明话语具有最大的关联性,就能达到成功地交际。因此,词汇信息"所指"的鲜明性、明确性就决定了努力付出的多与少,和话语关联性的强与弱。Dan Sperber 和 Deirdre Wilson 的研究为我们确定什么是对外汉语教学的"词"提供了有益的佐证。

2.3.2 对外汉语教学的教学原则

对外汉语教育不但是专门的学科,它也是一门综合、应用的学科。它的教学特点依

[①] 关联性可以看作是从输入到认知过程中的话语、思想、记忆、行为、声音、情景、气味等的一种特性。(参见 Dan Sperber & Deirdre Wilson,2001)

照刘珣先生的归纳,可以分为:(1)以培养汉语交际能力为目标;(2)以技能训练为中心,将语言知识转化为技能;(3)以基础阶段为重点;(4)以语言对比为基础;(5)与文化因素紧密结合;(6)是相对集中、强化的语言教学。(刘珣,2000,"语言"二字为笔者所加)这六个特点和美国"外语教育委员会"(ACTFL)所提出的 21 世纪第二语言教育的 5 个"C"纲领:Communication(运用语言进行交际)、Cultures(体认多元文化)、Connections(贯连其他学科)、Comparisons(通过"比较"了解语言和文化的特性)、Communities(应用于国内外的多元社区)大致相符,指出了对外汉语教育的性质。

早在 17 世纪 30 年代,Johann Amos Comenius 就开始研究"泛智"("pamsophia")问题。所谓"泛智",在 Johann Amos Comenius 看来,是指广泛的、全面的智慧。他进一步提出了获得"泛智"的五大教学原则:"直观性"、"自觉性"、"系统性"、"巩固性"、"量力性"。(刘珣,2000)这五大教学原则在很大程度上反映了对外汉语教学的教学规律,有其一定的指导意义。然而,由于对外汉语教育有别于一般的教育,它还需要具有"针对性"、"动态性"、"科学性"、"可实践性"及"交际性"。"直观性"指的是处理教学中词、概念或事物及其形象图示的关系。从有利于理解、记忆和表达出发,与感知相联系,利用直观的手段,发挥汉语学习者的观察力和形象思维的能力;"自觉性"指的是在教师的主导下,启发学生自觉地、主动地、积极地完成学习汉语的任务;"系统性"指的是利用循序渐进、由浅入深的教学模式,使汉语学习者能够系统地、完整地习得汉语;"巩固性"指的是在神经认知科学的基础下,依照记忆和遗忘的规律,发展汉语学习者的记忆力,帮助他们不断对已有的知识加以巩固;"量力性"又叫做"可接受性"原则,指的是教学应符合学习者的知识和能力的实际水平,既不要超过也不要低于学习者经一定的努力可达到的水平(刘珣,2000);"针对性"也就是 2500 年前至圣先师孔子所主张的"因材施教"的教学原则,是指针对教学的对象来进行汉语教学,把汉语教给美国人和教给韩国人,遇到的问题一定不一样,在国外教外国学生汉语和在国内教外国学生汉语,情况也一定不一样,"针对性"在对外汉语教学中显得尤为重要;"动态性"指的是对外汉语教学所用的语料必须具有更新的能力,随着时代的脚步,发挥与时俱进的功能;"科学性"也是指语料的收集必须是在定量和定性的科学性原则下进行;"可实践性",指的是所学即为所用,汉语学习者将所学习到的汉语知识和实际结合起来;"交际性",指的是理解和表达的交际本质,汉语学习者不但需要理解汉语说话者的能力,也需要有用汉语来表达自有的母语认知思维的能力。"求知(knowing)"的意义在教育学的指导下已从强调记忆和复述信息转向到能够发现和使用信息。(Herbert Simon,1996)

2.3.3 汉语本身所具有的特点

对外汉语教学是以"汉语"作为第二语言的教学。因此,它一方面受到了第二语言教学的普遍规律的制约,另一方面,与汉语学习者的母语相比,语言系统不同,它具有自己本身的特殊规律和区别于其他语言的特点。我们大致可以归纳出下面九个特点:

1. 汉语语素以单音节为基本形式,汉语的单音节基本上是语义的承担者,可作为语素来构成单音节词,也可以运用词根复合法构成合成词,由于汉语的词缀语素少,而且构词能力较弱,有意义的单音节多能充当词根语素,运用复合法组合词根语素构成合成词的情况很多;
2. 双音节词占优势,汉语词汇在历史的发展中逐渐双音节化,过去的单音节词也多为双音节词所取代;
3. 汉语形态并不发达,缺乏印欧语言那样丰富的形态;
4. 汉语对"词"没有很确切的界定,语素、单词和词组之间的界限很模糊;
5. 汉语的词性的划分没有很明确的规范;
6. 汉语的词类和它们的句法成分之间没有很明确的对应关系,汉语的名词除了做主语和宾语之外,还可以做定语,在一定条件下还可以做谓语;动词除了做谓语之外,还可以做主语和宾语;形容词除了做定语之外,也可以做主语和宾语,还可以做谓语和状语;(冯志伟,2004)
7. 汉语的句子成分和语义关系之间也没有很明确的对应关系,同样一个主语,既可以是施事者(如"小吴做饭"),又可以是受事者(如"菜买了");同样一个宾语,既可以是受事者(如"吃面包"),又可以表示地点(如"吃食堂"),还可以表示工具(如"吃大碗"),甚至可以表示施事者(如"晒太阳");(冯志伟,2004)
8. 汉语的语序和虚词是表达语法意义的一个重要手段;
9. 汉语的量词和语气词十分丰富。

由于"汉语"本身所具有的特点,使得它不同于其他第二语言的教学,如:韩语、英语、法语、西班牙语等。

2.4 关于社会语言学的研究

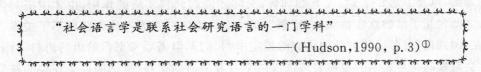

"社会语言学是联系社会研究语言的一门学科"
——(Hudson,1990, p.3)①

社会语言学,顾名思义是研究语言和社会关系的一门学科。它一方面从社会生活的变化轨迹来观察语言的变异,另一方面从语言的变化轨迹来探讨社会生活的变异。换言

---

① Hudson, R. A. 1990.《社会语言学》,丁信善等译,北京:中国社会科学出版社。

之,社会语言学的任务在于描述语言和社会之间的"共变"关系。所谓"共变"是指语言和社会是两个变数,他们之间相互影响、相互制约、相互作用而引起相互的变化。因此,"语言"在社会语言学里被视为一种社会现象,一种交际工具、思想的直接现实,和信息的载体。(陈原,2000)社会语言学的研究为第二语言教学中的语言所附有的社会性、交际性、思想现实性和信息性提出了一定的理论基础,由于对外汉语教学属于第二语言的教学,因此,研究语言所附有的社会性、交际性、思想现实性和信息性也为拟定"国别化"对韩汉语教学用词表和界定对外汉语教学的"词"提供了一定的理据。

2.4.1 社会语言学中"语言"的本质

社会语言学中的"语言"的本质应该是上面所言的语言的四性:社会性、交际性、思想现实性和信息性。下面我们就这四性简单地阐述它们对本研究所做出的理论贡献。

语言是随着人类社会的形成而产生的,没有了语言很难想象人类社会是怎么样的一个面貌。语言的发展也象征了人类的进化。瑞士语言学家索绪尔(Ferdinand de Saussure 1857—1913)就把语言当作社会现象来考察,他认为语言"既是言语技能的社会产物,又是社会集团为了使个人有可能行使这个机能所采用的一套必不可少的规约。"他又说:"语言无论什么时候都是每个人的事情;它流行于大众之中,为大众所运用,所有的人都整天使用着它。"陈望道先生也曾说过:"言语是社会的产物,是社会现象之一;假如没有社会上人人相与的关系,就没有言语存在底必要,也就没有言语发生的可能。"(陈望道,1929)[①]对外汉语教学主要的目的不仅是汉语知识的教授,听、说、读、写、译汉语技能的培养,还是"汉语社会"的文化教学。因此,在词表的拟定过程中,我们不但应该考虑词表中词汇的"传承"代表性(一些相对稳定且常用的词语),也应该考虑词汇的"现代"代表性(现代中国社会有代表性的流行的词语)。

语言虽然不是人与人之间唯一的交际工具,但它可说是人与人之间最重要的交际工具。所谓"交际"在对外汉语教学中是指"理解"与"表达"的相互作用,通过A方的表达,B方的理解,以及B方的表达,A方的理解,交际才能起到它实质的作用,也才能搭起使人与人之间相互了解的这座桥梁。"理解"和"表达"又与它的语言社会脱离不了关系。因此,在"国别化"对韩汉语教学用词表的拟定中,我们不但需要考虑目的语的语料(目的语的社会现象的符号表示),也需要考虑汉语学习者母语的语料(母语的社会现象的符号表示)。因为,从某种角度来看,语料也就是反映社会现象的一种符号。

我们沿着这个思路再发展下去,"表达"总是在人已有的概念、思维下,才能发生作

[①] 《社会意识学大纲》的译者序言,陈望道、施存统合译,上海大江书铺,1929年。

用。脑子一片空白,是无法表达出什么来的。正如马克思对语言的论点一样:"语言是一种现实的意识,同时语言又是思想的直接现实。"(马克思,恩格斯,1960)也就是说,语言是一种实践,一种将自我意识和思想实践的现实。然而,这种实践又脱离不开它已存有的母语的认知,因为对母语的认知是他思维活动的基石,更是他/她学习第二语言起步的凭借基础。依照"中介语"的论点,第二语言的习得总是在第一语言(母语)的基础上进行的,然后才逐渐向第二语言(目的语)靠近,相似于第二语言。因此,对汉语学习者母语的研究,以及考虑汉语学习者母语的语料在拟定"国别化"对外汉语教学用词表上就显得异常地重要。

此外,语言是传递信息的重要载体,传递是"交际"的活动,而信息是"意义"的信息。因为,语言既然是人类最重要的交际工具[①],那么它不应该只是"提供信息"(informative),它应该是"交际信息"(communicative),加之,信息若没有意义,那么它就成了垃圾,失去它的价值。在社会交际活动中,语言作为一种意义的信息系统而存在,信息量的多少和传达信息效果是否达到最佳效能,是社会语言学所关心的课题,也是我们在"国别化"对韩汉语教学用词表的收词上和对外汉语教学的"词"界定上的一个主要的准则,因为我们认为每一个收进来的词语,都应该准确地、有效地传达它的意义信息。

语言的社会性、交际性、思想现实性和信息性为我们在"国别化"对韩汉语教学用词表上提供了有价值的理论基础。

2.4.2 汉语词的社会语言学研究

从社会语言学的角度来看,语言研究是以人为本的研究,语言现象是活在语言社团的使用之中的,因此脱离开客观清晰的语言事实的研究和理论是不可取的。加之,词典、词表等工具书的编撰或规范出版物的编撰都必须要从社会公认的语言出发来考虑"词"。从这个论点出发,依据语言社团普遍的"语感"来确定汉语的词和非词基本上是可行的,对本研究——"国别化"对韩汉语教学用词表的收词和界定对外汉语教学的"词"也提供了一定的理论意义。

所谓"语感",是一种内化了的语言知识体系和认知模式。我们每个人都是下意识地服从语言社团共同遵守的规则。许多语言从某种意义上说都是"约定俗成"[②]的。索绪尔曾说过:"曾几何时,人们把名称派分给事物,在概念和音响形象之间订立了一种契约。"鲁迅先生在《名人名言》中也说到:"然而自从提倡白话以来,主张者却没有一个以为写白

---

① "语言是人类最重要的交际工具"一语,出于列宁的《列宁选集》中文本,卷 2,508 页。
② 《荀子·正名》:"名无固宜,约之以命,约定俗成谓之宜,异于约则谓之不宜。名无固实,约之以命,约定俗成谓之实名。"

话的主旨,是从'小学'里寻出字来的,我们就用约定俗成的借字。"张普教授也指出:"语感是对语言运用的正误、优劣、常殊的一种直觉,或者说是对表述得正确不正确(即'信')、顺畅不顺畅(即'达')、恰当不恰当(即'雅')的一种直观的认识能力与审析能力。"(张普,1999)王立先生从社会语言学的角度出发,运用社会语言学的调查统计分析方法,分别从汉语拼音的分写、连写和词语的切分(分词)做了5次关于汉语词的公众语感的问卷调查,试图进一步勾画出汉语词的原貌。(王立,2003)。他指出:"语言是社会的、公众的,许多著名语言学家十分重视语感,就是看到了蕴涵其中的语言事实和语言知识体系。社会语言学正是通过语感测量使蕴涵其中的语言事实浮现出来,为理论语言学研究提供客观依据。"(王立,2003)。

社会语言学家认为"词"作为自然语言的感知使用单位和语言研究的结构分析单位应该是统一的。因为,词作为一种语言单位存在于语言社团的认知和使用之中,是先有自然语言中的词,才有理论研究中的词,他们应该是一致的。抛弃语言的社会性的语言研究,从本质上说是不会得出正确的结论,也不能让语言社团的语言使用者信服,对"对外汉语教学"来说,更是缺少了它的实用性。

综上所述,汉语词的社会语言学的研究为我们在"国别化"对韩汉语教学用词表上提供了更为有力的理论基础。

2.5 关于语料库语言学的研究

> "语言研究的目的是描述语言的使用。"①
> ——(Geoffrey Leech, 1992)

语言学家Chomsky曾提出语法理论研究的三个充分性:观察充分性(Observational adequacy)、描述充分性(Descriptive adequacy)和解释充分性(Explanatory adequacy)。所谓"观察充分性"指的是正确地观察和反映语言事实和现象的语法;"描述充分性"指的是正确地描述及反映母语使用者的语感的语法;"解释充分性"指的是充分解释人类语言及心智的共通性,也就是人类共同拥有的认知。他的这三个充分性,不仅适用于语法的研究,也适用于所有有关语言的研究。然而所谓的"充分性"(adequacy)也只有在大规模真实的"语料"基础上才有可能实现。运用"语料库"的科学数据方法来研究语言在语言研究中已经成为必然的趋势,而且是必要的研究手段。语料库语言学之父 Geoffrey Leech 曾定义语料库语言学是"比之语言的能力,更强调语言的运用;比之理论研究领导

---

① The purpose for the study of Language is to describe its use.

语言的使用,更强调从观察语言的使用引导理论的研究。①"(Leech,1992)早在1971年 ARPA(the Advanced Research Projects Agency of the US Department of Defence)就设立了几个有关计算机语音识别模型的研究课题。大部分的课题使用了人工智能(AI)的推理技术来模拟原语者的智慧和像原语者一样的语言能力,如 Hearsay-II、HWIM 等等。其中只有一个课题,HARPY,将模型建构视为一个统计过程(statistical process),利用语料库计算字中的音素,句中的字的蜕变概率(跃进概率)来建构语音识别系统。结果在这些课题中只有这个研究符合了 ARPA 的成效规范(performance specification)。这个例子成功地说明了基于语料库的科学数据方法对语言的研究有着重要的指导价值和作用。

2.5.1 "语料"、"语料库"和"语料库语言学"

Jenny Thomas 和 Mick Short 在他们所编撰的《用语料库研究语言》("Using Corpora for Language Research")的序言里,开宗明义地就指出:"语料库语言学现在已经成为语言研究的主流"②(Jenny Thomas & Mick Short,2001)然而,什么是"语料库"？什么又是"语料库语言学"呢？在语言学里的解释是:"语料库是一组大规模有结构的文本,经常是以电子计算机的方式储存和处理。"③依照 GB12200.1—90《汉语信息处理词汇01部分:基本术语》中的界定,它"是文本的有序集合。是各种分类、检索、综合、比较的基础。"④依照《现代汉语规范词典》的解释,它是"运用电子计算机技术储存语言材料的总汇;也指保存语言材料的处所"(《现代汉语规范词典》,2004)。黄昌宁先生在他的《语料库语言学》一书中也说到:"语料库顾名思义就是存放语言材料的仓库(或数据库)。"(黄昌宁、李涓子,2002)我们可以更好地说,它是在历时的基础上,为达到一定的研究目标,以科学的方式大规模收集的真实文本库。这个大规模的真实文本库,可以足够用来观察和描述语言的使用和发展的现象,也能为解释语言的使用和发展的现象提供一定的理据。

语料库语言学(corpus linguistics)在语言学里,一般被界定为:"用取样或真实的文本为材料对语言进行的研究。"⑤ Crystal 认为语料库语言学是:"以语料为语言描写的起

---

① The focus of study is on performance rather than competence, and on observation of language in use leading to theory rather than vice versa.
② "Corpus linguistics had now become mainstream."
③ "corpus (plural corpora) is a large and structured set of texts, usually electronically stored and processed." http://www.fact-index.com/c/co/corpus_linguistics.html
④ 参见 GB12200.1—90《汉语信息处理词汇01部分:基本术语》,中国标准出版社,1991年。
⑤ "Corpus Linguistics is the study of language as expressed in samples (corpora) or "real world" ext." http://www.fact-index.com/c/co/corpus_linguistics.html

点,或以语料为验证有关语言假说的方法",McEnery & Wilson 在他们的"Corpus Linguistics"一书里界定语料库语言学为:"以现实生活中人们运用语言的实例为基础进行的语言研究。"(黄昌宁,2002,p.2)依照他们的界定,语料库语言学有两层主要的含义:(1)是利用语料库对语言进行研究,也就是说它是一个新的研究手段;(2)是依据语料库所反映出来的语言事实对现行语言学理论进行验证和评判,提出新的观点或理论,在这个意义上"语料库语言学"是一门学问,一门新的学问。简言之,语料库语言学是随着计算机和网络技术的发展,应运而生的新的语言学研究方向或研究手段。它不但可以为语料库语言学的研究服务,也可以为整个语言学研究服务。"语料库语言学"的研究方法是本研究在操作上主要的依据。

2.5.2 "语感"的测量和"流通度"的理论

"语感"(Intuition)是一种基本的语言能力,是对语言运用好或不好,对或错的一种直觉,从某种意义上来说它是对一种语言现象流行通用程度的感觉。更好地说,"语感能力是一种最基本的语言能力,是对表述得正确不正确(即"信")、顺畅不顺畅(即"达")、恰当不恰当(即"雅")的一种直观的认识能力与审析能力。"①"语感是一种'度',一种'分寸'。实际上就是对信达雅的程度感,对于语言运用的分寸感。因此,语感一定是可以量化的,可以计算的。"②张普教授进一步将语感分为"个人语感"和"公众语感";"共同语感"和"差别语感";"共时语感"和"历时语感"。他强调历时的、公众的、共同的语感的重要性,并主张语感是可以通过"流通度"的计算测量得出的。

什么是"流通度"呢?流通度是:"人们对一种语言现象的流行通用程度的感觉,也就是所谓语感。流行通用程度高,听得多,就感觉能说,否则,就觉得不能说。"③进一步地说:"'流通度'(circulation)是一种语言现象在社会传播中的流行通用程度。流行通用程度高,人们的视觉、听觉已习惯于接受,就感觉能说,否则,就觉得陌生,不顺畅,不能说。"④"流通度"可以说是判断词语成熟度的一个重要指标。比起频度、使用度和通用度,考虑的参数更多,更精确,也更具有代表性。它的计算公式,大致可以表示如下:

媒体的发行量:流通量(the volume of circulation)以 Vc 代表

媒体的发行周期:流通密度(the density of circulation)以 Dc 代表

媒体的发行地区:流通空间(the area of circulation)以 Ac 代表

媒体的阅读率:流通率(the frequency of circulation)以 Fc 代表

---

①④ 参见张普,信息处理用动态语言知识更新的总体思考,载《语言文字应用》2000 年第 2 期。
② 参见张普,关于语感与流通度的思考,载《语言教学与研究》1999 年第 2 期。
③ 参见张普,关于大规模真实文本语料库的几点理论思考,载《语言文字应用》1999 年第 1 期。

计算公式：$Ct = Vc \cdot Dc \cdot Ac \cdot Fc \cdots$

即：流通度＝流通量·流通密度·流通空间·流通率…[①]流通度既然是判断词语成熟度的一个指标，它和语感实际上是统一的，是同一个概念。我们可以用它来判断新词、新语、新义和新用法，也可以用它来判断方言词语、流行语、术语、外来语是否进入了通用领域，能否收录到规范的词典或教材里的量化操作标准。流通度和语感的量化的提出将词汇计量学提升到一个更精确的高度，更富有理论的意义。是本研究筛选词语所采用的定量方法的一个主要理论依据。

2.5.3 "动态语言知识更新"理论

语言的本质是动态的，它存在于人类的交际活动中，并且是随着人类社会的发展变化而不断发展变化的。张普教授提出的"动态语言知识更新"的理论就是看到了语言的动态性和快速的变化性。他认为："所谓动态更新是与静态更新相对而言的，静态更新的语义重心是'更新'，而不是'静态'，静态更新是指在较长的时期中不定期地更新语言知识及其规范，而'动态更新'是指随着社会语言交际的变化，在较短的时间里定期地或者即期地更新语言知识及其规范。语言知识应该包括语音知识、词汇知识、语法知识、语义知识、语用知识等语言的各个层面，还可以包括记录语言的文字知识。其中，词汇知识和语义知识是变化较快的部分。动态语言知识的更新研究首先从词汇语义知识开始。"（张普,2001）

张普教授的"动态语言知识更新"的理论对本研究来说具有两层重要的意义。其一，它强调了词汇知识更新的重要性和必须性；其二，它为本研究打下了模块操作的框架，也就是说，词表的制定需要具有更新性、结构性。本研究的研究方法也就是在这样的理念下发展起来的，整体设计方法是采取模块的操作模式（见第五章）。我们深信这样制定出来的词表将具有它一定的更新性，能够为动态语言知识更新服务。

2.5.4 基于"语料库"方法的"国别化"对外汉语教学用词表研究的重要性

不少学者曾经用语料库数据来检验语言教学的教材，他们发现教科书的教学内容或词汇表和本族语实际使用这种语言之间存在很大的差异。Mindt 和 Kennedy 等著名学者的结论是："没有经验数据为基础的教学材料肯定是误导的。应当用语料库研究指导教材的编写和词表的制定，从而对用法更普通的语言事实给予更多的关注。"（黄昌宁，

[①] 参见张普,关于语感与流通度的思考,载《语言教学与研究》1999 年第 2 期。

2002,p.160)如果没有语料库的科学方法为指导,教材的编写乃至词表的制定都具有很大的片面性。运用语料库的方法来进行语言的各项研究,已经成为研究热点,也是势在必行的一条研究大道。

前面我们所述的"语感"是判断汉语词的一个重要的准则,而且是可以测量的。"语料库"的"流通度"测量的方法为我们在这方面提供了科学的测量基准。再说,现代社会的发展是日新月异的,新事物层出不穷,新词语、新用语、新意义也随之不断产生,许多已成为约定俗成的用语,如"网民"、"下载"、"宽带"、"手机短信"、"知识经济"等在现实生活中已是常见词。对这些新词语能否进入普通话,收录在规范教材和词典等工具书里,语料库方法提供了最佳的理据和科学方法。

"国别化"对韩汉语教学用词表的制定就是为了反映实际生活使用中的语言现象,确定哪些词语学生应该学习;并在大规模的真实文本里,依据语言使用的事实来考虑词表的收词问题。因此,本研究采用语料库的科学数据方法来制定词表,以《HSK 大纲》、DCC"动态流通语料库"和KFC"韩语常用词语语料库"三个具有代表性的语料库作为词表研究和检验的材料来源。因为,我们相信唯有基于语料库的科学的收词方法,才能制定出一个具有一定可信度的词表。

2.6 关于第二语言词汇习得的研究

> "学习者的母语(L1)是学习第二语言(L2)词汇最重要的一个因素"[①]
> ——(N. Schmitt & M. McCarthy, 1997)

第二语言的词汇习得(Second Language Vocabulary Acquisition, SLVA)在第二语言习得(Second Language Acquisition, SLA)中可以说是最重要的一环。前面我们说到的"处女"的实例,就是一个最好的证明。尤其在汉字圈国家里还有一个"汉字"使用的问题,对外汉语词汇教学与习得就更显其重要了。Krashen 和 Terrell 也曾指出学习者应将学习重心放在词汇的交际性上,即"真正的词汇习得"("true vocabulary acquisition")上;而不仅仅只是单纯的词汇学习。(Krashen & Terrell, 1983, p.156)下面,我们将综述第二语言词汇习得的发展经过,以揭示"词汇"研究在对外汉语教学中的重要性,为我们以"词表"制定的研究入手来提倡"国别化"对外汉语教学提出了适当的说明。

---

① "A Learner's L1 is one of the most important factors in learning L2 vocabulary".

2.6.1 第二语言词汇习得的发展与现状

谈到第二语言词汇习得的发展,首先要从"语法翻译教学法"(Grammar Translation Method)的出现说起。"语法翻译教学法"在18世纪末,被普鲁士王国(Prussia)在各公立学校里使用来教授现代语言课程。这种语言教学法主要的目标是帮助学生读写古典文献,如古拉丁文献、古希腊文献,以及帮助学生通过标准考试。(Howatt,1984;Rivers,1981)它假设学生从来没有实际使用过目的语言,而且会受益于脑部的记忆训练,并主张通过两种语言词语的互译和语法关系的替换,就能掌握另一种语言。因此,这种教学方法提供了详细的语法说明、范例、双语词汇列表以供学生记忆。它的心理学基础是认知心理学,强调学习者对语言规则的理解和自觉掌握。20世纪初,"语法翻译教学法"成为欧洲和美国外语教学中主要的教学指导。

接着,Henry Sweet[①]等揭开了对语言教学的"改良运动"(The Reform Movement)。他们主张口语教学和发音训练是外语教学的首要任务。"流畅性"(fluency)被给予了新的含义:对相连词语正确发音的能力与维持语流和外面世界所指间的联系[②]。(Howatt,1984)Sweet依照时间序提出了五个阶段的教学课程与大纲。这五个阶段分别为:机械式阶段(Mechanical Stage)、语法阶段(Grammatical Stage)、习语阶段(Idiomatic Stage)、文艺阶段(Literary Stage)、古文体阶段(Archaic Stage)。(Howatt,1984)

第二语言词汇习得经过"语法翻译方法论"(Grammar Translation Methodology)阶段和"改良运动"阶段,在讲究自然语言习得的浪涛声中,进入了"直接教学法"(The Direct Method)的阶段。"直接教学法"由美国的Sauveur提出,由Berlitz推广起来,认为自然语言习得的核心是学生与老师间的直接"互动"(interaction)。他们主张使用小班制的集中教学,并以目的语进行教学,每天都进行词语和句子的讲授,并通过"说"(speaking)的练习来强化学生对词语和句子使用的能力。"直接教学法"的心理学基础是经验主义心理学,认为人的学习方式是"刺激——反应"的作用,强调通过大量的模仿和操练形成习惯,并强调词语与客观事物直接联系而不通过母语的中介,主张运用联想使双语间建立联系,以加强学习和记忆。(Larsen Freeman,1986)。

"阅读教学法"(The Reading Method)的出现主要是对1929年Coleman的一份有关美国学生严重缺乏外语阅读能力的报告的回应。(Rivers,1981)与此同时,在英国出现了"情景教学法"(The Situational Language Teaching)。Michael West在他1927年于

---

① Sweet主张"句本位"。他以为从纯语音学的角度来看,单词(words)并不存在。(Sweet,1899/1964,p.97)

② "The ability to accurately pronounce a connected passage and to maintain associations between a stream of speech and the referents in the outside world."

Oxford 大学发表的论文中强调藉由改进词汇使用的技能来增进阅读的技能。以后 40 年间,他致力于推广情景法的教学。他曾很明确地指出:"学习一种语言最重要的就是词汇的习得以及练习如何使用它。"①(West,1930,p.514)他并在一份实验研究报告中指出外国学生在学习了三年的目的语后,仍未能掌握最基本的 1,000 词语,主要有三个原因:(1)他们的时间多花在不能帮助他们开口说的活动上;(2)他们所学的词语对他们来说并没有用;(3)他们未能完全了解和掌握他们所学的词语。(West,1930,p.511)他建议使用词语的频度表作为编撰学生教材的选词和词汇排序的基础,并推荐使用 Thorndike's 的词频表。1953 年 West 自己出版了 2,000 标题字的 *A General Service List of English Words*(通用英语词汇表)。这个词表,虽然今天看来有些陈旧,但至今仍被广泛地使用和引用。之后,英国的语言学家 H. E. Palmer 和 A. S. Hornby 继起而为推动"情景教学法"的主导者。他们主张语言教学应该在有意义的情景基础的活动上进行,并强调教学应该注重词语的选择、排序和语言结构形式的表现。(Richards & Rodgers,1986,p.33)"情景教学法"的出现,使得词汇第一次被视为第二语言学习里最重要的部分,被放在了首要的位置。"情景教学法"的心理学基础主要是行为主义心理学,强调通过大量的模仿和操练形成习惯。

第二次世界大战期间,美国的结构主义语言学家带出了"听说教学法"(The Audio-lingual Method),又称为"句型教学法"或"结构教学法"。它的创建者 Charles Fries 将它作为教授语法的一种新教学法。"听说教学法"的基本假设是外语学习者在学习外语时所经历最大的问题是母语和目的语之间不同结构系统的冲突。它的心理学基础也是行为主义心理学,认为语言学习是习惯形成的过程。Fries's 1945 的《英语作为一种外语的"教"与"学"》(*Teaching and Learning English as a Foreign Language*)中,特别用了一章来讲"词汇的学习",文中他引用了 Edward Sapir 的名言:"语言学的学生绝不能犯下用那种语言的词典来定位那种语言的错误。"②(Fries,1945,p.118)他并指出外语学习者常过分轻视词汇学习的三个原因:(1)错误地以为不同语言的词语与词语间一定有其正确意义的对应关系;(2)错误地以为一个词语是一个单一意义的单位;(3)错误地以为每一个词语有一个基本或者说是真正的意义,而其他的意义不是引申义就是比喻义。(Fries,1945,p.43)他在词汇方面的见解为我们在转译韩语词语时提供了一定的参考价值。

1957 年 Noam Chomsky's 的《句法结构》(*Syntactic Structures*)的出现是语言学理论产生巨变的一个主要原因。他主张语言的存在和交际的需要是分开的两个不同的概念,而将一种语言心智内化的语法称为"语言能力"(competence),将实际语言的运用称

---

① "The primary thing in learning a language is the acquisition of a vocabulary, and practice in using it."

② "The linguistic student should never make the mistake of identifying a language with its dictionary."

为"言语行为"(performance)。他没有充分考虑到语言在真实交际中的本质问题。1972年,Dell Hymes 提出了"交际能力"(communicative competence)的概念,并界定"交际能力"为"一种内化了的知识能力,反映出对语言的情景所表现出的适当性。"[①](Hymes, 1972) D. A. Wilkins 于 1972 年初步提出、1976 年正式出版了《意念大纲》(*Notional Syllabuses*)。他们的这些研究成果为"交际语言教学法"的发展奠定了基础。"交际语言教学法"较早又被称为"功能法"(Functional Approach)、"意念——功能法"(Notional-Functional Approach)。这种教学法主张语言是表达意义的系统,其基本功能是社会交际。它将研究的重点放在语义、语言的使用和语言的社会功能上,并假设母语词汇经过概念化的过程很自然地发展起来,而且有其自然排序,对第二语言来说也是一样的。因而,这个教学法主张使用客观的频度指标作为判定词语"有用性"("usefulness")的标准,取代传统主观的判断;并主张将频度高的前 1,000 到 2,000 的词语作为"初学者的词汇"(beginner's vocabulary)。(cf. Van Ek, 1976)然而,这里存在着若干问题:(1)对语言学习者来说,最重要的词语常常并不包含在前 1,000 到 2,000 的词语里;(2)词汇依频度排序,常常并不是词汇教学最好的排序;(3)词汇的频度表常常和被分析的文本种类不吻合。

"自然教学法"(The Natural Approach)和"交际语言教学法"差不多出现于同一时期,但"自然教学法"的教学目的是"使语言初学者在语言学习的教室里能够学习到一定程度的口语交际能力"(Krashen & Terrell, 1983, p. 131);认为语言教学重要的是学习词汇,语法的作用只是辅助性的。它并有其自己的一套假说理论基础:(1)习得与学习假说(the Acquisition-Learning Hypothesis),区分了自然的习得和正规的学习;(2)自然顺序假说(the Natural Order Hypothesis),语法结构的学习在没有人为的特意排序下,学习者会依照一定的自然顺序习得到,正式教授第二语言的结构是不必要的;(3)监控假说(the Monitor Hypothesis),有意识的学习在言语行为和输出的言语形式方面,起着监控的作用,但却有它一定的限制;(4)输入假说(the Input Hypothesis),语言输入应该在一个愉快、有趣的气氛里进行,而且输入的内容应该稍微高于学生现有的水平(i+1)[②],这样才能更为有效地习得到这种语言;(5)情感过滤假说(the Affective Filter),学习者的情感和学习态度和语言的习得有着很密切的关系,一个学习者若有"低情感过滤"(low affective filter),即最佳的学习态度,将有足够的信心和教师互动,有助于他语言的习得。(Krashen & Terrell, 1983, p. 132)词汇的习得在"自然教学法"里被视为语言习得中最

---

① "Communicative competence is defined as the internalized knowledge of the situational appropriateness of language."

② Krashen 认为输入的语言信息既不要过难也不要过易,"i+1"能产生最好的学习效果,i 代表学习者目前的学习水平阶段,i+1 则是下一阶段应达到的语言水平,即稍微高出他/她目前的语言水平。

主要的部分①。

1980年代词汇计量学和计算语言学的出现,反映出时代对更精确的语言描述的需要,立下了交际语言教学大纲设计和语言教学时代开始的里程碑,也引起学者们对自然语言和词汇在自然语言中扮演着何种角色的再思考。人们开始关心起"大块语言"(large chunks of language)的重要性,并出现了对"大块语言"的各种命名,如"词汇单位"(lexical items)、"词汇短句"(lexical phrases)、"多字条目"(multi-word items)、"多字单位"(multi-word units)、"预制单位"(prefabricated units)等。Sinclair、Nattinger、DeCarrico和Lewis等宣称"语言的产生不是句法规则制约的过程,而是从记忆中取出大块词组单位的过程"。第二语言词汇习得的研究开始和认知科学挂上了钩,开始了新的研究方向。再加上词汇在现实语言学习中的重要性更促使第二语言词汇习得研究走上专业化、科学化的道路。

从第二语言词汇习得的发展过程中,不难看出词汇在对外汉语教学中的重要性。第二语言词汇习得的研究成果为我们确定"国别化"对外汉语教学应从词汇研究着手,也为我们在确定什么是对外汉语教学的"词"提供了有益的帮助。

2.6.2 第二语言词汇习得与"理解"和"表达"的联系

语言的生成和言语行为是有目的的,是为了达到一定的交际目的。交际是双向的,交际运用的形式不外乎言语的理解和表达。(见下图5)听懂别人说的话或看懂文字材料属于言语理解的部分,而把自己的想法、思维说出来或写出来属于言语表达的部分。从Chomsky的转换生成语法理论来看,言语的理解就是从句子的表层结构到深层结构的过程,言语的表达就是从深层结构到表层结构的过程。然而不论是深层结构或者是表层结构都和人的认知有着密切的关系。

图5 理解与表达关系图

言语的理解是在人已有的知识和经验的基础上借着推理的能力发展起来的。当输入的言语信息与记忆中贮存的有关信息整合上,理解就得以实现,如果缺乏有关的信息,或者未能激活记忆中的有关信息,那么就不能或难于实现言语的理解;反过来看,言语的表达为达到其一定的交际目的,首先必须确定说(写)什么,然后决定如何地说(写)。确定说(写)什么是一种大脑的思维活动,对第二语言学习者来说,确定说

---

① "Acquisition will not take place without comprehension of vocabulary." (Krashen & Terrell, 1983, p. 155)

(写)什么和实际说(写)出来之间又进行着一个母语——目的语转换的过程和语言结构加工的过程。成功的表达,从认知来看,也就是恰当地转换为目的语的话语。Hamilton 等和 Hockey 等进行的字母转换的"开窗实验"①(Open Window Experiment)显示出认知的内部心理机制,经过三个阶段:编码阶段、转换阶段和贮存阶段,如图 6 所示。这三个阶段不但适于解释人在母语环境中认知的心理过程,也适于说明第二语言学习的认知心理过程。

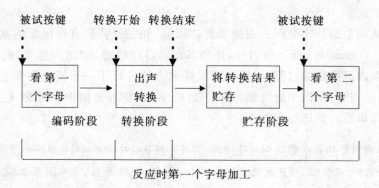

图 6 "开窗试验":字母转换作业图,摘自于
王甦、汪安圣,《认知心理学》,p. 13

认知心理学家将信息在内部进行的整个加工过程,也就是说思想、事件、事物等在大脑里获得、贮存、转化、形成图示并付之运用的过程,称之为"表征"。表征根据信息的加工形式,又可分为:类比表征、命题表征和程序表征。在第二语言学习中,这三个表征都占了重要的地位,其中类比表征把在大脑中的记忆意象和现实的信息进行类比加工,除了母语中已有的知识图式在学习第二语言时会出现,容易引起母语——目的语的类比表征外,学习目的语的过程中,不同的图式(知识结构)又会不断地在相同或类似的环境中重现、类比。命题表征以命题的形式将记忆中的语言信息或意义进行加工;程序表征则对知识系统中的操作性知识进行加工。此外,认知心理学还告诉我们,人们对外界事物或事实的记忆,无论是言语信息记忆,或者是视觉信息记忆,真正保留在记忆中的往往不是原话或原图(原像),而是原话的意义或图式的意义。也就是说,人们保留的是一个句子原话(图式)的意义信息,或原话陈述的线性排列,或其空间信息。这在第二语言学习上可以得到证明,第二语言学习总是以词语的"意义"为中心,通过经验/类比表征来习得汉语,也就是通过母语和目的语地对照、比较来概括和区别两者。例如这样的一个句子:"你今天去学校了吗?"(Did you go to school today?),一般来说,外国学生听到这个句子

---

① 如"D+2",要求被试者说出英文字母表中 D 后面的第二个字母,即"F"。

时,由于在听觉上首先感知的是句子中的词语,因此大脑机制会自动地将句子分解成词语归档:你、去、学校、了、吗、今天。然后将听到的词语转译成母语的词语,然后用符合母语的语法和语序规则重组词语,形成母语的句子形式。反过来说,当外国学生要表达一个命题时,会将母语的句子,以词语为单位来分解,然后将这些分解出来的词语单位转译成汉语,最后以汉语的语法和语序规则来组合这些词语,才表达出来。(见下页图7、图8)外国学生所累积的大量的汉语词语概念就是通过不断地比较、概括、分类(区分)储存在语义网络中的。

我们再从词汇的认知交际的表征来看,"理解"和"表达"只有在词汇的基础上才能发挥它的作用。Duncker(1945)和 Newell 和 Simon(1972)曾从"出声思考"的实验中观察语言的转换和内部操作的过程,我们也用同样的方法进行了一个简单的实验,就是在"同声传译"的课上,找一个四年级汉语水平8级的学生,要求他出声思考翻译一个句子,并录下他的全部口述。口述过程如下:

1) 그는 학교를 대표할 뿐만 아니다, 또한 국가를 대표하여 국제마라톤경기에 참가한다.
2) 그는 他,학교학校,대표代表,뿐만 아니다 不但,또한 而且,국가 国家,대표 代表,국제 国际,마라톤 马拉松,경기 竞技——比赛,참가한다 参加。
3) 他不但代表学校,而且代表国家参加国际马拉松竞技——比赛。
4) 他不但代表学校,而且还——也代表国家参加国际马拉松比赛。
5) 他不但代表学校,而且还代表国家参加国际马拉松比赛。
   在笔者暗示马拉松赛跑为长跑后,
6) 他不但代表学校,而且还代表国家参加国际长跑比赛。

当学生听到上述的句子时,由于在听觉上首先感知的是句子中的词语,因此大脑机制会自动地将句子分解成词语归档,然后将听到的词语翻译改写成目的语的词语,然后用符合目的语的语法和语序规则重组词语,形成目的语句子的形式。接着,我们反过来先给出一个汉语的句子,然后要他出声思考翻译这个句子,结果证明,他会将汉语的句子,也以词语为单位来分解,然后将这些分解出来的词语单位转换改写成韩语,最后以韩语的语法和语序规则来组合、修饰这些词语,才表达出来。口述过程如下:

1) 天气预报说明天有沙尘暴。
2) 天气预报 일기예보,明天 내일,沙尘暴 황사,有 있다。
3) 일기예보에 내일 황사가 있다.
4) 일기예보에 의하면 내일 황사가 있다.
5) 일기예보에 의하면 내일 황사가 분답니다.

认知心理学认为人类的大脑里存在着一个超级心理词库,这个超级词库除了按语音、词形排列外也按语义来排列,除了有母语的词汇外,也有目的语的词汇。它不是乱七八糟、杂乱无章地塞在记忆之中,而是像图书馆的书籍那样有序地排列在大脑的库架上。

　　上述的实验说明了词汇的正确转换与否是言语表达中的一个重要环节。而在比较、概括和分类的过程中,对韩国学生来说很容易产生借用(borrowing)、替换(code-switching)、过度泛化(overgeneralization)、扩散(diffusion)和化石化(fossilization)的现象。在汉语的学习上,韩国学生常会有意无意地搬出自己学习母语或其他外语时的经验和方法来指导自己的汉语学习。再加上,不同国家的学生由于民族的心理和社会习惯的不同,他们所采取的学习策略和方法也有很大的差异。例如,美国学生个性比较开放,他们喜欢多听多说多发问,也比较注重实际,而韩国学生个性较为拘谨,不爱发问,常是闷头苦读苦记。加之,韩国存在汉字词的使用现实,有汉字背景的韩国学生,在他们的头脑里,词形和词义早已挂钩,遇到汉语词语,即使读不出音来,也大概能猜出该词语的意义。再说,目的语词汇和母语词汇的对应,又存有其一定的特殊现象,比如说"沙尘暴"对应到韩语,是"黄沙",不是一对一的汉字词和汉语词的对应关系,然而"沙尘暴"对应到英文,有其一对一的对应关系"sand storm"。这些都说明了"国别化"对外汉语教学的研究有其发展的必然性。第二语言词汇教学的对象不同,各有其独特的社会背景和母语的认知背景,词汇专业化的发展将是必然的趋势。我们认为"国别化"的第二语言词汇的研究,应是词汇专业化研究的重要部分。

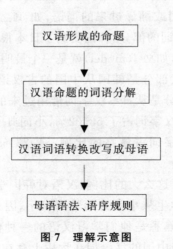

图 7　理解示意图

56 "国别化"对外汉语教学用词表制定的研究

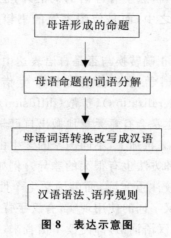

图 8　表达示意图

2.7 韩语的语言结构

韩语的词汇,一般来说是由固有词、外来词和汉字词组成的。"固有词"是韩国所固有且用韩语来书写和表达的词语,如:물(水)、살갗(皮肤)、당신(你)、깃(羽毛)、고기(肉)、바다(海)、하늘(天)、나라(国)、한가위(中秋节)等等。有的固有词如"당신"有其对应的汉字词"当身",有的固有词则是纯固有词如바람、하늘等没有汉字词的对应。"外来词"主要是指韩国从日本或者欧美所借用或翻译过来的词语,如:테크닉(technic)、미팅(meeting)、모델(model)、人气等等。外来词的部分,韩国受到了日本很大的影响,许多欧美的词语先传入了日本,然后再传入韩国,如모델(model)就是一个最明显的例子,读出的音也就是日本的英语发音。"汉字词"则大部分是韩国从中国的古汉语借用过来又形成自我的一个汉字词汇系统,其中也有一部分是从日本汉字词借用过来的。依照韩国文教部的统计资料,韩国一般大辞典所收录的汉字词占了53.02%,小词典所收录的汉字词占了52.47%,其中以政治方面所使用的汉字词占最高的比例,81.23%;其次是经济方面的词语,占71.53%。(강신항,1997)

汉字词既然占了韩语词汇这么大的比例,汉语对韩国学生来说自然也就并不那么地陌生,再加上,大部分的韩国学生从小就开始学习汉字,因此,我们几乎可以毫不怀疑地说:韩国学生对汉字的认知与熟悉是他们学习汉语的一种优势,然而对韩汉语教学的实践经验却表明韩国的汉字词与中国的汉语词在运用上存在着意义与形式对应关系的"差异性"。这种现象反而使韩国学生在学习汉语时,受到某种程度的干扰。这"差异性"的造成,可以说是一方面由于部分的汉语词在中国已经随着时代的演进,产生了变迁,原意不是被舍弃了就是被引申义所取代了,有的甚至完全消逝不再存在,然而却为韩国的汉字词保存了下来,现今韩国所使用的汉字词有相当部分是从中国的古汉语借词而来的,而且保存了古汉语的原意;另一方面是由于中、韩两国有部分词语在词义的引申和比喻方面,因为历史长河的演变过程不同,又出现了引申和比喻上的差异;再一方面是由于部分韩国的汉字词在向汉语借词以后,产生了变化,组合汉字词的词素又成为新的构词语素,制造出许多新的汉字词来,这新造词的现象与国民心理特征、思维方式、社会环境和历史文化不无关系,如部分汉字词也受到日本汉字词的影响等因素的制约与影响,使得韩国汉字词和中国汉语词在词义、语体、感情色彩、义项、词素等方面产生了不同程度的差异,也使得韩国学生在理解和运用汉语时产生不同程度的迁移作用。这里所说的词义差异主要是指词义的缩小、扩大和转移而言,如颜色、食堂、学长等;语体的差异指的是书面语和口语的差别,有些汉字词的使用在汉语中是口语体的,但在韩语中却是书面体的,如志气、容易等,然而有些汉字词正好相反,在汉语里常是书面语,但在韩语里却常用于一般的口语中,如往复、竞技等;感情色彩的差异指的是褒贬的语义色彩,有的汉字词在汉语里带有褒义的感情色彩,但在韩语里却带有贬义的感情色彩,反之亦然,这类词如:帮助(在韩语里是贬义词)、造成(在韩语里是褒义词)等;义项的差异则指词语的义项增多或减少,如人物(在韩语里除了指有代表性或具有突出特点的人,和文学、艺术作品中所描述的人之外,也指人的长相)、安静(在韩语里只指精神或内在的安稳平静)等;词素的差异则是指在构词的形式上词素的增多、减少、不同或顺序的逆顺,这类词如:好机(好机会)、相对方(对方)、赤血球(红血球)、运命(命运)等。(甘瑞瑗,2002)

  有关这方面较为系统性的研究成果,至今并不很多,只有些零星的文章对此有所触及,其中较具有代表性的如:康惠根的《韩・中共用汉字词中的异义语研究》,以北京语言学院 1979 年出版的《50 天新闻广播稿高频率词语统计表》中的 974 个双音节词为研究对象,进行了韩中新闻广播同形词的对比研究。他研究的结果显示出 91.2% 的新闻广播双音节汉字词属于同义词,只有 8.8% 的汉字词属于异义词。孟柱亿的《汉韩两语中的误导词——蝙蝠词》将与汉语词同形的汉字词称之为同源词,将同源词中"所指"(signifié)与汉语不一致的词称之为"蝙蝠词",也称为误导词,文中并对这类词语作了简单的分类。甘瑞瑗的《韩汉字词与中汉语词对比研究》就 1,048 个汉字词从形式和意义出发,做了系统性的分类和对比研究。她将汉字词分为"同形同义汉字合成词"、"同形异义汉字合成词"、"同义异形汉字合成词"、"特殊汉字合成词"四类。其中"同形异义汉字合成词"又区分为"韩义范畴较大"、"韩义范畴较小"、"部分同义部分不同义"和"完全不同义"四个分类。"同义异形汉字合成词"又区分为"反位汉字合成词"、"增字汉字合成词"、"减字汉字合成词"和"换字汉字合成词"。她又进一步将"换字汉字合成词"依照四种不同的关系区分开来。她的研究显示:(一)、四种大分类中以"同义异形汉字合成词"占的比例最高,占了样本的 56.1%,"同形同义汉字合成词"则占了 29.6%(见下页表 2);(二)、双音节词在样本的汉字词里占的比例最高,占了 70.1%,其中又以"同义异形汉字合成词"的双音节词占的比例最高,31.4%(见下表3)。她的研究说明了韩国汉字词和汉语词有其渊源的密切关系,但在历史长河中逐渐形成了其自身的一套词汇系统,其中有近30%的汉字词和中国的汉语词是同形同义的,11.6%的汉字词和中国的汉语词同形却不同义,56.1%的汉字词同义却不同形以及2.7%的特殊汉字词。另外,韩国的汉字词也和汉语一样,是以双音节为主的词汇结构。

"韩国汉字词"的独特个性也再一次验证了"国别化"对外汉语教学的必要性和重要性。换言之,对"韩国汉字词"做系统性、全面性的探讨,是有效地推进"对韩汉语教学"研究的一个重要的途径,也是"国别化"理论提出的有力理据。它的研究成果能为"国别化"的对外汉语教学研究添一片有用的砖瓦。

表2 汉字词综合统计表,摘自于甘瑞瑗的《韩汉字词与中韩语词对比研究》

分类	%(样本)
同形同义汉字合成词	29.6
同形异义汉字合成词	11.6
同义异形汉字合成词	56.1
特殊汉字合成词	2.7
总计	100.0

表3 双音节词综合统计表,摘自于甘瑞瑗的《韩汉字词与中韩语词对比研究》

分类	%(样本)
同形同义汉字合成词	25.9
同形异义汉字合成词	11.6
同义异形汉字合成词	31.4
特殊汉字合成词	1.2
总计	70.1

2.8 小结

Lionni 的"鱼就是鱼"[①](Lionni,1970)的故事说明了人类易于在自己已有的认知下来建构新的认知。由于不同的社会文化背景对人类认知能力的局限,加之和学习者的母语相比,语言系统不同,因此,不同社会的汉语学习者在汉语学习上是有差别的,我们对不同社会文化的汉语学习者的教学也是有差别的——"国别化"的。本章从认知科学、第

---

① "鱼就是鱼"讲的是一条意欲了解陆上世界的鱼,在听完青蛙描述陆地上的一切之后,出现了各种带着鱼表征的图像——人是用鱼尾巴走路的鱼、乳牛是长着乳房的鱼、鸟成了长着翅膀的鱼。

二语言词汇习得、中介语理论、对外汉语教育学、社会语言学、语料库语言学和韩语的语言结构等几个方面着重探讨了制定"国别化"对韩汉语教学用词表所依据的理论基础。这些理论提供了有关学习过程和发展的大量证据,为我们从事对外汉语教学和词表制定研究提供了一定的理论依据。

本章主要参考文献

施光亨,《对外汉语教学是一门新型的学科》,北京语言学院出版社,1994年。
李行健主编,《现代汉语规范词典》,语文出版社,2004年。
曹炜,《现代汉语词汇研究》,北京大学出版社,2004年。
常宝儒,现代汉语频率词典的研制,载陈原主编《现代汉语定量分析》,上海教育出版社,1989年。
陈彩琦、李坚、刘志华,工作记忆模型与基本理论,《华南师范大学学报》(自然科学版),2003年。
陈开顺,言语知觉中的心理模式,《外语研究》,第3期,2001年。
陈望道、施存统合译,《社会意识大纲》的译文序言,上海大江书铺,1929年。
陈原,《社会语言学》,商务印书馆,2000年。
陈原,《语言和人》,商务印书馆,2003年。
程琪龙,《认知语言学概论》,外语教学与研究出版社,2001年。
崔希亮,《语言理解与认知》,北京语言文化大学出版社,2001年。
刁晏斌、盛继艳,近10年新词语研究述评,《辽宁师范大学学报》(社会科学版),第1期,2003年。
丁信善等译,《社会语言学》,(by Hudson,1990),中国社会科学出版社,2000年。
范晓,《短语和词的界限》,北京语言学院出版社,1996年。
冯志伟,《应用语言学综论》,广东教育出版社,1999年。
冯志伟,《计算语言学基础》,商务出版社,2001年。
冯志伟,从汉英机器翻译看汉语的特殊性,第24次中国学国际学术大会,韩国,2004年。
符淮青,《现代汉语词汇》,北京大学出版社,2003年。
甘瑞瑗,《韩汉字词和中汉语词对比研究》,商务出版社,2001年。
甘瑞瑗,从又松大学的汉语教学看对韩汉语教学,载《国外汉语教学动态》,北京外国语大学国际汉语教学信息中心和北京外国语大学海外汉学研究中心主办,第1期(创刊号),2002年。
甘瑞瑗,韩中同形异义汉字合成词的对比分析,载《广东社会科学》,广东省社会科学院主办,第4期,2002年。
甘瑞瑗,中介语和对韩汉语教学中的中介语初探,《中国语文学论集》,中国语文学研究会,韩国,第25号,2003年。
甘瑞瑗,国别化的"对外汉语教学用词表"拟定的构思:以韩国为例,《中国语文学论集》,中国语文学研究会,韩国,第27号,2004年。
葛本仪主编,《汉语词汇学》,山东大学出版社,2002年。
贺国伟,《汉语词语的产生和定型》,上海辞书出版社,2003年。
胡明亮,汉语语法的'词'、'句子'、'主语'和'补语',美国东北地区文理学院汉语教学讨论会论文集,

1996年。
黄昌宁、李涓子,《语料库语言学》,商务印书馆,2002年。
黄昌宁,关于大规模真实文本的谈话,《语言文字应用》,第2期,1993年。
金立鑫、白水振,现代汉语语法特点和汉语语法研究本位观,《汉语学习》,第5期,2003年。
康惠根,《韩·中共用汉字词中德异义语研究》,韩国忠南大学出版社,2002年。
李如龙、苏新春,《词汇学理论与实践》,商务印书馆,2001年。
李宇明,汉语语法"本位"论评——兼评邢福义"小句中枢说",《世界汉语教学》,第1期,1997年。
刘润清编著,《外语教学中的科研方法》,外语教学与研究出版社,2002年。
刘珣,《对外汉语教育学引论》,北京语言文化大学出版社,2000年。
鲁健骥,外国人学习汉语的词汇偏误分析,《语言教学与研究》,第4期,1987年。
鲁健骥,《对外汉语教学思考集》,北京语言大学出版社,1999年。
陆俭明,《汉语教学与研究》,第3期,1984年。
陆俭明,《20世纪现代汉语语法八大家陆俭明选集》,东北师范大学出版社,2001年。
吕必松,对外汉语教学的理论问题刍议,《语言文字应用》,第1期,1992年。
吕叔湘,《汉语语法分析问题》,商务印书馆,1997年。
吕叔湘,《汉语语法论文集》,商务印书馆,1999年。
吕叔湘,《对外汉语教学》,第1期,1983年。
吕叔湘,关于语文教学的两点基本认识,《文字改革》,第四期,1963年。
吕香云,《现代汉语语法学方法》,文献书目出版社,1985年。
孟柱亿,汉韩两语中的误导词——蝙蝠词,第二届对韩汉语教学国际学术研讨会论文,中国延吉,2004年。
齐沪扬,《现代汉语短语》,华东师大出版社,2000年。
钱冠连,《语言全息论》,商务印书馆,2002年。
姚汉铭,《新词语·社会·文化》,上海辞书出版社,1998年。
俞士汶,《计算语言学概论》,商务印书馆,2003年。
俞允海,论新词语研究,《湖州师范学院学报》,2003年1月。
沈德立主编,《学生汉语阅读过程的眼动研究》,教育科学出版社,2001年。
史有为,《汉语如是观》,北京语言文化大学出版社,1997年。
隋岩,动态流通语料库的理论和方法,《语言文字应用》,第4期,2000年。
隋岩、张普,中文报纸媒体流通度分析,黄昌宁,《计算语言学文集》,清华大学出版社,1999年。
孙德坤,中介语理论和汉语习得研究,《语言文字应用》,第4期,1993年。
王洪君,汉语语法的基本单位与研究策略,《语言教学与研究》,第2期,2000年。
王建勤,关于中介语研究方法的思考,《汉语学习》,第3期,2000年。
王建勤,《汉语作为第二语言的习得研究》,北京语言大学出版社,1997年。
王立,《汉语词的社会语言学研究》,商务印书馆,2003年。
王蓉、阎国利,阅读中关于眼动控制的研究进展,《心理学新探》,第3期,2003年。
王甦、汪安圣,《认知心理学》,北京大学出版社,2003年。

吴丽君等,《日本学生汉语偏误研究》,中国社会科学出版社,2002年。
温锁林,《现代汉语语用平面研究》,北京图书馆出版社,2001年。
吴葆棠,《现代汉语语法探索》,青岛海洋大学出版社,1991年。
吴迪、舒华,眼动技术在阅读研究中的应用,《心理学动态》,第4期,2001年。
萧国政、吴振国,汉语法特点和汉民族心态,《华中师范大学学报》,第4期,1989年。
谢耀基,词和短语的离合问题,《烟台大学学报》(哲学社会科学版),第2期,2001年。
徐子亮,《汉语作为外语教学的认知理论研究》,华语教学出版社,2000年。
叶蜚声、徐通锵,《语言学纲要》,北京大学出版社,2000年。
于根元,《二十世纪的中国语言应用研究》,书海出版社,1996年。
张普,《语言的多媒体性和多媒体语言知识的作用》,《语言工程》,1997年。
张普,关于大规模真实文本语料库的几点理论思考,《语言文字应用》,第1期,1999年。
张普,关于网络时代语言规划的思考,《语言研究》,第3期,1999年。
张普,关于语感与流通度的思考,《语言文字应用》,第2期,1999年。
张普,关于大规模真实文本语料库的几点理论思考,《语言文字应用》,第1期,1999年。
张普,中文信息处理专题研究:主持人的话,《语言文字应用》,第2期,2000年。
张普,关于控制论与动态语言知识更新的思考,《语言文字应用》,第4期,2001;第1期,2002年。
张普,信息处理用动态语言知识更新的总体思考,《语言文字应用》,第2期,2002年。
张普、石定果,论历时中包含有共时与共时中包含有历时,《语言教学与研究》,第3期,2003年。
赵元任,《语言问题》,商务印书馆,1999年。
朱德熙,《语法问答》,商务印书馆,1985年。
朱智贤,心理学的方法论问题,《北京师范大学学报语法问答》(社科版),1987年。
赵金铭主编,《汉语研究与对外汉语教学》,语文出版社,1997年。
赵金铭主编,《对外汉语研究的跨学科探索》,北京语言大学出版社,2003年。
赵艳芳,《认知语言学概论》,上海外语教育出版社,2002年。
GB/T13715—92,《信息处理用现代汉语分词规范》,中国标准出版社,1992年。
Broselow, Linguistics and Language Teaching, In R. Friedin, J. Kegl, and K. Miller (eds), roceedings of the Conference on Linguistics in the Undergraduate Curriculum: CSL #17, Princeton University Cognitive Sciences Laboratory, 1987.
Brown, *Principles of Language Learning and Teaching*, (eds), New Jersey: Prentice Hall. Regents, pp. 203—204, 1994.
Carl James, *Errors in Language Learning and Use: Exploring Error Analysis*, Foreign Language Teaching and Research Press, pp. 62—89, 97—101, 2001.
Corder, The Significance of Learners' Errors, *IRAL 5/4*, 1967.
Corder, Idiosyncratic Dialects and Error Analysis, *IRAL 9/2*: 147—159, 1971.
Corder, Error Analysis, Interlanguage and Second Language Acquisition, In KINSELLA, V. (ed.) *Language Teaching & Linguistics: Surveys*, Cambridge University Press, pp. 60—78, 1978.
Corder, *Error Analysis and Interlanguage*, Oxford: Oxford University Press, 1981.

Corder, A Role for the Mother Tongue, Cited in Selinker(1992), *Rediscovering Interlanguage*, New York: Longman, 1983.
Dan Sperber & Deirdre Wilson, *Relevance: Communication and Cognition*, Blackwell Publishers, Ltd., 2nd edition, 1995.
David W. Carroll, *Psychology of Language*, Brooks/Cole Publisher, pp. 67—246, 1999.
Dürmüller, The Presence of English at Swiss Universities, The Dominance of English as a Language of Science, Edited by Ulrich Ammon. Berlin/New York, W. de Gruyter, pp. 389—404, 2004.
Duncker K., On Problem Solving, *Psycho Monogr*, p. 58, 5, 270, 1945.
Hermann Ebbinghaus, *Memory: A Contribution to Experimental Psychology*, 1885, Translated by Henry A. Ruger & Clara E. Bussenius, New York Teachers College, Columbia Univ, 1913.
Ellis, A Discussion on the Methodological Issues in Interlanguage Studies, In Alan Davies (ed.), *Interlanguage*, 1984.
Ellis, *Understanding Second Language Acquisition*, Oxford: Oxford University Press, 1985.
Ellis, *The study of Second Language Acquisition*, Oxford: Oxford University Press, pp. 710, 1994.
Evelyn Hatch & Cheryl Brown, *Vocabulary, Semantics and Language Education*, pp. 170—260, Cambridge University Press, 1995.
Freedle, R.O., *Discourse Production and Comprehension*, (Ed.), Norwood, NJ: Ablex, 1979.
Fries, *Teaching and Learning English As a Foreign Language*, Ann Arbor: University of Michigan Press, 1945.
F. Ungerer & H. J. Schmidt, *An Introduction to Cognitive Linguistics*, Harlow: Longman, 1996.
Gass, Integrating Research Areas: A Framework for Second Language Studies, *Applied Linguistics 9*, 1988.
Gatbonton, Patterned Phonetic Variability in Second Language Speech: A Gradual Diffusion Model, *Canadian Modern Language Review 34*, 1978.
George Miller, The magical number seven, plus or minus two: some limits on our capacity for processing information, *Psychology Review*, 16:297—308, 1956.
Hatch, Discourse Analysis and Second Language Acquisition, In E. Hatch(ed.), *Second Language Acquisition: A Book of Reading*, Newbury House, 1978.
H. A. Simon, *Observations on the Sciences of Science Learning*. Paper prepared for the Committee on Developments in the Science of Learning for the Sciences of Science Learning: An Interdisciplinary Discussion. Department of Psychology, Carnegie Mellon University, 1996.
Hymes, Models of the interaction of language and social life, In Bibliography, *Sociolinguistics*, 1972.
J. Austin, *How to Do Things with Words*, Cambridge University Press, 1961.
Jack C. Richards & David Nunan, Second Language Teacher Education, 外语教学与研究出版社, pp. 3—15, 2000.
James Coady & Thomas Huckin, *Second Language Vocabulary Acquisition*, 上海外语教育出版社, 2001.

Jean Aitchison, *The Articulate Mammal: An Introduction to Psycholinguistic* (Eds.), Reutledge, 1998.

Jenny Thomas & Mick Short, *Using Corpora for Language Research*, 外语教学与研究出版社, 2001.

Johnson, *The Body in the Mind: The Bodily Basis of Meaning, Imagination and Reason*, The University of Chicago Press, 1987.

Krashen, S. D. & Terrell, T. D. *The natural approach: Language acquisition in the classroom*, London: Prentice Hall Europe, p. 131 & p. 156, 1983.

Keith Johnson, *An Introduction to Foreign Language Learning and Teaching*, 外语教学与研究出版社, pp. 3—12, 57—158, 2002.

Kelly, L. G., *Centuries of language teaching*. Rowley, MA: Newbury House, 1969.

L. Wittgenstein, *Philosophical investigations*, translated by G. Anscombe, Basil. Blackwell, 1953.

Lakoff, *Women, Fire, and Dangerous Things*, University of Chicago Press, 1987.

Lakoff & Johnson, *Metaphors We Live By*, University of Chicago Press, 1980.

Langacker, Ronald W. Foundations of Cognitive Grammar, *Descriptive Application*, Vol. II, Stanford, California, Stanford University Press, p. 112, 1991.

Larsen-Freeman, Diane. *Techniques and principles in language teaching*, Oxford: Oxford University Press, 1986.

Laufer, B. Possible changes in attitude towards vocabulary acquisition research, *International Review of Applied Linguistics*, 24(1), 69—75, 1986.

G. Leech, *Introducing English Grammar*, London: Penguin, pp. 107, 1992.

M. A. K. Halliday, *Language as Social Semiotic: The Social Interpretation of Language and Meaning*, Edward Arnold Publishers, 2001.

Murdock, B. B. The Serial Position Effect of Free Recall, *Journal of Experimental. Psychology*, 64: 482—488, 1962.

N. Schmitt & M. McCarthy, *Vocabulary: Description, acquisition, and pedagogy*, (Eds.), Cambridge: Cambridge University Press, 1997.

Nation, I. S. P. *Teaching and learning vocabulary*. New York: Newbury House, 1990.

Nation, I. S. P. Vocabulary size, growth and use. In R. Schreuder & B. Weltens(Eds.), *The bilingual lexicon* (pp. 115—134). Amsterdam: Jonh Benjamins, 2003.

Nation, I. S. P. & Waring, R., Vocabulary size, text coverage and word lists. In Norbert Schmitt & Michael McCarthy, *Vocabulary: Description Acquisition and Pedagogy* (pp. 6—19), 2002.

Nemser, Approximate Systems of Foreign Language Learners, *IRAL 9/2*, 1971.

Newell, A., *Unified Theories of Cognition*, Cambridge, MA: Harvard, 1990.

Newell & Rosenbloom, Mechanism of skill acquisition and the Law of Practice, In J. R. Anderson, (ed.), Cognitive Skill and Their Acquisition, pp. 1—55, Hillsdale, NJ: Erlbaum, 1981.

Newell & Simon, Human Problem Solving, Englewood Cliffs: Prentice Hall Inc., 1972.

Noam Chomsky, *Syntactic Structures*, The Hague: Mouton, 1957.
Noam Chomsky, A Review of B. F. Skinner's Verbal Behavior, Cited in J. A. Fodor and J. J. Katz (1968), *The Structure of Language*, Englewood Cliffs: Prentice Hall, 1959.
Noam Chomsky, Linguistics and Philosophy, In S. Hook (ed.), *Language and Philosophy*, New York University Press, 1969.
Noam Chomsky, Language and Mind, In D. H. Mellor (ed.), *Ways of Communicating*, Cambridge University Press, pp. 56—80, 1990.
Noam Chomsky, Language and nature, Mind, p. 104, 413, 1995.
Norbert Schmitt & Michael McCarthy, *Vocabulary Description, Acquisition and Pedagogy*, 上海外语教育出版社, 2002.
Osgood, C. E. and R. Hoosain, Salience of the word as a unit in the perception of language, *Perception and Psychophysics*, 15(1): 168—192, 1974.
Patsy M. Lightbown & Nina Spada, *How languages are learned*, 上海外语教育出版社, 2002.
Piaget, J., *The child's conception of the world*, New York: Littlefield Adams, 1990.
R. Jackendoff, *Semantics and Cognition*, Cambridge (Mass.): MIT Press, 1983.
Rod, *Second Language Acquisition*, Oxford University Press, 1997.
Schmidt, R & Timothy Lee, Motor Control and Learning, 3rd edition: *Human Kinetics*, 1999.
Selinker, Interlanguage, *IRAL 5/4*, 1972.
Selinker, *Rediscovering Interlanguage*, Longman, 1992.
Sharwood Smith, *Crosslinguistic Influence in Second Language Acquisition*, (eds), Pergamon, 1986.
Sweet, H., *The practical study of languages: A guide for teachers and learners*, Oxford University Press, 1899/1964.
Taylor, The Use of Overgeneralization and Transfer Learning Strategies by Elementary and intermediate Students in ESL, *Language Learning 25*: 73—107, 1975.
Thorndike, E. L. & Lorge, I. *The teacher's word book of 30,000 words*, Teachers College, Columbia University, 1944.
West, M. Speaking-vocabulary in a foreign language, *Modern Language Journal*, 14, 509—521, 1930.
Weinreich, *Languages in Contact*, The Hague: Mouton, 1953.
강신항,《현대 국어 어휘사용의 양상》, 大学社, 韩国, 1997.

研究方法篇

第三章　对外汉语教学中"词"的界定研究

什么是汉语的"词",长期以来一直是一个学界争执的问题。从章士钊先生引进西方"词"的概念,并提出"词"这个术语开始,到黎锦熙先生从概念的角度,赵元任先生从语音的角度,吕叔湘先生从语法的角度给"词"下定义,词就有了许多不同的说法,如:"语音词"、"词汇词"、"语法词"、以及"形式词"、"理论词"等等(却没有"教学词",更没有"对外汉语教学词")。总的来说,这些不同名称的"词"大多是从语言学的角度,依照"词"的功能来界定的。虽然,后来随着计算语言学的兴起,又有了"信息词"、"工程词"、"切分单位"、"字符串"、"有效字符串"等术语的出现,可是从教学和对外汉语教学的视角来界定"词"却尚无仅有。然而,不管汉语词的界定有多么复杂,我们都对它有一个大致相同的认知,那就是:它是自然语言中能说能听基本使用和感知的单位,也是语言研究中基本的分析单位。

众所周知,每一门学科的本体研究中,最基础的工作就是界定本学科中的术语。对外汉语教学也不例外,为了进一步完善学科本身,起到有效的汉语教学,对什么是本学科中的"词"就必须有一个明确的界定。一方面,它可以在词表的制定、教材和辞书的编撰上作为选词、取词的学科理论依据;另一方面,教学实践表明,语言学里严格界定的"词"并不适用于汉语教学当中,比如说"蓝天"是词还是"白云"是词,在语言学界可以是个研究的大题目,然而对一般的汉语学习者来说却不是那么的重要。对他们来说如何成功地达到交际的目的才是关键。作为语言研究中的"词"和实际生活中使用的"词"本质上是两个不同的概念,对对外汉语教学来说要教会学生的是实际生活中使用的"词",而不是语言研究中的"词",因此如何从对外汉语教学的角度来重新看待"词",并进而界定"词"就显得很重要。

从 1978 年北京地区语言学科规划座谈会上提出对外汉语教学是一门学科的看法后,对外汉语教学已经真真实实的成为一门新型的学科在发展。然而经过这 27 年来的发展,对外汉语学界仍未能对学科中所谓的"词"给出一个明确的界定。因此,今天的对外汉语教学界极有其必要从学科的性质出发用一种更符合时代要求的思维和态度来界定对外汉语教学中的"词"。下面我们将从语言学、认知科学、社会语言学、信息处理和对外汉语教学的功能出发来探讨什么是对外汉语教学中的"词",然后在这些理论的基础上提出我们对对外汉语教学中的"词"的界定。

3.1 从语言学的视角来看对外汉语教学中的"词"

语言是人类最重要的交际和思维工具,是一个音义结合的符号系统。语言系统的交际与思维的功能是由词组成句来实现的。从普通语言学的角度来看,语音是语言的物质外壳,语法是语言的钢筋架构,词汇则是语言的建筑材料,是语言这栋摩天科学大楼的地基,地基若是不稳,摩天科学大楼就建筑不起来,也就没有所谓的"语言"的存在,更没有人类文明的产生了。毫无疑问的,它是整个语言系统的基础,与人类社会有着生息共存的关系。历史长河中的社会现实生活、文化心理、风俗习惯都对词汇的发展演变有着深广的影响。词汇在不同的时期也显出它不同的个性特征,但它同时具有传承的、一般性的规律。换句话说,"词汇不但一方面具有它的复杂性和时代性,另一方面也具有它的规律性。"(葛本仪,2002)

许多语言学家和学者都曾对"词"下过定义,顺着历史的长河来看,最早有黎锦熙先生给"词"下定义,他认为"词"是:"说话的时候表示思想中一个观念的词语……词语简称词,就是言语中间一个一个观念的表示。"(黎锦熙,1924)王力先生把"词"界定为:"语言的最小的意义单位。"(王力,1953)吕叔湘先生把"词"叫做"语言的最小的独立运用的意义单位。"(吕叔湘,1953)林汉达先生把"词"看作是:"有义音节当中可以单独运用的。"(林汉达,1955)高名凯先生则将"词"定义为:"一个语音形式和意义的结合,而这意义则是独立的。"(高名凯,1957)符淮青先生将"词"界定为:"语言中有意义的能单说或用来造句的最小单位,它一般具有固定的语音形式。"(符淮青,1985)刘叔新先生将"词"界定为"最小的完整定型的语言建筑材料单位。"(刘叔新,1990)葛本仪先生将"词"看作:"语言中一种音义结合的定型结构,是最小的可以独立运用的造句单位。"(葛本仪,2001)曹炜先生则定义"词"为:"最小的有相对固定的语音形式和适度词长的能独立运用的语言单位。"(曹炜,2004)他们所定义的"词"虽然都是从语言学的理论出发来界定的,但由于研究目的的不同,观察角度的不同,研究方法的不同,所以对"词"的界定就出现或多或少不一致的地方。我们的目的是研究语言教学,必须从语言学习和语言教学的角度去界定"词",其中黎锦熙先生对"词"的界定,在我们看来最符合对外汉语教学用的"词"的界定。因为他所定义的"词"是一个言语中的"词",具有广义的"词"的概念(包括了词和语)并和人的认知联系在一起。他说:"观念一名意象,英文为Idea。在此处是用它的广义:一切外界的感觉、反映的知觉、想象、乃至概念等,凡是由认识作用而来的,都可叫做观念。用声音或文字来代表这些单体的整个的意象,都叫做词。"(黎锦熙,1924)

除了专家们的界定外,词典里也对"词"做了说明,《现代汉语词典》(下简称为《现汉》)里对"词"的注释比较模糊:"语言里最小的、可以自由运用的单位。"《现代汉语规范词典》(下简称为《规汉》)则注释"词"为:"语言中具有固定语音形式和特定意义的、最小的独立运用的单位。"词典里的解释,在我们看来也都是基于语言学严格界定的"词",然而在言语交际的活动中常常不是"最小"的单位在发挥交际作用,而是一个"不大不小"的理解/表达单位在发挥它的交际作用。比如说,把"恐怖事件"、"六方会谈"当作一个"词"来处理时,在言语交际中将更容易达到成功交际的目的。

"词汇"一般被语言学家看作是语言中所有词和语的总汇。(刘叔新,1990;符淮青,1985;谭全,1978;黄伯荣、廖序东,1991)在《现汉》里词汇的注释是:"一种语言里所使用的词的总称。"也就是说,它是一个"言语链集合",是"已然的话语[①]的集合",具有"族群性"、"时代性"和"整体性"[②]。它必须就某一种语言或方言而言,而且必须就某一共时阶段而言。它更是一个集合的概念,是词的聚合、组合整体,是词的总汇,包括了固定短语的总汇。这里所谓的"固定短语的总汇"是指一般所言的熟语,即词以外的成语、惯用语或凝固性强的且已被社会普遍接受的专门用语和流行语。

从上述的论点出发,我们认为对外汉语教学中的"词"应该具有所有"词"和"词汇"的属性,但是包含层面却更广泛。我们可以这样地理解词:从形式上看,词是语言的单位,是一个音义结合体;从功能上说,词是直接构成句子的语言单位;从组合关系来判断,词在具体的言语句子中是一个凝固的整体,不但包括语音形式、书写形式上的凝固也包括意义上的凝固,是不能随意拆分的一个整体。换言之,从语言学的视角来看对外汉语教学中的"词",它应该是:

1. 音义结合体;
2. 构句的语言单位;
3. 一个语音形式和书写形式凝固性强的语言单位;
4. 在语言研究中可以作为一个整体分析的单位;
5. 是内部结合紧密,意义已经凝固为一个整体的单位,包括了词和相当于词的作用、凝固性强,不容任意切分的固定结构的词和语,如:固定短语以及一些已被社会普遍接受、流通度高的常用词组和流行新词语。

3.2 从认知科学的视角来看对外汉语教学中的"词"

从认知学的角度来看,认知过程的结果——范畴被作为概念(mental concepts)储存在大脑里,形成心理词汇(mental lexicon),心理词汇又表现为外部的语言符号——词汇。一个"词"之所以能在具体的语境下具有指称的功能,是建立在"词"的概念的基础上。概

[①] 参见王立:《汉语词的社会语言学研究》,商务印书馆,2003年。
[②] 参见葛本仪主编:《汉语词汇学》,山东大学出版社,2002年。

念是词义的基础,词义是概念在语言中的表现形式,"词"又通过概念来反映世界上的事物和现象。"词"的概念结构,总的来说包括两个部分,一个部分是以"原型"(prototype)为中心,具有家族相似性的外延成员;另一个部分是对所有成员属性的概括。然而大脑的认知活动是在已记忆知识的基础上以最节约的方式进行的,所以随着对新事物的认识,大脑总是在记忆中寻找已存有的概念,根据新认识事物的物理、功能等属性将其与已认识的事物发生某种联系,对其进行归类和认知。这种联系即是家族相似性,这种家族相似性不仅仅存在于客观事物本身,而且也决定于人的认知方式。对外汉语词汇教学属于第二语言习得的范围,在已有的母语的语言体系下,如何习得第二语言,和大脑的物理功能、人类的认知联系方式有着密不可分的关系。换句话说,母语的获得和母语的生存环境在第二语言的习得上扮演着一定的"决定性"的关键角色。第二语言的词汇习得不是任意的、无意识的,它来源于人的认知联想,具有一定的、有意识的认知基础。然而这种联想——联系,常常会有一段"尝试错误"(trial and error)的中介语阶段。就拿一个简单的例子来说,早上给学生考"汉语与电脑"时,我见到一位学生的眼睛很红,我问他:"你的眼睛怎么了?",他回答说:"我的眼睛生病了。"眼疾和生病联系在一起,是经过大脑有意识的理性联想过程,因此学生会说出:"我的眼睛生病了"的句子。这种由于认知体系里的联想迁移作用,尤其表现在同样使用"汉字"的文化圈的国家——韩国。如这样的一个句子:"我昨天和我的先辈一起去中国食堂吃饭。"在对汉字词"先辈"、"食堂"已有的认知基础上,韩国学生很容易将它运用在汉语的学习上。因为我们的大脑总是在记忆中寻找已存在的概念并以最节约的方式进行新的认知活动。后来,在与外部学习环境的相互作用下,一步步地向目的语靠近。这个中介语的过程完全是通过客观现实、人的生理基础和认知能力来实现的。再从另一个角度来看,第二语言习得过程中对词语的选择,除了受到地域和语域等语境变化(contextual variation)的影响外,多少也受到所指称事物的一词多义(semasiological variation)和一物多词(onomasiological variation)特性的影响,还受到人类感知的完形心理的影响。所谓"一词多义"是指一个词可以用来指称不同的事物;所谓"一物多词"是指不同的词可以用来指称相同的事物,也就是说同一事物可以用不同等级范畴的名称来命名。由于韩国汉字词和中国汉语词在词汇的意义与形式上存有对应上的差异关系——同形同义、同形异义、同义异形、异义异形(特殊汉字词),因而在汉语学习上容易引起词汇使用的混淆,再加上,从人类神经认知的角度来说,人们在识别和记忆事物时,倾向于寻找有规律、变化小的整体,人们的注意力更容易观察和记忆事物比较突显的方面,容易将相似的东西看成是一个单位,因此对于完全相同和完全不同的汉语词汇(同形同义、异义异形/特殊汉字词)反倒掌握得比较快、比较好,对于相似的汉语词汇(同形异义、同义异形汉字词)反而不容易掌握。这可由我们收集的语料中得到验证。

因此,从认知语言学出发,成功的对外汉语教学应该有一定的认知基础,也就是说生存环境的日常经验的认知体系构成了语言运用的心理基础,也就是这些心理基础,使得对外汉语教学必须朝"国别化"的对外汉语教学发展,这样才有可能将对外汉语教学实实在在、有效地推广起来。王立先生从语感的角度调查了汉语中的"词"。他的研究说明了"词"是一个认知单位,而语感就是一个用来判断这个认知单位的标准。

我们再进一步来看有关大脑的记忆研究,美国心理学家 Miller 在他对短期记忆(short-term memory, STM)的传统回顾中首先提出了"组块(Chunk)"的概念(Miller, 1956),"组块"指的是人脑的"记忆单位",是测量短期记忆的最小单位。短期记忆主要负责从长期记忆中提取相关的信息,并用这些信息来加工处理从感觉记忆传来的信息,最后将这些结果作为信息储存在长期记忆中。未能进入长期记忆的信息将在短期记忆中消失。短期记忆是个信息加工环节,能够迅速地将短期记忆和长期记忆中的信息链接起来。这也就是说,"组块"是一个信息量的单位。Miller 论断短期记忆的容量是 7 ± 2 个组块,至于组块的大小究竟有多大,还是个未知数。然而,可以确定的是我们大脑中存有一组又一组的记忆组块作为我们记忆和认知的单位。Newell 认为"组块"是人类认知主要的原理。他指出:"组块是一个记忆组织的单位,由已经在记忆中形成的组块结合而成一个更大的单位。组块意味着递归式地建构这样结构的能力,因此导致记忆组织呈层次性。组块仿佛是人类记忆普遍存在的一个特性。不可置疑地,它能构成一个相当于普遍存在的惯律的基础。"[①](Newell,1990:7)后来,Abney Steven 首先将组块的概念引入语言研究领域,他把组块定义为句子内部的一个非递归的核心成分。接着 Buchhlz、Veentra 等人也分别对名词组块、动词组块和介词组块等类型及自动识别方法进行了比较完整的研究工作。"组块"的提出说明了人脑在发送和接收语音流或者符号序列倾向于"组块"式的处理。也就是说"组块"是一个"不大不小"的信息量的单位。(Abney Steven,1991,1995,1997)

总言之,从认知科学的角度来看对外汉语教学中的"词",它应该是:
1. 是一个不大不小的认知单位[②];也就是人类认知记忆范围内的一个整体单位;
2. 是一个组块(chunk)单位;
3. 是自然语言中基本的感知和使用的单位。

---

① "A chunk is a unit of memory organization, formed by bringing together a set of already formed chunks in memory and welding them together into a larger unit. Chunking implies the ability to build up such structures recursively, thus leading to a hierarchical organization of memory. Chunking appears to be a ubiquitous feature of human memory. Conceivably, it could form the basis for an equally ubiquitous law of practice."

② "汉语的词在汉语中是一种不大不小的单位",参见郑林曦(1955),"关于汉语的词和汉语单音节说",《中国语文》五月号。

3.3 从社会语言学的视角来看对外汉语教学中的"词"

汉语词的研究,由于研究的视角不同,出现了各种不同的"词",如:语法词、词汇词、分词单位、形式词等等,这些学术研究意义上的"词",多是从本身学科的语言理论出发,对静态的语言材料进行分析和描述,也都看出某个片面的语言的事实,然而却多缺少考虑到"社会性、交际性是语言的本质属性",因而研究中的"词"与言语使用中的"词"呈现出较大的出入。从语言本质上说,语言现象存在于语言社团的使用之中,需要关注语言社团的语言意识,换言之,"词"不仅仅是一个单纯的语言学概念,更是一个社会的、心理的概念,与人类的认知心理基础有着密切的联系,它是一个语言社团普遍认同并广泛使用的语言认知单位。郭绍虞的"让社会上的客观事实来说话"(郭绍虞,1979,635页)就是从认知的社会心理的角度来感知"词"并认识"词"。作为一个学术概念,词是抽象的,很难解释地清楚,但作为交际的言语单位,由于人们对言语的感知是实在的,因此词又很实在地存在人类的大脑词库中(王立先生称之为"已然的话语")。这种对语言的感知,简称为语感,是人们用来判断哪些话说错了,用错了;能说与不能说的一个语言认知的标准。

其实,从语感的角度来探讨"词"并不是一个全新的思路,早在20世纪50年代,就已有学者提出应当从群众语感的角度去确认词,90年代汉语信息处理的分词研究也将语感作为判断词的一个标准。张普教授提出"人类的语感是可以测量的"(张普,2004);王立先生利用社会语言学的调查统计分析方法,分别从汉语拼音的分写、连写和词语的切分(分词)做了5次关于公众语感的问卷调查,探讨了关于汉语"词"的公众"语感"和"词"的认知性。(王立,2003)。他们都主张"公众语感的测量"是研究语言本土化的具体方法和认识汉语词的科学途径。他们的主张和研究说明了:"词"不仅仅是一个单纯的语言学的概念,更是一个认知的、心理的、社会的概念,换言之,它是人认识整个生存世界的一个表现形式的认知单位和心理过程的体现单位,也是一个社团普遍认同并广泛使用的现成的语言单位。

从"语言是由客观的社会事实所决定的"的社会语言学的角度出发(郭绍虞,1979),词的研究就需要从社会心理的角度,即社团如何感知的角度去认识"词",应深入到已然言语的背后去了解词的存在与生成机制,也就是词的认知基础。"约定俗成"一向被视为是语言发展的一个主要原因,语言学家制定的所谓规范最多也只能追认广大群众的语言实践而已,任何违反群众语感的规范都行不通。然而公众语感倾向与现有的语言理论之间存在着对"词"不一致的看法,王立先生对汉语词的研究就是一个最好的说明,也支持了本研究的对比结果,比如说:王立先生的调查显示95%以上的调查对象认定"我国"、"水里"、"这个"、"每天"、"看到"、"地下"、"飘着"等是词,也就是说,他们在心理上、在认知上把这些词语当作一个"词"来对待,是不可分割的一个整体单位。虽然王立的研究强调"双字格"的韵律结构①,但也说明了在人认知中的"词",是一个在语义上自足、意义充分性的认知单位,和人的认知、概念思维是分不开的,在他的研究中我们也可以看出某些三音节的字串,如:"看上去"、"分开来"、"说不出"、"说得好"、"新产品"、"大城市"、"每一次"、"一、二个"、"大半天"、"实际上"等也被调查对象视为"一个词",另外某些 3 音节或 4 音节的字串,如:"表现出"、"说得过去"、"很扎实"、"房间里"也都有词化的倾向(40%以上的调查对象认为是词)。(王立,2003)

虽然人对基本范畴和原型的认知能力以及大脑中的基本认知模式大同小异,然而诸多社会因素和心理因素的影响,如:个人所处的地域环境、教育的程度、所受的专业训练、所从事的职业、甚至性别、年龄等因素都有可能影响其对词的认知,造成每个人的语感会有一定的差异,对词的感知也就不尽一致。表现在对外汉语教学方面,由于学习者来自于不同的国家,分属不同的语言社团,母语中认知的"词",当用目的语表现出来时多多少少会和目的语的语言学研究中的"词"有矛盾。有趣的是在我们的调查研究中"我国"、"水里"、"实际上"、"做得好"也都被韩国人列为前 1,000 个常用词语②,也就是说这些字串在韩国人的认知系统里是一个十足的认知单位,也是一个十足的语言单位,这和王立先生的语感调查结果是一致的。

作为语言研究单位的"词"和作为语言使用单位的"词"不属于同一个概念范畴,各自着重的研究内涵不尽相同。汉语社团绝大多数成员心理上存在着的现成的词是一个语言使用单位,是从人的大脑词库出来的,不是某一研究平面上的分析单位,它可以说是依据汉语社团成员的普遍语感实现的,不是由某单一研究平面的理论所规定的。对外汉语教学用词,属于语言使用单位的词和研究中的词是两个不同的概念。语言使用单位的词强调它的不可分割性、交际性和可使用性。其实,语言的使用是一个极为平常、极为自然的一件事,当我们说话时首先想到的是我们想表达的概念,需要用什么表达单位来表达,这个表达单位是一个整体又足够表达我们所要表达的,因此对外汉语教学所要教授的词汇也就是这些足够或尽可能能将概念表达清楚的词汇,它该是一个语义自足、富有意义充分性,可以直接用来表达和使用的词汇。

简单地说,从社会语言学的视角来看对外汉语教学中的"词",它应该是:
1. 它存在于语言社团公众的语言直觉(语感)中;
2. 是被语言社团普遍感知和使用的基本单位;
3. 是一个能说能听的单位;
4. 是语言社团公众交际和思维的单位。

---

① 王立主张"偶语易安,奇字难适"韵律音步构词,汉语的标准音步是两个音节,因此他主张"双字格"是汉语的构词范式。三音节的字串能成词也是由"音步"来决定的。(王立,"汉语词的社会语言学研究",p.154,2003)
② 主要根据韩国国立国语研究院的《常用韩国语语料库》,2003 年。

3.4 从信息处理的视角来看对外汉语教学中的"词"

汉语信息处理研究中"词"的问题,从本质上讲就是"有效字符串"[①]的问题。大规模真实文本就是由"有效字符串"所构成的。"有效字符串"在信息处理上是一个分词的单位,它打破了"词"、"词组"、"短语"、"语"之间的界限,可以被用来直接作为信息处理的单位。因此,从信息处理的角度来看对外汉语教学中的"词",它应该是:
1. 一个所谓的"有效字符串"的单位;
2. 一个分词的单位;
3. 一个可以直接用来做信息处理的单位,如计算机自动分词、机器翻译等等;
4. 它主要的语料来源可以用下列的公式来表达:

对外汉语教学用词语料 ＝ 中国的常用词语 ＋ 某特定国家的高频词语 ＋ 那个某特定国家补充的特色词语 ＋ 表达现今社会或世界重大事件且广为国际通用的流行词语

其中中国的常用词语主要依据现代汉语流通语料库的词表和《HSK 大纲》的四级词汇表来拟定;某特定国家补充的特色词语,亦即某特定国家汉语学习者由于生长的社会生活环境的不同在用汉语表达自我思维时所需要的汉语词语,这些词语主要依据那个国家的频度语料库和那个国家在食、衣、住、行、娱乐等等方面的特殊词语来拟定,以韩国为例:韩式泡菜、冷面、烧酒、青瓦台、大酱汤等等;表达现今社会或世界重大事件且广为国际通用的流行词语部分则主要依据中国的流行语语料库和那个特定国家的流行语语料来拟定。因为我们认为对外汉语教学应该是"理解"和"表达"的双向教学,不但需要教会学生如何理解汉语,也要教会学生如何用汉语表达他的思维意念,还要符合和反映社会的状况和时代的变迁,因为这样拟定出来的"对外汉语教学用词表"才能真正地发挥它的效用,满足汉语学习者的需要,为对外汉语教学服务。

3.5 从教学功能的视角来看对外汉语教学中的"词"

对外汉语教学属于教育学的领域,而教育是人类社会"培育人"的活动。21 世纪联合国教育委员会曾就教育的目标提出了教育的四大支柱理念:学会认知、学会做事、学会共同生活和学会生存。这四个教育支柱原则,也可以说是对外汉语教育的四大支柱原则,是对外汉语教育意欲达到的最终教育目的。

从另一个角度来看,对外汉语教学首先是语言教学,是一种外语教学,一种第二语言

[①] 参考隋岩、张普(1999、1997),中文报纸媒体流通度分析,载于黄昌宁主编的《计算语言学文集》,清华大学出版社。

教学,一种以汉语作为第二语言的教学,也是对外国人进行的汉语作为第二语言的教学。不可置疑,语言教学的根本任务就是把语言教好。吕叔湘先生曾说过:"学习语言不是学一套知识,而是学一种技能。"[1]教知识、教语言的规律主要是为了增强汉语学习者运用汉语进行交际的能力。因此,对外汉语教学不同于一般教育的一个主要的特点是:它主要藉由汉语的教学,培养汉语学习者的交际能力来达到教育的目的,间接起到促进教育的作用。这也就是说,对外汉语教学不同于一般的教育主要在于它是以培养学习者的汉语交际"互明"(mutual manifestness)的能力。所谓的"互明"是指在话语的产出和话语的理解的言语交际中,交际双方共同明白的信息或事实。

前面我们一再地强调对外汉语教学的主要目的是培养汉语学习者的汉语交际能力,以帮助他们达到更好地生存。因此,从对外汉语教学的功能来考虑,对外汉语教学中的"词",应该是:

1. 它主要的作用是帮助外国学生在汉语环境中达到生存和交际的目的;
2. 为汉语预备教育打基础。

3.6 对外汉语教学的"词"的界定

有关词的界定一直是一个众说纷纭的问题,语言学界对词的界定主要涉及语言的形式和结构,而不是人的实际言语行为,然而对外汉语教学的语言研究是离不开实际交际的言语形式,因此,综合语言学、认知科学、社会语言学、信息处理的视角和对外汉语教学的功能,总的来说,它应该包含三个部分。首先它应该拥有词和词汇[2]的所有特征但它称为词的范围更广,意思是说只要在意义上凝固,形式上结合紧密且使用稳定的所有词、短语和词组都可被视为对外汉语用的词;这里所谓的短语或词组是指具有一定的语义或语法功能,经常被当作一个词来使用的固定短语和词组。欧美很早就有许多学者从心理语言学出发探讨词汇的习得过程中的"词"的表现形式,并从实验来证明短语结构(phrase structure)的心理真实性,如:Foder 和 Bever, Garret 和 Foder 的声音位移方法(Foder & Bever,1965;Garret & Foder, 1968)以及 Johnson 对句法在短时记忆中的作用的实验,度量了句子内部从一个词到另一个词的回忆效果,计算出"过渡错误的概率"(Transitional Error Probability, TEP),亦即在前面一个词回忆以后,后面一个词错误回忆的概率。他们的实验说明人们偏向于利用短语结构来对短时记忆中的语言信息进行组织,也就是说人类的认知单位不偏向于取语言学中"最小"的,而偏向于取一个意义上

---

[1] 参见吕叔湘,"关于语文教学的两点基本认识",《文字改革》1963 年第四期。
[2] 黄伯荣先生又将"词汇"称之为"语汇",他认为词汇"是一种语言里所有的(或特定范围的)词和固定短语的总和。"(黄伯荣,2001)

具有完备性,形式上具有整体性的"组块"(语)。许多欧美的学者赞同他们的实验结果,认为在习得过程中词的表现形式常是以词语(词和词的搭配组合)来表现,而不是以一个个的单词/单字来表现。(Peters,1983)。Sinclair, Nattinger, DeCarrico 和 Lewis 突出以往语料库分析和计算语言学研究的理论框架,主张语言的学习应该突破"词"的狭义范畴而强调词的广义范畴,也就是说应该学习"词条/词语"(lexical items)①。Moon 提出词汇的教学与学习必须考虑受限或固定搭配的词语(restricted collocation or fixed collocation)。他称这些词语为"多字条目(multi-word items)"。他进一步界定"多字条目"为"一个词汇单位,是由两个或两个以上的单词/单字按照一定的语序组成一个具有一定意义、不可拆分的单位。"他认为"多字条目"是词汇语义化石化和构词过程的产物。他还提出"多字条目"所具有的三个原则:习惯性原则(Institutionalization)、凝固性原则(Fixedness)和非组合意义原则(Semantic non-compositionality)。(Moon,2002a & 2002b)他并认为"习惯性原则"是确立"多字条目"的首要条件,是语言学习中的"词"应当具备的第一个性质。Baker 和 McCarthy 把这些多字条目称之为"多字单位"(multi-word units,MWU)。他们都一致强调语言学习者需要学习和使用词语的表现形式和搭配关系(patterns of lexis and collocation)。Boomer 和 Maclay 和 Osgood 的研究也说明短语在言语表达和理解中起着主要的作用,他们以为短语就是言语表达和理解的单位。Boomer 的实验证明人在说话中间常会停顿一下,在短语间的平均停顿时间为 1.03s,在短语内的平均停顿时间为 0.75s。(Boomer,1965)Maclay 和 Osgood 的实验也证明人在短语间停顿时,常会发出"um"、"er"、"ah"的声音,而在短语内停顿时,则多是无声的。(Maclay & Osgood,1959)他们的研究说明了"语"在言语交际中的重要性,是真实言语行为的一个"块"的交际单位。张普教授认为无论是语言教学还是翻译,实际上许多问题都是"语"的问题,他从 7 种词典里,举出许多"语"的例子,如:爱心工程(Loving Care Project)、安家费(settling-in allowance)、暗箱操作(black case work)、把关(guard a pass)、霸权主义(hegemonism)、拜金主义(money worship)、百年老店(century-old shop)、白热化(be white-hot)、摆脱贫困(shake off poverty; lift oneself from poverty)、拜把兄弟(sworn brothers)等等。(张普,2004)我们也曾进行了一个连字游戏,让学生接着前面的词最后的一个字,造另一个不可重复的词,如:总共—共产党—党委书记—记忆力—力气—气象报告,这个游戏很明显地证明一般人所认为的"词",实际上是"词"或者一块块的"语"。

Nick C. Ellis 进一步提出了"fluent units"("流畅单位")的概念,他认为一个句子就像堆积木(building-blocks)一样,是由这些"流畅单位"所建构起来的。(Nick,2002)他并

---

① Lewis 定义"lexical item"为一个词或词组,并作为被社会所认同的一个独立单位(socially sanctioned independent unit)来使用。(Lewis,1993,p.90)

进一步指出"'组块'是语言自动性和流畅性获得的基础的过程。"①(Nick,2002)其实,对外汉语教学中的"词"也就应该是 Nick 所谓的"流畅单位",因为对外汉语教学就是以培养汉语学习者的交际能力为主要的目标,而所谓的交际能力其实就是很"流畅地"使用和理解汉语的能力。因此,如何在词汇中体现出流畅性来,是对外汉语教学中的"词"的一个主要作用,也符合前面所述的大脑的"认知节约"的原则和"记忆组块"的原则。再说,流畅性足够的词汇,在意义和语音形式、书写形式上常常是一个整体的表现,是汉语学习者能够避免组词错误而能直接使用和理解的语言单位。认知心理学的研究也表明,人脑在发送和接收语音流或者符号序列的时候,倾向于"组块处理",例如说,人在说话和阅读的时候,并不是一个字一个字地说和读,大多数时候也不是一个词一个词地说和读,而是随着语音流和语义整体的流畅性,"一块一块"地说和读。前面提到的 Boomer 和 Maclay 和 Osgood 的实验就证明了这种说法。研究又表明,人的说话和阅读倾向于"长块儿"不倾向于"短块儿"。不过,"长块儿"也是有其界限的,它以能否适当地完成理解和表达的交际活动为条件。如果"长块儿"不能够完成理解和表达的交际活动时,这时候就必须把"长块儿"切小,切到一个"不大不小块儿",刚好可以用来完成理解和表达的交际任务。(隋岩,2004)

其次,对外汉语用词汇不但要考虑中国人日常生活中常用的词语,也应该考虑外国人在其母语环境中常用的词语。换句话说就是"所学即所用",不但要考虑他们应该学什么,而且也应该注重他们在实际生存交际中的需要。因此,这里又再次突出"国别化"对外汉语教学的重要性和必要性。笔者以为成功的对外汉语教学不能忽视学习者的母语环境和认知背景;成功的言语交际更是来自双向的言语交流,是理解和表达的交互作用。

再其次,对外汉语教学用词汇应该是汉语预备教育所需的词汇,它既能满足现实的迫切性又具有足够的实践基础,是培养学生进入各种本科教育前所需的基本词汇,包括了核心的生存词汇和一般使用度高的基础词汇。

对外汉语教学原本就是一门应用的学科,它强调的是"绩效"、"效率"的问题,注重的是语言的使用,怎么提高汉语学习的成效,帮助汉语学习者提高交际的能力,达到"生存"的目的。因此,对外汉语教学中的"词",不是语言学理论研究中的"词"。它不是一个在语言学理论中严格界定的"最小"的意义或造句单位。因为,作为语言分析单位的"词"和作为语言使用单位的"词"不属于同一个概念范畴,他们之间既有紧密的联系,但又存有差异。作为语言使用的词,它的范畴大于作为语言分析单位所谓"最小"的制约范畴。

综合上面的论述以及前面我们从语言学、认知科学、社会语言学、信息处理和对外汉语教学的功能对对外汉语教学中的"词"的界定的描述,可以归纳出 12 条对外汉语教学

---

① "is the process which underlies the attainment of automaticity and fluency in language."

中的"词"的基本属性：

1) 是一个音义结合体；
2) 是一个构句的语言单位；
3) 是一个语音形式和书写形式凝固性强的语言单位；
4) 在语言研究中可以作为一个整体分析的单位；
5) 是一个内部结合紧密，意义明确且已经凝固为一个整体的单位；它包括了词和相当于词的作用、意义明确，凝固性强，不容任意切分的固定结构的词和语，如：固定短语以及一些已被社会普遍接受、流通度高的常用词组和流行新词语；
6) 是一个不大不小的认知单位；也就是人类认知记忆范围内的一个整体单位；
7) 是一个组块(chunk)单位；
8) 是自然语言中基本的感知和使用的单位；
9) 它存在语言社团公众的语言直觉(语感)中，是被语言社团普遍感知和使用的基本单位；
10) 是一个能说能听，作为语言社团公众交际和思维的单位；
11) 是一个可以直接用来做信息处理的单位，如计算机自动分词、机器翻译等等；
12) 它最主要的作用是帮助外国学生在汉语环境中达到生存和交际的目的，并且为汉语预备教育打基础。

简单地说，对外汉语教学中的词就是早期黎锦熙先生所言的广义的词，包含了词和语，也就是："语言中能说能听或用来造句的单位，它一般具有相对固定的语音形式，是一个在现实交际中用来理解和表达，具有"意义充分性"(significant adequacy)和"流畅充分性"(fluent adequacy)的语言单位。"所谓"意义充分性"是指是内部结合紧密，意义明确且已经凝固为一个整体，不能随意切分的语言单位；所谓"流畅充分性"是指在语音形式上凝固性强，且为人类认知记忆范围内整体输入和输出的一个不大不小的组块单位，具有所有"词"和"词汇"的属性，但包含层面却更广泛。

3.7 小结

对对外汉语教学来说，培养学习者用汉语成功地进行交际活动以达到更佳生存的目的是它最重要的教学任务。Dan Sperber 和 Deirdre Wilson 曾明确地指出，"交际"是一个涉及信息意图和交际意图的一个明示——推理过程(ostensive-inferential process)。(Dan Sperber & Deirdre Wilson, 2001)换言之，也就是一个表达——理解的过程。表达是一种明示行为，即说话人把信息意图明确地展现出来；理解是一种推理行为，即听话人根据说话人的明示行为，理解说话人的信息意图。推理的依据除了逻辑信息、百科信息外，一个最主要的依据就是词汇信息。Dan Sperber 和 Deirdre Wilson 认为人们推理时，在心理上得付出一定的努力,付出的努力越多,话语的"关联性"("relevance")就越弱;反之,如果理解话语时心理上无须付出太多的努力,话语就具有最大的关联性,易于达到成功的交际。因此,词汇信息"所指"的鲜明性、明确性就决定了努力付出的多与少,和话语关联性的强与弱。然而词汇信息"所指"的鲜明性、明确性以及话语的关联性又取决于所使用的"词"的意义充分性和流畅性。

  本章从语言学、认知科学、社会语言学、信息处理和对外汉语教学的功能出发探讨了什么是对外汉语教学中的"词",并提出我们对对外汉语教学中的"词"的界定:"语言中能说能听或用来造句的单位,它一般具有相对固定的语音形式,是一个在现实生活交际中用来理解和表达,具有"意义充分性"(significant adequacy)和"流畅充分性"(fluent adequacy)的语言单位。"我们以为界定对外汉语教学中的"词"将有利于我们制定"对外汉语教学用词表",进行对外汉语教学教材的编写,以及进一步完善对外汉语教学的学科建设。

本章主要参考文献

曹炜,《现代汉语词汇研究》,北京大学出版社,2004年。
符淮青,《现代汉语词汇》,北京大学出版社,第1页,1985年。
高名凯,《普通语言学》,(增订本),新知识出版社,1957年。
葛本仪,《现代汉语词汇学》,山东人民出版社,2001年。
葛本仪主编,《汉语词汇学》,山东大学出版社,2002年。
郭绍虞,《汉语语法修辞新探(上、下)》,商务印书馆,第635页,1979年。
黄伯荣,《现代汉语》(上、下册),高等教育出版社,2001年。
黄伯荣、廖序东主编,《现代汉语》(增订二版),高等教育出版社,1997年。
李志雪,试论句子理解中几个主要的心理语言学模型,《解放军外国语学院学报》,2003年5月。
黎锦熙,《新著国语文法》,商务印书馆,1924年。
林汉达,什么不是词儿——小于词儿的不是词儿,《中国语文》,第4期,1955年。
吕叔湘,《汉语学习》,中国青年出版社,1953年。
陆俭明主编,《现代汉语基础》,线装书局,2000年。
刘叔新,《汉语描写词汇学》,商务印书馆,1990年。
隋岩、张普,中文报纸媒体流通度分析,载于黄昌宁主编的《计算语言学文集》,清华大学出版社,1997年&1999年。
隋岩,基于"动态流通语料库"的"有效字符串"提取研究,博士毕业论文,北京语言大学,2004年。
孙常叙,《汉语词汇》,吉林人民出版社,第2页,1957年。
孙维张,《汉语社会语言学》,贵州人民出版社,1991年。
谭全,《实用词汇新知识》,商务印书馆香港分馆,1978年。
王力,《中国语文概论》,商务印书馆,1939年。
王力,《中国现代语法》,中华书局,1954年。
王力,《王力语言学论文集》,商务印书馆,2000年。

王立,《汉语词的社会语言学研究》,商务印书馆,2003年。
王瑞昀,认知语言学理论与阅读理解,《江苏大学学报》(高教研究版),第4期,2003年。
王宗炎,关于语素、词和短语,《中国语文》,第5期,1981年。
章士钊,《中等国文典》,商务印书馆,1907年。
熊哲宏,"心理模块"概念辨析,《南京师大学报》(社会科学版),2002年6月。
张明、陈骐,记忆提取研究的新进展,《心理科学进展》,2002年2月。
张普,基于动态流通语料库的语感模拟和新词语提取研究,未发表论文,2004年。
张永言,《词汇学简论》,华中工学院出版社,1982年。
赵元任,《语言问题》,商务印书馆,1999年。

Anderson, J. R. & Bower, G, H. *Human Associative Memory*, Washington, DC: V. H. Winston & Sons, 1973.

Abney Steven, Parsing By Chunks, In: Robert Berwick, Steven Abney and Carol Tenny (eds.), *Principle-Based Parsing*, Kluwer Academic Publishers, Dordrecht, 1991.

Abney Steven, Chunks and Dependencies: Bringing Processing Evidence to Bear on Syntax, In: *Computational Linguistics and the Foundations of Linguistic Theory*, CSLI, 1995.

Abney Steven, Stochastic Attribute-Value Grammars, *Computational Linguistics*, 23(4): 597—618, 1997.

Bachoud L vi, E. Dupoux, L. Cohen, J. Mehler, Where is the Length Effect? Across-Linguistic Study of Speech Production, Journal of Memory and Language, 39: 331—346, 1998.

Boomer, Hesitation and Grammatical Encoding, *Language and Speech*, 8: 148—158, 1965.

Chomsky, N. Language and problems of knowledge, Cambridge, MA: MIT Press, 1988.

Fodor, J. *Modularity of Mind*, Cambridge: The MIT Press, 1983.

Foder & Bever, The psychological reality of linguistic segments, *Journal of Verbal Learning and Verbal Behavior*, 4: 414—420, 1965.

Garret & Folder, Some syntactic determinants of sentential complexity, *Perception and Psychophysics*, 2: 289—296, 1968.

Lewis, M. *The lexical approach: The state of ELT and the way forward*, Hove, England: Language Teaching Publications, 1993.

Maclay & Osgood, Hesitation phenomena in spontaneous English speech, *Word*, 1:19—44, 1959.

Miller, The magical number seven, plus or minus two: some limits on our capacity for processing information, *Psychology Review*, 16: 297—308, 1956.

Moon, *Fixed Expressions and Idioms in English: A Corpus-based Approach*, Oxford: Oxford University Press, 1998.

Moon, Dictionaries and metaphor, metaphor and dictionaries, in H. Gottlieb et al (eds.), *Symposium on Lexicography XI: Proceedings of the Eleventh International Symposium on Lexicography*, 2002.

Moon, On specifying metaphor: an idea and its implementation, *International Journal of Lexicography*, 2002.

Newell, A. Physical symbol systems, *Cognitive Science*, 4: 135—183, 1980.

Newell, A. *Unified Theories of Cognition*, Cambridge, MA: Harvard, 1990.

Nick Ellis, Frequency effects in language acquisition: A review with implications for theories of implicit and explicit language acquisition, *Studies in Second Language Acquisition*, 24:2, 2002.

Peters, A. *The units of language acquisition*, Cambridge: Cambridge University Press, 1983.

Rod Ellis, *Instructed Second Language Acquisition*, Blackwell, 1990.

Sinclair, J. M. *Looking up: An account of the COBUILD project in lexical computing*, (Ed.), London: Collins COBUILD, 1987.

Nattinger, J. A lexical phrase grammar for ESL, *TESOL Quarterly*, 14: 337—344, 1980.

Nattinger, J. & DeCarrico, J. *Lexical phrases and language teaching*, Oxford: Oxford University Press, 1992.

第四章 "国别化"对外汉语教学用词表制定的总体建构模块和研究方法

在这一章,我们将探讨"国别化"对外汉语教学用词表制定的总体建构模块和研究方法。我们相信"模块"的设计路线将有助于方法论的建立,有助于平台的建设,也有助于词表的更新,符合动态信息时代的要求。

4.1 总体建构模块

原则上,我们希望"国别化"的对外汉语教学用词表是由一个结构化的设计组成,并得到一个计算机的数字化平台的支撑且具有更新的能力。结构化的词汇大纲首先是由基础词语和专业一般词语构成,有了基础词语再加上某一类专业词语,就完成了进入某一个专业接受学历课程学习的预备教育了。基础词语部分是由常用汉语词语、学习者母语的高频词语、特色词语和流行词语四个部分所构成。其中常用汉语词语是汉语最基本的词语,是各国留学生都要学习的词语,也是他们在理解时所需要的词语。学习者母语的高频词语是学习者在表达时所需的常用词语,因为我们相信这些词语是学习者思维和认知的表现形式。言语的交际行为,从表达的层面来看,是将自己的思维用汉语的形式表达出来而已。因此,这些构成学习者思维的母语高频词语也就显示出它在"对外汉语教学用词表"的制定和设计上的重要性。常用汉语词语和学习者母语的高频词语的交集我们称之为"核心词语"。这些词语可以说是中、韩两国共同拥有的相同常用词语,从某种意义来说,也可以说是中国人和韩国人所拥有的基本共同认知。特色词语是国别化的词语,不是每个国家的留学生都要学的,各个不同的国家的留学生有不同的词语集合是双方交际中也需要表达的,如:对韩汉语教学就需要"韩国泡菜"、"冷面"、"三星集团"、"现代汽车"、"卢武铉"等中文表达方式。流行词语部分则是指当前国际社会和中国及学习者母语最流行的热门词语,是当前的语言交际中最实用、最急需、最高频的。其中当前国际社会和中国最流行的词语是各国的留学生都要学习的。流行词语是时常变化的部分。无论是否列入教材,当前交际都很需要。如:2003年的来华留学生怎么会不学"非典"、"疑似"、"发烧门诊"、"伊拉克战争"、"朝核问题"、"疯牛病"、"大规模杀伤性武器"等等词语呢? 2004年的来华留学生,也该会用"奥运"、"奥林匹克"、"奥林匹克运动会"和"雅典"等词语,2005年的汉语学习者,也该懂得"禽流感"、"亚太经贸合作组织/亚太经合组织"、"参拜靖国神社"、"独岛"等词语。

再说,本研究意欲建构的"国别化"的对外汉语教学用词表,是一个动态词表,基本结构是由模块所组成,我们能够对其中的某个模块进行定期或即时地更新,能够为教材编写和工具书编撰提供即时的服务。

依照我们的研究思路,词表的建构模块可以分为:
1) 常用汉语词语模块;
2) 学习者母语中的高频词语模块;
3) 特色词语模块;
4) 流行语词语模块。

其中除了"流行词语"模块属于变动的部分外,常用汉语词语模块和学习者母语的高频词语模块的交集部分(核心词语)是稳定不变的部分,其他部分则都是相对稳定的部分,因此这为我们在词表定期更新上提供了一定的可行性,也赋予毫无生气的静态词表以动态的生命力。见下图 9:

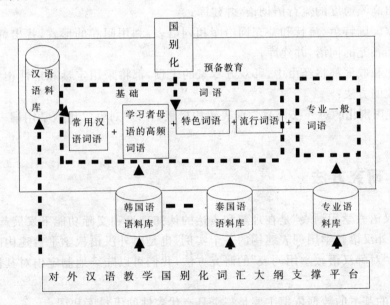

图 9　系统建构图

本研究以韩国为例,进行国别化的词表编制的研究,虽然目前有一些词汇大纲研究的成果可作为本研究的参照,然而针对韩国教学用词汇大纲的研究尚未见,只有一些零星的论文、韩词汇的对比或语法、语音的对比研究,而且这些论文多为国内学者或韩国学者所撰写,没有使用语料库的操作技术,语料的来源很有限,具有很大的片面性和局限性。我们以为国别化的对外汉语教学必须借助中、外教学专家的共同力量来进行,因为这样的研究成果才具有针对性,也才能真实地为对外汉语教学服务。因此,本研究在定性方面借助了中、韩两方的汉语教学专家的参与和干预,在定量方面采用了语料库计量的方法,提取出具有一定代表性的词语;并设计出一套研究的方法论作为其他国家汉语教学用词表和大纲设定的方法模式。

简单地说,本研究的主要研究内容包含了七个部分:
1) 建立一个现代汉语语料库和词语表:利用目前已建立的现代汉语"动态流通语料库"当作测试语料库,将《HSK 大纲》在这个测试语料库上运行一遍,设定阈值,剔除在此阈值之下的词语,建立一个现代汉语语料库和词语表;
2) 建立一个韩语前 3,000 高频词语的语料库:利用"高频常用"取词的方法在"常用韩国语语料库"上提取出前 3,000 的高频词语,建立一个韩语高频常用词语语料库和词语表;
3) 进行 1 和 2 的对比研究;
4) 建立中国流行词语库和词语表:利用目前已建立的现代汉语"动态流通语料库"提取出高流通度的流行语词语,并建库;
5) 建立韩国特色、流行和补充词语库和词语表:利用问卷的形式,找出韩国特色、流行和补充的词语,并建库;
6) 对比和取词都将经由中、韩双方专家的干预,都将采用定量和定性相结合的综合集成的方法;
7) 建立国别化的对外汉语教学词表建构模板,并以"对韩汉语教学用词表"进行实例化。

4.2　研究方法

"对韩汉语教学用词表"是在理解和表达的认知理论和交际功能下发展起来的,它是"国别化"对外汉语教学用词表建构的一个实例,也是对外汉语教学平台建构的一个标准模式。运用"对韩汉语教学用词表"的研究方法,我们可以陆续地制定出对其他国家的教学用词表。

本研究的基本的数据依据主要是三个具有代表性的语料库和词表:
1) 北京语言大学应用语言学研究所的"动态流通语料库"(含 15 亿语料);
2) 韩国国立国语研究院的"常用韩国语语料库"(含 150 万个音节,58,437 个词语);
3) 中国国家汉办的《HSK 大纲》(含 8,822 词)。

本研究的基本建构框架主要从认知科学角度、语言学角度、对外汉语教学角度、第二语言词汇习得角度、社会语言学角度和语料库计量学等角度运用定性和定量相结合的综合集成方法设定出来的。

我们首先进行目标的定性,从交际的理解和表达功能出发,选择我们认为具有代表性的三个语料库和词表。然后进行定量的选词。韩国的"常用韩国语语料库"主要以频度为基础,筛选频度高的前3,000词语作为选词的基本语料。"动态流通语料库"主要以频度、分布系数和流通度为基础,筛选流通度高的流行词语。由于《HSK大纲》是中国国家的一种规范性的大纲,已经是在定性和定量的基础上制定出来的词表。因此,我们直接用它来代表汉语的语料数据基础。但是它的语料多为20世纪90年代以前的,有些词语已经过时不用了,因此为了保证词语的可信度,我们将《HSK大纲》的8,822词在动态流通语料库上转一遍,得出流通度为"58"的词语,作为考虑删除的定量基础。"58"这个阈值是在2003年DCC流通语料库的61,746个词的词表上,截取最大的流通度422,701和最小的流通度0平均值1/10以下的词语,即流通度为58和58以下的词语。我们也定性挑选了一些过时的词语,再在DCC上检验它们的流通度,进而确定出来这个阈值的。然后,我们将得出的韩语前3,000高频词语进行人工的转译工作,并经由韩国对外汉语教师的三次专家干预的审查。最后将干预的结果以数据库的形式输入计算机,建成韩语高频前3,000词的语料库。然后与《HSK大纲》的8,822词进行对比的研究,找出韩国的"个性词汇",也就是韩国有,但《HSK大纲》的8,822词中却没有的词语。这些词语将作为加入词表的定量基础。在这些依照定量原则得出的数据基础上,我们进一步进行了双向定性的筛选工作。一方面,由韩国和中国的对外汉语教学专家,对这些差异的词语进行定性删除和增补;另一方面,由中国对外汉语教学专家对流通度为58和58以下的《HSK大纲》词语进行专家干预,确定哪些词该保留,哪些词该删除。然后,将专家干预后的结果和由"动态流通语料库"上提取出来的流行词语以及问卷得出并经过专家干预的韩国特色、流行和补充词语,一同输入计算机,建立"对韩汉语教学用词库"。然后,再由韩国和中国对外汉语教学专家进行最终的人工干预。最终,得出"对韩汉语教学用词表"。

总之,"对韩汉语教学用词表"的词语筛选和制定过程,大致可以分为以下十个步骤:

第一步:定性选定三个具有代表性的语料库和词表。

第二步:将《HSK大纲》8,822词,输入计算机,以dbf形式建立"HSK—8,822词语语料库"。

第三步:进行《HSK大纲》使用度的问卷调查(学生方面共50份问卷,汉语教师方面共12份问卷)和韩国特色、流行和补充词语的问卷调查,并将调查的结果输入计算机内,然后设计查询和统计的程序。(见第六章6.1关于《HSK大纲》使用度的问卷调查)

第四步:将韩国"常用韩国语语料库"由Excel形式转换成dbf的形式,并取出频度最高的前3,000词语,建立"前3,000高频韩国语语料库"。

第五步:将"前3,000高频韩国语语料库"中的词进行人工的转译,并由韩国汉语教学专家进行三次的审核和干预,将审定的结果输入计算机,以dbf的形式储存。

第六步:将《HSK大纲》8,822词在"动态流通语料库"上运转一遍,取出流通度为58和58以下的词语,并由中国对外汉语教学专家进行审核与干预,删除一些过时的词语,建立"对韩汉语教学用词库"。

第七步:编写语料对比程序,将审核后的"前3,000高频韩国语词表"与审核后的《HSK 大纲》对比,取出差集部分的词语,并经由中、韩汉语教学专家两次的审核与干预,建立"韩国语个性语料库"。

第八步:将"韩国语个性语料库"并入"对韩汉语教学用词库"里。

第九步:依照北京语言大学应用语言学研究所的"十大流行语"的研究,取出流行语和韩国特色、流行和补充词语的问卷调查结果,一同输入"对韩汉语教学用词库"。

第十步:将依"对韩汉语教学用词库"制定出来的"对韩汉语教学用词表",再次经由中、韩双方的汉语教学专家的审核与干预,制定最终版的"对韩汉语教学用词表"。

4.2.1 语料库的介绍

下面我们就本研究所使用的三个语料库和词表:韩国国立国语研究院的"常用韩国语语料库"、北京语言大学应用语言学研究所的"动态流通语料库"和中国国家汉语水平考试委员会办公室考试中心制定的《HSK 大纲》做简单地介绍。

4.2.1.1 韩国国立国语研究院的"常用韩国语语料库"

前面我们已经简略介绍了韩国国立国语研究院的"常用韩国语语料库"。为了更好地了解这个语料库的语料来源,这里我们将进一步地从语料库收词的标准、语料库的特点,以及取词的方法和研究的成果来描述这个语料库。

韩国"常用韩国语语料库"收词的标准是:
1) 以1990年后的语料为主。
2) 在每个文献中抽取1/3的语料(依照韩国"世宗计划"的原则来提取)。
3) 翻译的文献不包括在内。
4) 口语素材包括录音、广播电台。
5) 包括了一部分的教科书和韩语教材,因为也考虑到外国人学韩语的需要。
6) 也包括了各种学术领域的文献。

共收录了58,437个词语,语料来源如下表4:(详细数据出处见附录2)

表4 韩语语料来源

	韩语教材	教科书	基本教养	文学	新闻	杂志	剧本	口语	其他	总计
样本数	20	31	26	20	39	14	12	8	6	176
音节数	81781	109164	374125	278028	303911	209279	48844	48337	78497	1531966
比例	5.3	7.1	24.4	18.1	19.8	13.7	3.2	3.2	5.1	100

这个语料库有如下四个特点：
1) 不但将整个语料库以频度排序，也依照 9 个分类的频度来排序。这 9 个分类分别为韩国语教材、教科书、教养书、文学作品、报纸、杂志、剧本、口语、其他等。
2) 频度相同的词语将考虑它在 176 种语类中的使用度。
3) 全部的调查过程全以计算机来操作，并开发了一个计算机频度计算程序。
4) 制作了一个 320M 的资料档案，包括计算机频度计算程序和被调查语料的分析资料。

韩国"常用韩国语语料库"建构的方法：
1) 利用韩国文化观光部所主持的"21 世纪世宗计划"课题中开发出来的智能语素分析器、语流器进行语素和语流分析。此分析器分析了 150 万个的音节。
2) 然后，以韩国《标准国语大辞典》为参照标准进行人工参与遴选词语。
3) 最后，通过开发出来的频度调查资源程式，进行机器处理的频度统计工作。
4) 语料建构时所采用的形式如下表 5：

表 5　韩语语料建构形式

序列号码	原文词语	分析结果
2XT_0210080670	여성은	여성01/NNG ＋ 은/JX

其中 2XT_021 为原文出处的文件名，0080670 为原文词语的音节号码，即第 80670 号音节。

韩国"常用韩国语语料库"的分类体系：

韩国"常用韩国语语料库"研究不采用一般韩国学校里语法的分类体系（分成 9 类），而分为四大类：生词词语类、专有名词词语类、助词词语类和词尾词语类。（见下表 6）另外，词语类又分为：一般名词（NNG）、依存名词（NNB）、代名词（NP）、数词（NR）、动词（VV）、形容词（VA）、辅助谓词（VX）、否定指定词（VCN）、冠词（MM）、一般副词（MAG）、连接副词（MAJ）、感叹词（IC）、值得统计的范畴（NV）等 13 类。助词词语类又分为主格助词（JKS）、补格助词（JKC）、冠格助词（JKG）、宾格助词（JKO）、副词格助词（JKB）、呼格助词（JKV）、引用格助词（JKQ）、补助格助词（JX）、连格助词（JC）、肯定指定格助词（JCP）等 10 类。词尾词语类又分为：EP、EF、EC、ETN、ETM 等 5 类。

表 6　韩语语料的分类

단어（生词词语类）：것, 하다, 있다, 되다, 수, 나, 그等等。
조사（助词词语类）：의, 을, 에, 이, 이다, 는, 를, 은, 가, 도等等。
어미（词尾词语类）：다, ㄴ, 는, 고, 었, 았, 아, 어, ㄹ, ㄴ, 다等等。
고유명사（专有名词词语类）：한국, 미국, 일본, 서울, 김(성씨), 북한, 중국等等。

生词词语类的总计结果和分类结果如下表7、8：

表7 韩语生词词语类统计表

生词词语	频度	教材	教科书	基本教养	文学	新闻	杂志	剧本	口语	其他
58,437	1,484,463	73,885	103,562	372,112	273,977	289,198	207,129	40,929	46,221	77,450

表8 韩语生词词语类词性分类和统计表

词性	词语数	频度总和
一般名词(NNG)	39,856	664,450
依存名词(NNB)	384	101,455
代名词(NP)	128	51,112
数词(NR)	159	2,822
动词(VV)	10,918	321,850
形容词(VA)	2,721	105,259
辅助谓词(VX)	61	64,658
否定指定词(VCN)	3	6,258
冠词(MM)	1,477	52,915
一般副词(MAG)	2,349	84,768
连接词(MAJ)	61	19,880
感叹词(IC)	253	7,132
值得统计的范畴(NV)	67	1,904
共计	58,437	1,484,463

表9 韩语助词类统计表

助词词语	频度	教材	教科书	基本教养	文学	新闻	杂志	剧本	口语	其他
184	637,319	31,045	45,300	178,351	119,132	118,897	88,358	10,698	13,252	32,286

表10 韩语助词类词性分类和统计表

词性	词语数	频度总和
主格助词(JKS)	8	84,165
补格助词(JKC)	2	7,488
冠格助词(JKG)	3	72,463
宾格助词(JKO)	4	114,398
副词格助词(JKB)	51	140,369
呼格助词(JKV)	6	588
引用格助词(JKQ)	7	12,220
补助格助词(JX)	82	135,037

续表

连格助词(JC)	19	21,083
肯定指定格助词(JCP)	2	49,508
共计	184	637,319

词尾类总计结果和分类结果如下表11、12：

表11 韩语词尾类统计表

词尾词语	频度	教材	教科书	基本教养	文学	新闻	杂志	剧本	口语	其他
702	648,516	35,975	46,231	153,333	143,638	100,939	90,592	19,975	19,876	37,957

表12 韩语词尾类词性分类和统计表

词性	词语数	频度总和
(EP)	18	75,099
(EF)	393	158,028
(EC)	281	212,230
(ETN)	3	18,043
(ETM)	7	185,116
共计	702	648,516

固有名词类总计结果如下表13：

表13 韩语固有名词类统计表

固有名词词语	频度	教材	教科书	基本教养	文学	新闻	杂志	剧本	口语	其他
16,855	74,321	2,095	4,323	16,362	10,766	23,615	12,689	972	1,057	2,442

4.2.1.2 北京语言大学应用语言学研究所的"动态流通语料库"

"动态流通语料库"是北京语言大学应用语言学研究所DCC(Dynamic Circulation Corpus)研究室所建构的。收集了中国主流报纸2001、2002、2003三年和2004上半年约15亿字的语料。这个语料库的建构主要是中国国家973重点基础研究发展规划项目"面向大规模真实文本的汉语计算理论、方法和工具"(项目批准号:G1998030507—2)的一个子项目,也是中国国家语言文字应用"十五"科研项目"报纸流行语跟踪研究"(项目号:YB105—63E)的一个项目。这两个研究项目都是在北京语言大学应用语言学研究所所长张普教授带领下,由DCC博士研究室进行的研究课题。在"动态流通语料库"的基础上,每年年初由北京语言大学、中国新闻技术工作者联合会和中国中文信息学会三家机构共同发布前一年中国国内的十大流行语。目前这个流行语的研究以分类的方式来提取前十高流通度的流行语,如 2003 年的流行语分成综合类、经济类、国际专题类和非典类四类,并分别提取出十大流行语。

这个语料库的建构程序,简单地说,首先从网上下载了选定的主流报纸①的内容,建立一个 HTML 格式的网页库,然后进行格式转换工作,将 HTML 格式转换成文本的格式(TXT),建立另一个文本格式的文本库,接着对文本库里的文本进行全切分的处理工作,除去不必要的空格、网页栏目等。然后再将处理过后的文本转换成数据的格式(DB),以便进行各项数据的处理。它主要是以张普教授的"流通度理论"和"动态语言知识更新理论"为指导,在"共时中有历时,历时中有共时"的相对时间观的理念下,用定量和定性的科学方法开展起来的。

"流通度"是一个动态的概念,相对于"静态"而言,"动态"是一条不断延伸的"线"的观念(历时的观念),"静态"是一个静止的"点"的观念(共时的观念)。"动态流通语料库"就是利用历时的"流通度"理论建设的语料库。"动态语言知识更新"理论将语言看成是不断产生变异的"活"东西,必须即期地更新语言知识及其规范。所谓的语言知识,指的是语音知识、词汇知识、语法知识、语义知识、语用知识、记录语言的文字知识等语言的各个层面。唯有从"活"的语言事实出发研究语言才能有效地研究人脑的语言机制和模拟人脑的语言机制。

我们都知道语言如同人的生命一样,是一个有机体,具有新陈代谢的功能与特征(Whitney,1979)。因此,我们若要搞懂"语言"这个不断产生变化的东西,就得从一个历时的角度来研究,然而每一个历时其实是在一个个共时的基础上积累起来的,"语言"这条长河就是靠每一点滴的水在同一平面上集流顺下而成的。因此,张普教授的"共时中有历时,历时中有共时"的相对时间观在语言这个领域是可以得到证实的。我们认为建立"动态流通语料库"进行"动态语言知识更新"是描绘语言这条长河的唯一方法。(张普,2003)因为只有凭借着不断记录与更新处理,把对语言的静态、共时的观察、统计和分析推向对语言的动态、历时的观察、统计和分析,才能将语言发展轨迹描述得周全,进而揭示语言的奥秘。

流行语的动态研究对语言的描写、说明与解释以及对对外汉语教学、词典和教材编撰都起着"非常"的作用,有着很深远的影响。它不仅仅只是一个单纯的语言问题,也是一个观察社会和人群文化心态的窗口;它的成果更有助于对外汉语教学的研究和实践,因为在对外汉语教学领域,我们所要研究和教给学生的就是这些从"活"的语言事实出发研究的"活"东西,能够帮助汉语学习者成功地进行汉语交际活动,达到"生存"的目的。

---

① 这些报纸是:北京青年报、北京日报、北京晚报、法制日报、光明日报、环球时报、经济日报、今晚报、南方周末、人民日报、深圳特区报、新民晚报、羊城晚报、扬子晚报、中国青年报。

4.2.1.3 中国国家汉办的《HSK 大纲》

《HSK 大纲》主要是依据中国国内影响较大的七个词典和词表,从频度统计角度、语言学角度、对外汉语教学角度和学生语言习得角度出发,采用定性和定量相结合的方法,经由三次群体性专家干预编制而成的。1994年又做了进一步的修订工作,修订后的等级词数量和词汇总量仍保持不变。(汉语水平词汇与汉字等级大纲(修订本),2001)《HSK 大纲》名为词表,但事实上收录的有词、语和常用结构。这七个词典和词表是:

1) 北京语言学院(今北京语言大学)的《现代汉语频率词典》;
2) 北京航空航天大学的《现代汉语常用词词频词典》;
3) 北京师范大学的《中小学汉语教学用词表》;
4) 山东大学的《现代汉语常用词库》;
5) 北京航空航天大学的《信息处理用现代汉语常用词表》;
6) 北京语言学院的《北京口语调查》;
7) 国家语委和国家教委公布的《现代汉语常用字表》。

《HSK 大纲》共收词语 8,822 个,分为甲、乙、丙、丁四级。(见下表 14)

分级的标准主要是根据汉语教学专家们经过多年的教学经验和多种语料的反复统计、实践后得出的 1∶3∶5∶8 的比例数计算出来的。其中单词性词有 7,539 个,占《HSK 大纲》85.5%;兼类词有 599 个,占《HSK 大纲》6.7%;离合词有 319 个,占《HSK 大纲》3.6%;短语有 333 个,常用结构有 32 个,各占《HSK 大纲》3.8%、0.4%。

表 14 《HSK 大纲》四级词收词统计表

级别	词语数	累计词语数
甲级词	1,033	1,033
乙级词	2,018	3,051
丙级词	2,202	5,253
丁级词	3,569	8,822
共计	8,822	—

《HSK 大纲》的制定具有重要的理论和现实意义,不但是我们制定"对韩汉语教学用词表"的一个主要语料来源,而且是我们制定词表的四个建构模块中的一个——常用汉语词语模块的基础语料。

4.2.2 研究的整体技术路线

本研究所采用的整体技术路线如下:

1) 理论的研究,试着提出"国别化"的对外汉语教学、对外汉语教学中"词"的界定,和对外汉语教学用词表的制定必须考虑汉外双语料库;
2) 进行《HSK 大纲》使用度的问卷调查,汉语学习者 50 份,对韩汉语教师 12 份,并进行韩国特色和个性词语的问卷调查 20 份;
3) 在"高频常用"取词方法的基础上,取得韩语高频常用前 3,000 词语;
4) 将韩语前 3,000 高频常用词语进行汉语的转换;
5) 将转换后的韩语常用词语表进行人工评审(由韩国汉语教学学者和专家评审,再由中国的汉语专家审定);
6) 建立韩语 3,000 高频常用词语语料库和词语表;
7) 将《HSK 大纲》和韩语前 3,000 高频词语表进行对比,确定他们之间相同和不同的词语(需要补充的词语)以及汉字词的情况;
8) 将《HSK 大纲》在"动态流通语料库"上转一遍,设定流通度阈值为 58,提取出在此阈值和阈值之下的词语;
9) 对 8 提取出的词语进行专家干预,建立拟定删除的词语库;
10) 提取出《HSK 大纲》使用度的问卷调查结果,学生和教师都认为"从未使用过"的词语,并将这些词语在 DCC 上运转一遍,取出他们的流通度,然后进行专家干预,筛选出应被删除的词语,加入拟定删除的词语库中;
11) 将拟订删除词语库中的词语,再经中、韩双方汉语教学专家的审核,确定最终《HSK 大纲》应被删除的词语;
12) 将专家干预后的《HSK 大纲》和韩语前 3,000 高频词语表作进一步地整合;
13) 将整合结果再经中、韩汉语教学专家的审核与干预;
14) 将 2 中韩国特色和个性词语的问卷调查结果经韩国汉语教学专家的审核,建立韩国特色和个性词语库;
15) 在"高频常用"取词方法的基础上,以大规模历时动态真实文本为语料,基于"高流通度且相对稳定"的指导思想,设定阈值,进行取词,建立汉语流行语词表;
16) 将汉语流行语词表和 12、14 的结果作进一步地对比和整合;
17) 将整合结果再经对外汉语教学专家的检评(包括中、韩两方的汉语教学专家);
18) 提出"国别化"对韩汉语教学用词表的初表;
19) 再次接受专家们的评审(包括中、韩两方的汉语教学专家);
20) 提出最终版的"国别化"对韩汉语教学用词表;
21) 确定"国别化"对韩汉语教学用词表制定的方法论;
22) 完成课题。

4.3 研究流程图

整个研究的系统流程可以用流程图表示如下：

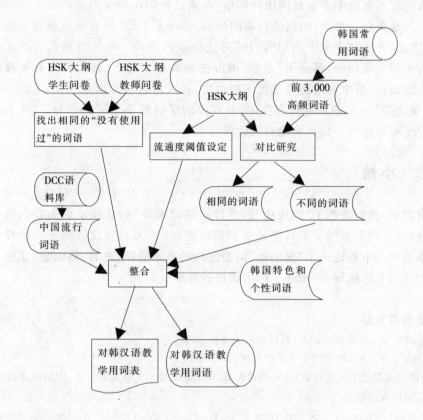

图 10　系统流程图

4.4 词语筛选的程序

词语的筛选主要依据"定性"和"定量"的原则。我们以 2003 年的 DCC 动态流通语料库为我们的测试检验语料库。在它的基础上，我们执行了两个"定量"的检验工作。首先是《HSK 大纲》的检验工作。我们将《HSK 大纲》的 8,822 个词语在 DCC 动态流通语料库上运转一遍，得出流通度在 58 和 58 以下的低流通度词语。其次是对学生和教师的

《HSK 大纲》问卷调查结果同为"没有使用过"的词语进行流通度的检验。然后,我们对"定量"得出的结果进行"定性"的分析。在中、韩汉语教学专家几次的干预下,得出《HSK 大纲》最终应被删除的词语。由于制定《HSK 大纲》所用的语料多为 20 世纪 90 年代以前的,从某种程度来说已经不能很好地反映出现时代的原貌。如何删除《HSK 大纲》中一些过时或在现实生活中不常被使用的词语,以满足韩国汉语学习者的需要(特殊的胃口)就显得分外地重要。另外,中国流行语的提取,完全是 DCC 研究室依据流通度、频度、使用度的"定量"方法和专家干预的"定性"方法提取出来的。至于韩语前 3,000 高频词语和韩国特色和个性词语,都是用"定性"的方法提取出来的。(韩国没有有关韩国特色和个性词语的语料)整个词语的筛选程序都由中、韩汉语教学专家来操作。因为,我们以为一个"国别化"词表 X 的制定只有在中、外双方的汉语教学专家的参与下,才有可能达到"国别化"实质目标——具有它绝对的针对性。

4.5 小结

本研究中,我们采用了"模块化"的设计路线,"模块"的建构不但为我们提供了操作的系统性,也为我们提供了语料快速更新的可能性,还为对外汉语的平台建设提供了一定的操作基础。本章论述了"国别化"词表建构的基本思路,并且具体规划了研究的整体路线和相应的工作流程,并阐述了词语筛选的程序。

本章主要参考文献

《汉语水平词汇与汉字等级大纲》,(修订本),经济科学,2001 年。
《현대 국어 어절 분석 지점》,韩国国立国语研究所,2002 年。
2003 年中国主流报纸十大流行语,北京语言大学、中国新闻技术工作者联合会、中国中文信息学会联合发表,2004 年。
William Dwight Whitney, Life and Growth of Language: An Outline of Linguistic Science, Dover Pubns, 1979.

第五章 "国别化"对外汉语教学用词表的前期研究工作

在确立了本研究的研究方法和路线后,为了保证研究方法的可行性,我们在进行本研究之前,共进行了四项前期研究工作:汉语的特色和韩语的语言结构研究,韩国学生汉语学习的中介语现象研究(参见第二章),《HSK 大纲》四级词汇的使用度的问卷调查,以及《HSK 大纲》和韩语高频前 1,000 词语的对比研究。我们希望从研究和调查的结果中,得到一些能对我们制定词表、选词有益的理据、信息和参考的资料,能为我们整个的研究成果提供一定的保证。有关汉语的特色和韩语的语言结构研究,以及韩国学生汉语学习的中介语现象在第二章中已经论及,这里不再赘叙。下面我们就简单地综述两项前期的测试工作及其研究结果。

5.1 关于《HSK 大纲》的问卷调查

我们分别对 50 名韩国学生和 18 名在韩进行汉语教学的教师进行了《HSK 大纲》四级词汇使用度的问卷调查。(见附录 3)至于学生的问卷调查部分,其中在校生有 42 名,非在校生 8 名;去过中国留学的有 48 名,没去过中国留学的有 2 名。在校生分别取样于又松大学(16)、加图利大学(12)、忠南大学(6)和汉南大学(8),而且都是通过 7 级 HSK 考试以上的汉语学习者(7 级 45 人,8 级 3 人,9 级 2 人)。(见下表 15)汉语教学教师的部分,共有韩籍汉语教师 9 位,中国在韩汉语教师 5 位[①]。14 位教师中 1 位执教于高中,2 位执教于专科大学,11 位执教于大学。他们分别执教于韩国又松大学、培才大学、加图利大学、汉南大学、仁德专科大学、又松信息专科大学和大田外国语高中。(见下表 16)问卷分"非常常用"、"常用"、"普通"、"不常用"和"没用过"五个使用度层次。调查结果显示学生问卷部分:"非常常用"占 19.79%,"常用"占 24.11%,"普通"占 28.22%,"不常用"占 18.81%,"没用过"占 9.07%。(见下表 17)汉语教学教师问卷部分:"非常常用"占 8.19%,"常用"占 13.27%,"普通"占 30.70%,"不常用"占 24.42%,"没用过"占 23.42%。(见下表 18)

---

① 这 5 位中国的汉语教师都是以交换教师的身份来韩国进行汉语教学,他们分别来自中国北京外国语大学、四川大学和南京晓庄学院。

学生选择"不常用"或"没用过"的原因,大致可以总结如下:
1) 不太会用:从而、对于、何必、考验、盼咐、身子(身体)、神情(表情)、以便、以至、以致、逢、愤怒、踏实、速成、诬蔑……
2) 没有很多的机会用:爱人、纺织、月球、省长(市长却常用)、岁数、坦克、斗争、解放军、矿石、筐、昆虫、民兵、国库券、红领巾……
3) 心理现实性(受母语汉字词的影响):大夫(医生)、个性(性格)、爱人、款待(招待)、关怀(关心)……
4) 同义的其他词语先学了,起了一个先入为主的作用:姑娘(小姐)、关怀(关心)、假若、假使(假如、如果)、里头(里面)、逝世(过世、去世,没有在甲、乙、丙级词出现)、倘若(假如)、未必(不一定)、协作(合作)、仿佛(好像)……

教师们选择"不常用"或"没用过"的主要原因是:一、在教学上没有用过这些词语;二、教材上多没有涉及到这些词语;三、中国在韩汉语教师所教授的课程多为汉语会话课,没有机会涉及这些词语。

调查结果显示出:
1) 留学过中国的和没留学过中国的学生有差异,如:豆浆、馒头、瓜子、胡同、快餐、相声,留过学的学生表示常用,而没留过学的学生表示不常用。中国教师和韩国教师在问卷的结果上也表现出一定的差异,如国库券、少先队等,中国教师表示常用,韩国教师则表示不常用或没用过。(这里验证了对外汉语教学不但应该考虑到"国别化"也应该考虑到在中国国内和学生母语内进行的汉语教学。我们意欲建立的词表将能满足在中国和韩国境内进行的汉语教学的词汇需要。)
2) 韩国学生对虚词的掌握比之实词,显示出相当的难度来。
3) 单一字的词语占学生问卷中"没用过"的 22.19 %,占教师问卷的 20.87%(单一字的词语占《HSK 大纲》近 22 %)。这可能和汉语与韩语都是以双音节为主的词汇系统有关,也与"第二语言词汇习得"的理论相符(着重词语的搭配和搭配关系)。
4)《HSK 大纲》没有充分考虑到韩国的社会生活状态,也没有充分考虑到韩国学生的生存需要,例如《HSK 大纲》没有小勺子(或调羹、汤匙、匙子),有叉子(乙级);没有泡菜,有咖啡(甲级)。
5)《HSK 大纲》中过时和含政治意味的词语为数不少,如:反动、斗争、万元户……

这项调查也存在若干的问题:
1) 单字词的问题,如"悔"、"祸"、"娇"、"众"、"库"、"某"、"污"等等,学生在选择时,存在不一致的观点,有的学生认为没有单独使用过这个字而选择不常使用或没使用过,而有的学生则认为,"后悔"、"悔恨"、"反悔"都有"悔",因而选择常使用。
2) 使用度以"常说常看"为选择标准,个人主观色彩太重。
3) 有些词语受了汉字词的影响而使用度低,如:名副其实(名实相符)、标准(基准)、工人(劳动者)、操场(运动场,《HSK 大纲》里没有收录运动场)……

这项问卷调查主要是帮助我们了解韩国学生和对韩汉语教师使用《HSK 大纲》的情形,为我们在制定"对韩汉语教学用词表"时有很大的助益和参考价值。

表 15　学生问卷基本资料

调查日期	调查单位	调查对象	发放问卷（份）	回收问卷（份）	有效问卷（份）	HSK 级数	曾在中国学习（人数）
2003.9	又松大学	学生	16	16	16	7级14人 8级1人 9级1人	16人
2003.9	加图利大学	学生	12	12	10	7级12人	12人
2003.9	忠南大学	学生	6	6	6	7级5人 9级1人	4人
2003.9	汉南大学	学生	8	8	8	7级6人 8级2人	8人
2003.9	其他	非学生	8	8	8	7级8人	8人

表 16　教师问卷基本资料

调查日期	调查单位	调查对象	发放问卷(份)	回收问卷(份)	有效问卷(份)
2004.3	又松大学	教师	3	3	3
2004.3	加图利大学	教师	10	6	6
2004.3	培才大学	教师	1	1	1
2004.3	汉南大学	教师	1	1	1
2004.3	仁德专科大学	教师	1	1	1
2004.3	又松信息专科大学	教师	1	1	1
2004.3	大田外国语高中	教师	1	1	1

表 17　学生问卷统计结果

	非常常用	常用	普通	不常用	没用过
统计次数	78,026	95,280	111,479	74,253	36,863
统计%	19.71	24.07	28.15	18.76	9.31

表 18　教师问卷统计结果

	非常常用	常用	普通	不常用	没用过
统计次数	10,107	16,382	37,911	30,151	28,919
统计%	8.19	13.27	30.70	24.42	23.42

5.2 关于《HSK 大纲》和韩语前 1,000 高频词的对比分析

我们从韩国国立国语研究院的语料库提取出前 1,000 高频词语出来,然后进行了转译的工作,再经由韩国和中国的汉语教学专家的反复审查拟定出韩语前 1,000 高频词语表,最后我们将此词表和《HSK 大纲》的四级词汇进行了对比分析。其中,我们所持的原则为:

1. 凡是包含在韩语前 1,000 高频词语表中而没包含在《HSK 大纲》的词汇都将考虑收进"对韩汉语教学用词表"里,如:"인기"(人气)、"아파트"(公寓)没有收在《HSK 大纲》里,将收在《对韩汉语教学用词表》里。
2. 本研究将不进一步考虑词性标注的问题,词性标注将以《现代汉语规范词典》和《现代汉语常用词用法词典》的标注为准。对比过程中词性若有差异时,如:보다(看),在韩语高频词中标注为动词和副词,在《HSK 大纲》标注为动词,"对韩汉语教学用词表"则将考虑收录动词和助词两个词性。
3. 转译时若出现 1 对多的对应关系时,假若这些"多"的词语在意义上、用法上不甚相同时,如:"가족"(家庭、家人、家族)、"인간"(人间、人际、人类、人)、"다음"(下次、其次),将都收录在词表里。如果这些"多"的词汇在意义上相近,其中若有汉字词的对应,如:民众、都市,仍以《HSK 大纲》的收录(群众、城市)为准,因为汉语词才是学习者必须掌握的。
4. 如果汉语词有其对应的汉字词,也就是说这个汉语词在书写的形式上等同于韩文语言结构中汉字词,那么则在词语的后面加上" * "的记号,如:"图书馆 * "、"人间 * "等以引起词表使用者的注意。
5. 有些特殊的韩语词语只限于韩国民族使用,如:"씨"(氏),这种特殊的称呼用法,不做收录的考虑。

对比的结果显示出:(见下表 19)

表 19 韩语前 1,000 高频词和《HSK 大纲》对比结果

	甲	乙	丙	丁	未收录词语	共计
数量	480	290	136	85	138	1,129
百分比(%)	42.5	25.7	12.1	7.5	12.2	100

韩语前 1,000 高频词语转译成汉语时,由于存在一对多和多对一的对应关系,转译后有 1,129 个汉语词语;

转译后的词语中,有 995 个收录在《HSK 大纲》里,约占 88%。

其中,属于甲级词的有 480 个,占 42.5％;(见下表 20)
其中,属于乙级词的有 290 个,约占 25.7％;(见下表 21)
其中,属于丙级词的有 136 个,约占 12.1％;(见下表 22)
其中,属于丁级词的有 85 个,约占 7.5％;(见下表 23)
转译后的词语中,有 138 个词语没有收录在《HSK 大纲》里,约占 12.2％。(见下表 24)

138 个没有收录在《HSK 大纲》里的词语有 9 个属于词性上的差异。(见下表 25)

从对比的结果来看,我们可以总结出韩语词汇的一些建构现象:

韩语词汇中有很大的部分可以说是一个"短语"或常用结构,它常常是由趋向补语和动词结合,如:"드러나다"(站起来)、"알아보다"(看出、认出)、"드러나다"(败露出、显露出、表露出)、"내려오다"(下来、传下来)、"밝히다"(查出),或由状语和动词结合,如:"살펴보다"(仔细地看),或数词和量词或名词结合,如:"한번"(一次)、"오월"(五月)、"한마디"(一句话),或只由量词和名词结合,如:"개월"(个月),或指示代名词和名词,如:"그곳"(这个地方)、"이날"(这天/这一天)、"이번"(这次),或词头和数词结合,如:"제일"(第一),甚至由名词和助词"的"结合,如:"구체적"(具体的)、"사회적"(社会的)。

对比的过程中,我们了解到汉语水平词汇大纲和教学词汇大纲是两个不同的概念。水平词汇大纲更多要求汉语学习者达到某种理解汉语的程度,教学大纲则更多要求汉语学习者达到生存目的所需的汉语表达和理解的交际能力,两者是不相冲突的概念,而且能达到互补的作用。

依对比的结果来看,我们不但可以确定《HSK 大纲》具有它一定的代表性,也可以确定本研究的研究方法是可行的,具有一定的可行性和研究的意义。

表 20　韩语前 1,000 词语中和甲级词相同的词语

啊	矮	爱	爱人	爸爸	摆	班	搬	办法	半
帮助	抱	杯子	倍	比	比较	比赛	边	变化	表现
别的	别人	不	不错	不同	不要	部分	擦	菜	层
查	长	常	常常	朝	车	成	吃	抽	出
出来	出去	出现	穿	船	春	春天	次	打	大
大概	大学	代表	带	但是	当然	得到	的	等(动)	等(助)
等等	低	地方	弟弟	第	点	点钟	电话	电视	电影
掉	丢	东西(名)	冬	冬天	动	都	读	短	对(动)
对(形)	多(形)	多(副)	多(数)	多少	儿子	二	发生	发现	发展
饭	方法	方向	房间	放	非常	分	分钟	风	父亲
改	改变	感到	感谢	高	搞	告诉	哥哥	歌	个
各	各种	给	跟	建立	教师	更	工厂	工人	工业

续表

工作	公共汽车	故事	挂	关系	广播	国家	过(动)	过(助)	过去
海	好	好像	号	喝	很	后	后边	互相	花(名)
花(动)	画	画儿	话	坏	还	还是	换	回	回来
活动	或者	机会	机器	基本	集合	几	计划	技术	继续
寄	家	家庭	间	见	见面	建设	健康	讲	交
脚	叫	教	教育	接	年龄	女人	结束	姐姐	解决
今年	今天	近	进来	进去	经常	经过	经济	经验	酒
决定	觉得	咖啡	开始	看	看见	考试	科学	可能	可是
课	口	哭	快	拉	来	劳动	老师	累	离开
里	里边	历史	利用	例如	脸	两	领导	流	路
旅行	妈妈	马上	买	卖	满	忙	没有	门	民族
名字	母亲	拿	内	内容	那	那儿	那个	那里	那么
那样	难	年	年级	年轻	念	您	农民	农业	努力
女儿	拍	派	旁边儿	跑	朋友	批评	篇	漂亮	起来
汽车	前	前面	钱	清楚	情况	去	去年	全	全部
全体	确实	群众	人	人类	人民	人物	认	认识	日
容易	三	山	上	上边	上去	上学	少	社会	身体
深	生产	生活	声音	剩	什么	时候	时间	实现	使用
世界	事情	是	收	手	书	树	谁	水平	睡
睡觉	说	说明	思想	死	送	岁	所以	他	她
它	太	太阳	态度	谈	躺	特别	疼	提高	天
条件	听	听见	通	通过	同时	头	突然	腿	外边
外国	完成	完全	玩	晚	晚上	忘	为	为了	为什么
位	文化	文学	文章	问	问题	我	我们	希望	洗
喜欢	系	下	下边	下来	下去	下午	夏	夏天	先
先生	现代	现在	相信	想	向	像	小	小孩	小孩儿
小孩子	小时	笑	写	谢谢	心	新	新闻	信	休息
需要	许多	学生	学习	学校	呀	眼睛	样子	要	要求
也许	一	一般	一点儿	一定	一起	一切	一样	衣服	医院
已经	以后	以前	艺术	意见	意思	意义	因为	音乐	银行
影响	用	尤其	有	有名	有时候	有意思	又	雨	语言
元	远	月	月亮	运动	再	在	早晨	早上	怎么样
怎样	增加	占	站	张	掌握	找	这	这儿	这个
这里	这些	这样	真	政府	政治	知道	知识	只	中
中间	种	重要	周围	主要	住	装	准备	着	自己
总(是)	走	足球	组织	嘴	最后	最近	作	坐	做

第五章 "国别化"对外汉语教学用词表的前期研究工作　101

表21　韩语前1,000词语中和乙级词相同的词语

哎呀	爱情	按照	拔	包	保护	保卫	报纸	避	并且
病人	不管	不过	材料	测验	差	差不多	产品	超	成为
承认	程度	吃惊	出生	传	传统	存	存在	搭	达到
大会	大米	大人	大约	代	代替	担任	当时	挡	党
到达	地方	地球	地区	调查	读书	堵	肚子	度	度过
队	对话	对象	躲	儿童	耳朵	发表	发达	法律	方案
方式	分析	改革	盖	概念	赶快	感激	感觉	感情	胳臂
胳膊	个人	根据	更加	公司	共同	构造	古代	故乡	关于
观点	管理	光	广告	规模	国际	果然	过程	好好儿	后面
环境	会议	火	或	机关	机械	及	集体	记忆	记者
家乡	价格	价值	肩	减	建	教授	阶段	阶级	接收
接受	结构	结婚	解	进入	经历	警察	竞赛	就	就是
巨大	具备	军	靠	可	客人	空间	老大爷/大爷	老太太	礼节
里面	理论	理由	力量	力气	立	立场	例	例子	聊天儿
邻居	落	没什么	美好	美丽	美元	梦	米	面	名
摸	某	目标	哪个	奶奶	男人	脑子	能力	年代	碰见
披	铺	妻子	期间	其次	奇怪	企业	前进	强	强调
亲自	情形	情绪	扔	仍然	如	如何	如今	商品	上面
稍微	设备	生	生长	生命	生意	诗	时代	时期	实践
实在	食物	世纪	市场	事件	事实	事业	首先	受	叔叔
数	刷	太太	讨厌	提供	体系	替	贴	通讯	统
痛	痛苦	投	土地	脱离	外面	忘记	位置	位子	味道
文字	物质	下面	显著	现实	现象	线	相似	享受	想法
消失	小说	效果	心情	行动	形式	形状	性格	胸	修
选举	严重	眼泪	养	爷爷	夜里	夜晚	依据	移动	以及
以上	因此	因素	引起	迎接	优秀	由于	有点儿	有关	有时
原因	暂时	责任	战争	丈夫	照	照片/相片	政策	之前	直接
只是	制度	秩序	中心	中央	主人	主张	抓	转	转告
状况	状态	资料	自然	自由	总统	最好	作家	作品	作用

表22　韩语前1,000词语中和丙级词相同的词语

把握	摆脱	暴露	本身	标准	表情	不顾	不是	不怎么样	财产
侧	测试	承担	程序	迟	春季	凑	村庄	村子	大
大众	代	导演	电脑	冬季	独自	对了	反而	方	放松
佛教	夫妻	歌曲	各式各样	功能	过分	后头	集团	计算机	监督
揭露	结果	竞争	就是说	居民	局面	聚	开发	空	宽阔

续表

老婆	姥姥	里头	连接	领域	楼	旅游	梦想	明白	末
男子	女子	培育	配	评价	气氛	清晰	权力	人间	若干
删	上升	上头	少女	剩余	诗人	时机	实施	事故	势力
是的	逝世	收集	死亡	似的	算是	缩短	缩小	谈话	特征
天空	头脑	团体	外头	完善	维持	味儿	卧	舞台	喜爱
夏季	香烟	信息	行为	行政	形态	性能	旋转	学年	循环
夜间	依照	意识	婴儿	游戏	宇宙	语文	原理	愿	越
运转	早已	赠送	占领	占有	召集	者	支配	制做	种类
装置	姿势	资金	自身	宗教	祖父				

表23　韩语前1,000词语中和丁级词相同的词语

百分比	餐	侧面	策略	差异	产业	成人	城市	出名	出色
次序	抵达	都市	对策	法	夫妇	服装	抚养	抚育	公尺
公分	归根到底	贵族	过度	含义	患者	肩膀	检察	建筑	揭发
结局	金融	经受	颈	局势	决不	宽敞	宽大	老家	老太婆
老爷	民众	内心	那时	男性	女性	派遣	评估	去世	全部
确认	人生	上涨	设施	时光	市民	式	事态	收藏	书信
搜查	疼痛	体制	现场	相关	相通	信件	选手	言语	养育
要素	一旦	遗失	议员	用户	预定	越过	运行	攒	怎么着
占据	主题	主体	转交	准则					

表24　韩语前1,000词语中《HSK大纲》没有收录的词语

～的地步	～的地方	～的时候	看(助)	百分之	暴露出来	播音员	哺育	不管怎样	不好
不会	不能	不一样	不一样了	不愿意	不知道	查出	长大	出场	出示
传下来	存在(名)	打开	大部分	大叔	带有	带着	登场	第一	第一次
调(tiáo)	定做	董事长	多样	分开	缝隙/隙缝	扶起	父母	改变了	各个
给～看	公寓	共同体	关联	国内	过世	何时	很久	还有	会长
混蛋	监工	角色	解开	解脱	聚会	看出	可能性	快～了	快点儿
快要～了	劳动(名)	了解(名)	露出	没有(动)	募	募集	拿出	哪儿	哪个地方
那天	那样做	那种	努力(名)	祈愿	情调	全国	让～看	人气	认出
雾那/雾那间	伸直	剩下	什么(叹)	什么时候	实际上	氏	世上	是啊/是呀	是那样的
是这样的	收到	提出	挺身而出	痛苦(名)	外公	完美	委员会	我国	五月
舞台剧	细看	下次	吓一跳	显出	现存	现有	想要	像～似的	心胸

续表

研究（名）	也是	一部分	一次	一个人	一句话	一日/一天	已经~了	意识形态	有关人员
越来越多	怎么办	站出来	站起来	这次	这段时间/这期间	这时	这天	这种	真的
正是	住进	住手	抓住	装满	子女	走进	做得好		

表 25　韩语前 1,000 词语中词性差别的词语

排序	韩文词语	汉语	词性	备注（+表示应加上的词性）
11	없다	没有	형	（甲；副）+ 动
22	보다	看	보	（甲；动）+ 助
239	연구	研究	명	（甲；动）+ 名
339	뭐	什么	감	（甲；代）+ 叹
494	노력	努力	명	（甲；形）+ 名
510	존재	存在	명	（乙；动）+ 名
547	노동	劳动	명	（甲；动）+ 名
930	이해	了解	명	（甲；动）+ 名
986	고통	痛苦	명	（丁；形）+ 名

5.3　小结

本章叙述了我们在进行本研究之前所进行的两项前期工作：《HSK 大纲》四级词汇的使用度问卷调查和《HSK 大纲》和韩语前 1,000 高频词语的对比研究。这两项研究的结果为本研究提供了一定的可行性保证，更确认了本研究的研究意义。

本章主要参考文献

《汉语水平词汇与汉字等级大纲》，（修订本），经济科学，2001 年。
《韩中辞典》，（修订本），高丽大学出版社，韩国，2001 年。
《韩中辞典》，（修订本），东亚出版社，韩国，2002 年。
《韩中辞典》，（修订本），进明出版社，韩国，2001 年。
《韩中词典》，（修订本），黑龙江朝鲜民族出版社，2002 年。
陈小荷、徐娟等译，《语言研究中的统计方法》（Statistics in Language Studies），北京语言文化大学出版社，2000 年。
侯亚非主编，《社会调查研究原理与方法》，华文出版社，1998 年。
刘润清、胡壮麟，《外语教学科研中的统计方法》，外语教学与研究出版社，2001 年。

苏新春等,《汉语词汇计量学研究》,厦门大学出版社,2002年。
王立,《汉语词的社会语言学研究》,商务印书馆,2003年。
袁毓林,《语言的认知研究和计算分析》,北京大学出版社,第24~48页,1998年。
Anthony Woods, Paul Fletcher, Arthur Hughes, Statistics in Language Studies, pp. 48—57
　　外语教学与研究出版社,2000年。

第六章 "国别化"对韩汉语教学用词表的提出

"国别化"对韩汉语教学用词表主要是基于"理解"和"表达"的交际理论,运用中、韩高频语料制作出来的。整个制作流程经过六个主要的程序:汉、韩语料提取、入库程序;韩语料转译程序;汉韩语料对比程序;汉韩语料筛选程序;"国别化"对韩汉语教学用词表的提出;以及查询界面程序的编写。下面,我们就这六个程序进行讨论并提出其实际操作的结果和统计数据。

6.1 汉、韩语料提取和入库程序

本研究所使用的语料是:中国国家汉语水平考试委员会办公室考试中心制定的《HSK大纲》8,822四级词汇和韩国国立国语研究院的"常用韩国语语料库"中提取出的前3,000高频词语。本研究并以北京语言大学应用语言学研究所开发的"动态流通语料库"为测试、检验语料库。《HSK大纲》8,822四级词汇和韩国国立国语研究院的"常用韩国语语料库"语料主要是在 Magic Station GP20,Pentium 4,CPU 2.40GHz,Windows XP Professional 2002 版本的操作系统上运行的,主要使用了 Excel、Access 和 SQL Server 2000 等数据库软件,以及 Delphi 7 程序开发软件。

这个程序主要进行了两个步骤,一、在韩国"常用韩国语语料库"上,以频度为基准提取出前3,000高频词语,并将其转换成 Excel 和 Access 的形式入库(见附录4);二、将《HSK大纲》8,822四级词汇以 Excel 和 Access 的形式键入库。

6.2 韩国语料转译程序

接着我们进行了韩语前3,000高频词语转译的程序。首先,转译工作由韩国又松大学中文系五位四年级的学生承担。转译结果再经韩国的汉语教师三次的审核。整个审核过程笔者都参与其中。有异议的词语再经查阅真实文本来核实。词语转译所依据的词典,韩国方面为高丽大学出版社的《韩中辞典》、东亚出版社出版的《韩中辞典》和进明出版社的《韩中辞典》;中国国内方面为黑龙江朝鲜民族出版社的《韩中词典》。转译结果见附录4。

韩语前 3,000 高频词语转译后共有 3,586 个汉语词,其中属于甲级词的有 719 个,属于乙级词的有 903 个,属于丙级词的有 508 个,属于丁级词的有 436 个,没有包含在《HSK 大纲》里的有 1,056 个。统计资料见下表 26,内容分见于附录 5、6、7、8、9。

表 26　韩语前 3,000 高频词和《HSK 大纲》对比结果

	甲	乙	丙	丁	未收录词语	共计
数量	719	903	508	436	1,020	3,586
百分比,%	20.0	25.2	14.2	12.2	28.4	100

在韩语前 3,000 高频词语中,其中有 67 个是外来词,外来词中 1 个为德语"意识形态"(이데올로기,Ideologie),1 个为日语"方便面"(라면,ramen),1 个为法语"咖啡厅"(카페 café),其他则为英语。(见附录 10)

6.3　汉、韩语料对比程序

汉、韩语料的对比程序主要是指将《HSK 大纲》8,822 四级词汇和转译后的韩语前 3,000 高频词语进行对比的工作。这个对比主程序又可分为两个次程序:词语对比程序,汉语词和汉字词对比程序。简述于下:

6.3.1　词语的对比

词语对比主要的目的是找出转译后的韩语前 3,000 高频词和《HSK 大纲》8,822 四级词汇中相同的词语和不同的词语。对比出的相同词语共有 2,566 个,其中属于甲级词的有 719 个,属于乙级词的有 903 个,属于丙级词的有 508 个,属于丁级词的有 436 个。(见上表 26)我们又依甲、乙、丙、丁四级词各再细化到韩语前 1,000、前 1,001—2,000、前 2,002—3,000 词。相同词语对比的统计结果如下表 27,内容分见于附录 5、附录 5—1、附录 5—2、附录 5—3、附录 6、附录 6—1、附录 6—2、附录 6—3、附录 7、附录 7—1、附录 7—2、附录 7—3、附录 8、附录 8—1、附录 8—2、附录 8—3。对比出不同的词语共有 1,020 个。不同的词语又依韩语前 1,000、前 1,001~2,000、前 2,002~3,000 词语来列表。不同词语对比的统计结果如下表 28,内容见于附录 9、附录 9—1、附录 9—2、附录 9—3。表 15、16 中前 1,000 词语出现的个数和我们前期研究的结果有些差异,那是因为在进一步研究中反复经过专家干预的结果。

对比得出的相同词语,从某种意义来说,显示出韩国和中国共同拥有的一些基本的认知。对比得出的不同词语可以说是韩国汉语学习者拥有的特殊"个性"词语。这种

特殊的"个性"词语,从一定的意义来看,代表了韩国汉语学习者特殊的认知背景,与韩国的社会人文环境有着密切的关系。"国别化"的一个主要目的,也就是描绘出中、外语言的"共性"和"个性",以达到更佳的对外汉语教学的效用。

对比的程序主要是用 Delphi 7 开发程序设计出来的,再经人工参与审核得出最终的对比结果。

表 27　韩语前 3,000 高频词和《HSK 大纲》对比相同词语统计结果

排序	甲级词		乙级词		丙级词		丁级词	
	个数	%	个数	%	个数	%	个数	%
1—1,000	482	67.0	314	34.8	146	28.7	98	22.5
1,001—2,000	160	22.3	348	38.5	186	36.6	159	36.5
2,001—3,001	77	10.7	241	26.7	176	34.7	179	41.0
共计	719	100.0	903	100.0	508	100.0	436	100.0

表 28　韩语前 3,000 高频词和《HSK 大纲》对比不同词语统计结果

	个数	%
1—1,000	198	19.4
1,001—2,000	355	34.8
2,001—3,001	467	45.8
共计	1,020	100.0

6.3.2　汉字词和汉语词的对比

在 2.7 节中,我们说到汉字词在韩语的语言结构中占了 50% 以上的词语,它给韩国学生在汉语学习上带来很大的迁移作用。这种迁移作用是正迁移还是负迁移取决于汉字词和汉语词之间的关系,也就是说,与汉语词同形同义的汉字词将会起到一个正迁移的作用,对韩汉语教学的教师对这些词语可以很快地带过去,不需要花很多的时间、很大的力气去解释它。但对那些不完全同义或完全不同义的汉字词就需要花更多的时间和力气去说明它,并得进行反复地操练,使学生能完全掌握住这些词语,因为这些词语若不细加说明和反复地操练很容易给韩国学生带来很大的负迁移的影响。

韩国汉字词的特殊性说明了对外汉语教学必须进行"国别化",也说明了汉字词在"对韩汉语教学用词表"的制定上具有其一定的重要性。因而,我们对韩语前 3,000 高频词中的汉字词和《HSK 大纲》8,822 四级词汇的汉语词进行了提取和对比的处理。整个提取和对比的程序直接在 Excel 上进行的。提取出来的汉字词又依据甲、乙、丙、丁四级来处理。

对比的结果显示出在韩语前 3,000 高频词中有 1,638 个是汉字词,占了 3,000 词的 54.6%。其中有 877 个汉字词和《HSK 大纲》的汉语词同形,429 个汉字词和《HSK 大纲》的汉语词不同形。同形的 880 个汉字词当中,有 197 个属于甲级词,353 个属于乙级词,186 个属于丙级词,141 个属于丁级词。(分见附录 11、11—1、11—2、11—3、11—4)

除了确定韩语前 3,000 高频词语中哪些是汉字词外,我们还进一步确定我们所收的汉语模块部分的词语中和韩国汉字词同形的词语共有 3,454 个,占汉语词语模块的 39.8%。汉字词的确定是以 3 位韩国的汉语教学老师对汉字词的认知为主,对于一些如:问候、启事、谱曲、家务、聘用、曲子等已经在韩国社会过时不用,但仍收录在《韩国大辞典》①里的汉字词,我们不予考虑。

在"对韩汉语教学用词表"里的汉语模块部分,我们在词语的后面加上"*"以标明它是一个汉字词,希望引起词表使用者的注意和关心。有关韩语前 3,000 高频词语中汉字词在《HSK 大纲》分布的情形可见于下表 29。另外,我们依《HSK 大纲》四级来分,汉语模块部分的汉字词统计数据可见于下表 30。

表 29 韩语前 3,000 词语中的汉字词分布在《HSK 大纲》里的情形

	韩语前 3,000 词语中的汉字词分布在《HSK 大纲》里的情形	
	个数	%
甲级词	197	22.5
乙级词	353	40.2
丙级词	186	21.2
丁级词	141	16.1
共计	877	100.0

表 30 依《HSK 大纲》四级来看汉字词在汉语模块中分布的情形

	汉语模块中汉字词分布情形(依《HSK 大纲》四级来分)	
	个数	%
甲级词	394	11.4
乙级词	841	24.4
丙级词	823	23.8
丁级词	1,396	41.4
共计	3,454	100.0

---

① 这里主要是指韩国国立研究院的《韩国大辞典》,두산동아出版社出版。

6.4 汉、韩语料筛选的程序

整个汉、韩语料筛选的过程,我们抱持着较为严谨的态度,以"学生学习为中心"出发,考虑"什么是学生'最'需要理解且'最'容易正确地表达的词语"来进行语料的筛选工作。本研究所使用的语料是:中国国家汉语水平考试委员会办公室考试中心制定的《HSK 大纲》8,822 四级词汇和韩国国立国语研究院的"常用韩国语语料库"中前3,000高频词语。并以北京语言大学应用语言学研究所 2003 年的"动态流通语料库"为测试检验语料库。语料筛选的程序分成三个筛选过程,一个是《HSK 大纲》8,822 四级词汇的筛选程序;一个是韩国国立国语研究院的"常用韩国语语料库"中前 3,000 高频词语的筛选程序;另一个是中国流行语和韩国特色、流行和补充词语的筛选程序。分述于下:

6.4.1 汉语语料筛选程序

汉语语料的筛选主要是从定量和定性两方面着手。定量方面,我们以"动态流通语料库"为测试检验语料库,将《HSK 大纲》8,822 四级词汇在"动态流通语料库"上运转一遍,得出它们的流通度、频度和使用度。然后将流通度阈值设定在 58,取出所有在此阈值以下的所有词语。"58"这个阈值,如前所述是在 DCC 流通语料库的 61,746 个词的词表上,截取最大的流通度 422,701 和最小的流通度 0 平均值的 1/10 以下的词语,即流通度为 58 及 58 以下的词语。在确定这个阈值之前,我们也定性挑选了一些确定已经过时的词语,然后在 DCC 上检验它们的流通度,它们的流通度也都符合这个阈值设定。然后,在取出的样本上再经人工干预取出应被剔除的词语。由 DCC 流通语料词语表筛选出的词语共有 236 个,后经人工干预选出的被剔除的词语共有 148 个。(见附录 12—1 和 12—2)除此之外,我们也将《HSK 大纲》8,822 四级词汇的学生和教师的问卷调查结果同为"没用过"的词语提取出来(见附录 13),再在"动态流通语料库"上转一遍,得出它们的流通度、频度和使用度。然后,再经专家干预提取出学生和教师都认为应该剔除的词语,共有 262 个。最后,综合其结果,再一次经专家的干预,筛选出最终应被剔除的词语,136个。(见附录 14—1 和附录 14—2))其中筛选出的一些单字词,主要是从学生学习的角度出发来考虑的,因为这些单字词多不单独出现使用,而且学生运用起来会有很大的难度,容易造成过度泛化的现象;另一方面,我们以为缺少了这些单字词并不会影响到学生的学习。

6.4.2 韩语语料筛选程序

韩语语料的筛选程序主要采用定性的方式处理,由中国在韩国进行汉语的教师进行专家干预,取出一般在中国人语感中不能成词或无法用汉语来转译的词语。这些词语,共有35个。(见附录15)

6.4.3 中国流行词语和韩国特色、流行和补充词语筛选程序

中国流行词语的选取主要是以北京语言大学、北京大学和中国信息学会于每年年初发表的中国流行语为主,因为这些词语是在大规模文本语料上经由系统性、科学性的操作抽取出来的,具有一定的代表性。我们以为流行词语经常是交际活动中一个重要的交际话题,无论是否列入教材,对当前交际来说都是很需要的,如:2003年的汉语学习者应该知道"非典"、"疑似"、"发烧门诊"、"伊拉克战争"、"朝核问题"、"疯牛病"、"大规模杀伤性武器"等词语;2004年的汉语学习者,也该知道"奥运"、"奥林匹克"、"奥林匹克运动会"和"雅典"等词语。本研究收录了35个2004年元月8日发表的中国流行语。(扣除了其中相同的5个词语:"非典"、"伊拉克战争"、"三峡工程"、"社保基金"、"六方会谈"。)(见附录16)

韩国特色、流行和补充词语可以说是典型的国别化的词语,常是韩国学生在交际中需要表达的词语,如:"泡菜"、"烧酒"、"三星集团"、"现代汽车"、"卢武铉"、"仁川国际机场"等中文表达方式。为了得出较具有代表性的韩国特色和流行词语,本研究以问卷调查的形式,向二十位韩国又松大学中文系的学生发放问卷。问卷形式见附录17。然后,经过整理,并经韩国汉语教学的老师做进一步的专家干预,得出韩国一般的特色、流行和补充词语296个。(见附录18)

6.5 "国别化"对韩汉语教学用词表的提出

本研究在经过取语料、转译、对比和筛选的定量和定性相结合的系统化的集成处理过程后,最终提出了"国别化"的"对韩汉语教学用词表"。这个词表主要是在《HSK 大纲》8,822四级词汇和"常用韩国语语料库"中前3,000高频词语的基础上提取出来的。我们以为一个足够具有代表性且能将交际功能——理解和表达充分发挥出来的词表必须具有"国别性",必须考虑汉、外双语料库。因此,在这样的思路下,运用定量和定性相结合的综合研究方法,最终提出了"国别化"的"对韩汉语教学用词语表"。(见附录1)这个词表共含有10,037个词语,其中8,686个词语取于《HSK 大纲》8,822四级词汇,1,020

个词语取于韩国"常用韩国语语料库"中前 3,000 高频词语,并收录了 35 个北京语言大学、北京大学和中国信息学会发表的中国流行语,296 个韩国特色词语。(见下表 31)

表 31 "国别化"对韩汉语教学用词表统计总表

	数量	%
常用汉语词语	8,686	86.5
韩国高频词语	1,020	10.2
韩国特色词和流行词语	296	3.0
中国流行词语	35	0.3
共计	10,037	100.0

6.6 查询界面程序的编写

本研究为了能更好地查看语料和问卷调查的结果,设计了词语在 DCC 中查询的界面程序、词语走势图、《HSK 大纲》学生和教师问卷结果和韩语前 3,000 高频词语的查询界面程序。程序编写使用了 Delphi 7。

《HSK 大纲》学生问卷结果的查询界面、教师问卷结果的查询界面、词语在 DCC 中查询的界面、词语的走势图及韩语前 3,000 高频词语查询的主界面图可见于下图 11、12。

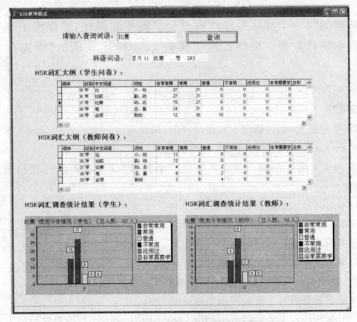

图 11 问卷结果查询界面图

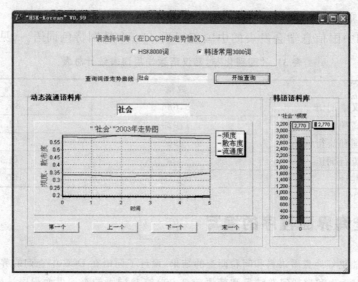

图 12　DCC 查询界面图

6.7　小结

本章对本研究的每一个实际操作过程进行了扼要的叙述,并提出了每一个研究过程的实际操作结果和统计数据。最终提出了含有 10,037 个词语的"国别化"的"对韩汉语教学用词语表"。

本章主要参考文献

《汉语水平词汇与汉字等级大纲》,(修订本),经济科学,2001 年。
《현대 국어 어절 분석 지철》,韩国国立国语研究所,2002 年。
2003 年中国主流报纸十大流行语,北京语言大学、中国新闻技术工作者联合会、中国中文信息学会联合发表,2004 年。
《韩中辞典》,(修订本),高丽大学出版社,韩国,2001 年。
《韩中辞典》,(修订本),东亚出版社,韩国,2002 年。
《韩中辞典》,(修订本),进明出版社,韩国,2001 年。
《韩中词典》,(修订本),黑龙江朝鲜民族出版社,2002 年。
刘润清、胡壮麟,《外语教学科研中的统计方法》,外语教学与研究出版社,2001 年。
陈原主编,《现代汉语定量分析》,上海教育出版社,1989 年。
Jenny Thomas & Mick Short, Using Corpora for Language Research,外语教学与研究出版社,2001 年。

第七章　存在的问题和下一步工作

> The most effective way to ensure the value of the future is to confront the present courageously and constructively.
> （保证未来价值最有效的方法就是勇敢积极地正视现在。）
> ——Rollo May, *Man's Search for Himself*, 1952

本书中，我们用了很大的篇幅，从实用和科学的角度出发，探讨了交际的实质功能和对外汉语教学实质目标等问题，提出"国别化"对外汉语教学的必要性；尝试界定什么是对外汉语教学中的"词"；运用模块的建构模式，基于中、外双语料库，提出了"国别化"对外汉语教学用词表制定的一套方法论；并以韩国为例，将其实例化起来，制定了"国别化"的对韩汉语教学用词表；最后，对各个研究过程进行了归纳和统计数据分析。其实，"对韩汉语教学用词表"制定的研究工作不过仅仅是一个尝试性的研究，是对"国别化"对外汉语教学研究的一个开端，因此，无论是在理论上还是在方法上还都还显得比较粗糙，还存有诸多尚未解决的问题和难点，还需要大量艰苦的后续工作才能得以推进和完善。值得提出的是本研究在词语的选取上采用了较为保守的研究态度，我们以为本书的主要特色不是词表中收进了哪些词，而是词表拟定的一套方法论，实际地将"国别化"落实起来。下面，我们就本研究所存在的问题以及预定进行的下一步工作进行扼要地说明。

7.1　存在的问题

从整个研究过程和结果来看，存在的问题主要有以下几个方面：

7.1.1　词表分级的问题

本研究存在的一个最大的问题就是没有涉及词表的分级。分级研究在词表制定中是很重要的一环，有其一定的理论基础的方法论，然而，这方面的研究在国内外仍显得单薄。虽然《HSK 大纲》设定了词汇的分级标准,但它只限于汉语的语料,本研究提出词表的制定必须考虑汉外双语料库的理念,使得词表的分级愈加复杂,加之,缺乏具有一定代表性的检验语料以及在人力、物力上的有限,因而,本研究未能涉及分级的问题。希望能在后续的研究工作中,着重探讨分级的标准,继续完善词表的制定。

7.1.2　词性标注的问题

本研究也没有对词性做进一步地研究。本研究对词性标注采取的方法是:凡是在词性上有差异的词语,将以《现代汉语规范词典》的词性标注为主,也就是说韩语词词语的词性若没有包含在《HSK 大纲》里,而《现代汉语规范词典》收录了这个词性,那么"对韩汉语教学用词表"将收录这个词性,如:"没有",《HSK 大纲》中只收录了副词,然而韩语语料中为动词,《现代汉语规范词典》中也收有动词的词性,那么我们将同时收录动词和副词两个词性。若《现代汉语规范词典》中没有收录韩语词语的词性,我们将以《HSK 大纲》的收录为主,如:"永远",韩语中为形容词,汉语为副词,那么将只收录副词词性。由于汉、韩词语在词性的分类上不一致,语法的功能也不甚相同,对词性的确定存在很大的难度。然而,"汉语教学"是以汉语为主的教学,汉语学习者要学的、要用来表达的是汉语的使用形式,因此词性标注的问题有时就无法兼顾到一对一对比的准确性了。

7.1.3　词语筛选的权威性和代表性的问题

虽然说整个词语筛选的过程是在定量和定性相结合的原则下进行的,然而,定量方面所采用的检验测试语料库,DCC,只是 2003 年报纸媒体的语料库,对本研究来说这个"定量"研究方法具有其一定的局限性;定性方面的工作,虽说是由在韩国从事汉语教学的韩国教师和中国教师所进行的,然而我们仍不能说,这个研究团体的语感足够代表专家组甚至全体语言使用者的语感。尤其是进行词语的最终筛选应该是由中国和韩国在汉语言学、汉语教学方面具有代表性的专家们共同参与这个筛选工作。由于人力有限,本研究在词语筛选的方面存有一定的主观偏差性和局限性。

7.1.4　韩国特色、流行和补充词语筛选的代表性的问题

韩国特色、流行和补充词语的筛选也存在一定的问题。首先,这些词语是由问卷调查得来的,因而带有问卷调查者一定的主观性。而且问卷数不够大,分布也不够广,只有 20 位韩国又松大学四年级的学生参加。另外,筛选的过程,也没有一定的标准。因此,这

个部分的语料也存在它的主观偏差性和局限性。我们希望在后续的研究工作里,能进一步完善这个部分。

7.1.5 汉字词的注解的问题

汉字词和汉语词的对比结果,愈加确认了"国别化"对外汉语教学的必要性。进一步展开对韩国汉字词的研究,以及利用韩国学生对汉字词的认知有效地进行汉语教学是对韩汉语教学教师责无旁贷的教学义务与责任。

本研究虽然对有词表中的同形汉字词进行了"＊"的标注。但却没有对这些汉语词做进一步的分析。主要的一个原因是限于研究的篇幅和研究的范围。在后续的研究工作里,我们将对这些词语做进一步的分析、说明和解释,提供词表使用者更完备的参考资料,以更加完善词表,为对韩汉语教学添一片有用的砖瓦。

7.2 下一步工作

本研究意欲进行的下一步工作有以下几个方面:

7.2.1 词表分级研究

词表分级的研究在词表的制定中占有非常重要的地位。《HSK 大纲》的分级共有 4 个界标,分别是 3,000、8,000、5,000 和 1,000 词,依其比例和累计数量为 1(1,000):3(3,000):5(5,000):8(8,000),分为最常用、常用、次常用和通用词四级。后续的研究工作中,将从词汇计量学、人类认知能力和"生存需要"的角度出发,深入探讨和研究"国别化"对外汉语教学用词表分级的原则和标准;并寻求具有一定代表性的检验语料来检验分级语料的覆盖率。

7.2.2 提高词语筛选的权威性

前面我们说过本研究对词语的筛选缺乏它一定的权威性和代表性。因此,在后续的研究工作中,我们将尝试提高词语筛选的权威性及其可信度。然而,这个工作必须在更多有经验的对外汉语教学学者和专家们的帮助下才有可能实现。也就是说要解决这个问题的一个捷径就是努力地将本研究申请为一个研究课题,得到更多专家的参与和支持。在后续的研究工作中,我们将朝这个方向努力。

7.2.3 汉字词的注解

对汉字词加以注解也是本研究意欲完成的后续工作之一。因为那些与汉语同形但在意义、感情色彩和使用上有差异的汉字词,常常会给韩国汉语学习者带来负迁移的影响,也就是说他们起着消极和误导的作用。既然词表制定的目的是为词表使用者提供参考的资料,那么一个完善的词表就应该对词表中的词语提供足够且有益的信息。再说,一个"国别化"的对外汉语教学用词表更应该体现出"国别化"的特性——词语的特殊"个性",这样才能帮助词表使用者更好地对那个"国别化"的汉语学习者进行汉语教学或编撰具有针对性、实效性的教材,进而防止因这些词语而导致的词汇偏误。然而,对这些词语的意义进行分析并不是一件简单的工作,需要解决的问题还很多,因此,这个后续工作任务还是相当地艰巨,需要汉、韩汉语教学专家的共同参与。

7.2.4 对外汉语教学用词表制定的平台研究

本研究其实是"国别化"对外汉语教学用词表制定的一个开端,因为韩国汉语学习者在近些年来不论是在中国还是在韩国国内都已经成为学习汉语学生数最多的国家,加之韩语中汉字词和汉语词具有同源的亲密关系,有其特殊的"个性",因此,本研究以韩国为研究对象,试着建构一套拟定词表的方法论,作为对外汉语教学用词表制定的平台基础,进而研制对日本、泰国、美国、德国、法国等其他地区的汉语教学用词表。基于模块式的"对韩汉语教学用词表"的对外汉语教学用词表的平台研究是我们努力探索的下一个新方向。我们希望利用"模块"的建构路线,能为对外汉语教学用词表的平台建设提供一定的建构基础,因为对外汉语教学用词表制定的平台将能为词表提供即时提取和更新的功能,这势必是未来对外汉语教学资源建构和发展的一个新方向,也是我们意欲完成的下一步工作。

7.3 小结

总的来说,本研究只是"国别化"对外汉语教学研究的一个开端,还需要大量艰苦的后续工作来完善,诸如词表的分级研究、提高词语筛选的权威性、增加汉字词的注解、展开对外汉语教学用词表制定的平台研究等。我们在语料的转译和对比处理上尽可能地小心、谨慎,然若有任何不够完善、严谨之处,真诚地希望各位老师、专家谅解并提出批评意见,以便进一步完善本研究。除了"国别化"的词表制定研究外,还有更多更深的"国别化"的研究工作需要我们用严谨治学的态度和科学、系统的方法一步步、实际地去展开。希望这一尝试性的研究能对今后对外汉语教学起到抛砖引玉之效。本文的最后,我们以 UCLA 大学语言学系教授 Robert P. Stockwell 的名言作为结尾,并以此自勉之。

"A scientific bird in the hand is worth two in the bush."-Robert P. Stockwell

应用篇

第一章　基于对外汉语教学的"国别化"双语《学习词典》编撰的构思：以韩国为例*

一　引　言

  如何更好地开展对外汉语教学，一直是从事对外汉语教学的学者和语言工作者所关心的重要课题。综观现存的对外汉语教学的各种必备资源，除教材的立体化、动态化外，首先就是有关教学用和课外阅读用的工具书不够完备，这在对汉字圈国家汉语教学方面表现得尤其突出。据2004年5月4日北京国家留学生基金管理委员会的报告，指出2002年底在华留学生人数已达85,829名，留学生来自的国家共175个国家。其中韩国留学生有36,093名，占第一位。其次是日本和美国。这说明了对汉字圈国家（韩国、日本）汉语教学的研究已经成为对外汉语教学研究者刻不容缓的一项研究任务和使命，"国别化"的对外汉语教学也已成了对外汉语教学发展的必然趋势。其中首当其冲的就是"国别化"工具书的充分准备，因为只有将必备的"国别化"工具书完善起来，才能顺应对外汉语教学的发展潮流和趋势。俗话说得好"工欲善其事，必先利其器"，一部优质与完备的"国别化"双语学习工具书，是开展对外汉语教学事业的利器。再说，韩国与中国一衣带水，是隔海相望的近邻，在地理位置上占了交流的先机。事实也证明来华学习汉语的留学生以及在韩学习汉语的学生都占汉语学习者之冠，加之韩国学生对汉字认知的特殊知识背景，因此对韩国学生进行汉语教学的工具书——《学习词典》的编撰研究就显得意义重大，实用性和应用性都强，不但符合韩国汉语学习者在汉语学习上的需求，也能将对外汉语教学事业的扩展推向更实质化的地位。

  目前国内外对韩国学生汉语学习用词典的研究尚未全面、系统地展开。不管是中国方面编撰的词典或者是韩国方面编撰的词典，可以说都不是从对外汉语教学的角度出发来编撰的，没有考虑到韩国学生在汉语《学习词典》使用上的需要和特殊性。

  其实，很早就有许多学者纷纷指出词典编撰存在的诸多问题。Scholfield(1982)指出词典不能解决所有学习者的词语问题。他认为假如我们以为学习者打开词典就能解决他们词语上的问题，那么我们就大错特错了。Bensoussan(1983)宣称词典无法帮助那些

---

* 本论文曾发表在《中国语文学论集》，중국어문학연구희，2005年8月，第33号，韩国。经过修改补充后，预定发表在《国外汉语教学动态与研究》，2006年3月，中国。

外语学习能力较差的学习者。另外,在 Bensoussan, Marsha 等(1984)的词语测试研究中显示出词典使用者和未使用者的测试成绩并没有很显著的差异。还有许多学者和外语教育理论学家考虑到任何两种语言都没有刚刚好一对一的对应关系(see Aust, Kelly & Roby, 1993, p.66),因此主张外语学习者应该使用单语的词典(Yorkey, 1970; Baxter, 1980; Ard, 1982; Bloch, 1985; Hartmann, 1989; Soekemi, 1989; Stein, 1990)。然而在教学实践中,我们认识到,其实这种种问题实际上是因为没有从"国别化"的角度出发来编撰词典所造成的,换句话说,就是我们没有将词典编撰所需的一些基础研究工作做好,无法完善地发挥词典"针对性"的效用。笔者以为一部从对比分析、偏误分析和中介语研究出发编撰的"国别化"双语《学习词典》(如:《中韩学习词典》、《韩中学习词典》)将具有绝对的针对性,更符合学习者的需要。诚如著名的辞典学家兹古斯塔所言,词典编撰者一项最重要的任务就是:"……帮助并且促使(即便是间接地)这种概念和术语明确起来"。(兹古斯塔,1983)对双语《学习词典》来说,只有从词典使用者的角度出发来考虑,才能有效地将词语的概念明确起来。

二 什么是"国别化"的双语《学习词典》

在对外汉语教学的实践中,我们可以确定一件事,那就是对韩国汉语学习者的汉语教学与对美国、法国、德国、泰国、阿拉伯等等的汉语教学有很大的不同,教学出现的难易点也不完全一样,比如说对欧美学生的汉语教学必须强调汉字的教学,必须是一笔一画地教,因为每一个汉字对他们来说就是一幅图画、一个记忆工程,然而对韩国、日本学生的汉语教学,就不必花太大的力气去教汉字,因为汉字词在他们语言结构里占了很大的一个部分,加之汉字的教学在韩国和日本一直被重视,大部分的学生从小学就开始学习写汉字、认汉字,汉字对他们来说一点儿也不陌生。语法方面,教学实践证明韩国学生对"把"字句的学习与掌握要比欧美学生来得容易;语音方面,由于韩国的发音系统中没有/f/、/v/、/r/等音,因此,对韩国学生来说要正确地发出这些音来就存在很大的困难,然而对欧美学生来说问题就不太大;对音调的掌握也是一样,韩国学生和欧美学生也都各自显示出在音调掌握上的不同难点;词汇和阅读方面,韩国学生因为对汉字已有认知的缘故要比欧美学生占优势。这种种现象说明要有效地发展对外汉语教学,"国别化"的对外汉语教学研究是势在必行的,不但符合语言教学的理论,也与语言交际的实质目标基本一致。

从柏拉图和亚里士多德起,人们就开始讨论着如何对世界的各种事物下定义。一般来说,定义的基本方式可分为两种:逻辑定义和词汇定义。所谓的词汇定义也就是对词语进行定义。传统的词汇定义规则是根据亚里士多德的分析而来的,即被定义的对象(definiendum) = 属概念(genus) + 种差(diffenentia)。(Landau, 1984:120; 柯平, 1996)

这也就是说，不但要说明词语的基本属性概念，也要区分同属中有别于另一词语的特殊性。我们若将这个定义用在双语学习辞书的编撰上，这个定义可以这样地改写：definiendum＝genus(Lx)＋diffenentia(Lx1,Lx2…Lxn)＋diffenentia(Lx,Ly)，其中 Lx1,Lx2,Lxn 分别代表同属中近似的词语，Ly 则指 Lx 所对应的词语。换言之，也就是不但要对被释义(Lx)的词语的基本语义、语用、语法和文化涵义进行详细的说明，且要对同属中相似的词语在语义、语用、语法和文化涵义上做出适当的说明和解释，还要对释义的语言(Ly)中所对应的词语进行语义、语用、语法和文化涵义等的对比分析，以区别他们之间的不同。因为各民族、各国的语言之间，除了有共同的"共性"外，还有其自我特殊的"个性"。从第二语言习得的角度来看，一部优质的双语《学习词典》应该能直接或间接地反映出"双语"之间的"共性"和"个性"来。

本文中所谓的"国别化"(country-specific)主要是指"针对不同的国家的不同情况而实行不同/差别的汉语教学、研究与教材、工具书的开发。"由于大多数国家几乎可以说是由一个主要民族所建立，都有它共同的民族语言，所以，将国家作为一个研究的整体单位在研究和操作上都较为方便。而且事实证明，即使是对瑞士的法语者与加拿大的法语者和法国的法语者的汉语教学，也存在很大的不同。假若一个国家内有不同的民族，使用不同的民族语言，那么将进一步细化对这个国家的研究，以这个国家的各民族为研究对象，建构出一套适合他们的汉语教学大纲，编撰出适用于他们的工具书和教材，如：《汉瑞学习词典：法语者专用》、《汉加学习词典：法语者专用》、《汉法学习词典》等。简单地说，所谓"国别化"的双语《学习词典》，就是基于不同国家的不同情况而进行的汉语学习用词典的开发和编撰。不管是电子词典或印刷词典，笔者以为"国别化"是词典编撰的理论指导，唯有在"国别化"的理论指导下，才能有效地发挥《学习词典》的"学习"效用，帮助学习者更好地学习。

三 "国别化"的双语《学习词典》编撰的构思

兹古斯塔曾指出双语词典的宗旨问题应该从词典服务的对象、词典使用者的使用目的等类似的问题来考虑，他并指出："每一本辞典，即使是最一般的辞典，都追求一定的目的或一组目的。"(兹古斯塔，1983)不可置疑，双语《学习词典》编撰的一个最主要的目的就是帮助学习者有效地学习外语，而双语《学习词典》购买者购买词典的原因也多是为了更好地学习外语。因此，为了给出辨异说明和避免误译现象的产生，词典编撰者有必要下一番比较鉴别双语的功夫，来抓住被释词语概念中的核心部分，分析词典使用者在使用词典时易感到困惑或混淆之处。我们再进一步从对外汉语教学的角度来看上面所定义的学习词典编撰的定义：被定义的对象(definiendum)＝属概念(genus(Lx))＋种差(diffenentia(Lx1,Lx2……Lxn))＋种差(diffenentia(Lx,Ly))，这里所谓的"种差"，除了指必须区分近义的 Lx1 和 Lx2……, Lxn, 以及对比 Lx 及其对应的 Ly 在语义、语法、语用和跨文化交际上的差异外,还得找出 Ly 学习者学习 Lx 容易犯下的错误/偏误 (mistakes/errors),进而进行错误/偏误的分析。笔者认为一部"国别化"的双语《学习词典》(《LxLy 词典》,如《中韩词典》,Lx 为"中",被解释的语言;Ly 为"韩",用来解释的语言)应该具有下面的几个特点(propositions):

1. 应该由 Lx 和 Ly 双方操双语的对 Lx 或 Ly 进行教学和词典编撰专家共同参与,如《中韩词典》和《韩中词典》就必须在中韩双方操双语的对韩或对中进行汉语或韩语教学专家共同协作下编撰,因为唯有如此,才有可能编撰出一部在释义上、例句上、语法上和语用上不会有误的词典。如:(1)"造成"在韩国中国言语学会编撰,송산출판사出版的《8822 中韩辞典》被解释为"조성하다",所使用的例句为"要造成遵守交通规则的良好风尚。"(《8822 中韩辞典》,송산출판사)尚且不论这个词语用在这个句子里是否正确,怪乎韩国学生会造出"我们要造成美丽的山林"这样的句子来。又如:(2)"油腻①",被解释为"2. 기름진 식품.(名词)(多油的食品)"(《8822 中韩辞典》,송산출판사、《中韩辞典》,高大民族文化研究所),没有例句;"3.(기름)때.(名词),例句为"衬衫领子上有油腻"。(《中韩辞典》,高大民族文化研究所)这两个义项都没有充分地说明它的特殊语用现象。再就,在高大民族文化研究所主编、出版的《中韩辞典》里,对(3)"处女"的解释为"처녀","처녀"在韩文里指的是"未婚女子",中性词,词典里没有提供此词语所含的语义色彩的说明,因此,有次我校的中国姐妹学校来访,其间一位韩国的汉语教学老师在介绍一位未婚的女老师时,就用了"处女"这个词语,说"她是处女。"使得在场的中国贵宾,个个脸红,不知该说些什么。再又如,在外语教学与研究出版社的《汉韩学习词典》和高大民族文化研究所主编的《中韩辞典》里对(4)"食堂"的解释为:1. 구내 식당(区内食堂) 2. 식당(食堂). 음식점(餐馆、饭馆)。非但没有解释出"食堂"为何,更造成误释的现象,不难想象韩国学生会造出"我喜欢在中国食堂吃饭"的误句来。

2. 词典的收词和编撰,应该具有它一定的科学依据,如何利用语料库(corpus)来编纂词典,使词典的义项划分、释义和举证,尤其在收词方面,应该收多少词(threshold vocabulary),收哪些词都应建立在科学数据的基础上,以提高词典的实用性、可操作性和更新性,是词典编撰者所该给予重视和考虑的。

笔者以为双语《学习词典》的语料来源不但应该包含稳定的 Lx 基本传承和常用的词语,也应该包含表达现今 Lx 社会的常用流行词语以及 Ly 的高频流通词语和特色词语。

---

① 商务印书馆的《现代汉语词典》和外语教学与研究出版社的《现代汉语规范词典》对"油腻"的释义为"含油多的食物:忌食油腻(厌吃油腻)",另外外语教学与研究出版社的《现代汉语规范词典》还另有一个义项为"油垢、油污—满身油腻"笔者以为这两个义项多用于四字格,这种特殊的用法在学习词典里必须详加说明,以免韩国学生造出"那是一种油腻"的句子来。

若以数学式子来表示,我们可以这样地表示:

$$W(LxLyD)_i = W(BLx)_i + W(PLx)_i + W(HFLy)_i + W(SLy)_i$$

其中,

  W:表示词语的集合;   i:表示时间序列;
  Lx:表示被解释的语言;   Ly:表示用来解释的语言;
  D:表示词典;   B:表示基本传承和常用的词语;
  P:表示流行词语;   HF:表示高频词语;
  S:表示特色词语。

简单地说,词语的建构模块可以分为:

(1) $W(BLx)_i$(常用 Lx 词语模块);
(2) $W(HFLy)_i$(Ly 高频词语模块);
(3) $W(SLy)_i$(Ly 特色词语模块);
(4) $W(PLx)_i$(Lx 流行语词语模块)。

  其中除了 $W(PLx)_i$"(Lx 流行词语模块)属于变动的部分外,$W(BLx)_i$(常用 Lx 汉语词语模块)几乎是稳定不变的部分,其他部分则都是相对稳定的部分。运用"模块"的研究方法来收集、处理双语《学习词典》的语料,不但能为我们在词表定期更新上提供一定的可行性,也赋予毫无生气的静态语料以动态的生命力。

  语言的学习既然是为了达到交流的目的,那么学习一种语言就必须同时着重于对这种语言"理解"和"表达"的需要。作为这种语言学习的工具书,就必须包含足够的内容,用以满足和帮助学习者在汉语学习上,理解和表达的需要。因此,在词汇对比分析、习得偏误分析和中介语研究的基础上编撰《LxLy 学习词典》就显得分外地重要。它的内容应该包括学习者"理解 Lx"的部分以及学习者"用 Lx 表达"的部分。如上所述,一部以学习者为中心的《LxLy 学习词典》的词条收录应该来自四个部分,以《中韩学习词典》为例,那就是:汉语基本词汇部分(以《现代汉语词典》和《现代汉语规范词典》收录的词条为基准),高频率的韩语词汇部分和韩国特色词汇部分,以及表达现代中国社会和世界的重大事件与变迁的流行词汇部分。这四个部分是构成双语《学习词典》的主要环节。

  3. 学习词典的字条和词条排序上,也应该考虑"国别化"和多样化。比如说韩国的学生大多对汉字有一定的认知,因此,即使是一部《中韩词典》也可以考虑以汉字的韩语发音来排列。传统的字条和词条的排序方法是以词典中被解释的语言 Lx 为主,如:《中韩词典》主要是以中文的标音顺序来排序;《韩中词典》主要是以韩文的标音顺序来排序编撰。然而,对韩国学生来说,常常会遇到读不出汉语音的词语,却知道它的韩语发音,这个时候有一部按照汉字的韩语发音排列的《中韩词典》将能对他/她提供及时、有效的帮助。外语教学与研究出版社发行,金贤珠所主编的《汉韩学习词典》在字条和词条的排序上就是以汉字的韩语发音来排列的。笔者以为辞书编撰的多样化将更能体现出辞书的教学目标,推动辞书的研究与发展,进而更能有效地为学习者服务。

4. 在词典的释义上,释义质量的高低有时直接影响到学习者的学习,严重的话,更能影响到两种文化间交流的正确性和有效性。兹古斯塔认为,双语词典的基本目的是在一种语言的词汇单位与另一种语言的词汇单位之间找出意义、用法相等的对应词。(兹古斯塔,1983:428)当在一般情况下无法准确地找出意义、用法相等的对应词时,可以用多角度的释义方法("以多释一")来注释它。(斜体部分为笔者所加)他的这种说法为"解说释义法"提供了一定的理论基础,笔者也认为,对《学习词典》的释义来说"解说释义法"更为恰当。所谓"解说释义法"即是将每个 Lx 词目词当作一个"译释单位",提供多角度的译释。Stein(1989)曾对 EFL(monolingual dictionaries)提出了三个必要的释义特点(hallmarks):(1)意义的说明和解释;(2)词语语法特征的详述;(3)用实例来说明词语的意义和语法的用法[①]。这三个必要的释义特点,不但适用于单语词典的编撰,也适用于双语学习词典的编撰。然而,对双语学习词典来说还不仅仅是此,还得对词语的语用和文化交际上所指称的特殊意义进行详述。简而言之,一部"国别化"的双语学习词典应该从词语的语义、语法、语用和跨文化交际四维平面来对比 Lx 和 Ly 语言,提供描写—说明词目词和其对应词概念的内涵与外延,以及原义、近义、反义、语法、语义色彩、文化色彩、语用和词语搭配、词性、语源等信息,并列举适当的例句和偏误的例句。众所周知,一种文化下被视为含有敬意的话,也许在另一种文化下的人可能会被理解成是一句带侮辱性或歧视的话,尤其是韩国的语言体系中有着"汉字词"的部分,对汉字词和汉语词的语义、语法、语用和文化涵义的对比就不能不重视。如:(5)"美人"在韩语里也是指长相美丽的女人,是个褒义词,因此,韩国男性第一次和中国女性见面的时候,为表达礼貌,常会以"你是美人"为开场白,这样的开场白常会为中国女性带来一定的尴尬。另外,有许多和汉语词同形的汉字词,他们所指称的含义和汉语词有很大的出入,也会造成交际的障碍,如:(6)"时间"在韩语里指称的词语意义范畴比汉语里的"时间"更广;(7)"总长"在韩语里是指大学的校长;(8)"学院"在韩语里一般是指补习班;(9)"大学院"则是指研究生院;(10)"情报大学"则是指信息专科学校。又如:说明(11)"油腻"这个词语时,必须特别注明"不能用来形容人,要形容人时,必须用'油'",并列举误句:"他很油腻。(X)""他很油。(O)"因为韩国的"느끼하다"(油腻)也可以用来描述一个人的狡猾。

5. 在义项的排序上,应该依义项使用的频度、使用度和流通度来排序,也就是说常说、常用的义项应该排在前头。

6. 在标音上,应该正确地标出词语的发音,如"不"、"一"有不同的音变,应分立条目。笔者主张一部学习词典应该提供正确的发音信息。

---

① (1) the explanations of meanings; (2) specifications of a word's grammatical behavior; (3) the illustration of the meaning and the syntactical use of a word with real language examples. (Stein, 1989, p.70)

四 "国别化"的双语《学习词典》编撰的词条例样

【大班】dàbān 幼儿园里由五周岁到六周岁儿童所编成的班级 •유치원의 만 5~6 세 아동들로 구성된 반: 我儿子现在上幼儿园大班，明年上小学。(우리 아들은 지금 유치원 5~6 세 반에 다니고 있는데 내년에 초등학교에 입학한다.)

> 一般中国的幼儿园依年龄分成三个班级：大班、中班和小班。•일반적으로 중국의 유치원은 아동의 연령에 따라 大班, 中班, 그리고 小班 3 개의 반으로 나눈다.
> 【中班】幼儿园里四周岁到五周岁儿童所编成的班级•유치원의 만 4~5 세 아동반.
> 【小班】幼儿园里三周岁到四周岁儿童所编成的班级•유치원의 만 3~4 세 아동반.

【食堂】shítáng 学校、机关、工厂、团体中供应本单位成员吃饭的地方，一般来说价格都比较便宜 •학교, 기관, 공장 및 단체에서 구성원들에게 식사를 제공하는 장소: 我每天都在学校的食堂吃饭。
(나는 매일 학교 식당에서 밥을 먹는다.)

> "食堂"不可以用来泛指所有吃饭的餐馆。一般外面吃饭的地方称之为"餐馆"、"餐厅"或"饭馆"。下面为误句：•"食堂"은 식사를 하는 음식점을 통칭할 수 없다. 일반적으로 밖에서 식사를 하는 곳은 "餐馆", "餐厅" 혹은 "饭馆" 이라고 한다. 다음은 틀린 용례이다.
> * 我昨天到一家中国食堂吃饭。(餐馆)
> 나는 어제 한 중국식당에서 밥을 먹었다. (餐馆)

【时间】（時間） shíjiān ① 泛指抽象的时间概念，是物质存在、变化的一种客观形式 •추상적인 시간개념을 통칭하며, 물질의 존재와 변화에 대한 객관적인 형식: 时间过得好快呀！（시간이 매우 빨리 가는구나！）② 表示有起点和终点的一段时间 •시작과 끝이 있는 일정 시간: 从北京到上海需要多长时间？（북경에서 상해까지 시간이 얼마나 걸립니까？）③ 表示时间里的某一点 •시간의 어떤 시점: 明天集合的时间是早上 8 点 30 分。（내일집합시간은 아침 8 시 30 분이다.）

> "时间"不可用来指时间单位。汉语的时间单位一般为:"小时/钟头"、"分(钟)"、"秒(钟)"。下面为误句:• "时间"은 시간의 단위로 사용할 수 없다. 중국어의 시간 단위는 일반적으로: "小时/钟头", 分(钟)", "秒(钟)"이다. 다음은 틀린 용례이다:
>
> * 从汉城到大田需要三个<u>时间</u>。(小时/钟头)
> 서울에서대전까지 3 <u>시간</u> 걸린다. (小时/钟头)

【旅行】lǚxíng 为了办事或游览,从一个地方到另一个路程较远的地方 •일이나 여행을 위해 어떤 지점에서 비교적 먼 다른 곳으로 가는 것: 我非常喜欢旅行。(나는 여행을 매우 좋아한다.)/上次旅行非常地有意思。(지난번 여행은 매우 재미있었다.)/这个暑假我想到中国去旅行。(이번 여름방학에 나는 중국 여행을 가고 싶다.)

> "旅行"可做主语和宾语,**当动词用时后面不可带宾语**。下面为误句:• "旅行"은 주어와 목적어로 사용할 수 있다. **동사로 사용할 경우 목적어를 갖지 않는다.** 다음은 틀린 용례이다:
>
> * 今年暑假我要去旅行中国。(今年暑假我要去中国旅行。)
> 올해 여름 방학에 나는 중국으로 여행을 가려고 한다.
> (근년 여름 방학에 나는 중국으로 여행을 가려고 한다.)

五 结 语

学习一种外语,不论是从 Henricksen(1999)的微观关联主义(micro-connectionism)来看,还是从 Ellis(1994)的宏观模式(macro model)来看,词语的学习就是一个打包和捆绑的过程(packaging & binding process)。在将词语的形、音、义捆绑/联系并注入语法、语用、前后搭配关系和隐喻等特性(features)的过程中,学习者很容易对其母语和目的语间的联系做出一些天真的假设(naéve assumptions),即所谓的"迁移"。然而,这些"天真的假设"和学习者的文化、社会、认知背景一定有着不可分的关系,因此,在外语教学中,我们必须重视母语和对应的目的语词语在意义、语法功能、语用条件以及不同文化内涵所引申出来的文化意义上的对比。作为对外汉语教学和学习辅助工具的双语《学习词典》的编撰,不论是从目的语到母语或是从母语到目的语,都必须在"国别化"的框架下,从"理解"和"表达"的认知层面出发来认真地考虑学习者的文化、知识背景、认知能力和构思环境的异质性,并且在对比分析、偏误分析,更好地说,中介语的基础研究下展开,才能发挥词典"事半功倍"的效果,达到词典编撰的目的,帮助学习者更好地理解 Lx/Ly,并用 Lx/Ly 表达他们的思维,成功地起到学习的效果,达到跨文化交际的目的。所谓学则用,用则通,也才能为学习者提供最好的服务。我们也认为唯有动态更新词典的有关内容才能跟上语言发展的脚步,也跟上时代发展的脚步。

本章主要参考文献

柯平,"综合性双语词典中的释义问题",《外语教学与研究》,(4):57—62,1996 年。
李开,《现代词典学教程》,南京大学出版社,1990 年。
吴建平,"双语词典编撰中的文化问题",《语言符号与社会文化》,福州:福州人民出版社,1996 年。
尹义,"试论双语词典的继承与发展",《辞书研究》,(4):21,1997 年。
于海江,"双语辞典与外语学习",《辞书研究》,(1):47—48,1998 年。
兹古斯塔·拉迪斯拉夫,《词典学概论》,林书武等译,北京:商务印书馆,1983 年。
Ard, J. The use of bilingual dictionaries by ESL students while writing. *ITL Review of Applied Linguistics* 58, 1—27, 1982.
Aust, R. Kelley, M. J. & Roby, W. The use of hyper-reference and conventional dictionaries. *Educational Technology, Research and Development* 41, 4, 63—73, 1993.
Baxter, J. The dictionary and vocabulary behavior: a single word or a handful? *TESOL Quarterly XIV*, 3, 325—336, 1980.
Bensoussan, M. Dictionaries and tests of EFL reading comprehension. *ELT Journal* 37, 4, 341—345, 1983.
Bensoussan, Marsha, Sim, Donald and Weiss, Razelle. The effect of dictionary usage on EFL test performance compared with student and teacher attitudes and expectations. *Reading in a Foreign Language* 2, 2, 1984.
Bloch, M. *Use Your Dictionary as a Learning Tool*. Tel Aviv: Tcherikover Publishers, Ltd, 1985.
Ellis, N. Vocabulary Acquisition: The implicit ins and outs of explicit cognitive mediation. In *Implicit and Explicit Learning of Languages*. ed. Nick Ellis, 211—282. New York: Academic Press, 1994.
Hartmann, R. R. K. What we (don't) know about the English language learner as a dictionary user: a critical select bibliography. In: Tickoo, M. L. (Ed.), *Learners' Dictionaries: State of the Art. Anthology Series 23*. Singapore: Southeast Asian Ministers of Education Organization, Regional Language Centre, 213—221, 1989.
Henricksen, B. Three dimensions of vocabulary development. *Studies in Second Language Acquisition*. 21, 303—318, 1999.
Landau, Sidney. *Dictionaries. The Art and Craft of Lexicography*. New York: Charles Scribner's Sons, 1984.
Laufer, B. & Melamed, L. Monolingual, bilingual and 'bilingualised' dictionaries: Which are more

effective, for what and for whom? In: W. Martin, W. Meijs, M. Moerland, E. ten Pas, P. van Sterkenburg & P. Vossen (Eds.), *EURALEX 1994 Proceedings*, pp. 565—576. [—14—],1994.

Nation, P. Dictionaries and language learning. In: Tickoo (Ed.), *Learners' Dictionaries: State of the Art. Anthology Series 23.* Singapore: Southeast Asian Ministers of Education Organization, Regional Language Centre, pp. 65—71,1989.

Scholfield, P. Using the English dictionary for comprehension. *TESOL Quarterly* 16, 2, 185—194, 1982.

Soekemi How to use a dictionary? In: Tickoo, M. L. (Ed.), 204—212,1989.

Stein, D. Markedness and Linguistic Change. In: Tomic, Berlin, New York: Mouton de Gruyter, 67—85,1989.

Stein, G. From the bilingual to the monolingual dictionary. In: Magay, T. & Zigany, J. (Eds.), 401—407,1990.

Thompson, G. Using bilingual dictionaries. *ELT Journal* 41, 282—286. Tickoo, M. L. (1989). Which dictionary and why? Exploring some options. In: Tickoo, M. L. (Ed.), 184—203,1987.

Yorkey, R. C. Electronic dictionaries in CALL. *Computer Assisted Language Learning* 1, 95—109. Mentioned by Aust, R. Kelley, M. J. & Roby, W,1970.

《8822中韩辞典》,韩国中国言语学会编撰,韩国송산출판사,2004年。

《韩中辞典》,(修订本)康寔镇等编,黑龙江朝鲜民族出版社,2002年。

《汉韩学习词典》,金贤珠主编,外语教学与研究出版社,2004年。

《现代汉语词典》,(修订本)中国社会科学院语言研究所词典编辑室编,商务印书馆,2000年。

《现代汉语规范词典》,李行健主编,外语教学与研究出版社,2004年。

《中韩辞典》,高大民族文化研究所、中国语大辞典编撰室编,高大民族文化研究所,1998年。

第二章　韩·中同形异义汉字合成词的对比研究[①]

汉语词汇教学在对外汉语教学中是很重要的一环。对学习汉语者来讲,它更是能否有效掌握汉语的关键之一。属于汉字文化圈国家的韩国,汉字对他们而言,并不陌生,大部分的韩国学生从小就开始学习汉字。对汉字的认知与熟悉似乎是他们学习汉语的一种优势。然而对韩汉语教学的实践经验却表明,韩国的汉字合成词与中国的汉语词在运用上存在着意义与形式对应关系的差异性,这反而使韩国学生在学习汉语时,受到了某种程度的干扰,这种干扰尤其表现在同形异义合成词方面。至于差异产生的原因,可以简单地从几方面来看:一方面是由于部分的汉语词在中国已经随着时代的演进,产生了变迁,原义不是被舍弃了就是被引申义或新词所取代了,有的甚至完全消逝不再存在,然而在韩国却被保存了下来,现今韩国所使用的汉字词,有相当部分是从中国的古汉语借词而来的,甚少变迁;一方面是中韩两国有部分词语在词义的引申和比喻方面,因为时代演变的过程不同,又出现了引申和比喻上的差异;另一方面是由于部分韩国汉字词在向汉语借词之后,产生了变化,组合汉字词的词素又成为新的构词语素,制造出许多新的汉字词来,这方面常与民族的国民心理特征、思维习惯、社会环境和历史文化(如部分汉字词也受到日本汉字词语的影响)等因素的制约与影响有关[②],使得韩国汉字词与中国汉语词在词义、语体、感情色彩、词性、义项和词素方面产生了不同程度的差异[③],也使得韩国学生在理解和运用汉字词时产生了不同程度的偏离和迁移。

---

① 本论文发表在《广东社会科学》,广东省社会科学院,2002年,第4期,中国。
② 参看정원수,《국어의 단어 형성론》,한신문화사,1987年,第81页;程崇义,《韩·中汉字语의변천에관한비교연구》,国语研究会,第80号,1987年,韩国。
③ 这里所言的词义差异,是指词义的缩小、词义的扩大和词义的转移三方面而言的,如颜色、食堂、学长等;语体差异指的是书面语和口语的差别,有些汉字词的使用在汉语中常是口语体的,但在韩语中却是书面体的,如志气、容易等,有些汉字词,正好相反,在汉语里常用于书面语,在韩语里却常用于一般口语中,如往复、竞技等;感情色彩的差异则是指褒义色彩和贬义色彩而言,有的汉字词在汉语里带有褒义的感情色彩,但在韩语里却带有贬义色彩,反之亦然,如帮助、造成等;词性的差异方面,是指意义相同但在语法上扮演的语法角色却不一样,如爱好、——等;义项的差异方面,是指义项的增多或减少,如人物、水平等;词素的差异方面是指在构词形式上的词素的增多、减少、不同或顺序的逆顺,如好机、相对方、赤血球、运命等。

本文以经验理论为指导原则，以教学中收集的真实文本为语料，在共时的平面上，通过对122个同形异义汉字合成词词义的对比分析来对韩国人学习汉语的词语偏误做进一步有系统地探讨，力图为韩国学生在学习和使用汉语词语时的难点提出一个较为合理且带有普遍指导意义的解释，及对韩汉语词汇教学有益的思考方针。

一 韩语的词汇构造

一般来说，韩语的词汇构造是由固有词，外来词，和汉字词三部分组合而成的。固有词是韩国所固有且用韩语来书写与表达的词汇，如：물(水)、살갗(皮肤)、깃(羽毛)、고기(肉)、당신(你)、바람(风)、바다(海)、하늘(天)、나라(国)、흰소리(吹牛)、한가위(中秋节)等等。有的固有词如"당신"有其对应的汉字词"当身"，有的固有词则是纯固有词，如：나라、바람等，没有汉字词来对应。外来词是韩国向日本所借用的日译英文的音译词或从英美词语直接音译过来的词语，如：테크니크(technic)、미팅(meeting)、컷트(cut)、데이트(date)、모델(model)等等。在外来词的部分，韩国受日本的影响特别得大。汉字词则大部分是韩国由中国的古汉语借用过去所自我形成的一个汉字词汇系统，其中也有一部分是由日本汉字词借用过去的(如"大学院"、"产妇人科"、"放送局"、"汽车"、"人气"等等)。本文着重探讨的范围界定就是汉字词里和汉语词同形异义的这个部分。

二 韩中同形异义汉字合成词词义的偏误辨析和教学

同形异义汉字合成词在本文中的界定是指在汉字的书写，顺序上都相同，但在意义上却不尽相同的韩国汉字词和汉语词。

首先让我们看看下面的例句。这些例句的错误都不是出现在句法上而是出现在词语的使用上。

1. 你家族都好吗？（家人）
2. 她的人间关系很好。（人际）
3. 到中国留学的计划犹豫执行。（延期）
4. 他是我们学校的总长。（校长）
5. 从汉城到大田，坐汽车得三时间。（火车）（小时）
6. 那人的人物很难看。（长相）
7. 昨天我和我的先辈一起去了一家有名的中国食堂吃饭。（学长/师兄）（餐馆）
8. 在法庭上，我出头做了伪证。（出面）
9. 敌人逃走的样子真可观。（可看）
10. 他的暗算很好。（心算）

11. 她很傲气也很爱吃醋。(骄傲)
12. 我们是有霸气的大学生。(豪气)
13. 他住在圣母病院。(医院)
14. 过路时要操心。(小心)
15. 你吃过点心了吗？(中饭)
16. 他在又松大学学习。(专科学校)
17. 她放心,结果皮包被抢走了。(不小心)
18. 这是最近的歌谣。(歌曲)
19. 这是我最喜欢吃的果子。(零食)
20. 现在是蚊子极盛的季节。(猖獗)
21. 警察检举了许多麻药贩毒分子。(逮捕)
22. 对不良的书籍,政府的检阅越来越严格。(稽查)
23. 我们应该对这次事态讲求解决的对策。(事件)
24. 甘老师讲义的评分很高。(讲课)
25. 我们的努力最后得到了结实。(结果)
26. 她最近忙着看病她的母亲。(看护)
27. 学习是我们当面的任务。(当前)
28. 我去美国取材她。(采访)
29. 她是我中学时的同门。(同学)
30. 你快洗手睡觉。(洗脸)
31. 她是一学年的学生。(一年级)
32. 她是我们文学院的学长。(院长)
33. 这里的药水很有名。(矿泉水)
34. 我喜欢吃野菜。(蔬菜)
35. 老师的话造成学生更努力学习。(使得)

从上面的例子中,我们若以词义义项的角度来考虑这些同形异义汉字词,可区分出四种关系：

(1) 韩义所述的范畴较大；(2) 韩义所述的范畴较小；(3) 韩义与中义部分同义,部分不同义；(4) 韩义所表达的意义完全不同于相对的中国汉语词的意义。

这四种关系,若以集合的眼光来看,假若 A 代表韩义, B 代表中义,第一种关系就是 $A \cap B = B$, $A \cup B = A$ 的关系,第二种关系是 $A \cap B = A$, $A \cup B = B$ 的关系,第三种关系是 $A * B$(A 和 B 有交集),第四种关系是 $A \cap B = \emptyset$。(参看下页的图一)。

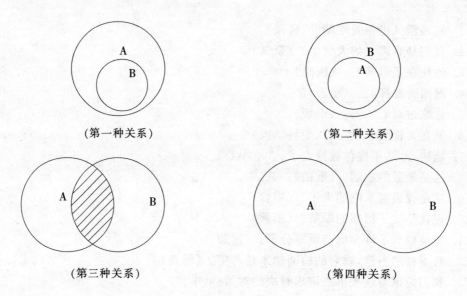

图一　同形异义汉字词的分类

2-1【韩义范畴较大】

"韩义范畴较大"在本文定义为韩国汉字词的义项较中汉语词的义项来的多，或词义所涵盖的外延(适用范围)与内涵的界面较大。

例如说：

人间：

　　韩：(1) 人世间；(2) 人际；(3) 人类；(4) 对不合自己口味的人的不客气的
　　　　称呼
　　例：(1) 인간 사
　　　　　(人间大大小小的事)
　　　　(2) 인간 관계
　　　　　(人际关系)
　　　　(3) 인간 사회
　　　　　(人类社会)
　　　　(4) 저 인간이 왜 저래?
　　　　　(那个人,怎么那样呢?)
　　中：(1) 人世间
　　例：(1) 春到人间,白花齐放。

人物：

　　韩：(1) 指有代表性或具有突出特点的人；(2) 文学和艺术作品中所描述的

人；(3) 人的长相
例：(1) 중심인물
　　　（中心人物）
　　(2) 소설속에는 많은 등장인물이 있다.
　　　（小说中有许多的人物出现。）
　　(3) 그 사람은 인물이 못났다.
　　　（那个人的长相很丑。）
中：(1) 指有代表性或具有突出特点的人；(2) 文学和艺术作品中
　　　所描述的人
例：(1) 他是一位英雄人物。
　　(2) 这部电影剧中的人物很多。

时间：
　　韩：(1) 泛指时间；(2) 时间单位
　　例：(1) 휴식 시간
　　　　　（休息时间）
　　　　(2) 세 시간
　　　　　（三个钟头）（三个小时）
　　中：(1) 只指时间而言
　　例：(1) 你现在有时间吗？

这一类的词很容易造成汉语学习上的障碍,对韩国学生来说,是他们在口语、造句和写作上产生词语使用错误的一个原因。因此,对韩汉语教学的教师有必要强调和进一步说明这些词语的正确用法。这一类的词,在作者收集的语料中共有18个。(语料整理在下面的表二)

2－2【韩义范畴较小】

"韩义范畴较小"在本文定义为韩国汉字词的义项较中汉语词的义项来的少,或词义所涵盖的外延与内涵的界面较小。

例如：

保管：
　　韩：(1) 对物品的保藏和管理
　　例：(1) 귀중품을 금고에 보관하다.
　　　　　（贵重物品,放在保险箱里保管。）
　　中：(1) 对物品的保藏和管理；(2) 在仓库中做保藏和管理的工人；
　　　　(3) 完全有把握、担保

例：(1) 他从事图书保管的工作。
　　(2) 那个粮库有两个保管。
　　(3) 只要你肯努力,保管你能学会。

保险：

韩：(1) 只指一般的各种伤害保险

　　例：(1) 보험 기간

　　　　（保险期间）

中：(1) 指一般的各种伤害保险；(2) 稳妥可靠；(3) 担保

　　例：(1) 他保了五十万元的生命保险。

　　　　(2) 这样做比较保险。

　　　　(3) 你照我的话去做,保险不会出事。

东西：

韩：(1) 只指东方和西方而言

　　例：(1) 탈옥수들이 동서 남북 사방 팔방으로 도주했다.

　　　　（逃犯分东西南北四方逃跑了。）

中：(1) 指东方和西方；(2) 泛指各种具体或抽象的事物；(3) 特指
　　人或动物,

除指幼小的小孩外(小东西)均含有些贬义在里面如老东西(老人),
鬼东西等(发音为（dōng·xi）

　　例：(1) 东西两方都是山。

　　　　(2) 他买东西去了。

　　　　　写论文这东西,可不是一般的事。

　　　　(3) 这小东西真可爱。

　　这一类的词对韩国学生来说,不太会用错,但却需要学习词语其他词义的用法与搭配关系,其中有部分的词由于词尾音轻声化而产生了不同的词义。因此,在教学中汉语教师们必须针对汉语词的词义和发音加以说明并强化练习,使他们形成自觉,并能发挥他们汉字的长处,达到事半功倍之效。

　　这一类的词,在作者收集的语料中共有 38 个。

2-3【部分同义部分不同义】

　　"部分同义部分不同义"在本文定义为韩国汉字词的各个义项与中汉语词的各个义项以及他们之间所涵盖的外延与内涵的意义层面有部分相同,也有部分不同。例如：

地方：

　　韩：(1) 指各级行政区划的统称(和"中央"相对)；(2) 地区(区域较大)

例：(1) 중앙과 지방
　　　　(中央和地方)
　　(2) 한대 지방
　　　　(寒带地区)
中：(1) 指各级行政区划的统称(和"中央"相对)，发音为〔dìfāng〕；(2) 某一区域(区域较小)，发音为〔dì·fang〕；(3) 空间的一部分，发音为〔dì·fang〕；(4) 部位，发音为〔dì·fang〕；(5) 部分，发音为〔dì·fang〕；(6) 本地,当地,发音为〔dìfāng〕
例：(1) 中央和地方同时举行选举。
　　(2) 他住在什么地方？
　　(3) 这儿已经没有地方可坐了。
　　(4) 他什么地方不舒服。
　　(5) 他这话有不对的地方。
　　(6) 他在乡下当军医的时候,常给地方上的老百姓治病。

机关：
　　韩：(1) 组织；(2) 机器
　　例：(1) 교육 기관
　　　　　　(教育机关)
　　　　(2) 증기 기관
　　　　　　(蒸气机)
　　中：(1) 组织；(2) 陷阱
　　例：(1) 教育部是最高的教育机关。
　　　　(2) 这里的机关很多,要小心。

文章：
　　韩：(1) 指篇幅不很长的单篇作品或指作品；(2) 也指句子
　　例：(1) 그의 문장은 참좋아.
　　　　　　(他的文章写得真好。)
　　　　(2) 그 문장은 틀렸어!
　　　　　　(这个句子错了！)
　　中：(1) 指篇幅不很长的单篇作品或指作品；(2) 比喻暗含的意思；(3) 关于事情的做法和手段
　　例：(1) 他写的文章特别好。
　　　　(2) 他话中大有文章。
　　　　(3) 我们可以利用这件事大做文章。

这一类的词不是很多,但却很容易造成韩国学生汉语学习上的障碍。其中也有部分的词由于词尾音轻声化而产生了不同的词义。因此,对韩汉语教学的老师必须对这一类汉字词的异同处做很详尽地说明并大量的反复练习义项差异的部分,以帮助韩国学生更有效地掌握这些汉字合成词,减少误用、误解的产生。这一类的词,在作者收集的语料中共有 7 个。

2−4【完全不同义】

"完全不同义"在本文定义为韩国汉字词的义项与中汉语词的义项在词义所涵盖的外延与内涵的意义上完全不相同。

例如:

歌谣:
  韩:(1) 指一般的歌曲,歌儿
  例:(2) 이 곡이 요즘 최신 유행하는 가요이다.
    (这曲子是最近流行的歌曲。)
  中:(1) 指民歌、民谣、儿歌
  例:(1) 这是江西的歌谣。

后辈:
  韩:(1) 学弟、学妹(师弟、师妹)
  例:(1) 네가 후배들을 잘 챙겨야 한다.
    (你应该好好照顾你的学弟,学妹。)
  中:(1) 后代子孙;(2) 同行中年轻的或资历浅的人
  例:(1) 这个家是否能兴盛起来,就看你们后辈的努力了。
    (2) 他们后辈经验不足,你要多费心教教他们。

讲究:
  韩:(1) 谋划、谋求
  例:(1) 이번 사태를 수습할 대책을 강구해야 겠다
    (我们应该对这次事件谋求解决的对策。)
  中:(1) 讲求,重视;(2) 精美
  例:(1) 他一向讲究实事求是。
    (2) 她把房间布置得很讲究。

这一类的词为数也不算少,对韩国学生来说,是他们学习汉语的难点和主要的干扰因素,因为词义完全不相同,因而无法起任何联想记忆的作用,要他们放下(基本上说就是一种推翻)原有的认知,重新建立新的认知,是很困难的一件工作,尤其在词语所含指的褒贬义的差异方面,如"造成",更是令他们头疼的问题所在。因此对韩汉语教学的老师必须特别地注意这一类的词,在教学中要反复强调它们之间意义上的差异性,并借由大量的造句练习来培养学生的自觉习惯。

三 结 语

根据笔者所收集的语料的数据结果,显示出在所收录的 122 个同形异义汉字合成词里:(1)在四种分类中以同形不同义汉字词占的比例最大,有 59 个,占总收集同形异义汉字合成词语料的百分之 48.4。其次是韩义范畴小的同形异义汉字合成词,有 38 个,占百分之 31.1。(参看表 1)同形异义汉字合成词解释了为什么韩国学生虽然对汉字不陌生,但在学习汉语时仍然拥有许多词汇学习上的难点,并对他们的汉语学习造成了很大的干扰和负迁移。换言之,对韩国学生来说有很大部分的同形汉语词汇需要再从新地学习。(2)同形异义汉字词在笔者收集的语料里全是双音节词。我们似乎可以推论韩中同形异义汉字合成词是以双音节为主要的词汇结构。

在对韩汉语教学和教材编撰方面,笔者认为有必要:(一)对韩国高、中、小学的汉字和汉文教材做系统性的综合与整理:因为这是韩国学生对汉字词认知的来源,因此对韩汉语教师若能对韩国学生的汉字认知水平了解得很清楚,将有助于他们把握汉语教学的质量和效益;(二)对韩中在成语与俗语用词上做更完整、更综合性地对比辨析,因为这方面的比较不但能引起学生们学习汉语的兴趣,也能更加提高学生的汉语水平;(三)一般说来,韩国所使用的汉字和构成汉语词的汉字基本意义大致相同,而且结构方式也大致相同,因此,在这个优势上,植根于对韩的教学实践、经验和各种韩中对比研究的成果,有必要在课程编制、教学方法与大纲上梳理出一套对韩汉语教学有系统且完整的教学理论、体系和方法论,为对韩汉语教学实际提供科学的理论和依据[①]并为 HSK 测试提供一个新的思考的方向,以达到对韩汉语教学的实效和汉语测试的目的。笔者期望本文对韩中同形异义汉字合成词的初步整理、分析、归类和数据总结的结果能为这类的研究,提供有益、有价值的帮助。

最后,笔者以 UCLA 大学语言学系教授 Robert P. Stockwell 的名言作为本文的结尾,并将原始材料和分类的标准综合于表二,以供参考上的方便。

"A scientific bird in the hand is worth two in the bush."
　　—Robert P. Stockwell

[①] 有些学者提出了"字"本位的教学方法论,然而,笔者以为一个词义并不是字的简单相加即成的,词义是有其约定俗成性,我们在教学当中要教的就是这个层面。韩国的汉字词也有它的约定俗成性,因而与中国的汉语词成为两个不同的系统。因此,笔者以为在对韩国学生进行口语或写作的词汇教学时应以"词"本位为主,强调对这个词语所使用的环境,所含的文化意义和感情色彩。

表一

类别	数目	%（占总收集语料）
韩义范畴大	18	14.8
韩义范畴小	38	31.1
部分同义部分不同义	7	5.7
不同义	59	48.4
总计	122	100.0

表二

类别	收集的语料
韩义范畴大	采用、格式、劫夺、结党、结局、内服、人间、人物、食堂、时间、室长、退职、宣告、野菜、犹豫、住宅、总长、自己
韩义范畴小	爱好、爱人、安静、安心、保管、保险、出头、处分、大家、德行、东西、对局、多少、饭店、告白、改编、告诉、过去、光景、加重、交代、教养、近景、居留、可能、礼拜、批判、失手、手艺、下流、先生、行动、颜色、要紧、一定、有力、远景、左右
部分同义部分不同义	地方、罚金、机关、检阅、可观、人事、文章
不同义	暗算、傲气、霸气、病院、参见、操心、大学、当面、点心、放心、歌谣、关门、果子、后辈、或者、极盛、家族、检举、讲究、讲义、结实、经理、看病、看过、可否、客气、来日、老婆、女儿、平和、汽车、前年、勤劳、勤务、清楚、取材、失职、师弟、事情、水平、说得、算数、同门、洗手、先辈、相面、新闻、学年、学院、学长、药水、医院、约束、照会、注文、着实、着想、杂技、造成

本章主要参考文献

陈原，《社会语言学》，商务印书馆，中国，2000年。

程崇义，《韩·中汉字语의变迁에关한比较研究》，国语研究会，第80号，韩国，1987年。

崔永华（主编），词汇文字研究与对外汉语教学》，北京语言文化大学出版社，中国，1997年。

郭振华，《对外汉语教学中的几个问题》，载于《中国对外汉语第六次学术讨论会论文选》，华语教学出版社，中国，1999年。

金红莲，《目前对韩汉语教学存在的问题与思考》，载于《中国对外汉语第六次学术讨论会论文选》，华语教学出版社，中国，1999年。

康惠根，《韩·中共用汉字语중의异教义语연구》，载于《中国人文科学第十四辑》，中国人文科学研究会，韩国，1995年12月。

康惠根,《汉字语와 중국 어휘에 대한 비교 연구》,载于《아시아지역연구》,충남대학교 아시아지역연구소,韩国,2000年12月。
李大农,《对韩国留学生汉语词汇教学中的几个问题》,载于《中国对外汉语第六次学术讨论会论文选》,华语教学出版社,中国,1999年。
李裕德,《现代汉语词语搭配》,商务印书馆,中国,1998年。凌德祥,《语言对比及其相关理论的拓展空间》,载于《中国对外汉语第六次学术讨论会论文选》,华语教学出版社,中国,1999年。
刘珣(主编),《对外汉语教学概论》,北京语言文化大学出版社,中国,1997年。
邢福义,《文化语言学》,湖北教育出版社,中国,1990年。
赵卫,《史论影响韩国学生学习汉语的文化因素》,载于《中国对外汉语第六次学术讨论会论文选》,华语教学出版社,中国,1999年。
周荐,《汉语词汇研究史纲》,语言出版社,中国,1998年。
周思源(主编),《对外汉语教学与文化》,北京语言文化大学出版社,中国,1997年。
강신항,《현대 국어 어휘사용의 양상》,大学社,韩国,1991年。
정원수,《국어의 단어 형성론》,한신문화사,韩国,1987年。

附录1 "对韩汉语教学用词表"总表(10,037个)

1-1 汉语词语集合(8,686个,音序)

说明:加*的为与韩语同形的汉字词,粗体的为与韩语同形异义的汉字词,参考的主要依据为훈글韩文版电子词典。

1	啊	叹	27	杯*	名、量	53	病*	名、动
2	啊	助	28	杯子	名	54	不	副
3	矮	形	29	北	名	55	不错	形
4	爱	动	30	北边	名	56	不但	连
5	爱人*	名	31	倍	量	57	不久*	名
6	安静*	形	32	被	介	58	不如	动、连
7	安排*	动、名	33	本	名、量	59	不同*	形
8	八	数	34	本子	名	60	不要	副
9	把	量	35	比*	介、动	61	不用*	副
10	把	介	36	比较*	副、动	62	布	名
11	爸爸	名	37	比赛	动、名	63	部分*	名
12	吧	助	38	笔	名、量	64	擦	动
13	白	形	39	必须*	助动	65	才	副
14	百*	数	40	边	名	66	菜	名
15	摆	动	41	变*	动	67	参观*	动
16	班*	名、量	42	变成*	动	68	参加*	动
17	搬	动	43	变化*	动	69	操场	名
18	半*	数	44	遍	量	70	草	名
19	半天	名	45	表*	名	71	层*	量
20	办	动	46	表示*	动、名	72	茶*	名
21	办法	名	47	表现*	动、名	73	查	动
22	办公室	名	48	表演*	动、名	74	差	动
23	帮助*	动	49	表扬	动	75	常	副
24	饱	形	50	别*	副	76	常常	副
25	抱	动	51	别的	代	77	长	形
26	报	名	52	别人	代	78	场	量、名

79	唱	动	118	大概*	形	157	电灯*	名
80	朝*	介、动	119	大家*	代	158	电话*	名
81	车*	名	120	大声*		159	电视	名
82	车站	名	121	大学*	名	160	电影	名
83	城	名	122	大夫	名	161	掉	动
84	城市*	名	123	戴	动	162	丢	动
85	成	动	124	带	动	163	东*	名
86	成绩*	名	125	代表*	名、动	164	东边	名
87	吃	动	126	但是	连	165	东西*	名
88	迟到	动	127	当	介	166	冬*	名
89	抽	动	128	当*	动	167	冬天	
90	出	动	129	当然*	形	168	懂	动
91	出发*	动	130	刀	名	169	动*	动
92	出来	动	131	倒	动	170	动物*	名
93	出去	动	132	到	动	171	都	副
94	出现*	动	133	道	量	172	读	动
95	出租汽车	名	134	道理*	名	173	短	形
96	除了……以外		135	得	动	174	锻炼*	动
97	穿	动	136	得到	动	175	段*	量
98	船	名	137	的	助	176	对*	介、动
99	窗*	名	138	地	助	177	对	形
100	窗户*	名	139	得	助	178	对不起	动
101	床	名	140	……得很		179	顿	量
102	吹	动	141	得	助动	180	多	形
103	春*		142	灯*		181	多	副
104	春天	名	143	等	动	182	多	数
105	磁带	名	144	等*	助	183	多么	副
106	词*	名	145	低	形、动	184	多少	代
107	词典*	名	146	地	名	185	饿	形、动
108	次*	量	147	地方*	名	186	而且	连
109	从	介	148	第(头)	(第一)*	187	儿子	名
110	从……到		149	弟弟	名	188	二	数
111	从……起		150	点*	名	189	发	动
112	以前*	名	151	点	量	190	发烧	动
113	错	形、名	152	点	动	191	发生	动
114	错误*	名	153	点心*	名	192	发现*	动、名
115	打	动	154	点钟	名	193	发展*	动、名
116	打算*	动、名	155	电	名	194	法语/法文*	名
117	大*	形	156	电车	名	195	翻	动

196	翻译*	动、名	235	干	动	274	国家*	名
197	反对*	动	236	干部*	名	275	过	动
198	饭	名	237	刚	副	276	过	助
199	饭店*	名	238	刚才	名	277	过来	动
200	方便*	形、动	239	钢笔	名	278	过去*	名
201	方法	名	240	高	形	279	过去	动
202	方面*	名	241	高兴	形、动	280	哈哈	象声
203	方向	名	242	搞	动	281	还	副
204	房间	名	243	告诉*	动	282	还是	副、连
205	访问*	动	244	哥哥	名	283	孩子*	名
206	放	动	245	歌	名	284	海	名
207	放假	动	246	个*	量	285	寒假	名
208	非常	副	247	各*	代	286	喊	动
209	飞	动	248	各种*	代	287	汉语*	名
210	飞机	名	249	给	动、介	288	汉字*	名
211	分	动	250	根	量、名	289	好	形
212	分*	名、量	251	跟	介、连、动	290	好	副
213	……分之……	*	252	更	副	291	好吃	形
214	分钟	名	253	工厂*	名	292	好处	名
215	丰富*	形、动	254	工人	名	293	好看	形
216	封*	量	255	工业*	名	294	好像	动
217	风	名	256	工作*	动、名	295	号*	名、量
218	夫人*	名	257	公共汽车	名	296	喝	动
219	服务*	动	258	公斤	量	297	和	介、连
220	服务员*	名	259	公里	量	298	合适	形
221	辅导	动、名	260	公园*	名	299	河	名
222	复习*	动	261	够	形、动	300	黑*	形
223	复杂*	形	262	姑娘	名	301	黑板*	名
224	父亲*	名	263	故事*	名	302	很	副
225	负责	动、形	264	刮	动	303	红*	形
226	附近*	名	265	挂	动	304	后*	名
227	该	助动、动	266	关	动	305	后边	名
228	改	动	267	关系*	名、动	306	忽然*	副
229	改变	动、名	268	关心*	动	307	湖	名
230	干净	形	269	馆	名	308	互相	副
231	感到	动	270	广播*	动、名	309	花*	名、形
232	感冒	名、动	271	贵*	形	310	花	动
233	感谢*	动	272	贵姓	名	311	画	动
234	敢*	助动	273	国	名	312	画	名

313	化学*	名	352	加	动	391	进	动
314	话	名	353	坚持*	动	392	进来	动
315	坏	形	354	间*	量	393	进去	动
316	欢迎*	动	355	检查*	动、名	394	进行*	动
317	还	动	356	简单*	形	395	近	形
318	换	动	357	见	动	396	精彩	形
319	黄	形	358	见面	动	397	精神*	名
320	回	动	359	件*	量	398	经常	形
321	回*	量	360	健康*	名、形	399	经过*	动、名
322	回答*	动、名	361	建设*	动、名	400	经济	名
323	回来	动	362	将来	名	401	经验	名
324	回去	动	363	江*	名	402	久	形
325	会	助动、动	364	讲	动	403	九*	数
326	会	名	365	交	动	404	酒	名
327	会话*	动、名	366	教	动	405	旧	形
328	活	动	367	脚	名	406	就	副、连
329	活	名	368	角	量	407	橘子	名
330	活动*	动、名	369	饺子*	名	408	举	动
331	火车	名	370	教室	名	409	句*	量
332	或者*	连	371	教育*	动、名	410	句子	名
333	基本*	形	372	叫	动	411	觉得	动
334	基础*	名	373	叫	动、介	412	决定*	动、名
335	机场	名	374	接*	动	413	咖啡	名
336	机会*	名	375	接着	副、连	414	卡车	名
337	机器*	名	376	街*	名	415	开	动
338	鸡	名	377	节*	名、量	416	开始*	动、名
339	鸡蛋	名	378	节目	名	417	开玩笑	
340	……极了		379	节日	名	418	开学	动
341	集合*	动	380	结果*	连	419	看	动
342	急*	形	381	结束	动	420	看病*	动
343	挤	动、形	382	解决	动	421	看见	动
344	几	代	383	姐姐	名	422	考试*	动、名
345	技术*	名	384	借	动	423	棵	量
346	寄	动	385	介绍	动	424	科学*	名、形
347	计划*	名、动	386	斤	量	425	咳嗽	动
348	记	动	387	今年*	名	426	可能*	助动、名
349	继续*	动	388	今天	名	427	可是	连
350	家(文学家)*	名、量、尾	389	紧	形	428	可以	助动
351	家庭*	名	390	紧张*	形	429	渴	形

430	克	量	469	脸	名	508	每*	代
431	刻*	量	470	练习*	动、名	509	妹妹	名
432	客气	形、动	471	凉快	形	510	门*	名、量
433	课*	名	472	两	数	511	门口	名
434	课本	名	473	辆	量	512	们	尾
435	课文*	名	474	亮	形、动	513	米/公尺	量
436	空气	名	475	了	动	514	米饭	名
437	口	名、量	476	了解*	动、名	515	面包	名
438	口语*	名	477	零	数	516	面条儿	名
439	哭	动	478	领导*	动、名	517	民族*	名
440	苦*	形	479	留	动	518	明年	名
441	块	名、量	480	留念*	动	519	明天	名
442	快	形	481	留学生*	名	520	名字	名
443	困难*	名、形	482	流	动、名	521	母亲	名
444	拉	动	483	六*	数	522	目前*	名
445	啦	助	484	楼	名	523	拿	动
446	来	动	485	路*	名	524	哪	代
447	蓝	形	486	录音*	动、名	525	哪里	代
448	篮球	名	487	旅行*	动	526	那	代
449	劳动*	动、名	488	绿	形	527	那	连
450	劳驾	动	489	乱	形	528	那个	代
451	老(老二)	形、头	490	妈妈	名	529	那里/那儿	代
452	老师	名	491	麻烦	动、形	530	那么	代
453	了	助	492	马*	名	531	那么	连
454	累	形	493	马上	副	532	那些	代
455	冷*	形	494	嘛	助	533	那样	代
456	离	动、介	495	吗	助	534	哪	助
457	离开	动	496	买	动	535	呐	助
458	里	名	497	卖	动	536	南*	名
459	里*	量	498	满	形	537	南边	名
460	里边	名	499	满意	形	538	男*	形
461	礼物*	名	500	慢	形	539	难	形
462	历史*	名	501	忙	形	540	呢	助
463	利用*	动	502	毛	量	541	内*	名
464	例如	动	503	帽子*	名	542	内容*	名
465	立刻	副	504	没	副、动	543	能	助动
466	俩	数	505	没关系		544	能够	助动
467	联系*	动、名	506	没意思	形、动	545	嗯	叹
468	连……都/也		507	没有	副、动	546	你	代

547	你们	代	586	起床*	动	625	认为	动
548	年*	名	587	起来	动	626	认真	形
549	年级	名	588	汽车	名	627	日	名
550	年纪	名	589	汽水	名	628	日语/日文*	名
551	年轻	形	590	铅笔*	名	629	日子	名
552	念	动	591	千	数	630	容易*	形
553	您	代	592	钱	名	631	肉	名
554	牛	名	593	前*	名	632	三*	数
555	牛奶	名	594	前边	名	633	散步*	动
556	农村*	名	595	浅	形	634	山*	名
557	农民*	名	596	墙	名	635	商店*	名
558	农业*	名	597	桥	名	636	上	名
559	努力*	形	598	青年*	名	637	上	动
560	女*	形	599	轻	形	638	上边	名
561	女儿*	名	600	清楚	形	639	上课	动
562	暖和	形	601	晴	形	640	上来	动
563	爬	动	602	情况*	名	641	上去	动
564	怕	动	603	请*	动	642	上午	名
565	拍	动	604	请假	动	643	上学	动
566	排球*	名	605	请问	动	644	少	形、动
567	派*	动、名	606	秋	名	645	社会*	名
568	旁边	名	607	秋天	名	646	身体*	名
569	跑	动	608	球	名	647	深	形
570	跑步	动	609	取得*	动	648	什么	代
571	朋友	名	610	去	动	649	声	名、量
572	碰	动	611	去年	名	650	声调*	名
573	批评*	动、名	612	全	形	651	声音	名
574	啤酒	名	613	全部*	名	652	生产*	动
575	篇*	量	614	全体*	名	653	生词	名
576	便宜*	形、名	615	确实	形	654	生活*	名、动
577	片*	量、名	616	然后	副	655	生日*	名
578	漂亮	形	617	让	动	656	省*	名
579	票*	名	618	热*	形、动	657	剩	动
580	苹果	名	619	热情	形	658	胜利*	动、名
581	瓶*	名、量	620	人	名	659	师傅*	名
582	破*	动、形	621	人们	名	660	十*	数
583	七	数	622	人民*	名	661	十分*	副
584	骑	动	623	任何	代	662	时候	名
585	起	动	624	认识*	动、名	663	时间*	名

编号	词	词性	编号	词	词性	编号	词	词性
664	食堂*	名	703	岁*	量	742	同时	名
665	实践*	动、名	704	所以	连	743	同学	名
666	实现*	动	705	所有*	形	744	同意	动
667	使用*	动	706	他	代	745	同志	名
668	世界*	名	707	他们	代	746	痛快	形
669	事	名	708	它	代	747	头	名、量
670	事情*	名	709	它们	代	748	突然*	形
671	是	动	710	她	代	749	图书馆*	名
672	市*	名	711	她们	代	750	团结*	动
673	试	动	712	抬	动	751	推	动
674	收	动	713	太	副	752	腿	名
675	收拾*	动	714	太阳*	名	753	退	动
676	手	名	715	态度*	名	754	脱	动
677	手表	名	716	谈	动	755	袜子	名
678	首都*	名	717	汤	名	756	外*	名
679	输	动	718	糖	名	757	外边	名
680	舒服	形	719	躺	动	758	外国*	名
681	书	名	720	讨论*	动	759	外语/外文*	名
682	熟	形	721	特别	形	760	完	动
683	数*	动	722	疼	动	761	完成*	动
684	树	名	723	踢	动	762	完全*	形
685	数学*	名	724	提	动	763	玩	动
686	双*	量	725	提高*	动	764	碗	名
687	谁	代	726	体育	名	765	晚	形
688	水	名	727	天	名	766	晚饭	名
689	水果	名	728	天气*	名	767	晚会	名
690	水平	名	729	条*	量	768	晚上	名
691	睡	动	730	条件	名	769	万*	数
692	睡觉	动	731	跳	动	770	往	动
693	说	动	732	跳舞	动	771	往	介
694	说明*	动、名	733	听	动	772	忘	动
695	思想*	名	734	听见	动	773	危险*	形、名
696	死	动	735	听说	动	774	为*	动、介
697	四*	数	736	听写	动、名	775	伟大*	形
698	送	动	737	停	动	776	喂	叹
699	宿舍*	名	738	挺	副	777	位	量
700	酸	形	739	通*	动、形	778	为	动、介
701	算	动	740	通过*	动、介	779	为了	动、介
702	虽然	连	741	通知*	动、名	780	为什么	

781	文化*	名	820	香*	形	858	呀	助
782	文学*	名	821	香蕉	名	859	研究*	动
783	文学家*	名	822	想	动、助动	860	颜色*	名
784	文艺	名	823	响	形	861	眼睛	名
785	文章*	名	824	像	动、介、名	862	演出*	动、名
786	问	动	825	向*	介、动	863	宴会*	名
787	问好	动	826	消息*	名	864	羊*	名
788	问题*	名	827	小(小李)	形、头	865	样子	名
789	我	代	828	小孩儿	名	866	要求	动、名
790	我们	代	829	小姐	名	867	药*	名
791	握手*	动	830	小时	名	868	要	助动、动
792	屋子	名	831	笑	动	869	要是	连
793	五*	数	832	些	量	870	也	副
794	午饭	名	833	鞋	名	871	也许	副
795	物理*	名	834	写	动	872	页	量
796	西*	名	835	谢谢	动	873	夜	名
797	西边	名	836	辛苦*	形、动	874	一*	数
798	希望*	动、名	837	新	形	875	一般*	形
799	习惯	名、动	838	新年	名	876	一边……一边……	
800	喜欢	动	839	新闻*	名			
801	洗	动	840	心	名	877	一点儿	名
802	洗澡	动	841	信	名	878	一定*	形
803	系*	名	842	信封	名	879	一共	副
804	细	形	843	星期	名	880	一会儿	副、名
805	下	动	844	星期日/星期天	名	881	一……就……	
806	下	名				882	一块儿	副
807	下*	量	845	行*	动、形	883	一起	副
808	下边	名	846	幸福	形	884	一切*	形、代
809	下课	动	847	姓*	名、动	885	一下	副、量
810	下来	动	848	休息	动	886	一些	量
811	下去	动	849	需要	动、名	887	一样	副
812	下午	名	850	许多*	形	888	一直*	副
813	夏	名	851	学	动	889	医生	名
814	夏天	名	852	学生*	名	890	医院	名
815	先	副、名	853	学习	动、名	891	衣服	名
816	先生	名	854	学校	名	892	椅子*	名
817	现代*	名	855	学院	名	893	已经	副
818	现在*	名	856	雪	名	894	以后	名
819	相信	动	857	呀	叹	895	以前*	名

896	以为	动	935	原谅	动	974	这样	代
897	艺术*	名	936	圆*	形、名	975	着	助
898	亿*	数	937	远	形	976	真	副
899	意见*	名	938	愿意	助动、动	977	真正*	形
900	意思*	名	939	月*	名	978	整齐*	形
901	意义*	名	940	月亮	名	979	正	副
902	因为	连	941	月球*	名	980	正确*	形
903	音乐	名	942	云	名	981	正在	副
904	阴*	形	943	运动*	动、名	982	政府*	名
905	银行*	名	944	再	副	983	政治*	名
906	英语/英文*	名	945	再见	动	984	只	量
907	应该	助动	946	在	介、动	985	支	量
908	赢	动	947	在	副	986	知道	动
909	影响*	动、名	948	咱	代	987	知识*	名
910	永远	副	949	咱们	代	988	……之间	
911	用	动	950	脏	形	989	指	动
912	尤其	副	951	早	形	990	只	副
913	邮局	名	952	早晨/早上	名	991	只好	副
914	邮票*	名	953	早饭	名	992	纸	名
915	游泳	动、名	954	怎么	代	993	中*	名、形
916	有	动	955	怎么样	代	994	中间	名
917	有的	代	956	怎样	代	995	中文*	名
918	有名*	形	957	增加*	动	996	中午	名
919	有时候		958	展览*	动、名	997	中学*	名
920	有些	代	959	占	动	998	钟*	名
921	有意思	形、动	960	站	动	999	钟头	名
922	友好*	形	961	站	名	1000	种*	名、量
923	友谊*	名	962	张*	量	1001	重	形
924	右*	名	963	长	动	1002	重要*	形
925	又	副	964	掌握*	动	1003	周*	名
926	鱼		965	着急	形	1004	周围	名
927	愉快*	形	966	找	动	1005	猪	名
928	雨	名	967	照顾	动	1006	主要*	形
929	语法*	名	968	照相	动	1007	主意*	名
930	语言*	名	969	这	代	1008	住	动
931	遇到	动	970	这个	代	1009	注意*	动
932	预习	动	971	这里/这儿	代	1010	祝	动
933	元*	量	972	这么	代	1011	装	动
934	原来*	形	973	这些	代	1012	准备*	动、名

1013	桌子*	名	1051	拔	动	1090	北方*	名
1014	自己*	代	1052	白	副	1091	北面	名
1015	自行车	名	1053	白菜	名	1092	背	名
1016	字*	名	1054	白天	名	1093	背后*	名
1017	总(是)	副	1055	败*	动	1094	被子	名
1018	走	动	1056	班长*	名	1095	本	副
1019	足球*	名	1057	板	名	1096	本	代
1020	祖国*	名	1058	半导体*	名	1097	本来	形
1021	组织*	动、名	1059	半拉	名	1098	本领*	名
1022	嘴	名	1060	半夜	名	1099	本事	名
1023	最	副	1061	办公*	动	1100	本质*	名
1024	最初*	名	1062	办事	动	1101	笨	形
1025	最后*	名	1063	帮	动	1102	逼	动
1026	最近*	名	1064	帮忙	动	1103	鼻子	名
1027	昨天	名	1065	榜样	名	1104	比例	名
1028	左*	名	1066	傍晚	名	1105	比如	动
1029	做	动	1067	包	名、量	1106	笔记	名
1030	作	动	1068	包	动	1107	毕业	动
1031	作业*	名	1069	包括*	动	1108	闭	动
1032	坐	动	1070	包子*	名	1109	必然*	形
1033	座	量	1071	薄*	形	1110	必要*	形
1034	阿(阿哥)	头	1072	保	动	1111	避*	动
1035	阿拉伯语/阿拉伯文	名	1073	保持*	动	1112	避免	动
			1074	保存*	动	1113	边……边……	
1036	阿姨	名	1075	保护*	动、名	1114	编	动
1037	挨	动	1076	保留*	动	1115	扁	形
1038	哎	叹	1077	保卫*	动	1116	便	副、连
1039	哎呀	叹	1078	保证*	动、名	1117	便条	名
1040	爱好*	动、名	1079	宝贵	形	1118	遍	形
1041	爱护*	动	1080	抱歉	形	1119	标点*	名
1042	爱情	名	1081	报到	动	1120	标准	名、形
1043	安全*	形、名	1082	报道/报导*	动、名	1121	表达	动
1044	安慰*	动、名	1083	报告	动、名	1122	表面*	名
1045	安心*	形、动	1084	报名	动	1123	表明	动
1046	按	动、介	1085	报纸	名	1124	宾馆	名
1047	按时	副	1086	背	动	1125	兵*	名
1048	按照	介	1087	碑*	名	1126	冰	名
1049	暗	形	1088	悲痛	形	1127	饼干	名
1050	岸	名	1089	北部*	名	1128	病房	名

1129	病菌*	名	1168	部门*	名	1207	趁	介
1130	病人*	名	1169	部长*	名	1208	衬衫	名
1131	并	副、连	1170	猜	动	1209	衬衣	名
1132	并	动	1171	材料*	名	1210	称	动
1133	并且	连	1172	踩	动	1211	称赞*	动
1134	玻璃	名	1173	采	动	1212	成分/成份*	名
1135	伯父*/伯伯	名	1174	采购	动	1213	成功*	动、形
1136	伯母*	名	1175	采取*	动	1214	成果*	名
1137	脖子	名	1176	采用*	动	1215	成就*	名
1138	捕	动	1177	彩色*	名	1216	成立	动
1139	补	动	1178	餐厅	名	1217	成熟*	动、形
1140	补充*	动	1179	藏	动	1218	成为	动
1141	补课	动	1180	草地*	名	1219	成长*	动
1142	补习*	动	1181	草原	名	1220	乘	动
1143	不必	副	1182	厕所	名	1221	程度*	名
1144	不大	副	1183	册	量	1222	诚恳	形
1145	不得不*		1184	测验	动、名	1223	诚实*	形
1146	不得了	形	1185	曾	副	1224	承认*	动
1147	不断*	副	1186	曾经	副	1225	吃惊	动
1148	不敢当		1187	插	动	1226	尺	名、量
1149	不管	连	1188	叉子	名	1227	翅膀	名
1150	不过*	连	1189	差*	形	1228	充分*	形
1151	不好意思		1190	差不多	形	1229	充满*	动
1152	不仅	连	1191	差点儿	副	1230	充足*	形
1153	不论	连	1192	拆	动	1231	冲	动
1154	不平*	形、名	1193	产量	名	1232	虫子	名
1155	不然	连	1194	产品	名	1233	重	副
1156	不少	形	1195	产生	动	1234	重叠*	动
1157	不是吗		1196	尝	动	1235	重复*	动
1158	不行	形	1197	长期*	名	1236	重新	副
1159	不幸*	形	1198	长途	名	1237	崇高	形
1160	不许	动	1199	超	动	1238	抽象	形
1161	不要紧	形	1200	超过*	动	1239	愁	动
1162	不一定		1201	抄	动	1240	臭	形
1163	不住	副	1202	抄写	动	1241	初(初一)	形、头
1164	布置	动	1203	吵	动	1242	初步*	形
1165	步	名	1204	车间	名	1243	初级	形
1166	部*	名、量	1205	彻底	形	1244	出版	动
1167	部队*	名	1206	沉默	形	1245	出口*	动、名

1246	出生*	动	1285	答卷	名	1324	当……的时候	
1247	出席*	动	1286	达到	动	1325	当地	名
1248	出院	动	1287	打扮	动	1326	当年	名
1249	厨房*	名	1288	打倒	动	1327	当前	名
1250	除*	动	1289	打扰	动	1328	当时*	名
1251	处*	动	1290	打听	动	1329	挡	动
1252	处分*	名、动	1291	打针		1330	党*	名
1253	处理*	动、名	1292	大胆*	形	1331	党员*	名
1254	处*	名	1293	大多数*	名	1332	当	动
1255	传*	动	1294	大会*	名	1333	当做	动
1256	传播*	动	1295	大伙儿	代	1334	刀子	名
1257	传统*	名	1296	大街	名	1335	岛*	名
1258	闯	动	1297	大量*	形	1336	到处*	副
1259	创	动	1298	大陆*	名	1337	到达*	动
1260	创造*	动、名	1299	大米	名	1338	到底	动
1261	创作*	动、名	1300	大批	形	1339	到底	副
1262	春节	名	1301	大人*	名	1340	倒	动
1263	此	代	1302	大使馆	名	1341	倒(是)	副
1264	此外	连	1303	大小	名	1342	道	动
1265	刺	动	1304	大型*	形	1343	道*	名
1266	聪明*	形	1305	大衣	名	1344	道德*	名
1267	从不/没		1306	大约*	副	1345	道路*	名
1268	从……出发		1307	呆	形	1346	道歉	动
1269	从此	连	1308	呆	动	1347	德语/德文	名
1270	从而	连	1309	代	名	1348	……的话	
1271	从来	副	1310	代替	动	1349	登	动
1272	从事*	动	1311	袋	名、量	1350	登记*	动
1273	粗	形	1312	待	动	1351	等	名
1274	醋	名	1313	担任*	动	1352	等待	动
1275	促进*	动	1314	担心	动	1353	等于	动
1276	催	动	1315	单	形	1354	滴	量
1277	存	动	1316	单*	副	1355	敌人	名
1278	存在*	动、名	1317	单词	名	1356	的确	副
1279	寸	量	1318	单调*	形	1357	底下	名
1280	措施	名	1319	单位*	名	1358	地带*	名
1281	搭	动	1320	但	连	1359	地点	名
1282	答应	动	1321	淡	形	1360	地方	名
1283	答	动	1322	蛋	名	1361	地面	名
1284	答案*	名	1323	蛋糕	名	1362	地球	名

1363	地区*	名	1402	独立*	动	1441	发挥*	动
1364	地图	名	1403	读书*	动	1442	发明*	动、名
1365	地位*	名	1404	读者*	名	1443	发言*	动、言
1366	地下*	名	1405	堵	动	1444	发扬*	动
1367	地址	名	1406	肚子	名	1445	法律*	名
1368	递	动	1407	度*	量	1446	繁荣*	形、动
1369	电冰箱	名	1408	度过	动	1447	凡	副
1370	电风扇	名	1409	渡	动	1448	反动*	形
1371	电视台	名	1410	端	动	1449	反复*	副、名
1372	电台	名	1411	短期*	名	1450	反抗*	动
1373	电梯	名	1412	断	动	1451	反应*	动、名
1374	电影院	名	1413	堆	动	1452	反映*	动、名
1375	店*	名	1414	队	名	1453	反正	副
1376	吊	动	1415	队伍*	名	1454	范围*	名
1377	钓	动	1416	队长*	名	1455	犯	动
1378	调	动	1417	对	量	1456	方	形
1379	调查*	动、名	1418	对比*	动、名	1457	方案*	名
1380	跌	动	1419	对待	动	1458	方式*	名
1381	顶	名	1420	对方	名	1459	方针*	名
1382	顶	动	1421	对付	动	1460	房子	名
1383	定*	动	1422	对话*	动、名	1461	防	动
1384	订	动	1423	对面	名	1462	防止	动
1385	东北*	名	1424	对象*	名	1463	仿佛*	动
1386	东部*	名	1425	对于	介	1464	纺织*	动
1387	东方*	名	1426	吨	量	1465	放大	动
1388	东面	名	1427	蹲	动	1466	放弃*	动
1389	东南*	名	1428	多数*	名	1467	放心*	动
1390	懂得	动	1429	夺	动	1468	非……不可	
1391	动人	形	1430	躲	动	1469	肥	形
1392	动身	动	1431	朵	量	1470	肺*	名
1393	动手	动	1432	鹅	名	1471	费	名
1394	动物园*	名	1433	而	连	1472	费	动
1395	动员*	动	1434	儿童*	名	1473	费用*	名
1396	动作*	名	1435	耳朵	名	1474	吩咐*	动
1397	冻	动	1436	发表*	动	1475	分别*	动、副
1398	洞	名	1437	发出	动	1476	分配*	动
1399	斗争*	动、名	1438	发达*	形	1477	分析*	动
1400	豆腐*	名	1439	发动*	动	1478	纷纷*	形
1401	逗	动	1440	发抖	动	1479	粉笔	名

1480	奋斗*	动	1519	赶紧	副	1558	功夫*	名
1481	份	量	1520	赶快	副	1559	供	动
1482	愤怒*	形	1521	感动*	动	1560	供给*	动
1483	封建*	形	1522	感激*	动	1561	公费	形
1484	风景*	名	1523	感觉*	动、名	1562	公共*	形
1485	风力*	名	1524	感情*	名	1563	公开*	形、动
1486	风俗*	名	1525	感想*	名	1564	公路	名
1487	逢	动	1526	感兴趣		1565	公司	名
1488	否定*	动	1527	干活儿		1566	公用电话	名
1489	否则	连	1528	干吗		1567	公元	名
1490	扶	动	1529	刚刚	副	1568	巩固*	形、动
1491	幅	量	1530	钢	名	1569	贡献*	动、名
1492	符合*	动	1531	港	名	1570	共	副
1493	服从*	动	1532	高大	形	1571	共产党*	名
1494	浮	动	1533	高度*	名、形	1572	共同*	形
1495	副	量	1534	高原*	名	1573	狗	名
1496	副	形	1535	告	动	1574	构成*	动
1497	副食*	名	1536	告别	动	1575	构造*	名
1498	复述	动	1537	搁	动	1576	估计	动、名
1499	复印	动	1538	胳膊/胳臂	名	1577	姑姑	名
1500	付	动	1539	割	动	1578	鼓	名
1501	富	形	1540	革命*	动、名	1579	鼓励	动、名
1502	妇女*	名	1541	隔	动	1580	鼓舞*	动、名
1503	该	代	1542	隔壁	名	1581	鼓掌	动
1504	改革*	动、名	1543	个别*	形	1582	古	形
1505	改进	动、名	1544	个人	名	1583	古代*	名
1506	改善*	动	1545	个体*	名	1584	古迹*	名
1507	改造*	动	1546	个子	名	1585	古老	形
1508	改正*	动	1547	根本	名、形	1586	骨头	名
1509	概括*	动、名	1548	根据*	动、介、名	1587	故乡	名
1510	概念*	名	1549	跟前	名	1588	故意*	副、名
1511	盖	动	1550	更加	副	1589	顾	动
1512	干	形	1551	工程*	名	1590	顾客*	名
1513	干杯*	动	1552	工程师	名	1591	挂号	动
1514	干脆	形	1553	工夫*	名	1592	拐	动
1515	干燥*	形	1554	工会	名	1593	怪	形
1516	杆	名	1555	工具*	名	1594	关键*	名
1517	肝*	名	1556	工艺品*	名	1595	关于	介
1518	赶	动	1557	工资	名	1596	关照	动

1597	官*	名	1636	害怕	动	1675	胡乱	副
1598	观察*	动	1637	含	动	1676	胡子	名
1599	观点*	名	1638	寒冷*	形	1677	糊涂	形
1600	观众*	名	1639	汗	名	1678	护士	名
1601	管	动	1640	行	量	1679	护照	名
1602	管理*	动	1641	航空*	名	1680	户	名
1603	冠军	名	1642	毫不		1681	花园*	名
1604	罐头	名	1643	毫无		1682	划	动
1605	贯彻	动	1644	好好儿	形	1683	滑	形
1606	光*	名	1645	好久	名	1684	滑冰	动、名
1607	光	形	1646	好容易	副	1685	画报*	名
1608	光	副	1647	好听	形	1686	划	动
1609	光辉*	名、形	1648	好玩儿	形	1687	化(标准化)*	动、尾
1610	光明*	形	1649	好些	形	1688	坏处	名
1611	光荣	形	1650	号码	名	1689	欢送*	动
1612	光线*	名	1651	号召	动、名	1690	环	名
1613	广场*	名	1652	好	动	1691	环境*	名
1614	广大*	形	1653	和平	名	1692	慌	形、动
1615	广泛	形	1654	合	动	1693	黄瓜	名
1616	广告*	名	1655	合理*	形	1694	黄油	名
1617	广阔*	形	1656	合同*	名	1695	皇帝*	名
1618	逛	动	1657	合作*	动	1696	灰	形、名
1619	规定*	动、名	1658	盒	名、量	1697	挥	动
1620	规律*	名	1659	嘿	叹	1698	恢复*	动
1621	规模	名	1660	黑暗*	形	1699	回头	副
1622	鬼	名	1661	恨*	动	1700	回信*	动、名
1623	跪	动	1662	哼	动、叹	1701	回忆	动
1624	滚	动	1663	红茶*	名	1702	会场*	名
1625	锅	名	1664	红旗*	名	1703	会见*	动
1626	国际*	名	1665	猴子	名	1704	会客	动
1627	国民党*	名	1666	厚*	形	1705	会谈	动、名
1628	国王	名	1667	后悔	动	1706	会议	名
1629	果然	副	1668	后来	名	1707	昏迷*	动
1630	过程	名	1669	后面	名	1708	婚姻*	名
1631	过年	动	1670	后年	名	1709	混	动
1632	海关	名	1671	后天	名	1710	活泼*	形
1633	海洋	名	1672	呼	动	1711	活跃*	形、动
1634	害	名、动	1673	呼吸*	动	1712	伙食	名
1635	害处	名	1674	壶	名	1713	火*	名

附录1 "对韩汉语教学用词表"总表(10,037个) 157

1714	火柴	名	1753	家乡	名	1792	交换*	动
1715	获得*	动	1754	加工*	动	1793	交际*	动、名
1716	或*	连	1755	加强	动	1794	交流*	动、名
1717	货	名	1756	加以	动、连	1795	交通*	名
1718	几乎	副	1757	假	形	1796	郊区	名
1719	机床	名	1758	价格*	名	1797	骄傲	形
1720	机关*	名	1759	价值*	名	1798	角*	名
1721	机械*	名	1760	架	量	1799	教材*	名
1722	积极*	形	1761	假条	名	1800	教师*	名
1723	积极性*	名	1762	坚定	形、动	1801	教授*	名
1724	积累	动	1763	坚决	形	1802	教学*	名
1725	激动*	形、动	1764	坚强	形	1803	教训*	动、名
1726	激烈	形	1765	尖	形	1804	教员*	名
1727	极	副	1766	尖锐*	形	1805	较	介、副
1728	极其	副	1767	肩	名	1806	叫做	动
1729	集	名	1768	艰巨	形	1807	接触*	动
1730	集体*	名	1769	艰苦	形	1808	接待*	动
1731	集中*	动、形	1770	拣	动	1809	接到	动
1732	及	连	1771	捡	动	1810	接见*	动
1733	及格	动	1772	剪	动	1811	接近	动
1734	及时	形	1773	减	动	1812	接受	动
1735	急忙	形	1774	减轻	动	1813	街道	名
1736	即*	动	1775	减少*	动	1814	阶段*	名
1737	级*	名	1776	箭	名	1815	阶级*	名
1738	技术员	名	1777	渐渐*	副	1816	结实*	形
1739	季节*	名	1778	建	动	1817	节省	动
1740	计算	动	1779	建立*	动	1818	节约	动
1741	记得	动	1780	建议*	动、名	1819	结构	名
1742	纪录*	动、名	1781	建筑*	动、名	1820	结合*	动
1743	记忆*	动、名	1782	将	介	1821	结婚*	动
1744	记者*	名	1783	将	副	1822	结论*	名
1745	既	连	1784	将要	副	1823	解	动
1746	既……也……		1785	奖	动、名	1824	解答*	动
1747	既……又……		1786	奖学金*	名	1825	解放	动、名
1748	既然	连	1787	讲话	动、名	1826	解释	动、名
1749	纪律*	名	1788	讲座*	名	1827	届	量
1750	纪念	动、名	1789	酱油	名	1828	金*	名
1751	夹	动	1790	降	动	1829	金属	名
1752	家具*	名	1791	降低	动	1830	今后	名

1831	仅	副	1870	具有	动	1909	可怜	形、动
1832	仅仅	副	1871	距离*	名	1910	可怕	形
1833	尽管	副、连	1872	距离	介	1911	可以	形
1834	尽量	副	1873	俱乐部*	名	1912	克服*	动
1835	进步*	动、形	1874	剧场*	名	1913	刻	动
1836	进攻*	动	1875	卷	动	1914	刻苦*	形
1837	进化*	动	1876	觉悟*	动、名	1915	客人	名
1838	进口	动、名	1877	决	副	1916	课程*	名
1839	进入*	动	1878	决心*	名、动	1917	肯	助动
1840	进修*	动	1879	绝对*	形	1918	肯定*	动、形
1841	进一步*	副	1880	军*	名	1919	空	形
1842	禁止*	动	1881	军队*	名	1920	空间	名
1843	近来*	名	1882	军事*	名	1921	空前*	形
1844	尽	动	1883	开放*	动	1922	空中*	名
1845	劲	名	1884	开会	动	1923	孔	名
1846	京剧*/京戏	名	1885	开课	动	1924	恐怕	副
1847	精力*	名	1886	开朗	形	1925	空儿	名
1848	经	动	1887	开辟*	动	1926	控制	动
1849	经理*	名	1888	开演	动	1927	口袋	名
1850	经历*	动、名	1889	开展	动	1928	口号*	名
1851	井	名	1890	砍	动	1929	扣	动
1852	警察*	名	1891	看不起	动	1930	裤子	名
1853	静	形	1892	看法	名	1931	跨	动
1854	敬爱*	动	1893	看来	连	1932	筷子	名
1855	敬礼*	动	1894	看样子		1933	快乐*	形
1856	镜子	名	1895	扛	动	1934	宽	形
1857	竞赛	动	1896	考	动	1935	款	名
1858	究竟	副	1897	考虑*	动	1936	捆	动
1859	纠正	动	1898	烤	动	1937	困	形、动
1860	救*	动	1899	靠	动、介	1938	扩大	动
1861	就	介	1900	颗	量	1939	垃圾	名
1862	就是	副、连	1901	科	名	1940	来	数
1863	局长*	名	1902	科学家*	名	1941	来	助
1864	举行*	动	1903	科学院*	名	1942	来不及	动
1865	拒绝*	动	1904	科研	名	1943	来得及	动
1866	据说	副	1905	科长*	名	1944	来信*	名
1867	巨大*	形	1906	可	副、连	1945	来自	动
1868	具备*	动	1907	可爱	形	1946	拦	动
1869	具体*	形	1908	可靠	形	1947	懒	形

1948	烂	动、形	1986	立即	副	2025	录像	动、名
1949	狼	名	1987	粒	量	2026	录音机*	名
1950	朗读*	动	1988	力	名	2027	陆续	副
1951	浪	名	1989	力量*	名	2028	旅馆*	名
1952	浪费*	动	1990	力气	名	2029	旅客	名
1953	捞	动	1991	力所能及		2030	旅途	名
1954	老(是)	副	1992	联合*	动	2031	轮船	名
1955	老百姓	名	1993	联欢	动	2032	论文*	名
1956	老板	名	1994	连	动、副	2033	萝卜	名
1957	老大妈/大妈	名	1995	连忙	副	2034	落	动
1958	老大娘/大娘	名	1996	连续*	动	2035	落后*	形
1959	老大爷/大爷	名	1997	恋爱	动、名	2036	码头	名
1960	老虎	名	1998	练	动	2037	马虎	形
1961	老人*	名	1999	粮食*	名	2038	马克	名
1962	老实	形	2000	凉	形	2039	马路	名
1963	老太太	名	2001	量	动	2040	骂	动
1964	老头儿	名	2002	良好*	形	2041	埋	动
1965	乐观	形	2003	两	两	2042	买卖*	名
1966	雷	名	2004	聊	动	2043	迈	动
1967	类*	名、量	2005	聊天儿	动	2044	馒头*	名
1968	厘米	量	2006	了不起	形	2045	满足*	动
1969	梨	名	2007	列*	动、量	2046	猫	名
1970	离婚*	动	2008	临时	形	2047	毛	名
1971	理发*	动	2009	邻居	名	2048	毛病	名
1972	理解	动、名	2010	零钱	名	2049	毛巾	名
1973	理论*	名	2011	铃	名	2050	毛衣	名
1974	理想*	名	2012	灵活	形	2051	矛盾*	名、形
1975	理由	名	2013	领	动	2052	冒	动
1976	里面	名	2014	领袖*	名	2053	贸易*	名
1977	礼拜天/礼拜日	名	2015	另	形	2054	煤	名
			2016	另外	形	2055	煤气	名
1978	礼貌	名	2017	流利	形	2056	没错	形
1979	礼堂*	名	2018	龙*	名	2057	没什么	
1980	利害/厉害*	形	2019	楼梯	名	2058	没事儿	动
1981	利益	名	2020	漏	动	2059	没用	形
1982	例*	名	2021	露	动	2060	每*	副
1983	例子	名	2022	路上*	名	2061	美	形
1984	立	动	2023	路线*	名	2062	美好	形
1985	立场*	名	2024	录	动	2063	美丽*	形

2064	美术*	名	2103	目的*	名	2142	盘	名、量
2065	美元	名	2104	哪个	代	2143	盘子	名
2066	梦	名	2105	哪怕	连	2144	盼望	动
2067	米	名	2106	哪些	代	2145	判断*	动、名
2068	秘密*	形、名	2107	那边	代	2146	旁	名
2069	蜜蜂	名	2108	奶奶	名	2147	胖	形
2070	密	形	2109	耐心*	形、名	2148	炮*	动
2071	密切	形、动	2110	耐用	形	2149	赔	动
2072	棉花*	名	2111	南部	名	2150	陪	动
2073	棉衣*	名	2112	南方	名	2151	配合*	动
2074	面*	名	2113	南面	名	2152	喷	动
2075	面*	量	2114	男人	名	2153	盆	名
2076	面积	名	2115	难道	副	2154	捧	动
2077	面貌	名	2116	难过	动、形	2155	碰见	动
2078	面前	名	2117	难看	形	2156	批	量
2079	描写	动	2118	难受	形	2157	批判	动
2080	秒	量	2119	脑袋	名	2158	批准*	动
2081	庙	名	2120	脑子	名	2159	披	动
2082	妙*	形	2121	闹	动	2160	脾气	名
2083	灭*	动	2122	内部*	名	2161	疲劳	形
2084	民主	名、形	2123	能干	形	2162	皮	名
2085	明亮	形	2124	能力*	名	2163	皮肤*	名
2086	明确*	形、动	2125	能源	名	2164	匹*	量
2087	明显	形	2126	泥	名	2165	偏	副
2088	名*	名、量	2127	年代*	名	2166	片面*	形
2089	名胜	名	2128	年龄	名	2167	骗	动
2090	命令	名、动	2129	年轻	形	2168	飘	动
2091	命运	名	2130	鸟	名	2169	拼命	动
2092	摸	动	2131	扭	动	2170	品种*	名
2093	模仿*	动	2132	浓	形	2171	乒乓球	名
2094	磨	动	2133	弄	动	2172	平	形
2095	墨水儿	名	2134	女人	名	2173	平安*	形
2096	某*	代	2135	女士	名	2174	平常	名、形
2097	模样*	名	2136	暖	形	2175	平等	形、名
2098	亩	量	2137	暖气	名	2176	平静	形
2099	母	名、形	2138	怕	副	2177	平均	动、形
2100	木*	名	2139	排	名、量	2178	平时	名
2101	木头	名	2140	排	动	2179	平原*	名
2102	目标*	名	2141	牌	名	2180	瓶子	名

2181	坡	名	2220	强大*	形	2259	缺	动
2182	破坏	动	2221	强盗*	名	2260	缺点*	名
2183	迫切	形	2222	强调*	动	2261	缺乏*	动、形
2184	扑	动	2223	强度*	名	2262	缺少	动
2185	铺	动	2224	强烈*	形	2263	却	副
2186	朴素	形	2225	抢	动	2264	确定*	动
2187	普遍*	形	2226	敲	动	2265	裙子	名
2188	普通	形	2227	悄悄	副	2266	群*	量
2189	期*	名、量	2228	桥梁*	名	2267	群众*	名
2190	期间*	名	2229	瞧	动	2268	然而	连
2191	欺骗	动	2230	巧	形	2269	燃烧*	动
2192	妻子*	名	2231	巧妙*	形	2270	染	动
2193	其次	副	2232	切	动	2271	嚷	动
2194	其他*	岛	2233	且	副、连	2272	绕	动
2195	其他	代	2234	侵略*	动	2273	惹	动
2196	其余	代	2235	亲爱*	形	2274	热爱*	动
2197	其中	名	2236	亲戚*	名	2275	热烈*	形
2198	奇怪	形	2237	亲切*	形	2276	热闹	形、动
2199	齐	动、形	2238	亲自	副	2277	热水瓶/暖水瓶	名
2200	旗子	名	2239	青	形	2278	热心*	形
2201	企图*	动、名	2240	轻松	形	2279	人才/人材*	名
2202	企业*	名	2241	清	形、动	2280	人工*	形
2203	启发*	动、名	2242	情境	名	2281	人家*	名
2204	气	动	2243	情形*	名	2282	人口*	名
2205	气候*	名	2244	情绪*	名	2283	人类*	名
2206	气温*	名	2245	请客	动	2284	人民币*	名
2207	气象*	名	2246	请求	动、名	2285	人物*	名
2208	汽油	名	2247	庆祝*	动	2286	人员	名
2209	牵	动	2248	穷*	形	2287	人造*	形
2210	千万	副	2249	球场*	名	2288	忍	动
2211	签订	动	2250	求	动	2289	任务*	名
2212	前进*	动	2251	区	名	2290	认	动
2213	前面*	名	2252	区别*	名、动	2291	认得	动
2214	前年	名	2253	渠	名	2292	扔	动
2215	前天	名	2254	取*	动	2293	仍	副
2216	前途*	名	2255	取消*	动	2294	仍然	副
2217	欠	动	2256	圈*	名	2295	日常*	形
2218	枪	名	2257	全面*	形	2296	日程	名
2219	强*	形	2258	劝*	动			

2297	日记*	名	2336	上级*	名	2375	狮子*	名
2298	日期*	名	2337	上面	名	2376	施工*	动
2299	日用品*	名	2338	上衣*	名	2377	湿	形
2300	日元	名	2339	稍	副	2378	诗*	名
2301	如	动	2340	稍微	副	2379	石头	名
2302	如	连	2341	烧	动	2380	石油*	名
2303	如果	连	2342	勺子	名	2381	拾	动
2304	如何	代	2343	少数*	名	2382	时代*	名
2305	如今	名	2344	少年*	名	2383	时刻*	名
2306	入	动	2345	蛇	名	2384	时期*	名
2307	软	形	2346	舌头	名	2385	食品*	名
2308	弱*	形	2347	射	动	2386	食物*	名
2309	撒	动	2348	设备*	名	2387	实际*	名、形
2310	洒	动	2349	设计*	动、名	2388	实事求是*	
2311	赛	动	2350	伸	动	2389	实行*	动
2312	伞*	名	2351	身	名、量	2390	试验*	动、名
2313	嗓子	名	2352	身边*	名	2391	实用*	形
2314	扫	动	2353	深厚	形	2392	实在	形
2315	嫂子	名	2354	深刻	形	2393	使	动
2316	色*	名	2355	深入	动	2394	始终*	副
2317	森林*	名	2356	什么的	代	2395	世纪	名
2318	杀	动	2357	神*	名	2396	事件*	名
2319	沙发	名	2358	神经*	名	2397	事实	名
2320	沙漠	名	2359	生	动	2398	事物*	名
2321	沙子	名	2360	生	形	2399	事先	名
2322	傻	形	2361	生动*	形	2400	事业	名
2323	晒	动	2362	生命*	名	2401	适当*	形
2324	山脉	名	2363	生气	动、名	2402	适合	动
2325	山区	名	2364	生物	名	2403	适应	动
2326	闪	动	2365	生意	名	2404	适用	形
2327	善于	动	2366	生长	动	2405	市场	名
2328	伤*	动、名	2367	升	动	2406	室*	名
2329	伤心*	形	2368	绳子	名	2407	试卷	名
2330	商场	名	2369	省	动	2408	试验*	动、名
2331	商量	动	2370	胜	动	2409	收获	动、名
2332	商品*	名	2371	失败	动、名	2410	收入	动、名
2333	商业*	名	2372	失去	动	2411	收音机	名
2334	上班	动	2373	失望*	动、形	2412	手段	名
2335	上当	动	2374	失业*	动	2413	手工	名

2414	手绢/手帕	名	2453	似乎	副	2492	体系*	名
2415	手术*	名	2454	松	形、动	2493	体育场	名
2416	手套	名	2455	送行	动	2494	体育馆*	名
2417	手续*	名	2456	速度*	名	2495	替	动、介
2418	手指	名	2457	塑料	名	2496	天真*	形
2419	首*	名、量	2458	算了		2497	添	动
2420	首先	副	2459	随	介、动	2498	填	订
2421	受	动	2460	随便	形	2499	田	名
2422	瘦	形	2461	随时*	副	2500	田野*	名
2423	蔬菜	名	2462	碎	形	2501	甜	形
2424	叔叔	名	2463	损失	动、名	2502	挑	动
2425	舒适	形	2464	缩	动	2503	条约*	名
2426	书包	名	2465	所	名、量	2504	调整*	动
2427	书店*	名	2466	所	助	2505	贴	动
2428	书记*	名	2467	所谓*	形	2506	铁*	名
2429	书架	名	2468	塔*	名	2507	铁路	名
2430	熟练*	形	2469	台*	名、量	2508	听讲*	动
2431	熟悉	动	2470	太太	名	2509	停止*	动
2432	暑假	名	2471	谈话*	动、名	2510	通讯*	名
2433	属于	动	2472	谈判*	动	2511	同*	形
2434	树林	名	2473	弹	动	2512	同	介、连
2435	数*	名	2474	毯子	名	2513	同情	
2436	数量*	名	2475	探	动	2514	同屋	动、名
2437	数字*	名	2476	趟	量	2515	同样	形、连
2438	刷	动	2477	烫	动	2516	铜*	名
2439	摔	动	2478	掏	动	2517	桶*	名
2440	甩	动	2479	逃	动	2518	统一*	动、形
2441	率领	动	2480	讨厌	形、动	2519	统治	动
2442	双方*	名	2481	套	动、量	2520	痛	
2443	水稻	名	2482	特此	副	2521	痛苦	形、名
2444	水泥	名	2483	特点	名	2522	偷	动
2445	顺	介	2484	特殊*	形	2523	偷偷	副
2446	顺便	副	2485	提倡	动	2524	投	动
2447	顺利	形	2486	提供	动	2525	投入*	动、名
2448	撕	动	2487	提前	动	2526	头	形
2449	私	名	2488	题	名	2527	头发*	名
2450	私人	名	2489	题目*	名	2528	透	动、形
2451	司机	名	2490	体会	动、名	2529	突出*	形、动
2452	丝	名	2491	体积*	名	2530	突击*	动

2531	图*	名	2570	喂	动	2609	牺牲*	动
2532	涂	动	2571	位置*	名	2610	洗衣机	名
2533	土	名	2572	卫生*	名、形	2611	系统*	名
2534	土地*	名	2573	卫星*	名	2612	戏	名
2535	土豆	名	2574	温度	名	2613	细菌*	名
2536	吐	动	2575	温暖*	形、动	2614	细心*	形
2537	吐	动	2576	文件	名	2615	下班	动
2538	兔子	名	2577	文明	名、形	2616	下面	名
2539	团	名、量	2578	文物	名	2617	吓	动
2540	推动	动	2579	文字	名	2618	掀	动
2541	推广	动	2580	闻	动	2619	先后*	名、副
2542	拖	动	2581	稳	形	2620	先进*	形
2543	托	动	2582	稳定	形	2621	鲜	形
2544	脱离	动	2583	问候	动	2622	鲜花	名
2545	挖	动	2584	握	动	2623	纤维	名
2546	哇	助	2585	污染*	动	2624	闲	形
2547	歪	形	2586	屋	名	2625	显得	动
2548	外地*	名	2587	无	动、副	2626	显然	形
2549	外交*	名	2588	无论	连	2627	显著*	形
2550	外面*	名	2589	无数*	形	2628	现代化*	动、名
2551	弯	动	2590	无限*	形	2629	现实	名
2552	完整*	形	2591	武器*	名	2630	现象*	名
2553	网球	名	2592	武术	名	2631	献	动
2554	往往*	副	2593	雾	名	2632	县	名
2555	望	动	2594	物价*	名	2633	羡慕	动
2556	忘记	动	2595	物质*	名	2634	限制	动、名
2557	微笑*	动	2596	误会	动、名	2635	线*	名
2558	危害*	动、名	2597	西北*	名	2636	相	副
2559	危机*	名	2598	西部	名	2637	相当*	形
2560	违反	动	2599	西餐	名	2638	相反*	形
2561	围	动	2600	西方	名	2639	相互*	形
2562	围绕	动	2601	西瓜	名	2640	相似	形
2563	维护	动	2602	西红柿	名	2641	相同	形
2564	委员*	名	2603	西南*	名	2642	香肠	名
2565	尾巴	名	2604	西面	名	2643	香皂	名
2566	未	副	2605	吸	动	2644	箱子	名
2567	未来*	名	2606	吸收*	动	2645	乡	名
2568	味道	名	2607	吸烟*/抽烟	动	2646	乡下	名
2569	胃*	名	2608	吸引*	动	2647	详细*	形

2648	想法	名	2687	形状*	名	2726	严格*	形、动
2649	想念*	动	2688	行	名	2727	严肃*	形、动
2650	相像/想象	动	2689	行动*	动、名	2728	严重*	形
2651	响应	动	2690	行李	名	2729	研究所*	名
2652	享受	动、名	2691	醒	动	2730	延长*	动
2653	项	量	2692	兴趣*	名	2731	沿	介
2654	项目*	名	2693	性(积极性)*	名、尾	2732	眼	名
2655	象	名	2694	性格*	名	2733	眼镜*	名
2656	消费*	动	2695	性质*	名	2734	眼泪	名
2657	消化*	动	2696	姓名*	名	2735	眼前	名
2658	消灭	动	2697	兄弟	名	2736	演	动
2659	消失	动	2698	胸	名	2737	演员	名
2660	晓得	动	2699	雄	形	2738	咽	动
2661	小伙子	名	2700	雄伟*	形	2739	阳光*	名
2662	小麦	名	2701	熊猫	名	2740	仰	动
2663	小朋友	名	2702	修	动	2741	养	动
2664	小说*	名	2703	修改	动、名	2742	样	量
2665	小心	形、动	2704	修理	动	2743	邀请*	动、名
2666	小学*	名	2705	虚心*	形	2744	腰	名
2667	校长*	名	2706	许*	动、副	2745	摇	动
2668	笑话	名、动	2707	宣布	动	2746	咬	动
2669	效果	名	2708	宣传	动、名	2747	要紧	形
2670	效率*	名	2709	选	动	2748	爷爷	名
2671	歇	动	2710	选举*	动、名	2749	业务*	名
2672	斜	形	2711	选择*	动、名	2750	业余	形
2673	血*	名	2712	学(社会学)*	名、尾	2751	叶子	名
2674	新鲜*	形	2713	学费	名	2752	夜里	名
2675	心得*	名	2714	学期	名	2753	夜晚	名
2676	心情*	名	2715	学术*	名	2754	一	副
2677	心脏*	名	2716	学问	名	2755	一半	名
2678	信	动	2717	血液	名	2756	一边	名
2679	信心	名	2718	寻找	动	2757	一……也……	
2680	星星*	名	2719	训练	动	2758	一方面……一方面……	
2681	兴奋*	形	2720	迅速*	形			
2682	形成*	动	2721	压	动	2759	一齐*	副
2683	形容*	动	2722	压迫*	动、名	2760	一生*	名
2684	形式*	名	2723	牙	名	2761	一时*	名
2685	形势*	名	2724	牙刷	名	2762	一同*	副
2686	形象*	名、形	2725	盐	名	2763	一下子	副

2764	一致*	形	2803	拥抱	动	2842	预备*	动
2765	一道	副	2804	拥护	动	2843	员（服务员）*	名、尾
2766	医务室*	名	2805	勇敢*	形	2844	原料	名
2767	医学*	名	2806	勇气*	形	2845	原因*	名
2768	依靠	动、名	2807	用不着	动	2846	原则*	名
2769	移	动	2808	用处*	名	2847	圆珠笔	名
2770	移动*	动	2809	用功	动、形	2848	愿望	名
2771	仪器	名	2810	用力	动	2849	院	名
2772	疑问*	名	2811	优点	名	2850	院长*	名
2773	已	副	2812	优良	形	2851	院子	名
2774	以	介、连	2813	优美*	形	2852	约*	动、副
2775	以及	连	2814	优秀*	形	2853	约会	名
2776	以来*	助	2815	悠久	形	2854	越……越……	
2777	以内*	名	2816	由	介	2855	越来越……	
2778	以上	名	2817	由于	介	2856	阅读*	动
2779	以外	名	2818	油	名	2857	阅览室*	名
2780	以下*	名	2819	游览*	动	2858	允许*	动
2781	意外	形、名	2820	游泳池	名	2859	运*	动
2782	意志	名	2821	有的是	动	2860	运动会*	名
2783	议论*	动	2822	有（一）点儿	副	2861	运动员	名
2784	异常*	形	2823	有关*	动	2862	运输*	动、名
2785	因此	连	2824	有利*	形	2863	运用*	动
2786	因而	连	2825	有力	形	2864	杂	形、动
2787	因素	名	2826	有趣	形	2865	杂技*	名
2788	银*	名	2827	有时	副	2866	灾	名
2789	引起	动	2828	有效*	形	2867	灾害*	名
2790	印	动	2829	有用*	动	2868	暂时*	形
2791	印刷*	动	2830	右边	名	2869	赞成*	动
2792	印象	名	2831	于	介	2870	遭到	动
2793	英雄*	名	2832	于是	连	2871	遭受	动
2794	英勇	形	2833	雨衣*	名	2872	糟糕	形
2795	应	助动	2834	与	介、连	2873	造	动
2796	应当*	助动	2835	语调*	名	2874	造句	动
2797	营养*	名	2836	语气	名	2875	责任*	名
2798	营业*	动	2837	语音*	名	2876	则	连
2799	迎接*	动	2838	羽毛球	名	2877	增长	动
2800	影子	名	2839	玉米	名	2878	扎	动
2801	应用*	动	2840	遇	动	2879	摘	动
2802	硬	形	2841	遇见	动	2880	窄	形

2881	粘	动	2920	政策*	名	2959	中心*	名
2882	展出	动	2921	证明*	动、名	2960	中央*	名
2883	展开*	动	2922	支持*	动	2961	中药	名
2884	展览会*	名	2923	支援*	动、名	2962	终于	副
2885	战斗	动、名	2924	之后	名	2963	种子*	名
2886	战胜*	动	2925	之前	名	2964	种	动
2887	战士	名	2926	之上	名	2965	重大*	形
2888	战争	名	2927	之下	名	2966	重点	名、形
2889	章*	量	2928	之一	名	2967	重量*	名
2890	涨	动	2929	之中	名	2968	重视*	动
2891	丈*	量	2930	织	动	2969	周到	形
2892	丈夫	名	2931	职工	名	2970	株	量
2893	招待	动	2932	职业*	名	2971	逐步	副
2894	招待会*	名	2933	直	动、形	2972	逐渐	副
2895	招呼	动	2934	直	副	2973	竹子	名
2896	着	动	2935	直到	动	2974	煮	动
2897	照	动、介	2936	直接*	形	2975	主动*	形
2898	照常	形	2937	植物*	名	2976	主观	名、形
2899	照片/相片	名	2938	执行*	动	2977	主人*	名
2900	召开	动	2939	值得	动	2978	主任*	名
2901	折	动	2940	指出	动	2979	主席*	名
2902	哲学*	名	2941	指导	动	2980	主张	动、名
2903	这边	代	2942	指挥*	动、名	2981	著名*	形
2904	真理*	名	2943	指示*	名、动	2982	著作*	名
2905	真实	形	2944	止	动	2983	住院	动
2906	针	名	2945	只是	副、连	2984	祝贺*	动、名
2907	针对	动	2946	只要	副、连	2985	抓	动
2908	阵	名、量	2947	只有	副、连	2986	抓紧	动
2909	睁	动	2948	至	动	2987	专家	名
2910	征求	动	2949	至今	副	2988	专门*	形
2911	争	动	2950	至少	副	2989	专心*	形
2912	争论*	动	2951	制定*	动	2990	专业	名
2913	争取*	动	2952	制订	动	2991	转	动
2914	整个	形	2953	制度*	名	2992	转变	动
2915	整理*	动	2954	制造	动	2993	转告	动
2916	正	形	2955	秩序	名	2994	转	动
2917	正常*	形	2956	质量*	名	2995	庄稼	名
2918	正好	形	2957	治	动	2996	庄严*	形
2919	正式*	形	2958	中餐	名	2997	撞	动

编号	词	词性	编号	词	词性	编号	词	词性
2998	状况	名	3037	作为*	动、介	3076	包袱	名
2999	状态*	名	3038	作文	动、名	3077	包含*	动
3000	追	动	3039	作用*	名、动	3078	包围*	动
3001	准*	形、动	3040	作者*	名	3079	剥	动
3002	准确	形	3041	坐班	动	3080	保管	动、名
3003	准时	形	3042	座谈*	动	3081	保密	动
3004	捉	动	3043	座位	名	3082	保守*	动、形
3005	资料*	名	3044	哎哟	叹	3083	保险*	形、名
3006	资源*	名	3045	唉	叹	3084	保障*	动、名
3007	紫	形	3046	挨	动	3085	宝	名
3008	仔细*	形	3047	癌*	名	3086	宝石*	名
3009	自	介	3048	安	动、形	3087	报	动
3010	自从	介	3049	安定*	形、动	3088	报仇	动
3011	自动*	形	3050	安装*	动	3089	报酬	名
3012	自费	形	3051	按期	副	3090	报复*	动、名
3013	自觉*	动、形	3052	暗暗	副	3091	报刊	名
3014	自然*	名、形	3053	熬	动	3092	报社	名
3015	自我*	代	3054	奥秘	名	3093	暴露*	动
3016	自学	动	3055	扒	动	3094	暴雨	名
3017	自由*	名、形	3056	把	动	3095	爆发*	动
3018	综合*	动	3057	把握*	动、名	3096	爆炸	动
3019	总结*	动、名	3058	坝	名	3097	悲哀	形
3020	总理*	名	3059	罢	动	3098	悲观*	形
3021	总统*	名	3060	罢工	动	3099	辈	名、量
3022	走道	名	3061	白白	副	3100	背包	名
3023	组	动、名	3062	百货*	名	3101	背景*	名
3024	钻	动	3063	柏树	名	3102	背诵	动
3025	钻研	动	3064	摆脱	动	3103	背心	名
3026	醉*	动	3065	拜访*	动	3104	被动*	形
3027	最好	副	3066	拜会	动	3105	被迫	动
3028	尊敬*	动	3067	般	助	3106	奔	动
3029	遵守*	动	3068	瓣	名	3107	奔跑	动
3030	左边	名	3069	半岛*	名	3108	本人*	代
3031	左右*	助、动	3070	办理	动	3109	本身	代
3032	做法	名	3071	帮	动	3110	奔	动
3033	做客	动	3072	绑	动	3111	甭	副
3034	做梦	动	3073	棒	名	3112	比方	名
3035	作家*	名	3074	棒	形	3113	笔试	名
3036	作品*	名	3075	磅	量	3114	彼此*	代

3115	毕竟*	副	3154	不比	动	3191	参考*	动
3116	闭幕*	动	3155	不曾	副	3192	参谋*	动、名
3117	必	副	3156	不对	形	3193	蚕	名
3118	必定	副	3157	不够	形	3194	残酷*	形
3119	必修	动	3158	不顾	动	3195	惭愧*	形
3120	必需*	动	3159	不见	动	3196	惨	形
3121	壁*	名	3160	不见得		3197	灿烂*	形
3122	边疆	名	3161	不禁	副	3198	苍白*	形
3123	边界	名	3162	不觉	副	3199	苍蝇	名
3124	边缘	名	3163	不可*	动	3200	舱	名
3125	编辑*	动、名	3164	不利*	形	3201	仓库*	名
3126	编制	动、名	3165	不料	副	3202	操心*	动
3127	便利*	形、动	3166	不满*	动、形	3203	操纵*	动
3128	便于	动	3167	不免	副	3204	操作	动
3129	变动	动、名	3168	不是	名	3205	草案	名
3130	变革*	动、名	3169	不是……而是……		3206	侧*	名、动
3131	辩论*	动、名				3207	测	动
3132	标语*	名	3170	不是……就是……		3208	测量*	动
3133	标志*	动、名				3209	测试	动、名
3134	表情*	名	3171	不停	副	3210	差别*	名
3135	别	动	3172	不像话	形	3211	茶馆	名
3136	别处	名	3173	不由得	副	3212	茶话会	名
3137	别字	名	3174	不在乎	动	3213	茶叶	名
3138	冰棍儿	名	3175	不怎么样		3214	铲	名、动
3139	柄	名	3176	不止	动	3215	产物*	名
3140	丙	名	3177	不只	连	3216	产值	名
3141	饼	名	3178	不足*	形	3217	颤动	动
3142	病床*	名	3179	布告*	名	3218	颤抖	动
3143	病情	名	3180	步骤	名	3219	常识*	名
3144	剥削	动、名	3181	部署*	动、名	3220	长度	名
3145	播	动	3182	猜想	动、名	3221	长久	形
3146	播送	动	3183	裁缝*	名	3222	长远	形
3147	拨	动	3184	裁判	动、名	3223	肠*	名
3148	波浪*	名	3185	才	名	3224	厂长	名
3149	菠菜	名	3186	才能*		3225	场地	名
3150	博士*	名	3187	财产	名	3226	场合	名
3151	博物馆*	名	3188	财富	名	3227	场面*	名
3152	薄弱	形	3189	财政*	名	3228	超额	动
3153	不安*	形	3190	餐车	名	3229	钞票	名

编号	词	词性	编号	词	词性	编号	词	词性
3230	潮	名	3269	仇	名	3308	次要	形
3231	潮湿	形	3270	仇恨	动、名	3309	伺候	动
3232	吵架		3271	丑	形	3310	匆忙	形
3233	炒	动	3272	初期*	名	3311	从容*	形
3234	车辆*	名	3273	初中	名	3312	丛	动、名
3235	车厢	名	3274	出路*	名	3313	凑	动
3236	扯	动	3275	出卖	动	3314	粗心	形
3237	撤	动	3276	出门	动	3315	粗心大意	
3238	尘土*	名	3277	出难题		3316	促使	动
3239	沉	动、形	3278	出身*	动、名	3317	窜	动
3240	沉思	动	3279	出事	动	3318	摧毁	动
3241	沉重	形	3280	出息	名	3319	村庄	名
3242	陈列*	动	3281	出洋相		3320	村子	名
3243	撑	动	3282	出租	动	3321	搓	动
3244	称呼*	动、名	3283	除	介	3322	挫折*	名、动
3245	成	量	3284	除非	连	3323	错字	名
3246	成本	名	3285	处于	动	3324	答复	动、名
3247	成千上万		3286	处处	副	3325	达成*	动
3248	成天	副	3287	传达*	动	3326	打	介
3249	成语*	名	3288	传染	动	3327	打败	动
3250	成员*	名	3289	传说*	动、名	3328	打击*	动
3251	乘客*	名	3290	喘	动	3329	打架	动
3252	盛	动	3291	串	动、量	3330	打交道	
3253	程序	名	3292	窗口*	名	3331	打量	动
3254	承包	动	3293	窗帘	名	3332	打破*	动
3255	承担	动	3294	窗台	名	3333	打扫	动
3256	吃苦	动	3295	床单	名	3334	打仗	动
3257	吃亏	动、形	3296	创立*	动	3335	打招呼	
3258	吃力	形	3297	创新	动、名	3336	大半	名、副
3259	持久*	形	3298	垂	动	3337	大便*	名
3260	池	名	3299	垂直*	动	3338	大大	副
3261	迟	形	3300	春季	名	3339	大道*	名
3262	尺寸	名	3301	纯	形	3340	大地*	名
3263	尺子	名	3302	纯洁*	形、动	3341	大都	副
3264	赤道*	名	3303	瓷	名	3342	大队	名
3265	充实*	形、动	3304	词汇	名	3343	大方	形
3266	冲击*	动	3305	此刻	名	3344	大哥	名
3267	冲突	动、名	3306	刺激*	动、名	3345	大力	副
3268	冲	动、介	3307	次*	形	3346	大脑	名

3347	大嫂	名	3386	到……为止		3425	惦记	动
3348	大使*	名	3387	得病	动	3426	垫	动
3349	大意*	名	3388	得了	形	3427	奠定	动
3350	大致	形	3389	得意*	形	3428	雕刻*	动、名
3351	大众	名	3390	灯火*	名	3429	调动	动
3352	大自然*	名	3391	灯笼	名	3430	爹	名
3353	带动	动	3392	蹬	动	3431	叠	动
3354	带领	动	3393	等到	连	3432	丁	名
3355	带头	动	3394	等候	动	3433	叮	动
3356	代	动	3395	瞪	动	3434	钉	动
3357	代办	名、动	3396	凳子	名	3435	钉子	名
3358	代价*	名	3397	堤	名	3436	顶	量
3359	代理	动	3398	滴	动	3437	定期*	名
3360	待遇*	名	3399	抵	动	3438	订婚/定婚*	动
3361	逮捕	动	3400	抵抗*	动	3439	冬季*	名
3362	耽误	动	3401	底	名	3440	懂事	形
3363	担	动	3402	底片	名	3441	动机*	名
3364	担负	动	3403	地板	名	3442	动静*	名
3365	单纯*	形	3404	地步	名	3443	动力	名
3366	单独*	形	3405	地道	形	3444	动摇*	动
3367	胆	名	3406	地理*	名	3445	抖	动
3368	诞生	动	3407	地势*	名	3446	陡	形
3369	蛋白质*	名	3408	地毯	名	3447	斗	动
3370	当	助动	3409	地形	名	3448	豆浆	名
3371	当初*	名	3410	地震	名	3449	豆子	名
3372	当代	名	3411	地质	名	3450	毒*	形、动
3373	当家	动	3412	地主*	名	3451	毒*	名
3374	当面*	副	3413	弟兄	名	3452	独特*	形
3375	当中	名	3414	典礼	名	3453	独自	副
3376	党派*	名	3415	典型	名、形	3454	读物	名
3377	党委	名	3416	电池	名	3455	端	名
3378	档案	名	3417	电力	名	3456	端正	形、动
3379	倒霉	形	3418	电铃	名	3457	堆	名、量
3380	倒腾	动	3419	电炉	名	3458	堆积*	动
3381	岛屿	名	3420	电脑	名	3459	兑换	动
3382	导弹	名	3421	电器	名	3460	队员*	名
3383	导师	名	3422	电线*	名	3461	对得起	动
3384	导演	名、动	3423	电压	名	3462	对……来说	
3385	导致	动	3424	电子*	名	3463	对了	

3464	对立*	动	3503	方	名	3542	粪	名
3465	对门	名	3504	房屋	名	3543	丰产	动
3466	顿时	副	3505	防守*	动	3544	丰收	动
3467	哆嗦	动	3506	防御*	动	3545	封	动
3468	多半	副	3507	防治	动	3546	封锁*	动
3469	多亏	动、副	3508	防碍*	动	3547	风格*	名
3470	多劳多得		3509	纺	动	3548	风气*	名
3471	多余	形	3510	放手	动	3549	疯	形
3472	夺取*	动	3511	放松	动	3550	疯狂	形
3473	俄语/俄文	名	3512	放学*	动	3551	缝	动
3474	恶心*	动	3513	放映	动	3552	讽刺*	动
3475	恶化*	动	3514	非	副	3553	佛教	名
3476	恶劣	形	3515	非	形	3554	夫妻	名
3477	儿女*	名	3516	飞快	形	3555	服	动
3478	发电	动	3517	飞行*	动	3556	俯	动
3479	发觉*	动	3518	飞跃	动、名	3557	腐蚀*	动
3480	发射*	动	3519	肥料*	名	3558	腐朽	形
3481	发行	动	3520	肥皂	名	3559	复活节*	名
3482	发育*	动	3521	废	形、动	3560	复制	动
3483	罚*	动	3522	废除	名	3561	负	动
3484	法令*	名	3523	废话	名	3562	负担*	动、名
3485	法院*	名	3524	废墟	名	3563	富有*	形、动
3486	法制*	名	3525	沸腾*	动	3564	富裕*	形
3487	法子	名	3526	费力	动	3565	妇人	名
3488	番	量	3527	分布*	动	3566	改编*	动
3489	翻身	动	3528	分割*	动	3567	改良*	动
3490	繁殖*	动	3529	分工*	动	3568	盖子	名
3491	凡是	副	3530	分解	动	3569	干旱	形
3492	烦	形、动	3531	分离*	动	3570	干扰	动、名
3493	反*	形、动	3532	分裂	动	3571	干涉	动
3494	反	副	3533	分泌	动	3572	甘	形
3495	反而	副	3534	分明*	形	3573	赶忙	副
3496	反击*	动、名	3535	分散	动、形	3574	赶上	动
3497	反问*	动	3536	分数	名	3575	感受*	名、动
3498	返	动	3537	坟	名	3576	敢于	动
3499	犯人*	名	3538	粉	名	3577	干劲	名
3500	犯罪*	动	3539	粉碎	动	3578	缸	名
3501	饭馆	名	3540	分量	名	3579	纲领*	名
3502	泛滥*	动	3541	分子*	名	3580	岗位	名

3581	港币	名	3620	公	形、名	3659	官僚主义*	名
3582	港口*	名	3621	公安	名	3660	观测*	动
3583	高潮*	名	3622	公布*	动	3661	观看	动
3584	高等*	形	3623	公民*	名	3662	观念*	名
3585	高峰	名	3624	公式	名	3663	管道	名
3586	高级*	形	3625	公用*	动	3664	管子	名
3587	高粱	名	3626	官*	名	3665	罐	名
3588	高尚	形	3627	宫殿*	名	3666	惯	形、动
3589	高速	形	3628	弓	名、动	3667	灌	动
3590	高压	名	3629	共和国*	名	3668	灌溉*	动
3591	高中	名	3630	共青团	名	3669	光	名
3592	稿	名	3631	钩	动	3670	光彩*	名、形
3593	告辞	动	3632	钩子	名	3671	光滑	形
3594	歌唱*	动	3633	勾结	动	3672	光临*	动
3595	歌剧*	名	3634	沟	名	3673	广	形
3596	歌曲*	名	3635	购买*	动	3674	规划	名、动
3597	歌颂*	动	3636	辜负	动	3675	规矩	名、形
3598	鸽子	名	3637	孤立	形、动	3676	规则*	名、形
3599	革新*	动、名	3638	鼓动	动	3677	归	动
3600	格外*	副	3639	古典*	形	3678	轨道*	名
3601	隔阂	名	3640	骨干*	名	3679	柜台	名
3602	个儿	名	3641	谷子	名	3680	柜子	名
3603	个体户	名	3642	股	量	3681	贵宾*	名
3604	个性*	名	3643	雇	动	3682	棍子	名
3605	各式各样		3644	顾问	名	3683	锅炉	名
3606	各自*	代	3645	固定*	形、动	3684	国防*	名
3607	给以	动	3646	固然	连	3685	国籍*	名
3608	根源*	名	3647	固体*	名	3686	国旗*	名
3609	耕地	名	3648	瓜	名	3687	国庆节*	名
3610	工地	名	3649	瓜子	名	3688	国务院*	名
3611	工龄	名	3650	寡妇*	名	3689	国营*	形
3612	工钱	名	3651	乖	形	3690	果实	名
3613	攻	动	3652	拐弯儿	动	3691	果树*	名
3614	攻击*	动、名	3653	怪	动	3692	裹	动
3615	攻克	动	3654	怪	副	3693	过	副
3616	功课	名	3655	怪不得	动、副	3694	过渡*	动
3617	功劳*	名	3656	关	名	3695	过分*	形
3618	功能*	名	3657	关怀	动	3696	咳	叹
3619	供应	动	3658	关头	名	3697	海拔*	名

3698	海军*	名	3737	后方*	名	3776	黄昏*	名
3699	海面*	名	3738	后果*	名	3777	黄色*	名
3700	海峡*	名	3739	后头*	名	3778	晃	动
3701	害虫	名	3740	后退*	动	3779	灰	名
3702	含糊	形	3741	呼呼	象声	3780	灰尘	名
3703	含量*	名	3742	忽视*	动	3781	灰心	动
3704	喊叫	动	3743	胡说	动	3782	辉煌*	形
3705	旱	形	3744	胡同	名	3783	回想*	动
3706	焊	动	3745	蝴蝶*	名	3784	毁	动
3707	行	名	3746	护	动	3785	汇	动
3708	行列*	名	3747	互助	动	3786	汇报	动、名
3709	行业	名	3748	花朵	名	3787	汇款	动、名
3710	航行	动	3749	花生	名	3788	昏	动、形
3711	毫米	量	3750	哗哗	象声	3789	浑身*	名
3712	好	连	3751	华侨	名	3790	混合	动
3713	好比	动	3752	华人*	名	3791	混乱*	形
3714	耗	动	3753	滑雪	动、名	3792	混凝土	名
3715	好奇*	形	3754	画家	名	3793	混淆	动
3716	呵	叹	3755	画蛇添足*		3794	活	形
3717	核*	名	3756	化工*	名	3795	活该	动
3718	何必	副	3757	化石*	名	3796	伙	量
3719	何况	连	3758	化验	动	3797	伙伴	名
3720	合唱*	动、名	3759	话剧	名	3798	火箭	名
3721	合成*	动	3760	怀	动、名	3799	火力*	名
3722	合法	形	3761	怀念	动	3800	火焰	名
3723	合格	形	3762	怀疑*	动	3801	火药	名
3724	合金	名	3763	坏蛋	名	3802	获	动
3725	合算	形、动	3764	欢呼*	动	3803	或多或少	
3726	河流*	名	3765	欢乐	形	3804	货币*	名
3727	黑夜	名	3766	欢喜	形	3805	货物*	名
3728	痕迹*	名	3767	缓和	动、形	3806	基层	
3729	狠	形	3768	缓缓	副	3807	基地*	名
3730	恨不得	动	3769	缓慢	形	3808	机	名
3731	横	形	3770	患	动	3809	机动	形
3732	宏伟	形	3771	幻灯	名	3810	机构*	名
3733	洪水*	名	3772	幻想	动、名	3811	肌肉	名
3734	喉咙	名	3773	唤	动	3812	饥饿*	形
3735	吼	动	3774	荒	形	3813	极端*	形、名
3736	后代*	名	3775	慌忙*	形	3814	集团	名

3815	急躁*	形	3854	坚硬	形	3893	觉	名
3816	疾病*	名	3855	尖子	名	3894	揭	动
3817	即将	副	3856	煎	动	3895	揭露	动
3818	即使	连	3857	兼	动	3896	接连	副
3819	级别*	名	3858	艰难	形	3897	阶层*	名
3820	给予*	动	3859	检讨*	动、名	3898	结	动
3821	技能*	名	3860	检验	动	3899	截	动
3822	技巧*	名	3861	简便*	形	3900	节	动
3823	季	名	3862	简直	副	3901	竭力	副
3824	寂寞	形	3863	鉴定*	动、名	3902	洁白*	形
3825	计	名、动	3864	贱	形	3903	结	动、名
3826	计算机*	名	3865	见解*	名	3904	结果*	名
3827	记载*	动	3866	健全	形、动	3905	解放军*	名
3828	继承*	动	3867	渐	副	3906	解剖*	动
3829	夹子	名	3868	溅	动	3907	界线	名
3830	佳	形	3869	建造	动	3908	借口	动、名
3831	家伙	名	3870	僵	形	3909	金鱼	名
3832	家属*	名	3871	将军*	名	3910	今日*	名
3833	加紧	动	3872	奖金	名	3911	紧急	形
3834	加入*	动	3873	奖励*	动、名	3912	紧密	形
3835	加速	动	3874	讲究	动、形	3913	紧俏	形
3836	加油	动	3875	讲课	动	3914	谨慎*	形
3837	甲	名	3876	讲义	名	3915	进军*	动
3838	假如	连	3877	酱	名	3916	近代	名
3839	假若	连	3878	焦急	形	3917	浸	动
3840	假使	连	3879	胶卷	名	3918	尽力*	动
3841	价	名	3880	交代*	动	3919	惊	动
3842	价钱	名	3881	交谈	动	3920	惊动*	动
3843	架	动	3882	交易*	名	3921	惊奇	形
3844	架子	名	3883	浇	动	3922	惊人	形
3845	驾驶	动	3884	搅	动	3923	惊讶	形
3846	假	名	3885	脚步	名	3924	惊异	形
3847	假期	名	3886	狡猾*	形	3925	精	形
3848	嫁	动	3887	角度	名	3926	精神*	形
3849	歼灭	动	3888	角落	名	3927	精细	形
3850	监督*	动	3889	教导	动、名	3928	精致	形
3851	监视*	动	3890	教练*	名	3929	鲸鱼	名
3852	监狱*	名	3891	教堂	名	3930	经费*	名
3853	坚固*	形	3892	教研室	名	3931	经营*	动

3932	警告*	动、名	3970	绝	形	4009	空	动、形
3933	警惕	动	3971	均匀	形	4010	口气	名
3934	景色*	名	3972	军备*	名	4011	口试	名
3935	景物	名	3973	军官*	名	4012	口头*	形
3936	景象*	名	3974	军舰	名	4013	枯	形
3937	境	名	3975	军人*	名	4014	窟窿	名
3938	敬酒	动	3976	开办	动	4015	夸	动
3939	竟	副	3977	开除	动	4016	垮	动
3940	竟然	副	3978	开动	动	4017	快餐	名
3941	竞争*	动、名	3979	开发*	动	4018	快活*	形
3942	净	形	3980	开饭	动	4019	宽阔	形
3943	净	副	3981	开口	动	4020	款待*	动
3944	揪	动	3982	开幕*	动	4021	筐	名
3945	酒店*	名	3983	开设*	动	4022	狂	形
3946	舅舅	名	3984	开水	名	4023	狂风	名
3947	舅母	名	3985	开夜车		4024	矿石*	名
3948	就	动	3986	刊物	名	4025	况且	连
3949	就是说		3987	看	动	4026	昆虫*	名
3950	就是…… 也……		3988	抗议*	动、名	4027	阔	形
			3989	考察*	动	4028	喇叭	名
3951	居民	名	3990	考验	动、名	4029	蜡烛	名
3952	居然	副	3991	靠近	动	4030	辣	形
3953	居住*	动	3992	科技*	名	4031	辣椒	名
3954	局*	名	3993	科普	名	4032	来宾*	名
3955	局部*	名	3994	壳	名	4033	来回	副、名
3956	局面*	名	3995	可不是		4034	来客	名
3957	举办	动	3996	可见	连	4035	来往*	动、名
3958	聚	动	3997	可巧	副	4036	来源*	名
3959	聚集	动	3998	可惜	顶	4037	篮子	名
3960	聚精会神		3999	可笑	顶	4038	朗诵*	动
3961	据	动、介	4000	可行	动	4039	牢	形
3962	距	介	4001	渴望*	动	4040	牢固	形
3963	剧*	名	4002	客*	名	4041	牢骚	名
3964	剧烈	形	4003	客观*	名、形	4042	老年*	名
3965	剧院	名	4004	客厅	名	4043	老婆	名
3966	卷*	量	4005	课堂	名	4044	老人家	名
3967	觉	动	4006	坑	名、动	4045	老乡	名
3968	决口	动、名	4007	空军*	名	4046	姥姥	名
3969	决议*	名	4008	恐怖	形	4047	乐	动

4048	类似*	形	4087	留学*	动	4126	盲目*	形
4049	类型*	名	4088	流传*	动	4127	毛笔	名
4050	冷静*	形	4089	流动	动	4128	毛线	名
4051	冷却*	动	4090	流氓	名	4129	毛泽东思想*	名
4052	冷饮	名	4091	流水*	名	4130	茅台酒*	名
4053	愣	动、形	4092	流行*	动、形	4131	梅花*	名
4054	黎明*	名	4093	流域*	名	4132	没说的	
4055	理	动	4094	柳树	名	4133	眉毛	名
4056	理	名	4095	笼子	名	4134	眉头	名
4057	里头	名	4096	拢	动	4135	美观*	形
4058	礼	名	4097	垄断*	动	4136	闷	形、动
4059	礼拜*	名	4098	笼罩	动	4137	门诊	名
4060	历年	名	4099	楼道	名	4138	闷	形
4061	利	名	4100	楼房	名	4139	蒙	动
4062	利润*	名	4101	搂	动	4140	猛	形
4063	力求	动	4102	露面*	动	4141	猛烈*	形
4064	力争	动	4103	喽	助	4142	猛然	副
4065	联络*	动	4104	炉子	名	4143	梦想*	动、名
4066	联盟	名	4105	路过	动	4144	眯	动
4067	连接*	动	4106	路口	名	4145	迷	动
4068	脸色	名	4107	露	动	4146	迷糊	形
4069	炼	动	4108	陆地*	名	4147	迷信*	动、名
4070	凉水	名	4109	陆军*	名	4148	谜语	名
4071	两旁	名	4110	驴	名	4149	秘书*	名
4072	量*	名	4111	铝	名	4150	蜜	名
4073	谅解*	形	4112	旅游	动	4151	免得	连
4074	料		4113	卵	名	4152	勉强	形、动
4075	列车*	名	4114	掠夺*	动	4153	面对	动
4076	裂	动	4115	轮廓*	名	4154	面粉	名
4077	烈士*	名	4116	轮流	动	4155	面孔	名
4078	猎人	名	4117	轮子	名	4156	面临	动
4079	淋	动	4118	论	名	4157	苗	名
4080	零件	名	4119	逻辑	名	4158	灭亡	动
4081	灵魂*	名	4120	锣	名	4159	民兵	名
4082	领会	动	4121	骆驼*	名	4160	民间	名
4083	领土*	名	4122	马克思主义	名	4161	民用*	形
4084	领域*	名	4123	瞒	动	4162	敏捷	形
4085	令		4124	满腔	名	4163	明白*	形、动
4086	溜	动	4125	漫长	形	4164	明明	副

编号	词	词性	编号	词	词性	编号	词	词性
4165	明信片	名	4204	娘	名	4243	蓬勃	形
4166	鸣	动	4205	捏	动	4244	棚	名
4167	命*	名、动	4206	拧	动	4245	膨胀*	动
4168	模范*	名	4207	宁可	连	4246	碰钉子	
4169	模糊*	形	4208	扭转	名	4247	批	动
4170	模型*	名	4209	农场*	名	4248	疲倦*	形
4171	摩托车	名	4210	农具	名	4249	屁股	名
4172	抹	动	4211	农贸市场	名	4250	譬如	动
4173	末*	名	4212	农田	名	4251	偏	形
4174	墨*	名	4213	农药*	名	4252	偏偏	副
4175	陌生	形	4214	农作物*	名	4253	飘扬	动
4176	某些	代	4215	奴隶	名	4254	拚	动
4177	墓	名	4216	怒	形	4255	贫苦	形
4178	幕*	名	4217	女子*	名	4256	贫穷*	形
4179	木材*	名	4218	噢	叹	4257	品德*	名
4180	目光	名	4219	哦	叹	4258	品质	名
4181	牧场*	名	4220	偶尔	副	4259	平凡	形
4182	牧民	名	4221	偶然	形	4260	平衡*	形、动
4183	拿……来说		4222	趴	动	4261	平行	形
4184	奶	名	4223	拍摄	动	4262	凭	动、介
4185	耐	动	4224	拍子	名	4263	评*	动
4186	耐烦	形	4225	排斥*	动	4264	评价*	动、名
4187	男子*	名	4226	排列	动	4265	评论*	动、名
4188	难得	形	4227	牌子	名	4266	泼	动
4189	难怪	动、连	4228	攀	动	4267	破产*	动
4190	难题*	名	4229	攀登	动	4268	破烂	形
4191	难以	副	4230	盘	动	4269	迫害	动
4192	脑筋	名	4231	盼	动	4270	葡萄*	名
4193	脑力	名	4232	畔	名	4271	普及*	动、形
4194	闹笑话		4233	抛	动	4272	普通话*	名
4195	闹着玩儿		4234	炮弹*	名	4273	欺负	动
4196	内科*	名	4235	泡	动、名	4274	漆*	名
4197	嫩	形	4236	培养*	动	4275	其	代
4198	能*	形	4237	培育	动	4276	其实*	副
4199	能	名	4238	赔偿	动	4277	棋	名
4200	能歌善舞		4239	陪同	动、名	4278	奇迹*	名
4201	能量	名	4240	配	动	4279	旗袍	名
4202	泥土	名	4241	佩服	动	4280	旗帜*	名
4203	念书	动	4242	盆地*	名	4281	起初	名

4282	起飞	动	4321	轻视*	动	4360	人心*	名
4283	起义	动、名	4322	轻易	形	4361	忍不住	
4284	起源*	名、动	4323	倾向*	动、名	4362	忍耐*	动
4285	器材	名	4324	清晨	名	4363	忍受	动
4286	器官*	名	4325	清除	动	4364	任	介、连
4287	气*	名	4326	清洁*	形	4365	任	动
4288	气氛	名	4327	清晰	形	4366	任性	形
4289	气愤	形	4328	清醒	形、动	4367	任意*	副
4290	气概*	名	4329	晴天	名	4368	仍旧	副
4291	气体*	名	4330	情	名	4369	日报*	名
4292	气味	名	4331	情报*	名	4370	日夜	名
4293	气压*	名	4332	请教	动	4371	日益	副
4294	汽船	名	4333	请示	动	4372	日用*	形
4295	恰当*	形	4334	穷人	名	4373	荣幸	形
4296	恰好	副	4335	秋季*	名	4374	容	动
4297	恰恰	副	4336	丘陵	名	4375	容器*	名
4298	铅	名	4337	区域	名	4376	容许	动
4299	千方百计		4338	曲折	形	4377	揉	动
4300	千克	量	4339	渠道	名	4378	柔软*	形
4301	谦虚*	形	4340	娶	动	4379	如此	代
4302	前方*	名	4341	趣味	名	4380	如同	动
4303	前后	名	4342	圈子	名	4381	如下	动
4304	前头	名	4343	权利	名	4382	软弱*	形
4305	歉意	名	4344	权力	名	4383	若	连
4306	墙壁	名	4345	全局	名	4384	若干*	数
4307	强迫*	动	4346	拳头	名	4385	塞	动
4308	翘	动	4347	劝告	动、名	4386	散	动、形
4309	切实	形	4348	群岛	名	4387	散文	名
4310	侵犯*	动	4349	燃料	名	4388	散	动
4311	侵入*	动	4350	染料	名	4389	散布*	动
4312	亲*	形	4351	饶	动	4390	丧失	动
4313	亲热	形	4352	热带*	名	4391	色彩*	名
4314	亲人	名	4353	热量*	名	4392	纱	名
4315	亲眼	副	4354	人家*	代	4393	删	动
4316	琴	名	4355	人间	名	4394	山地	名
4317	勤劳*	形	4356	人力	名	4395	山峰	名
4318	青菜	名	4357	人群	名	4396	山谷	名
4319	青春	名	4358	人士	名	4397	闪电	名
4320	青蛙	名	4359	人体	名	4398	闪烁	动

4399	扇子	名	4438	慎重*	形	4477	市长*	名
4400	伤害*	动	4439	申明	动、名	4478	收割	动
4401	伤口	名	4440	生	名	4479	收集*	动
4402	伤脑筋		4441	生病	动	4480	收缩	动
4403	商人*	名	4442	生存*	动	4481	手枪	名
4404	上帝*	名	4443	生理	名	4482	手势	名
4405	上升*	动	4444	省得	连	4483	守	动
4406	上述*	名	4445	省长	名	4484	寿命*	名
4407	上头	名	4446	圣诞节*	名	4485	售	动
4408	上下*	名	4447	剩余*	动、名	4486	售货	动
4409	上旬*	名	4448	师范	名	4487	梳	动
4410	上游	名	4449	失掉	动	4488	梳子	名
4411	少女*	名	4450	失眠	动	4489	舒畅*	形
4412	少先队	名	4451	湿润*	形	4490	书本	名
4413	舍不得	动	4452	诗人*	名	4491	书籍*	名
4414	舍得	动	4453	时常	副	4492	树立	动
4415	摄氏*	名	4454	时机	名	4493	数目*	名
4416	摄影	动	4455	时节	名	4494	束	量
4417	射击	动	4456	时时	副	4495	束缚*	动
4418	社会主义*	名	4457	实话	名	4496	数据	名
4419	社论*	名	4458	实况	名	4497	数目	名
4420	设	动	4459	实施*	动	4498	刷子	名
4421	设法	动	4460	实习	动	4499	耍	动
4422	设想	动、名	4461	实质	名	4500	衰弱*	形
4423	申请*	动	4462	使得	动	4501	拴	动
4424	身材	名	4463	使劲	动	4502	霜	名
4425	身份*/身分	名	4464	驶	动	4503	双*	形
4426	身子	名	4465	示威	动	4504	水分	名
4427	深度	名	4466	士兵*	名	4505	水库	名
4428	深夜	名	4467	似的	助	4506	水利	名
4429	神话	名	4468	事故	名	4507	水力	名
4430	神秘	形	4469	事迹	名	4508	睡眠*	名
4431	神气*	名、形	4470	事务	名	4509	税*	名
4432	神情	名	4471	逝世	动	4510	顺	形、动
4433	神圣	形	4472	势力*	名	4511	顺手	形
4434	审查*	动	4473	是的	助	4512	说不定	副
4435	婶子	名	4474	是非*	名	4513	说法*	名
4436	甚至	副、连	4475	是否	副	4514	说服	动
4437	甚至于*	连	4476	适宜	形	4515	思考*	动

4516	思念*	动	4555	滩	名	4594	亭子*	名
4517	思索*	动	4556	谈话*	名	4595	挺	动
4518	思维	名	4557	谈论*	动	4596	通常*	形
4519	私有	形	4558	坦克	名	4597	通顺	形
4520	丝毫	形	4559	探索*	动	4598	通信*	动
4521	死	形	4560	叹气	动	4599	同伴*	名
4522	死亡*	动	4561	倘如	连	4600	同胞*	名
4523	四处	名	4562	桃	名	4601	同盟	名
4524	四面八方*	形	4563	逃避*	动	4602	筒*	名
4525	四周	名	4564	特	形	4603	统计	动、名
4526	饲养	动	4565	特务	名	4604	统统	副
4527	松树	名	4566	特征	名	4605	投机*	形、动
4528	送礼	动	4567	提包	名	4606	投降*	动
4529	搜集*	动	4568	提纲	名	4607	头脑	名
4530	艘	量	4569	提问	动	4608	透明*	形
4531	俗话	名	4570	提醒	动	4609	突破*	动、名
4532	速成*	动	4571	提议*	动、名	4610	画面	名
4533	算是	动	4572	蹄	名	4611	徒弟*	名
4534	算数*	动	4573	体操	名	4612	途径	名
4535	虽	连	4574	体力	名	4613	土	形
4536	虽说	连	4575	体面*	名、形	4614	土壤*	名
4537	随后	副	4576	体温	名	4615	团体	名
4538	随即	副	4577	体现	动	4616	团员*	名
4539	随手	副	4578	天才	名	4617	团长	名
4540	岁数	名	4579	天空	名	4618	推迟	动
4541	孙女*	名	4580	天然*	形	4619	推辞	动
4542	孙子*	名	4581	天然气	名	4620	推翻	动
4543	损害	动	4582	天上*	名	4621	推荐	动
4544	损坏	动	4583	天文*	名	4622	推进	动
4545	缩短	动	4584	天下	名	4623	退步*	动、名
4546	缩小	动	4585	天主教*	名	4624	退休	动
4547	锁	名	4586	田地	名	4625	吞	动
4548	锁	动	4587	挑选	动	4626	拖拉机	名
4549	所在*	名	4588	条例	名	4627	托儿所	名
4550	塌	动	4589	调节*	动	4628	驮	动
4551	踏实	形	4590	调皮	形	4629	妥当*	形
4552	踏	动	4591	跳动	动	4630	娃娃	名
4553	摊	动	4592	厅	名	4631	瓦	名
4554	摊	名、量	4593	停留	动	4632	歪曲*	动

4633	外部*	名	4672	慰问	动	4711	瞎	动、副
4634	外界*	名	4673	温	形、动	4712	虾	名
4635	外科*	名	4674	温带*	名	4713	峡谷*	名
4636	外头	名	4675	温和*	形	4714	下降*	动
4637	外衣	名	4676	蚊子	名	4715	下列	形
4638	外祖父*	名	4677	闻名	动	4716	下旬	名
4639	外祖母*	名	4678	吻	名、动	4717	下游	名
4640	弯曲*	形	4679	嗡	象声	4718	夏季*	名
4641	玩笑	名	4680	卧	动	4719	鲜明*	形
4642	玩意儿	名	4681	诬蔑	动	4720	鲜血*	名
4643	顽固*	形	4682	无比	形	4721	鲜艳*	形
4644	顽强*	形	4683	无产阶级*	名	4722	咸	形
4645	丸	量	4684	无法*	动	4723	闲话	名
4646	完备*	形	4685	无可奈何		4724	嫌	动
4647	完善	形、动	4686	无论如何		4725	显示	动
4648	挽	动	4687	无情*	形	4726	险	形
4649	挽救	动	4688	无所谓	动	4727	现*	动、副
4650	晚报	名	4689	无线电*	名	4728	现成	形
4651	万分*	副	4690	无疑	形	4729	县城	名
4652	万古长青		4691	武装*	名、动	4730	宪法*	名
4653	万岁*	动、名	4692	舞蹈	名	4731	陷	动
4654	万万	副	4693	舞会	名	4732	线路*	名
4655	万一*	名、副	4694	舞台	名	4733	相对	动、形
4656	网	名	4695	侮辱	动	4734	香烟	名
4657	往来*	动	4696	物品*	名	4735	箱	量
4658	威胁*	动	4697	物体	名	4736	乡村*	名
4659	微小*	形	4698	物资	名	4737	响亮	形
4660	违背*	动	4699	误	形、动	4738	巷	名
4661	围巾	名	4700	西服	名	4739	相声	名
4662	为难	动	4701	西医	名	4740	向导	名
4663	为首	动	4702	吸取	动	4741	向来	副
4664	为止	动	4703	稀	形	4742	象征*	动、名
4665	维持*	动	4704	袭击*	动	4743	削	动
4666	维生素	名	4705	媳妇	名	4744	消除	动
4667	委屈	形	4706	喜爱	动	4745	消毒*	动
4668	委托*	动	4707	喜悦	形	4746	消耗	动、名
4669	未必	副	4708	戏剧	名	4747	消极	形
4670	味	名	4709	细胞	名	4748	小便*	名
4671	位于	动	4710	细致	形	4749	小组*	名

4750	笑容	名	4789	叙述*	动	4828	研制	动
4751	协定*	名	4790	宣告*	动	4829	岩石*	名
4752	协会*	名	4791	宣言*	名	4830	沿海	名
4753	协助*	动	4792	悬	动	4831	掩盖	动
4754	协作	动	4793	悬崖*	名	4832	掩护*	动
4755	写作	动	4794	旋转	动	4833	眼光	名
4756	卸	动	4795	选修	动	4834	眼看	动、副
4757	欣赏	动	4796	学会	名	4835	演说*	动、名
4758	辛勤*	形	4797	学科	名	4836	燕子	名
4759	新生*	形、名	4798	学年*	名	4837	厌恶*	动
4760	新式*	形	4799	学时	名	4838	扬	动
4761	新型*	形	4800	学说	名	4839	洋	形
4762	心爱	形	4801	学位	名	4840	氧气	名
4763	心理*	名	4802	学员*	名	4841	养成*	动
4764	心事	名	4803	学者	名	4842	养料	名
4765	心思	名	4804	学制	名	4843	摇摆	动
4766	心意	名	4805	雪花	名	4844	摇晃	动
4767	信号*	名	4806	血管	名	4845	遥远*	形
4768	信念*	名	4807	血汗	名	4846	窑	名
4769	信任*	动	4808	循环*	动	4847	谣言	名
4770	信息	名	4809	询问	动	4848	药方	名
4771	形态*	名	4810	寻	动	4849	药品*	名
4772	行人	名	4811	压力	名	4850	药水·儿	名
4773	行驶	动	4812	压缩	动	4851	药物*	名
4774	行为*	名	4813	压制	动	4852	要	连
4775	行政*	名	4814	押	动	4853	要不	连
4776	兴高采烈		4815	鸭子	名	4854	要不然	连
4777	幸亏	副	4816	芽	名	4855	要不是	连
4778	性别*	名	4817	牙齿	名	4856	要点*	名
4779	性能	名	4818	牙膏	名	4857	要好	形
4780	凶*	形	4819	亚军	名	4858	钥匙	名
4781	凶恶*	形	4820	烟	名	4859	野兽*	名
4782	修建	动	4821	烟囱	名	4860	夜间*	名
4783	修正*	动	4822	淹	动	4861	液体	名
4784	修筑	动	4823	严*	形	4862	一带*	名
4785	锈	名、动	4824	严禁*	动	4863	一一*	副
4786	绣		4825	严厉*	形	4864	一口气	副
4787	需	动	4826	严密*	形、动	4865	一连	副
4788	须	助动	4827	研究生*	名	4866	一路平安	

4867	一路顺风		4905	银幕*	名	4944	友爱*	形、名
4868	一面……一面……		4906	饮料*	名	4945	幼儿园	名
4869	一旁	名	4907	引	动	4946	幼稚*	形
4870	一系列	形	4908	引导*	动	4947	愚蠢	形
4871	一下	副	4909	引进	动	4948	余	动、名、数
4872	一向	副	4910	隐约	形	4949	渔民*	名
4873	一心*	形	4911	印染	动	4950	娱乐	动、名
4874	一行*	名	4912	英镑	名	4951	与其	连
4875	一阵	名	4913	英明*	形	4952	宇宙*	名
4876	一再	副	4914	婴儿*	名	4953	语文*	名
4877	医疗*	动	4915	迎	动	4954	浴室	名
4878	依旧	形	4916	影片	名	4955	愈……愈……	
4879	依据*	动、名	4917	应	动	4956	寓言*	名
4880	依然*	副	4918	应酬	动	4957	预报*	动、名
4881	依照	介	4919	应付	动	4958	预防*	动
4882	伊斯兰教	名	4920	应邀	动	4959	预告	动、名
4883	遗产*	名	4921	硬	副	4960	预先*	副
4884	遗憾*	形	4922	哟	助动	4961	预祝	动
4885	遗留	动	4923	拥挤	动	4962	冤枉	动、形
4886	仪表	名	4924	踊跃	形	4963	元旦*	名
4887	仪式*	名	4925	涌	动	4964	元素	名
4888	疑心*	动、名	4926	用品	名	4965	元宵	名
4889	姨	名	4927	用途	名	4966	原理	名
4890	倚	动	4928	用心	动、形、名	4967	原始*	形
4891	乙*	名	4929	优胜	形	4968	原先	形
4892	以便	连	4930	优势	名	4969	原子	名
4893	以至	连	4931	优越	形	4970	原子弹*	名
4894	以致	连	4932	邮包	名	4971	援助*	动
4895	抑制*		4933	犹豫*	形	4972	园林	名
4896	易	形	4934	油田	名	4973	圆满	形
4897	意识*	名、动	4935	游	动	4974	缘故*	名
4898	意味着	动	4936	游戏*	名	4975	愿*	动、助动
4899	毅力	名	4937	游行	动	4976	怨	名、动
4900	义务*	名	4938	有机	形	4977	越	动
4901	议会	名	4939	有两下子		4978	跃进*	动
4902	音*	名	4940	有限	形	4979	月光	名
4903	阴谋	名	4941	有一些	副	4980	乐器	名
4904	阴天	名	4942	有意	动	4981	晕	动
			4943	有益*	形	4982	运气*	名

附录1 "对韩汉语教学用词表"总表(10,037个)

4983	运转*	动	5022	战术*	名	5061	蒸汽	名
4984	砸	动	5023	战线*	名	5062	挣扎	动
4985	杂文*	名	5024	战友*	名	5063	征	动
4986	杂志*	名	5025	张	动	5064	征服*	动
4987	杂质	名	5026	张望	动	5065	争夺*	动
4988	栽	动	5027	长(秘书长)*	尾	5066	整	形、动
4989	灾难*	名	5028	掌声	名	5067	整顿*	动
4990	载	动	5029	账/帐	名	5068	整风	动
4991	载重	动	5030	胀	动	5069	整体	名
4992	再三*	副	5031	障碍*	名、动	5070	正当*	形
4993	再说	动、连	5032	招	动	5071	正经*	形
4994	在于	动	5033	招手	动	5072	正面	名、形
4995	在座	动	5034	着凉	动	5073	正义	名、形
4996	赞美*	动	5035	照例*	副	5074	政党	名
4997	赞扬*	动	5036	照相机	名	5075	政权	名
4998	遭	动	5037	照样	副	5076	症状*	名
4999	遭遇*	动	5038	照耀	动	5077	挣	动
5000	糟	形	5039	罩	动、名	5078	证件	名
5001	凿	动	5040	召集*	动	5079	证据*	名
5002	早期*	名	5041	遮	动	5080	证实	动
5003	早晚*	名、副	5042	折合	动	5081	证书*	名
5004	早已	副	5043	折磨	动、名	5082	枝	名、量
5005	责备	动	5044	者(爱好者)*	名、尾	5083	支	动
5006	增产*	动	5045	这会儿	名	5084	支配*	动
5007	增进	动	5046	这样一来		5085	知	动
5008	增强*	动	5047	珍贵*	形	5086	知识分子*	名
5009	赠送*	动	5048	珍惜	动	5087	之*	助
5010	扎实	形	5049	珍珠	名	5088	之	代
5011	渣	名	5050	真是	副、叹	5089	之类	名
5012	炸	动	5051	针灸*	名、动	5090	之内	名
5013	炸	动	5052	枕头	名	5091	之外	名
5014	债	名	5053	震	动	5092	职员*	名
5015	沾	动	5054	震动*	动	5093	直达	动
5016	盏*	量	5055	振动*	动	5094	殖民地*	名
5017	崭新*	形	5056	镇	名	5095	值	动
5018	占领*	动	5057	镇静*	形	5096	指标	名
5019	占有*	动	5058	镇压*	动	5097	指点*	动
5020	战场*	名	5059	阵地*	名	5098	指南针*	名
5021	战略*	名	5060	蒸发*	动	5099	指头	名

5100	指引	动	5139	注视*	动	5178	自身*	名
5101	只得	副	5140	祝愿*	动、名	5179	自始自终	
5102	志愿*	名	5141	驻	动	5180	自私	形
5103	至于	连、副	5142	专	形、名	5181	自相矛盾	
5104	致	动	5143	专政*	动、名	5182	自信*	动、形
5105	制	动、名	5144	砖	名	5183	自言自语	
5106	制止*	动	5145	转播*	动	5184	自愿	动
5107	制作	动	5146	转达	动	5185	自治	动
5108	智慧	名	5147	转动	动	5186	自治区*	名
5109	质*	名	5148	转化	动	5187	自主	动
5110	治疗	动	5149	转入*	动	5188	字典	名
5111	中部*	名	5150	转弯	动	5189	字母	名
5112	中断*	动	5151	转移*	动	5190	宗教	名
5113	中年*	名	5152	赚	动	5191	总*	动、形
5114	中旬*	名	5153	转动	动	5192	总得	助动
5115	中医	名	5154	桩	名、量	5193	总而言之	
5116	忠诚	形	5155	装备*	动、名	5194	总共	副
5117	忠实	形	5156	装饰*	动、名	5195	总算	副
5118	衷心	形	5157	装置*	动、名	5196	总之	连
5119	终身*	名	5158	幢	量	5197	走后门儿	
5120	种类*	名	5159	壮	形、动	5198	走廊	名
5121	肿	动	5160	壮大	动、形	5199	走弯路	
5122	中	动	5161	壮丽*	形	5200	租	动、名
5123	种植	动	5162	追求*	动	5201	足	形
5124	周末*	名	5163	着手*	动	5202	足*	名
5125	周年*	名	5164	着重	动	5203	祖父	名
5126	粥*	名	5165	资本*	名	5204	祖母	名
5127	皱	动	5166	资本家*	名	5205	祖先	名
5128	皱纹*	名	5167	资本主义*	名	5206	阻碍	动、名
5129	嘱咐	动	5168	资产阶级*	名	5207	阻力	名
5130	主持	动	5169	资格	名	5208	阻止	动
5131	主力	名	5170	资金	名	5209	组成	动
5132	主权	名	5171	姿势*	名	5210	组长	名
5133	柱子	名	5172	姿态*	名	5211	嘴唇	名
5134	助	动	5173	子*	名	5212	罪*	名
5135	助手*	名	5174	子弹	名	5213	罪恶	名
5136	铸	动	5175	自豪	形	5214	罪行	名
5137	住宅*	名	5176	自来水	名	5215	尊重	动
5138	注射*	动	5177	自满*	形	5216	作风*	名

5217	作物*	名	5256	百倍*	形	5295	保温*		动
5218	作战	动	5257	百分比*	名	5296	保养*		动
5219	座儿	名	5258	百花齐放*		5297	保重		动
5220	哀悼*	动	5259	百家争鸣*		5298	堡垒		名
5221	哀求	动	5260	摆动	动	5299	饱和		形
5222	艾滋病	名	5261	败坏	动	5300	饱满		形
5223	爱戴	动	5262	拜	动	5301	宝贝		名
5224	爱面子		5263	拜年	动	5302	宝剑*		名
5225	爱惜*	动	5264	斑	名	5303	宝库*		名
5226	碍事	形	5265	班机	名	5304	报复*		名
5227	安宁*	形	5266	班子	名	5305	抱怨		动
5228	安稳*	形	5267	搬运	动	5306	报答*		动
5229	安详	形	5268	扳	动	5307	报考		动
5230	安置*	动	5269	颁布*	动	5308	报销		动
5231	按劳分配		5270	颁发	动	5309	暴动*		动、名
5232	暗淡*	形	5271	版*	名	5310	暴风骤雨		
5233	暗杀*	动	5272	扮	动	5311	暴力		名
5234	暗示*	动	5273	扮演	动	5312	爆		动
5235	暗中*	名	5274	拌	动	5313	爆破*		动
5236	案*	名	5275	伴	动、名	5314	爆竹*		名
5237	案件*	名	5276	伴侣*	名	5315	悲惨		形
5238	案情	名	5277	伴随	动	5316	悲愤		形
5239	昂贵*	形	5278	伴奏*	动	5317	悲剧*		名
5240	昂扬	形	5279	半边天		5318	悲伤*		形
5241	凹	形	5280	半截	名	5319	卑鄙		形
5242	袄	名	5281	半路	名	5320	背面		名
5243	芭蕾舞	名	5282	半数	名	5321	背叛*		动
5244	捌	数	5283	半途而废		5322	贝壳		名
5245	疤	名	5284	半真半假		5323	备用		动
5246	巴结	动	5285	办学	动	5324	被告*		名
5247	把柄	名	5286	绑架	动	5325	奔驰		动
5248	把关	动	5287	棒球	名	5326	奔腾		动
5249	把手	名	5288	包办	动	5327	本能		名
5250	把戏	名	5289	包干儿	动	5328	本钱		名
5251	霸道*	形	5290	包裹	名	5329	本性		名
5252	霸权*	名	5291	包装	动、名	5330	本着		介
5253	霸占	动	5292	雹子	名	5331	笨蛋		名
5254	掰	动	5293	保健*		5332	笨重		形
5255	白酒*	名	5294	保姆*	名	5333	笨拙		形

5334	崩溃*	动	5373	辨认	动	5412	不当*	形
5335	绷	动	5374	辩护*	动	5413	不得	动
5336	绷带*	名	5375	辩解	动	5414	不得已*	形
5337	蹦	动	5376	辩证*	形、动	5415	不等	形
5338	逼近	动	5377	辫子	名	5416	不定	副
5339	逼迫*	动	5378	辩证法*	名	5417	不法*	形
5340	鼻涕	名	5379	遍地	名	5418	不妨	副
5341	比分	名	5380	标	动	5419	不公	形
5342	比价	名	5381	标本*	名	5420	不解	动
5343	比喻*	名、动	5382	标题*	名	5421	不堪	动
5344	比重*	名	5383	表彰*	动	5422	不愧	副
5345	笔迹*	名	5384	憋	动	5423	不良*	形
5346	笔直	形	5385	别扭	形	5424	不容	动
5347	彼	代	5386	冰淇淋	名	5425	不时	副
5348	碧绿	形	5387	秉性	名	5426	不惜	动
5349	币	名	5388	病虫害*	名	5427	不相上下	
5350	闭幕式*	名	5389	病毒*	名	5428	不朽*	动
5351	闭塞	形	5390	并存	动	5429	不言而喻	
5352	弊病	名	5391	并非	动	5430	不宜	副
5353	弊端*	名	5392	并列	动	5431	不正之风	
5354	必将	副	5393	并排	动	5432	不知不觉	
5355	臂	名	5394	播放	动	5433	不至于	副
5356	鞭策*	动	5395	播音	动	5434	布局	名
5357	鞭炮	名	5396	播种*	动	5435	步兵*	名
5358	鞭子	名	5397	拨款	动、名	5436	步伐	名
5359	边防*	名	5398	波动*	动	5437	步行*	动
5360	边境*	名	5399	波涛	名	5438	步子	名
5361	编号	名	5400	博览会*	名	5439	部件	名
5362	编者按	名	5401	搏斗	动	5440	部位*	名
5363	贬低	动	5402	驳斥	动	5441	猜测	动
5364	贬义	名	5403	捕捞	动	5442	裁	动
5365	贬值	动	5404	捕捉	动	5443	裁决*	动、名
5366	便道	名	5405	补偿*	动	5444	裁军	动
5367	变更*	动	5406	补救	动	5445	才干	名
5368	变换*	动	5407	补贴	动、名	5446	才智*	名
5369	变迁	动、名	5408	补助	动、名	5447	财	名
5370	变形*	动、名	5409	卜	动	5448	财经*	名
5371	变质	动	5410	不卑不亢		5449	财会	名
5372	辨别*	动	5411	不辞而别		5450	财力*	名

5451	财务*	名	5490	诧异	形	5529	超越*	动
5452	采访*	动、名	5491	岔	名、动	5530	朝代*	名
5453	采集*	动	5492	掺	动	5531	嘲笑*	动
5454	采纳*	动	5493	搀	动	5532	潮流*	名
5455	菜单	名	5494	蝉	名	5533	吵闹	动
5456	餐	动、名	5495	馋	形	5534	吵嘴	动
5457	参军	动	5496	谗言*	名	5535	车床	名
5458	参议院*	名	5497	缠	动	5536	撤退	动
5459	参与*	动	5498	产	动	5537	撤销	动
5460	参阅	动	5499	产地*	名	5538	沉淀*	动、名
5461	参照*	动	5500	产区	名	5539	沉静*	形
5462	残暴	形	5501	产业*	名	5540	沉闷	形
5463	残疾	名	5502	阐明	动	5541	沉痛*	形
5464	残忍*	形	5503	阐述	动	5542	沉着*	形
5465	残余*	名	5504	颤	动	5543	陈旧	形
5466	仓促	形	5505	昌盛*	形	5544	陈述*	动
5467	操	名、动	5506	猖狂	形	5545	称心	形
5468	操劳	动	5507	尝试	动、名	5546	称号	名
5469	操练*	动	5508	常规*	名	5547	城镇	名
5470	槽	名	5509	常见	动、形	5548	成交	动
5471	草率	形	5510	常年	名	5549	成品	名
5472	策划	动	5511	常务	名	5550	成人	名
5473	策略*	名	5512	常用*	形	5551	成套	形
5474	侧面*	名	5513	长处	名	5552	成效	名
5475	测定	动	5514	长短	名	5553	成心*	形
5476	测算	动	5515	长寿*	形	5554	呈	动
5477	层出不穷		5516	长征*	名	5555	呈现	动
5478	层次	名	5517	偿还*	动	5556	乘机	副
5479	蹭	动	5518	厂房	名	5557	乘务员*	名
5480	插嘴	动	5519	厂家	名	5558	惩办	动
5481	叉	动	5520	厂商	名	5559	惩罚*	动
5482	差错	名	5521	场所	名	5560	澄清	动
5483	差距	名	5522	敞开	动	5561	诚心诚意*	
5484	差异*	名	5523	畅谈	动	5562	诚意	名
5485	查处	动	5524	畅通	动	5563	诚挚	形
5486	查获	动	5525	畅销	动	5564	承办	动
5487	查明	动	5526	倡议	动、名	5565	承受	动
5488	查阅	动	5527	超出	动	5566	秤	名
5489	刹那*	名	5528	超级	形	5567	持续*	动

5568	池塘	名	5607	储藏*	动	5646	次品	名
5569	迟缓	形	5608	储存	动	5647	次数*	名
5570	迟疑	动	5609	储蓄*	动	5648	次序	名
5571	赤字*	名	5610	处罚*	动、名	5649	刺	名
5572	充当*	动	5611	处方*	名	5650	葱	名
5573	充沛	形	5612	处境	名	5651	匆匆	形
5574	冲锋	动	5613	处决	动	5652	从……看来	
5575	冲破	动	5614	处置*	动	5653	从容不迫	
5576	重量	量	5615	触	动	5654	从头	副
5577	重申	动	5616	触犯	动	5655	从未	副
5578	崇拜*	动	5617	川流不息		5656	从小	副
5579	崇敬	动	5618	传单*	名	5657	从中	副
5580	抽空	动	5619	传递	动	5658	凑合	动
5581	抽屉	名	5620	传授*	动	5659	凑巧	副
5582	踌躇*	动	5621	传送*	动	5660	粗暴	形
5583	稠密*	形	5622	传真	名	5661	粗粮	名
5584	筹备	动	5623	船舶*	名	5662	粗鲁	形
5585	筹建	动	5624	船只	名	5663	粗细	名
5586	绸子	名	5625	疮	名	5664	促	动
5587	丑恶	形	5626	床铺	名	5665	摧残	动
5588	出差	动	5627	床位	名	5666	翠绿	形
5589	出产*	动	5628	创办	动	5667	脆	形
5590	出动	动	5629	创建	动	5668	脆弱*	形
5591	出发点*	名	5630	创业*	动	5669	存放	动
5592	出访	动	5631	吹牛	动	5670	存款	动、名
5593	出境	动	5632	吹捧	动	5671	磋商	动
5594	出面*	动	5633	捶	动	5672	搭配	动
5595	出名	动、形	5634	春耕	名、动	5673	答辩	动
5596	出品*	名	5635	纯粹*	形	5674	打发	动
5597	出入*	动、名	5636	蠢	形	5675	打猎	动
5598	出色	形	5637	磁铁*	名	5676	大包大揽	
5599	出神	动	5638	雌	形	5677	大臣*	名
5600	出世	动	5639	辞	动、名	5678	大多	副
5601	出售	动	5640	辞职*	动	5679	大公无私	
5602	厨师	名	5641	慈爱	形	5680	大锅饭	名
5603	除此之外		5642	慈祥	形	5681	大局*	
5604	除外*	动	5643	词句	名	5682	大理石*	名
5605	除夕	名	5644	此后*	连	5683	大拇指	名
5606	储备	动	5645	此时	名	5684	大炮*	名

5685	大气压*	名	5724	当天	名	5763	递增	动
5686	大肆	副	5725	档次	名	5764	缔结*	动
5687	大体*	副、名	5726	荡	动	5765	掂	动
5688	大同小异*		5727	刀刃		5766	颠倒*	动
5689	大无畏	形	5728	叨唠	动	5767	颠覆	动
5690	大厦	名	5729	捣	动	5768	颠簸	
5691	大雁	名	5730	捣蛋	动	5769	点火*	动
5692	大有可为		5731	捣乱	动	5770	点名	动
5693	大于	动	5732	倒闭	动	5771	点燃	动
5694	歹徒	名	5733	导航		5772	点缀*	动
5695	带劲	形	5734	导游	名	5773	点子	名
5696	代号	名	5735	到来*	动	5774	电路	名
5697	代数*	名	5736	到期	动	5775	电钮	名
5698	贷	动	5737	倒退	动	5776	电气*	名
5699	贷款	动、名	5738	稻子	名	5777	电源*	名
5700	待业	动	5739	悼念	动	5778	店员	名
5701	怠工	动	5740	盗	动	5779	淀粉	名
5702	怠慢*	动	5741	盗窃*	动	5780	殿*	名
5703	担保	动	5742	得不偿失		5781	刁	形
5704	担忧	动	5743	得力	形	5782	叼	动
5705	丹	动	5744	得以	动	5783	雕塑*	动、名
5706	单元*	名	5745	得罪	动	5784	调度	动、名
5707	胆量*	名	5746	灯泡		5785	调换	动
5708	胆怯	形	5747	登陆	动	5786	碟子	名
5709	胆子	名	5748	等级*	名	5787	叮嘱	动
5710	担子	量	5749	低级*	形	5788	顶点*	名
5711	担子	名	5750	低劣*	形	5789	顶端	名
5712	淡季		5751	低温		5790	定点	动、形
5713	淡水*	名	5752	低下	形	5791	定额*	名
5714	诞辰*	名	5753	敌*	名、动	5792	定价	名
5715	弹药*	名	5754	敌对	动	5793	定居	
5716	当场*		5755	敌视	动	5794	定理	名
5717	当局*	名	5756	笛子	名	5795	定律	名
5718	当事人	名	5757	抵达	动	5796	定向	副
5719	当心	动	5758	抵制	动	5797	定义	名
5720	当选	动	5759	地铁	名	5798	订购/定购	动
5721	党性	名	5760	帝国*	名	5799	订货/定货	动、名
5722	党章	名	5761	帝国主义*	名	5800	订阅/定阅	动
5723	党中央*	名	5762	递交	动	5801	钉	动

5802	丢人	动	5841	对岸*	名	5880	罚款	动、名
5803	丢失	动	5842	对策*	名	5881	法*	名
5804	东奔西走*	形	5843	对称*	形	5882	法定*	形
5805	东道主	名	5844	对抗	动	5883	法官*	名
5806	冬瓜	名	5845	对联*	名	5884	法规*	名
5807	董事	名	5846	对手	名	5885	法人*	名
5808	动荡	形	5847	对头	形	5886	法庭*	名
5809	动工	动	5848	对应*	动	5887	法西斯	名
5810	动乱*	名	5849	对照*	动	5888	法则*	名
5811	动脉*	名	5850	夺得	动	5889	帆	名
5812	动态	名	5851	躲避	动	5890	帆船*	名
5813	动用	动	5852	躲藏	动	5891	番茄	名
5814	冻结*	动	5853	跺	动	5892	繁	形
5815	栋	量	5854	堕落*	动	5893	繁多*	形
5816	兜	动	5855	蛾子	名	5894	繁华*	形
5817	兜儿	名	5856	额	名	5895	繁忙	形
5818	斗志*	名	5857	额外	形	5896	繁体字*	名
5819	都市	名	5858	恶毒*	形	5897	繁重	形
5820	督促	动	5859	恶性*	名	5898	烦闷*	形
5821	毒害*	动	5860	恩	名	5899	烦恼*	形、名
5822	毒品	名	5861	恩爱*	形	5900	烦躁	形
5823	毒性	名	5862	恩情	名	5901	反驳	动
5824	独	形	5863	恩人	名	5902	反常	形
5825	独裁*	动	5864	而后	副	5903	反倒	副
5826	独立自主*		5865	而已	助	5904	反感*	形
5827	堵塞	动	5866	贰*	数	5905	反革命*	名
5828	赌	动	5867	发病*	动	5906	反攻*	动
5829	赌博*	动	5868	发布	动	5907	反馈	动
5830	杜绝	动	5869	发财	动	5908	反面	名
5831	镀	动	5870	发愁	动	5909	反射*	动
5832	渡船*	名	5871	发奋图强		5910	反思	动
5833	短处	名	5872	发火*	动	5911	反之	连
5834	短促	形	5873	发脾气		5912	返回	动
5835	短暂	形	5874	发票	名	5913	贩卖*	动
5836	缎子	名	5875	发起*	动	5914	范畴*	名
5837	断定	动	5876	发热*	动	5915	犯法	动
5838	断断续续		5877	发誓	动	5916	犯浑	动
5839	断绝	动	5878	发炎	动	5917	饭碗	名
5840	兑现	动	5879	发扬光大		5918	泛	动

5919	房东	名	5958	蜂蜜	名	5997	腐烂	动
5920	房租	名	5959	锋利	形	5998	赴	动
5921	防护*	动	5960	风暴	名	5999	副业*	名
5922	防线	名	5961	风度	名	6000	副作用*	名
5923	防汛	动	5962	风光*	名	6001	覆盖*	动
5924	防疫*	动	5963	风浪*	名	6002	赋予	动
5925	放射*	动	5964	风趣	名	6003	复合	动
5926	非……才		5965	风沙	名	6004	复活*	动
5927	非法*	形	5966	风尚	名	6005	复兴	动
5928	飞船	名	5967	风味	名	6006	付出	动
5929	飞舞	动	5968	风险	名	6007	付款*	动
5930	飞翔	动	5969	风筝	名	6008	腹	名
5931	肥沃	形	5970	疯子	名	6009	负伤*	动
5932	匪徒	名	5971	缝	名	6010	富强	形
5933	诽谤*	动	5972	奉献*	动	6011	富余	动
5934	废品*	名	5973	奉行*	动	6012	附带	动
5935	废气	名	5974	凤凰	名	6013	附和	动
5936	废物	名	5975	否		6014	附加*	动
5937	分辩	动	5976	否决*	动	6015	附属	动
5938	分辨*	动	5977	否认*	动	6016	改建*	动
5939	分寸	名	5978	夫妇	名	6017	改邪归正	
5940	分队*	动	5979	敷衍*	动	6018	改组*	动
5941	分红	动	5980	辐射*	动	6019	概况*	名
5942	分化*	动	5981	幅度	名	6020	钙	名
5943	分类*	动	5982	符号	名	6021	干预*	动
5944	分批	动	5983	俘虏	名	6022	甘心	动
5945	分期	动	5984	服气	动	6023	甘蔗	名
5946	分歧	名	5985	服装	名	6024	竿	名
5947	分清	动	5986	浮雕	名	6025	肝炎*	名
5948	芬芳	形	5987	浮动	动	6026	秆	名
5949	坟墓	名	5988	福*		6027	感*（安全感）	尾
5950	粉末	名	5989	福利	名	6028	感化*	动
5951	分外	副、名	5990	福气	名	6029	感慨*	动、形
5952	奋勇	副	5991	抚养	动	6030	感染*	动
5953	奋战*	动	5992	抚育	动	6031	干线	名
5954	愤恨	动	5993	辅助	动	6032	钢材	名
5955	丰满*	形	5994	斧子	名	6033	钢琴	名
5956	封闭	动	5995	腐败	形	6034	纲要	名
5957	蜂	名	5996	腐化*	形	6035	杠杆	名

6036	高产	名	6075	耕种	动	6114	沟通	动
6037	高超	形	6076	更改	动	6115	构思	动
6038	高档	形	6077	更换	动	6116	构想*	动
6039	高低*	名、副	6078	更新*	动	6117	购买力*	名
6040	高贵	形	6079	更正*	动	6118	孤单*	形
6041	高考	名	6080	梗	名	6119	孤独*	形
6042	高空*	名	6081	工	名	6120	姑且	副
6043	高明*	形	6082	工具书*	名	6121	鼓	动
6044	高烧	名	6083	工人阶级	名	6122	鼓吹*	动
6045	高温*	名	6084	工事*	名	6123	古怪	形
6046	高血压*	名	6085	攻读	动	6124	古人*	名
6047	高涨	动	6086	攻关	动	6125	古文*	名
6048	搞鬼	动	6087	功	名	6126	骨	名
6049	搞活	动	6088	功绩*	名	6127	骨肉*	名
6050	稿件	名	6089	功效	名	6128	股东	名
6051	稿纸	名	6090	恭敬*	形	6129	股份	名
6052	稿子	名	6091	供不应求		6130	股票	名
6053	告诫	动	6092	供销	动	6131	雇佣*	动
6054	告状	动	6093	公报	名	6132	雇员	名
6055	歌手*	名	6094	公尺	量	6133	故	名、形、连
6056	歌星	名	6095	公道	形	6134	故障*	名
6057	歌咏	名	6096	公分	量	6135	顾不得	动
6058	疙瘩	名	6097	公告*	名	6136	顾虑*	动、名
6059	格	名	6098	公关	名	6137	顾全大局	
6060	格格不入		6099	公平*	形	6138	固有*	形
6061	格局	名	6100	公然*	副	6139	固执*	形
6062	格式*	名	6101	公认*	动	6140	瓜分	动
6063	隔绝*	动	6102	公社	名	6141	挂钩	名、动
6064	隔离*	动	6103	公务*	名	6142	挂念*	动
6065	各奔前程		6104	公有*	动	6143	棺材	名
6066	各别*	形	6105	公有制	名	6144	关闭	动
6067	各行各业		6106	公约*	名	6145	关节炎*	名
6068	各界	代	6107	公证*	名	6146	关切	形
6069	根据地*	名	6108	拱	动	6147	官方	名
6070	根深蒂固		6109	共产主义*	名	6148	官僚*	名
6071	跟随	动	6110	共计	动	6149	官员	名
6072	跟头	名	6111	共鸣*	名	6150	观	动
6073	跟踪	动	6112	共性	名	6151	观光	动
6074	耕	动	6113	勾	动	6152	观赏	动

附录1 "对韩汉语教学用词表"总表(10,037个)   195

6153	管辖*	动	6192	海港	名	6231	和气*	形
6154	惯例*	名	6193	海外*	名	6232	和尚*	名
6155	惯用语*	名	6194	害羞	动	6233	和谐*	形
6156	灌木*	名	6195	含义/涵义*	名	6234	和约	名
6157	光棍儿	名	6196	含有*	动	6235	何	代
6158	光亮	形、名	6197	寒	形	6236	何等*	副
6159	光芒*	名	6198	寒暄	动	6237	合并*	动
6160	规范*	名、动	6199	函授	名	6238	合乎	动
6161	规格*	名	6200	罕见	形	6239	合伙	动
6162	规章	名	6201	捍卫	动	6240	合情合理	
6163	龟	名	6202	旱灾	名	6241	合营	动
6164	归根到底		6203	汉奸	名	6242	合资*	动
6165	归还*	动	6204	汉学*	名	6243	禾苗	名
6166	归结*	动	6205	航班	名	6244	河道	名
6167	归纳*	动	6206	航道	名	6245	贺词	名
6168	闺女	名	6207	航海*	动、名	6246	黑白*	名
6169	鬼子	名	6208	航天	名	6247	狠毒	形
6170	贵重	形	6209	航线	名	6248	狠心	形、动、名
6171	贵族*	名	6210	航运	名	6249	横行*	动
6172	滚动	动	6211	豪华	形	6250	横	形
6173	国产*	形	6212	好多	形	6251	轰动	动
6174	国法	名	6213	好感*	名	6252	轰轰烈烈	
6175	国会*	名	6214	好坏	名	6253	轰炸	动
6176	国际法	名	6215	好说	动	6254	烘	动
6177	国库券	名	6216	好样的	名	6255	虹	名
6178	国力	名	6217	好在	副	6256	宏大	形
6179	国民*	名	6218	好转*	动	6257	红领巾	名
6180	国情	名	6219	耗费	动	6258	哄	动
6181	国土	名	6220	号称*	动	6259	哄	动
6182	国有	名	6221	浩浩荡荡		6260	厚度	名
6183	果断*	形	6222	好客	形	6261	候补	动
6184	过度*	形	6223	荷花*	名	6262	候选人	名
6185	过后	名	6224	核桃*	名	6263	后期*	名
6186	过滤	动	6225	核武器	名	6264	后勤	名
6187	过失	名	6226	核心	名	6265	后台	名
6188	过问	动	6227	和蔼	形	6266	呼声	名
6189	过于	副	6228	和解	动	6267	呼啸	动
6190	海岸*	名	6229	和睦	形	6268	呼吁	动
6191	海滨	名	6230	和平共处		6269	忽略	动

6270	葫芦	名	6309	回击	动	6348	激发*	动
6271	胡	副	6310	回收*	动	6349	激光	名
6272	胡来	动	6311	毁坏	动	6350	激励*	动
6273	糊	动	6312	毁灭	动	6351	激情	名
6274	狐狸*	名	6313	悔改	动	6352	讥笑	动
6275	互利	动	6314	悔恨	动	6353	吉普车	名
6276	户口*	名	6315	贿赂	动	6354	吉祥	形
6277	花费	动、名	6316	会同*	动	6355	极度*	副
6278	花色	名	6317	会晤	动	6356	极力	副
6279	花纹*	名	6318	会员	名	6357	极限	名
6280	花样	名	6319	汇集	动	6358	籍贯	名
6281	华丽*	形	6320	汇率	名	6359	集会*	动
6282	画面*	名	6321	绘	动	6360	集市	名
6283	划分	动	6322	绘画*	动、名	6361	集邮	动
6284	化肥	名	6323	混纺	名	6362	集资	动
6285	化纤	名	6324	混合物*	名	6363	及早	副
6286	化妆*	动	6325	浑浊*	形	6364	急剧	形
6287	话题*	名	6326	豁	动	6365	急切	形
6288	槐树	名	6327	活力*	名	6366	急需	动
6289	怀孕	动	6328	伙计	名	6367	急于	动
6290	欢笑	动	6329	火山	名	6368	即便	连
6291	环节	名	6330	火灾*	名	6369	嫉妒	动
6292	还原	动	6331	获取	动	6370	脊梁	名
6293	缓	形	6332	或是	连	6371	几何	名
6294	换取	动	6333	或许	副	6372	迹象	名
6295	患者*	名	6334	祸	名	6373	季度	名
6296	荒地	名	6335	祸害	名、动	6374	寄托*	动
6297	荒凉*	形	6336	基督教*	名	6375	寂静	形
6298	荒谬	形	6337	基金	名	6376	计较	动
6299	荒唐	形	6338	机车	名	6377	记号*	名
6300	慌乱	形	6339	机灵	形	6378	记性	名
6301	慌张	形	6340	机密*	形、名	6379	记忆力*	名
6302	黄金*	名	6341	机枪	名	6380	忌	动
6303	皇后*	名	6342	机体	名	6381	继	动
6304	蝗虫	名	6343	机遇	名	6382	纪要	名
6305	晃	动	6344	机智	形	6383	嘉奖	动
6306	挥霍	动	6345	积	动	6384	夹杂	动
6307	回避*	动	6346	积压	动	6385	家常	名
6308	回顾*	动	6347	激	动	6386	家畜*	名

6387	家务	名	6426	剪彩	动	6465	浇灌	动
6388	家喻户晓		6427	剪刀	名	6466	娇	形
6389	家长*	名	6428	减产*	动	6467	娇气	形
6390	加班	动	6429	减低	动	6468	嚼	动
6391	加急	动	6430	减弱	动	6469	搅拌	动
6392	加剧	动	6431	间隔*	动、名	6470	绞	动
6393	加热*	动	6432	间接	形	6471	缴	动
6394	加深	动	6433	鉴别	动	6472	缴纳	动
6395	加重*	动	6434	鉴于	介	6473	教会*	名
6396	颊	名	6435	践踏	动	6474	教唆	动
6397	甲板*	名	6436	见识	动、名	6475	教条	名
6398	假定*	动、连	6437	见效	动	6476	教养*	动、名
6399	假冒	动	6438	键盘*	名	6477	轿车	名
6400	假设*	连	6439	健美	形	6478	较量	动
6401	假装*	动	6440	健壮*	形	6479	叫喊	动
6402	驾	动	6441	建交	动	6480	叫唤	动
6403	监察	动	6442	姜	名	6481	叫嚷	动
6404	坚韧	形	6443	将近	动	6482	揭发	动
6405	坚实*	形	6444	桨	名	6483	揭示*	动
6406	坚信	动	6445	奖品	名	6484	接班	动
6407	坚贞不屈		6446	奖状	名	6485	接二连三	
6408	尖端*	名、形	6447	讲解*	动	6486	接洽	动
6409	兼任*	动	6448	讲理	动	6487	接收*	动
6410	肩膀	名	6449	讲述	动	6488	皆	副
6411	艰险	形	6450	讲演	动	6489	街坊	名
6412	奸	形	6451	降价	动	6490	街头*	名
6413	茧	名	6452	降临	动	6491	结果*	名、动、名
6414	检测	动	6453	降落	动	6492	截止	动
6415	检察*	动	6454	焦点*	名	6493	劫	动
6416	检举	动	6455	胶	名	6494	劫持	动
6417	检修	动	6456	胶片	名	6495	节能	
6418	简称	动、名	6457	交叉*	动	6496	节育	动
6419	简短	形	6458	交错	动	6497	节奏	名
6420	简化	动	6459	交点	名	6498	杰出	形
6421	简陋	形	6460	交付	动	6499	杰作	名
6422	简明*	形	6461	交涉	动	6500	结晶	名
6423	简体字*	名	6462	交手	动	6501	结局	名
6424	简要*	形	6463	交替	动	6502	结算*	动
6425	简易	形	6464	交往	动	6503	结业	动

6504	解除*	动	6543	精通*	动	6582	局势	名
6505	解雇*	动	6544	精心	形	6583	局限*	动
6506	解散	动	6545	精益求精		6584	举动*	名
6507	戒严	动	6546	兢兢业业		6585	举世闻名	
6508	界(文艺界)*	名、尾	6547	经典*	名	6586	举世瞩目	
6509	界限	名	6548	经商	动	6587	聚会	动
6510	借鉴	动	6549	经受	动	6588	拒	动
6511	借助	动	6550	经销	动	6589	据点*	名
6512	金额*	名	6551	茎	名	6590	据悉	动
6513	金黄	形	6552	警戒*	动	6591	具	量
6514	金牌	名	6553	警卫	动	6592	锯	名
6515	金钱*	名	6554	景	名	6593	剧本*	名
6516	金融*	名	6555	颈	名	6594	剧团*	名
6517	筋	名	6556	静悄悄	形	6595	捐	动、名
6518	津津有味		6557	境地*	名	6596	捐款	动、名
6519	津贴	名	6558	境界*	名	6597	捐献	
6520	紧迫*	形	6559	敬	动	6598	捐赠	
6521	紧缩*	动	6560	敬而远之		6599	圈	名
6522	锦绣	名	6561	镜头	名	6600	掘	动
6523	尽快	副	6562	竞选*	动	6601	觉察	
6524	进程	名	6563	净化*	动	6602	觉醒*	动
6525	进而	连	6564	纠纷*	名	6603	决不	
6526	进取	动	6565	玖	数	6604	决策	
6527	进展	动	6566	酒会	名	6605	决赛	动
6528	晋升	动	6567	酒精	名	6606	决算*	动、名
6529	禁	动	6568	救济*	动	6607	决战*	动、名
6530	禁区	名	6569	救灾	动	6608	绝望	动
6531	近年	名	6570	就餐	动	6609	绝缘*	动
6532	近期	名	6571	就地	副	6610	菌*	名
6533	近视*	名	6572	就近	副	6611	军医*	名
6534	近似	动	6573	就算	连	6612	军用	形
6535	劲头	名	6574	就业*	动	6613	军装	名
6536	惊慌*	形	6575	就职	动	6614	君*	名
6537	精打细算		6576	鞠躬	动、形	6615	俊	形
6538	精华*	名	6577	拘留	动	6616	卡	动、量
6539	精简	动	6578	拘束	形	6617	卡片	名
6540	精美	形	6579	居	动	6618	开采	动
6541	精密	形	6580	居室*	名	6619	开刀	动
6542	精确*	形	6581	菊花*	名	6620	开工	动

6621	开关	名	6660	啃	动	6699	亏	动、连
6622	开化*	动	6661	恳切	形	6700	亏待	动
6623	开垦	动	6662	恳求	动	6701	亏损	动
6624	开阔	形	6663	空洞*	形	6702	葵花	名
6625	开朗	形	6664	空话	名	6703	困苦*	形
6626	开天辟地		6665	空调	名	6704	扩充	动
6627	开头	名	6666	空想*	动、名	6705	扩建	动
6628	开拓	动	6667	空心	形	6706	扩散*	动
6629	开心	形	6668	空虚*	形	6707	扩展	动
6630	开支	名	6669	恐惧	动	6708	扩张	动
6631	凯旋*	动	6670	孔雀*	名	6709	腊月	名
6632	刊登	动	6671	空白*	名	6710	落	动
6633	勘探	动	6672	空隙*	名	6711	来访*	动
6634	看待	动	6673	控诉	动	6712	来回来去	
6635	看起来	动	6674	抠	动	6713	……来看/……来讲	
6636	看望	动	6675	口岸	名			
6637	看做	动	6676	口腔	名	6714	来历*	名
6638	慷慨	形	6677	枯燥	形	6715	来临	动
6639	糠	名	6678	苦难*	名	6716	来年*	名
6640	抗旱	动	6679	苦恼	形	6717	……来说	
6641	抗击	动	6680	库	名	6718	赖	动、形
6642	抗战*	名	6681	库存	名	6719	兰花*	名
6643	炕	名	6682	夸奖*	动	6720	栏杆*	名
6644	考古*	动、名	6683	挎	动	6721	懒惰	形
6645	考核	动	6684	快速*	形	6722	狼狈	形
6646	考取	动	6685	会计	名	6723	浪潮	名
6647	磕	动	6686	宽敞	形	6724	浪漫*	形
6648	颗粒	名	6687	宽大	形	6725	劳动力*	名
6649	科目*	名	6688	宽广	形	6726	牢记	动
6650	可歌可泣		6689	狂妄	形	6727	老成	形
6651	可观*	形	6690	框	名	6728	老汉	名
6652	可贵	形	6691	矿藏	名	6729	老化*	动
6653	可口	形	6692	矿产*	名	6730	老家	名
6654	可恶	形	6693	矿井	名	6731	老鼠	名
6655	可喜	形	6694	矿区	名	6732	老太婆	名
6656	可想而知		6695	矿山*	名	6733	老天爷	名
6657	客车*	名	6696	矿物	名	6734	老爷	名
6658	课时	名	6697	矿工	名	6735	老一辈	名
6659	课题*	名	6698	旷课	动	6736	涝	动

6737	乐趣	名	6776	连续剧*	名	6815	玲珑*	形
6738	乐意	助动	6777	连夜	副	6816	伶俐	形
6739	勒	动	6778	莲子	名	6817	凌晨	名
6740	雷达	名	6779	廉价*	形	6818	灵	形
6741	雷雨*	名	6780	廉洁	形	6819	灵敏*	形
6742	垒	动	6781	廉政	动	6820	灵巧	形
6743	冷淡*	形、动	6782	帘	名	6821	岭	名
6744	离别	动	6783	脸盆	名	6822	领事*	名
6745	离休	动	6784	恋	动	6823	领先	动
6746	篱笆	名	6785	练兵	动	6824	领子	名
6747	理睬	动	6786	链子	名	6825	硫酸	名
6748	理会	动	6787	梁	名	6826	留恋	动
6749	理事*	名	6788	良	形	6827	留神	动
6750	理所当然		6789	良种	名	6828	留心*	动
6751	理直气壮		6790	良心*	名	6829	留意	动
6752	礼节*	名	6791	两极*	名	6830	流浪	动
6753	礼品	名	6792	两口子	名	6831	流露	动
6754	荔枝	名	6793	两手	名	6832	流通*	动
6755	栗子	名	6794	晾	动	6833	陆	数
6756	历代*	名	6795	亮光*	名	6834	龙头	名
6757	历来	名	6796	疗效	名	6835	聋	形
6758	利弊	名	6797	疗养	动	6836	隆重	形
6759	利害*	名	6798	辽阔	形	6837	漏税	动
6760	利息	名	6799	潦草	形	6838	路程*	名
6761	例外*	动	6800	列举*	动	6839	路面*	名
6762	立方米	名	6801	列入	动	6840	路子	名
6763	立交桥	名	6802	列席	动	6841	鹿	名
6764	立体*	名	6803	烈火*	名	6842	录取	动
6765	沥青	名	6804	劣	形	6843	录用*	动
6766	力图	动	6805	林场	名	6844	陆	
6767	联邦*	名	6806	林区	名	6845	旅	
6768	联想*	动	6807	林业*	名	6846	旅店	
6769	连……带……		6808	临床*	形	6847	旅游业	
6770	连队	名	6809	临近	动	6848	履行	动
6771	连滚带爬		6810	邻	名	6849	屡次*	副
6772	连连	副	6811	邻国	名	6850	律师	名
6773	连绵*	动	6812	零售	动	6851	率	名
6774	连年	名	6813	零碎	形	6852	绿化*	动
6775	连同	连	6814	零星	形	6853	乱七八糟	

6854	略微	副	6893	盲人*	名	6932	蔑视*	动
6855	抡	动	6894	忙碌	形	6933	民航*	名
6856	论点*	名	6895	茂密	形	6934	民事*	名
6857	论述*	动	6896	茂盛*	形	6935	民意	名
6858	论证*	动	6897	冒牌	形	6936	民众	名
6859	啰嗦	形	6898	冒险*	动	6937	敏感*	形
6860	螺丝钉	名	6899	玫瑰	名	6938	敏锐	形
6861	骡子	名	6900	枚	量	6939	明星*	名
6862	罗列*	动	6901	霉	名	6940	名称*	名
6863	箩筐	名	6902	没吃没穿		6941	名次	名
6864	落成	动	6903	没辙	动	6942	名单	名
6865	落地	形	6904	媒介*	名	6943	名额	名
6866	落实	动	6905	美德*	名	6944	名副其实	
6867	落选*	动	6906	美满	形	6945	名贵	形
6868	抹布	名	6907	美妙*	形	6946	名牌	名
6869	麻	名	6908	美中不足		6947	名人	名
6870	麻痹*	动、形	6909	门当户对		6948	名声*	名
6871	麻袋	名	6910	门市部	名	6949	名义	名
6872	麻木	形	6911	萌芽*	名	6950	名誉	名
6873	麻雀	名	6912	迷惑*	动	6951	命名*	动
6874	麻醉*	动	6913	迷失	动	6952	命题*	动、名
6875	蚂蚁	名	6914	弥补	动	6953	谬论	名
6876	马车*	名	6915	弥漫	动	6954	摸索*	动
6877	马达	名	6916	密度*	名	6955	蘑菇	名
6878	马力*	名	6917	密封*	动	6956	模式*	名
6879	马铃薯	名	6918	棉	名	6957	摩擦	动
6880	马戏	名	6919	免	动	6958	魔鬼*	名
6881	埋没	动	6920	免除*	动	6959	魔术*	名
6882	埋头*	动	6921	免费	动	6960	抹杀*	动
6883	卖国	动	6922	勉励	动	6961	莫	副
6884	脉搏	名	6923	面包车	名	6962	莫名其妙	
6885	埋怨	动	6924	面面俱到		6963	默默	副
6886	满怀	动	6925	面目*	名	6964	谋	动、名
6887	满月	动、名	6926	面容	名	6965	谋求	动
6888	慢性	形	6927	面子	名	6966	木匠	名
6889	蔓延*	动	6928	描	动	6967	目	名
6890	茫茫	形	6929	描绘	动	6968	目睹*	动
6891	茫然	形	6930	描述	动	6969	目录*	名
6892	盲从*	形、动	6931	渺小	形	6970	目中无人	

6971	牧区	名	7010	捏造*	动	7049	刨	动
6972	牧业	名	7011	柠檬	名	7050	炮火*	名
6973	穆斯林	名	7012	凝固*	动	7051	跑道	名
6974	那时	代	7013	凝结*	动	7052	泡沫	名
6975	纳闷儿	动	7014	凝视*	动	7053	培训*	动
6976	纳税*	动	7015	宁静	形	7054	赔款	动、名
6977	乃	动、副	7016	宁肯	连	7055	配备	动
6978	奶粉	名	7017	宁愿	连	7056	配方	名
6979	耐力*	名	7018	纽扣儿	名	7057	配偶*	名
6980	男性*	名	7019	浓度*	名	7058	配套	动
6981	难度	名	7020	浓厚*	形	7059	喷射*	动
6982	难关	名	7021	农产品*	名	7060	烹饪	动
6983	难堪*	形	7022	农户*	名	7061	烹调	动
6984	难免	形	7023	弄虚作假		7062	批发	动
6985	难	名	7024	奴役*	动	7063	批复	动
6986	难民*	名	7025	怒吼	动	7064	批改	动
6987	恼火	动	7026	怒火*	名	7065	批示	动、名
6988	闹事	动	7027	女性*	名	7066	劈	动
6989	内地*	名	7028	挪	动	7067	疲惫	形
6990	内阁*	名	7029	殴打*	动	7068	疲乏*	形
6991	内行	形、名	7030	呕吐	动	7069	皮带	名
6992	内幕*	名	7031	扒	动	7070	皮革*	名
6993	内心	名	7032	拍照	动	7071	屁	名
6994	内在*	形	7033	排除	动	7072	偏差*	名
6995	内脏	名	7034	排队	动	7073	偏见*	名
6996	内战	名	7035	排挤	动	7074	偏僻*	形
6997	内政	名	7036	排长	名	7075	偏向*	动、名
6998	能手	名	7037	徘徊*	动	7076	片刻*	名
6999	尼龙	名	7038	派别*	名	7077	漂	动
7000	拟	动	7039	派出所*	名	7078	撇	动
7001	拟定*	动	7040	派遣*	动	7079	瞥	动
7002	逆流	名	7041	盘旋	动	7080	拼搏	动
7003	年度*	名	7042	判处	动	7081	频繁*	形
7004	年头儿	名	7043	判定*	动	7082	频率	名
7005	捻	动	7044	判决*	动	7083	贫	形
7006	撵	动	7045	叛徒	名	7084	贫乏	形
7007	念头*	名	7046	庞大	形	7085	贫困*	形
7008	酿	动	7047	胖子	名	7086	贫民*	名
7009	尿	动、名	7048	抛弃*	动	7087	品(纪念品)*	动、尾

7088	品尝	动	7127	七嘴八舌		7166	汽 *	名
7089	品行 *	名	7128	柒	数	7167	掐	动
7090	聘	动	7129	凄惨 *	形	7168	恰到好处	
7091	聘请	动	7130	凄凉 *	形	7169	恰巧	副
7092	聘任	动	7131	漆黑 *	形	7170	恰如其分	
7093	聘用	动	7132	沏	动	7171	洽谈	动
7094	平面 *	名	7133	其间 *	名	7172	牵扯	动
7095	平民 *	名	7134	奇花异草		7173	牵引 *	动
7096	平日	名	7135	奇妙 *	形	7174	牵制	动
7097	平坦 *	形	7136	奇特 *	形	7175	千军万马 *	
7098	平稳	形	7137	歧视	动	7176	迁	动
7099	平整	形、动	7138	齐全	形	7177	迁就	动
7100	评比	动	7139	旗号 *	名	7178	签发	动
7101	评定 *	动	7140	起草 *	动	7179	签名	动
7102	评估 *	动	7141	起点 *	名	7180	签署	动
7103	评审	动	7142	起伏 *	动	7181	签证	动、名
7104	评选	动	7143	起哄	动	7182	签字	动
7105	屏障	名	7144	起劲	形	7183	谦逊 *	形
7106	颇	副	7145	起码	形	7184	前辈	名
7107	婆婆	名	7146	起身	动	7185	前程 *	名
7108	破除	动	7147	起诉 *	动	7186	前赴后继	
7109	破获	动	7148	岂不	副	7187	前景	名
7110	破旧	形	7149	岂有此理		7188	前列 *	名
7111	破裂 *	动	7150	祈求 *	动	7189	前期	名
7112	破碎	动	7151	启程 *	动	7190	前人	名
7113	迫使	动	7152	启示 *	动	7191	前所未有	
7114	扑克	名	7153	启事	名	7192	前提	名
7115	扑灭 *	动	7154	砌	动	7193	前往	动
7116	葡萄糖 *	名	7155	器 *	名	7194	前线 *	名
7117	仆人	名	7156	器具	名	7195	钳子	名
7118	朴实	形	7157	器械 *	名	7196	潜伏	动
7119	普查	动	7158	气喘	动	7197	潜力	名
7120	谱 *	动	7159	气功	名	7198	谴责	动
7121	谱曲	动	7160	气力 *	名	7199	枪毙	动
7122	瀑布 *	名	7161	气流 *	名	7200	腔	名
7123	期待 *	动	7162	气魄 *	名	7201	强化	动
7124	期刊 *	名	7163	气球 *	名	7202	强盛 *	形
7125	期望 *	动	7164	气势 *	名	7203	强制 *	动
7126	期限 *	名	7165	气息 *	名	7204	抢劫	动

7205	抢球	动	7244	请柬	名	7283	确保*	动
7206	锹	名	7245	请帖*	名	7284	确立*	动
7207	乔装	动	7246	情愿	动	7285	确切	形
7208	侨胞*	名	7247	庆贺*	动	7286	确认	动
7209	茄子	名	7248	穷苦	形	7287	确信*	动
7210	窃取*	动	7249	秋收	动	7288	确凿	形
7211	窃听	动	7250	球队	名	7289	群体	名
7212	钦佩	动	7251	球迷	名	7290	燃	动
7213	侵害*	动	7252	求得*	动	7291	让步	动
7214	侵占*	动	7253	趋势	名	7292	扰乱*	动
7215	亲笔*	名、副	7254	趋向*	动	7293	热潮	名
7216	亲密*	形	7255	区分	动	7294	热泪盈眶	
7217	亲身	形	7256	曲线	名	7295	人道主义*	名
7218	亲生*	形	7257	屈服*	动	7296	人格	名
7219	亲手*	副	7258	驱逐	动	7297	人均	形
7220	亲友	名	7259	取代	动	7298	人情*	名
7221	勤	形	7260	曲子	名	7299	人权	名
7222	勤奋	形	7261	去世	动	7300	人参	名
7223	勤工俭学		7262	圈套	名	7301	人身	名
7224	勤俭*	形	7263	权*	名	7302	人生	名
7225	勤恳	形	7264	权威	名	7303	人事	名
7226	芹菜*	名	7265	权限	名	7304	人为	形
7227	禽*	名	7266	权益	名	7305	人性	名
7228	轻便	形	7267	泉*	名	7306	人质	名
7229	轻工业*	名	7268	全都	副	7307	仁慈*	形
7230	轻快	形	7269	全会	名	7308	任命	动
7231	轻微	形	7270	全集	名	7309	认定	动
7232	蜻蜓	名	7271	全力*	名	7310	认可	动
7233	倾听*	动	7272	全力以赴		7311	日光	名
7234	倾斜*	动	7273	全民*	名	7312	荣誉	名
7235	清查	动	7274	全心全意		7313	融化	动
7236	清理	动	7275	犬	名	7314	融洽	形
7237	清新	形	7276	劝说	动	7315	溶	动
7238	清早	名	7277	劝阻	动	7316	溶化	动
7239	清真寺	名	7278	券*	名	7317	溶解	动
7240	晴朗*	形	7279	缺口	名	7318	容积	名
7241	情感*	名	7280	缺席*	动	7319	容量	名
7242	情节	名	7281	缺陷	名	7320	容纳	动
7243	情理*	名	7282	瘸	动	7321	容忍*	动

7322	绒	名	7361	山腰*	名	7400	设施	名
7323	柔和*	形	7362	闪耀	动	7401	设置*	动
7324	如意*	形	7363	擅长	动	7402	申报	动
7325	如醉如痴		7364	擅自	副	7403	申述	动
7326	乳	名	7365	善	形	7404	呻吟*	动
7327	入境	动	7366	善良*	形	7405	伸手	动
7328	入口	名	7367	伤痕*	名	7406	伸展	动
7329	入侵	动	7368	伤员	名	7407	深奥*	形
7330	入手*	动	7369	商	名、动	7408	深沉	形
7331	入学	动	7370	商标*	名	7409	深处*	名
7332	软件	名	7371	商榷	动	7410	深化	动
7333	锐利*	形	7372	商讨	动	7411	深浅	名
7334	瑞雪	名	7373	商议	动	7412	深切*	形
7335	弱点*	名	7374	赏*		7413	深情*	名
7336	撒谎	动	7375	上报	动	7414	深信	动
7337	腮	名	7376	上层*	名	7415	深远*	形
7338	三番五次		7377	上等*	形	7416	深重	形
7339	三角*	名	7378	上交		7417	绅士	名
7340	叁*	数	7379	上进	动	7418	神奇	形
7341	散发	动	7380	上空*	名	7419	神色	名
7342	桑树	名	7381	上任	动、名	7420	神态	名
7343	扫除*	动	7382	上诉	动	7421	神仙*	名
7344	杀害*	动	7383	上台	动	7422	审	动
7345	刹车	动、名	7384	上涨*	动	7423	审定	动
7346	沙*	名	7385	尚	副	7424	审理	动
7347	沙滩	名	7386	捎	动	7425	审美	动
7348	沙土*	名	7387	烧饼	名	7426	审判	动
7349	砂	名	7388	烧毁	动	7427	审批	动
7350	傻子	名	7389	少量*	形	7428	审讯	动
7351	筛	动	7390	少数民族*	名	7429	审议	动
7352	筛子	名	7391	哨	名	7430	肾炎	名
7353	珊瑚*	名	7392	奢侈*	形	7431	渗	动
7354	山岗	名	7393	舍	动	7432	渗透*	动
7355	山沟	名	7394	摄	动	7433	声势*	名
7356	山河*	名	7395	涉及	动	7434	声誉	名
7357	山脚*	名	7396	涉外	形	7435	生产力*	名
7358	山岭*	名	7397	社*	名	7436	生产率*	名
7359	山水*	名	7398	社员	名	7437	生机*	
7360	山头	名	7399	设立	动	7438	生命力*	名

7439	生怕	动	7478	时*	名	7517	视力*	名
7440	生前*	名	7479	时而	副	7518	视线*	名
7441	生人	名	7480	时光	名	7519	视野*	名
7442	生疏*	形	7481	时髦	形	7520	试行*	动
7443	生态*	名	7482	时事*	名	7521	试用*	动
7444	生效	动	7483	时装	名	7522	试制	动
7445	生育*	动	7484	食*	名、动	7523	收藏*	动
7446	生殖*	动	7485	食用*	动	7524	收成	名
7447	牲口	名	7486	食欲*	名	7525	收复*	动
7448	牲畜	名	7487	实*	形	7526	收购	动
7449	升学	动	7488	实惠	形	7527	收回	动
7450	省会	名	7489	实力*	名	7528	收买	动
7451	省略*	动	7490	实体	名	7529	收益*	名
7452	盛	形	7491	实物	名	7530	收支	名
7453	盛产	动	7492	识别	动	7531	手电筒	名
7454	盛大*	形	7493	史*	名	7532	手法*	名
7455	盛开	动	7494	史料	名	7533	手巾	名
7456	盛情	名	7495	使节	名	7534	手艺	名
7457	盛行	动	7496	使命	名	7535	首创	动
7458	师*	名	7497	屎	名	7536	首领*	名
7459	师长	名	7498	式*	名	7537	首脑	名
7460	失	动	7499	式样	名	7538	首席	名、形
7461	失事	动	7500	示范*	动	7539	首相	名
7462	失误	动	7501	示意图	名	7540	首要	形
7463	失效	动	7502	侍候	动	7541	首长	名
7464	失学	动	7503	世*	名	7542	守法*	动
7465	失约	动	7504	世代*	名	7543	守卫*	动
7466	失踪*	动	7505	世界观*	名	7544	授	动
7467	施	动	7506	事变*	名	7545	授予*	动
7468	施肥*	动	7507	事例*	名	7546	受伤	动
7469	施加	动	7508	事态	名	7547	输出*	动
7470	施行	动	7509	事项	名	7548	输入*	动
7471	施展	动	7510	誓言	名	7549	输送	动
7472	湿度*	名	7511	势必	副	7550	舒展	动
7473	诗歌*	名	7512	释放	动	7551	疏忽	动
7474	尸体	名	7513	市民	名	7552	书法	名
7475	十全十美		7514	视	动	7553	书刊	名
7476	十足	形	7515	视察	动	7554	书面*	名
7477	拾	数	7516	视觉*	名	7555	书写	动

7556	书信*	名	7595	搜查*	动	7634	潭	名
7557	属	动	7596	搜索*	动	7635	谈天	动
7558	树干	名	7597	苏醒*	动	7636	坦白	形
7559	竖	动、形	7598	俗*	名、形	7637	探测*	动
7560	数额	名	7599	素	形、名	7638	探索*	动
7561	衰老	形	7600	素质*	名	7639	探讨	动
7562	衰退*	动	7601	塑造	动	7640	探头探脑	
7563	帅	形	7602	诉讼*	动	7641	探望*	动
7564	爽快*	形	7603	蒜	名	7642	叹*	动
7565	水产*	名	7604	算盘	名	7643	炭	名
7566	水电	名	7605	算术	名	7644	塘*	名
7567	水土	名	7606	随时随地		7645	糖果	
7568	水源	名	7607	随意	副	7646	滔滔不绝	
7569	水灾	名	7608	随着	介	7647	桃花*	名
7570	水蒸气*	名	7609	岁月*	名	7648	逃跑	动
7571	税收	名	7610	穗	名	7649	逃走*	动
7572	顺序*	名	7611	隧道	名	7650	淘气	形
7573	说谎	动	7612	损	动	7651	淘汰*	动
7574	说情	动	7613	损耗	动、名	7652	陶瓷*	名
7575	斯文	形	7614	损人利己		7653	讨	动
7576	思潮*	名	7615	损伤*	动	7654	讨价还价	
7577	思前想后		7616	笋*	名	7655	特产*	名
7578	思绪	名	7617	索性	副	7656	特地	副
7579	私营*	形	7618	所得	名	7657	特定	形
7580	私有制*	名	7619	所得税*	名	7658	特区	名
7581	私自	副	7620	所属*	形	7659	特权	名
7582	司法*	名	7621	所有权		7660	特色	名
7583	死刑*	名	7622	所有制*	名	7661	特性	名
7584	寺	名	7623	他人*	代	7662	特意	副
7585	四方	名	7624	台风	名	7663	藤*	名
7586	四季*	名	7625	台阶	名	7664	腾	动
7587	四肢*	名	7626	太空	名	7665	疼痛	形
7588	肆	数	7627	太平*	形	7666	提案*	名
7589	似	动	7628	太阳能	名	7667	提拔	动
7590	似是而非		7629	贪*	动	7668	提交	动
7591	似笑非笑		7630	贪污*	动	7669	提炼*	动
7592	饲料	名	7631	瘫痪	动	7670	提名	动
7593	耸	动	7632	痰*	名	7671	提取	动
7594	搜	动	7633	坛*	名	7672	提升	动

7673	提示*	动	7712	铁饭碗	名	7751	投资*	动、名
7674	提要*	名	7713	听话	动	7752	头子	名
7675	提早	动	7714	听取*	动	7753	透彻*	形
7676	题材*	名	7715	听众	名	7754	透明度*	名
7677	体*	名	7716	停泊	动	7755	秃	形
7678	体谅	动	7717	停顿	动	7756	凸	形
7679	体贴	动	7718	停滞	动	7757	图案*	名
7680	体验*	动	7719	挺拔	形	7758	图表*	名
7681	体制	名	7720	挺立	动	7759	图片	名
7682	体质*	名	7721	通报*	动、名	7760	图像*	名
7683	体重*	名	7722	通道*	名	7761	图形*	名
7684	剃	动	7723	通风*	形、动	7762	图纸	名
7685	替代	动	7724	通告	动、名	7763	屠杀	动
7686	替换	动	7725	通航	动	7764	团聚	动
7687	天长地久		7726	通红	形	7765	团圆*	动
7688	天地	名	7727	通货膨胀*		7766	推测	动
7689	天色	名	7728	通商*		7767	推去推来	
7690	天生*	形	7729	通俗	形	7768	推理*	名
7691	天堂*	名	7730	通行*	动	7769	推论	动
7692	天线	名	7731	通讯社*	名	7770	推算	动
7693	填补	动	7732	通用*	动	7771	推销	动
7694	填写	动	7733	同步	形	7772	推行	动
7695	田间	名	7734	同等	形	7773	推选	动
7696	田径	名	7735	同行	名	7774	退出*	动
7697	条款	名	7736	同类	名	7775	退还	动
7698	条理*	名	7737	同年	名	7776	屯*	动、名
7699	条文	名	7738	同期	名	7777	拖延	动
7700	条子	名	7739	同事	名	7778	脱落	动
7701	调和*	动	7740	同一	动	7779	椭圆	形
7702	调剂	动	7741	童年	名	7780	妥	形
7703	调解	动	7742	捅	动	7781	妥善*	形
7704	挑	动	7743	统筹	动	7782	妥协	动
7705	挑拨*	动	7744	统战	名	7783	唾沫	名
7706	挑衅	动	7745	痛恨	动	7784	挖掘	动
7707	挑战*	动、名	7746	偷窃	动	7785	瓦解*	动
7708	跳高	名	7747	偷税	动	7786	外表	名
7709	跳远	名	7748	投放	动	7787	外宾	名
7710	跳跃*	动	7749	投票	动	7788	外出*	动
7711	铁道*	名	7750	投掷*	动	7789	外电	名

7790	外观*	名	7829	微观	名	7868	巫婆	名
7791	外行	形、名	7830	危急*	形	7869	诬陷*	动
7792	外汇	名	7831	违法*	动	7870	呜咽*	动
7793	外力	名	7832	违犯	动	7871	无耻	形
7794	外流	动	7833	围攻	动	7872	无从	副
7795	外婆	名	7834	围棋	名	7873	无非	副
7796	外事	名	7835	唯物论*	名	7874	无话可说	
7797	外向型*		7836	唯物主义	名	7875	无可奉告	
7798	外形*	名	7837	唯心论*	名	7876	无理*	形
7799	外资*	名	7838	唯心主义	名	7877	无聊*	形
7800	豌豆	名	7839	唯独*	副	7878	无能为力	
7801	湾*	名	7840	唯一*	形	7879	无情无义	
7802	玩具*	名	7841	为期	动	7880	无穷*	形
7803	玩弄	动	7842	维修	动	7881	无所作为	
7804	完毕	动	7843	伪造	动	7882	无微不至	
7805	完蛋	动	7844	尾	名、量	7883	无效*	形
7806	晚餐*	名	7845	未免	副	7884	无意	动
7807	晚年	名	7846	畏惧	形	7885	无知	形
7808	惋惜	动	7847	为何	副	7886	梧桐*	名
7809	万水千山		7848	温度计*	名	7887	武力*	名
7810	汪洋	名	7849	温柔*	形	7888	伍	数
7811	王*	名	7850	瘟疫*	名	7889	舞*	名、动
7812	王国	名	7851	文	名	7890	舞厅	名
7813	亡*	动	7852	文盲*	名	7891	物*	名
7814	往常	名	7853	文凭	名	7892	物力	名
7815	往返	动	7854	文人*	名	7893	勿	副
7816	往后	名	7855	文献*	名	7894	务必	副
7817	往年*	名	7856	文雅	形	7895	悟	动
7818	往日	名	7857	文言	名	7896	误差*	名
7819	往事	名	7858	稳当	形	7897	误解	动
7820	望远镜*	名	7859	稳妥	形	7898	吸毒	动
7821	忘却	动	7860	问答	名	7899	膝盖	名
7822	妄图	动	7861	问世	动	7900	熄	动
7823	妄想*	动、名	7862	窝	名	7901	熄灭	动
7824	威风	名	7863	窝囊	形	7902	溪	名
7825	威力*	名	7864	卧室	名	7903	席*	名
7826	威望	名	7865	乌鸦	名	7904	席位	名
7827	威信*	名	7866	乌云	名	7905	习俗*	名
7828	微不足道		7867	污蔑	动	7906	习题	名

7907	喜	动	7946	馅儿	名	7985	小数*	名
7908	喜鹊	名	7947	陷害	动	7986	小数点*	名
7909	喜事	名	7948	陷入	动	7987	小提琴	名
7910	喜讯	名	7949	限	动、名	7988	小心翼翼	
7911	洗涤	动	7950	限度*	名	7989	小型*	形
7912	系列*	名	7951	限期	名、动	7990	小学生*	名
7913	细节	名	7952	限于	动	7991	小子	名
7914	细小	形	7953	线索	名	7992	校徽	名
7915	峡	名	7954	相比	动	7993	校园	名
7916	狭隘*	形	7955	相差	动	7994	肖像	名
7917	狭窄	形	7956	相等*	动	7995	效力*	动
7918	霞	名	7957	相符	动	7996	效益	名
7919	下达*	动	7958	相关	动	7997	孝顺	形
7920	下级*	名	7959	相继	副	7998	协商*	动
7921	下令*	动	7960	相交	动	7999	协调	动
7922	下落*	名、动	7961	相识	动	8000	协议	动、名
7923	下台	动	7962	相通*	动	8001	挟持	动
7924	下乡	动	7963	相应*	形	8002	邪	形
7925	掀起	动	7964	镶	动	8003	携带*	动
7926	先锋*	名	7965	香味	名	8004	泻	动
7927	先前	名	7966	乡亲	名	8005	泄	动
7928	先行*	动、形	7967	想方设法		8006	泄漏	动
7929	仙女*	名	7968	响声	名	8007	泄气	动、形
7930	鲜红*	形	7969	享福	动	8008	谢绝	动
7931	弦*	名	7970	享乐*	动	8009	欣欣向荣	
7932	嫌疑*	名	7971	享有*	动	8010	新陈代谢*	
7933	贤惠	形	7972	项链	名	8011	新房*	名
7934	衔	动	7973	橡胶	名	8012	新近	
7935	衔接	动	7974	橡皮	名	8013	新郎*	名
7936	显	动	7975	向往	动	8014	新娘	名
7937	显而易见		7976	象棋	名	8015	新人	名
7938	显微镜*	名	7977	像样	形	8016	新兴*	形
7939	现场*	名	7978	销	动	8017	新颖	形
7940	现金*	名	7979	销毁	动	8018	心里	名
7941	现钱	名	7980	销路	名	8019	心灵	名
7942	现行*	形	7981	销售	动	8020	心目	名
7943	现状*	名	7982	消	动	8021	心疼	动
7944	献身*	动	7983	小鬼	名	8022	心头	名
7945	县长*	名	7984	小米	名	8023	心血*	名

8024	心眼儿	名	8063	汹涌	动	8102	选取*	动
8025	心愿*	名	8064	雄厚	形	8103	选手*	名
8026	心中*	名	8065	雄壮*	形	8104	选用	动
8027	薪金/薪水	名	8066	熊	名	8105	削减	动
8028	信贷	名	8067	休养	动	8106	削弱	动
8029	信件	名	8068	修订*	动	8107	靴子	名
8030	信赖*	动	8069	修复*	动	8108	学历*	名
8031	信仰*	动	8070	修养*	名	8109	学派*	名
8032	信用*	名	8071	羞耻*	形	8110	穴*	名
8033	信誉	名	8072	嗅	动	8111	雪白	形
8034	星	名	8073	秀丽*	形	8112	血压*	名
8035	腥	形	8074	袖子	名	8113	熏	动
8036	兴*	动	8075	需求	名	8114	循序渐进	
8037	兴办	动	8076	虚*	形	8115	巡逻	动
8038	兴建*	动	8077	虚假*	形	8116	寻求	动
8039	星期	动	8078	虚弱*	形	8117	训*	动
8040	兴旺	形	8079	虚伪*	形	8118	讯	名
8041	刑*	名	8080	须知	名	8119	压抑	动
8042	刑场*	名	8081	徐徐*	副	8120	鸦片*	名
8043	刑法*	名	8082	许可	动	8121	崖	名
8044	刑事*	名	8083	蓄	动	8122	哑	形
8045	型*	名	8084	酗酒	动	8123	轧	动
8046	型号	名	8085	叙谈	动	8124	烟草*	名
8047	形*	名	8086	序言*	名	8125	烟卷儿	名
8048	行程	名	8087	畜产品*	名	8126	烟雾*	名
8049	行贿	动	8088	畜牧	名	8127	淹没	动
8050	行径	名	8089	絮叨	动、形	8128	严寒*	形
8051	行军*	动	8090	续*	动	8129	严峻*	形
8052	行使*	动	8091	宣称	动	8130	延缓	动
8053	幸好	副	8092	宣读	动	8131	延期*	动
8054	幸运*	形	8093	宣誓*	动	8132	延伸	动
8055	性命*	名	8094	宣扬*	动	8133	延续*	动
8056	性情*	名	8095	悬挂	动	8134	言	名
8057	杏	名	8096	悬念	名	8135	言论	名
8058	兄*	名	8097	旋律	名	8136	言语	名
8059	凶狠	形	8098	选拔	动	8137	炎热	形
8060	凶猛	形	8099	选定	动	8138	沿岸	名
8061	胸怀	名	8100	选集	名	8139	沿途	名
8062	胸膛	名	8101	选民*	名	8140	掩	定

8141	掩饰	定	8180	夜班	名	8218	以往*	名
8142	眼力*	名	8181	液*	名	8219	以至于	连
8143	眼色*	名	8182	一辈子	名	8220	亿万*	数
8144	眼神	名	8183	一旦*	名、副	8221	亦	副
8145	眼下	名	8184	一度	副	8222	意料	耸
8146	演变	动	8185	一帆风顺		8223	意图	名
8147	演唱	动	8186	一概	副	8224	意向*	名
8148	演讲	动	8187	一概而论		8225	毅然	副
8149	演算*	动	8188	一干二净		8226	忆	动
8150	演习*	动	8189	一个劲儿	副	8227	议案*	名
8151	演奏*	动	8190	一贯*	形	8228	议程	
8152	宴请	动	8191	一哄而散		8229	议定书	
8153	宴席*	名	8192	一会儿……一会儿……		8230	议员*	名
8154	验	动				8231	译员	名
8155	验收	动	8193	一技之长		8232	异	形
8156	验证	动	8194	一举*	名、副	8233	翼	名
8157	杨树	名	8195	一律	形	8234	因	名
8158	阳*	名、形	8196	一毛不拔		8235	音响*	名
8159	氧	名	8197	一身	名	8236	阴暗	形
8160	痒	形	8198	一手	名	8237	淫秽	形
8161	养分*	名	8199	一头	副	8238	饮	动
8162	养活	动	8200	壹*	数	8239	饮食*	名
8163	养育*	动	8201	医	名、动	8240	饮水思源	
8164	养殖	动	8202	医务*	名	8241	引人注目	
8165	样品*	名	8203	医药	名	8242	引入	动
8166	邀	动	8204	医治	动	8243	引用	动
8167	妖怪*	名	8205	依*	动	8244	引诱	动
8168	遥控	动	8206	依次	副	8245	隐蔽*	动
8169	药材*	名	8207	依赖*	动	8246	隐藏	动
8170	要领*	名	8208	衣裳	名	8247	隐瞒	动
8171	要么	连	8209	遗传	动	8248	英俊*	形
8172	要命	动、副	8210	遗失	动	8249	鹰	名
8173	要素*	名	8211	遗体	名	8250	樱花	名
8174	耀眼	形	8212	遗址	名	8251	营	名
8175	野	形	8213	移民	动、名	8252	蝇子	名
8176	野蛮*	形	8214	疑惑*	动	8253	迎面	动、名
8177	野生*	形	8215	疑难	形	8254	赢得	动
8178	野外*	名	8216	以免	连	8255	赢利/盈利*	动、名
8179	野心*	名	8217	以身作则		8256	硬件	名

8257	映	动	8296	友人*	名	8335	源	名
8258	拥有	动	8297	诱	动	8336	源泉*	名
8259	庸俗*	形	8298	诱惑*	动	8337	远大*	形
8260	涌现	动	8299	幼	形	8338	远方	名
8261	永垂不朽		8300	愚昧*	形	8339	远景*	名
8262	永久*	形	8301	舆论	名	8340	曰*	动
8263	勇士*	名	8302	渔业	名	8341	约束	动
8264	勇于	动	8303	榆树	名	8342	越冬	动
8265	用法*	名	8304	予	动	8343	越过	动
8266	用户	名	8305	予以	动	8344	跃	动
8267	用具*	名	8306	雨伞*	名	8345	月份	名
8268	用人	名	8307	雨水*	名	8346	乐队	名
8269	用意*	名	8308	与此同时		8347	乐曲	名
8270	幽静	形	8309	与会	动	8348	阅	动
8271	幽默	形	8310	羽毛	名	8349	云彩*	名
8272	优	形	8311	玉*	名	8350	匀	动、形
8273	优惠	形	8312	愈	动、副	8351	运送*	动
8274	有限*	形	8313	欲	动	8352	运算	动
8275	优异	形	8314	欲望*	名	8353	运行	动
8276	优质	名	8315	预测*	动	8354	蕴藏	动
8277	忧虑*	动	8316	预定*	动	8355	酝酿	动
8278	忧郁	形	8317	预订*	动	8356	孕育	动
8279	由此可见		8318	预计	动	8357	杂交	动
8280	邮电	名	8319	预见	动、名	8358	杂乱*	形
8281	邮购	动	8320	预料	动	8359	栽培*	动
8282	邮寄	动	8321	预期	动	8360	灾荒	名
8283	邮政*	名	8322	预赛	动、名	8361	宰	动
8284	犹如	动	8323	预算*	名	8362	再生产*	名
8285	油菜*	名	8324	预言*	动、名	8363	在乎	动
8286	油画	名	8325	预约	动	8364	在意	动
8287	油料	名	8326	冤	形	8365	攒	动
8288	油漆	名	8327	元件	名	8366	暂	副
8289	游客	名	8328	元首*	名	8367	暂且	副
8290	游人	名	8329	原	形	8368	赞赏	动
8291	有待*	动	8330	原材料*		8369	赞叹	动
8292	有害*	形	8331	原告*		8370	赞同	动
8293	有口无心		8332	原油*		8371	赞助*	动
8294	有声有色		8333	原子能	名	8372	葬	动
8295	友情*	名	8334	园*	名	8373	葬礼*	名

8374	遭殃	动	8413	章程	名	8452	争吵	动
8375	糟蹋	动	8414	掌*	名	8453	争端	名
8376	枣	名	8415	掌管*	动	8454	争气	动
8377	早点	名	8416	涨价	动	8455	争先恐后	
8378	早日	副	8417	招聘	动	8456	争议*	动
8379	噪音*	名	8418	招生	动	8457	整洁	形
8380	造反	动	8419	招收	动	8458	整数*	名
8381	造价	名	8420	朝气	名	8459	整天	名
8382	造型*	名	8421	朝气蓬勃		8460	整整	形
8383	灶	名	8422	朝三暮四*		8461	正比	名
8384	责怪	动	8423	沼泽*	名	8462	正规*	形
8385	责任制*	名	8424	兆*	数	8463	正气	名
8386	贼*	名	8425	照旧	形	8464	正巧	副
8387	怎	代	8426	照料	动	8465	政变*	名
8388	怎么着	代	8427	照明*	动	8466	政协	名
8389	增	动	8428	照射	动	8467	症*	名
8390	增设*	动	8429	照应	动	8468	郑重*	形
8391	增添	动	8430	折腾	动	8469	证*	名
8392	增援*	动	8431	这么着	代	8470	芝麻	名
8393	闸	名	8432	真诚	形	8471	支部*	名
8394	眨	动	8433	真是的		8472	支撑	动
8395	炸弹	名	8434	真相*	名	8473	支出*	动、名
8396	炸药*	名	8435	真心	名	8474	支付	动
8397	诈骗	动	8436	侦查	动	8475	支票	名
8398	榨	动	8437	侦探	名	8476	支柱*	名
8399	摘要*	名	8438	诊断	动	8477	知觉	名
8400	寨	名	8439	震荡*	动	8478	蜘蛛	名
8401	债务*	名	8440	震惊	动	8479	脂肪	名
8402	沾光	动	8441	振	动	8480	汁*	名
8403	斩		8442	振奋	动	8481	职称	名
8404	斩草除根		8443	振兴	动	8482	职能*	名
8405	斩钉截铁		8444	镇	动	8483	职权	名
8406	展示*	动	8445	镇定	形	8484	职务	名
8407	展望	动	8446	阵容*	名	8485	直播	动
8408	展现	动	8447	阵线	名	8486	直辖市*	名
8409	展销	动	8448	阵营	名	8487	直线*	名
8410	占据	动	8449	正月	名	8488	直至	动
8411	战*	动	8450	蒸	动	8489	植	动
8412	战役*	名	8451	征收*	动	8490	执法	动

8491	执勤	动	8530	中游	名	8569	主编*	动、名
8492	执照	名	8531	中原*	名	8570	主导*	形、名
8493	执政*	动	8532	忠于	动	8571	主管*	动
8494	值班	动	8533	忠贞*	形	8572	主流*	名
8495	侄子	名	8534	钟表	名	8573	主人翁*	名
8496	指定*	动	8535	钟点	名	8574	主食*	名
8497	指甲	名	8536	终*	名、副	8575	主题*	名
8498	指令*	名	8537	终点	名	8576	主体	名
8499	指明	动	8538	终端*	名	8577	主义	名
8500	指手画脚		8539	终究	副	8578	著	名、动
8501	指望	动、名	8540	终年	名	8579	助理	名
8502	指针*	名	8541	终止	动	8580	助长*	动
8503	只顾	副	8542	种种*	量、名	8581	铸造	动
8504	只管	副	8543	种族*	名	8582	筑	动
8505	只能	副	8544	肿瘤*	名	8583	住房	名
8506	纸张	名	8545	种地	动	8584	住所	名
8507	志气	名	8546	重工业*	名	8585	注册	动
8508	掷	动	8547	重心*	名	8586	注解*	动、名
8509	至多	副	8548	重型	形	8587	注目	动
8510	致词	动	8549	众多	形	8588	注释*	动、名
8511	致电	动	8550	众人	名	8589	注重	形
8512	致富*	动	8551	众所周知		8590	祝福*	动
8513	致敬	动	8552	众议院	名	8591	驻扎	动
8514	致使	动	8553	舟	名	8592	爪	名
8515	制裁*	动	8554	周密*	形	8593	拽	动
8516	制服	名	8555	周期*	名	8594	专长	名
8517	制品	名	8556	周折	名	8595	专程	副
8518	制约*	动	8557	周转	动	8596	专科*	名
8519	智力*	名	8558	州*	名	8597	专利	名
8520	智能	名	8559	洲*	名	8598	专人	名
8521	质变	名	8560	昼夜*	名	8599	专题	名
8522	质朴*	形	8561	珠子	名	8600	专业户	名
8523	治安*	名	8562	诸如此类		8601	专用	动
8524	治理*	动	8563	诸位*	代	8602	专制	名、动
8525	中等*	形	8564	逐年	副	8603	转换	动
8526	中立	动	8565	拄	动	8604	转交	动
8527	中秋*	名	8566	嘱托	动	8605	转让	动
8528	中途*	名	8567	主*	名	8606	转向*	动
8529	中型*	形	8568	主办	动	8607	转折	动

8608	传*	名	8635	子弟*	名	8661	奏	动
8609	传记*	名	8636	子孙	名	8662	揍	动
8610	庄	名	8637	自卑*	形	8663	租金	名
8611	庄重*	形	8638	自发*	形	8664	足以	副
8612	装配	动	8639	自古*	副	8665	族*	名
8613	装卸	动	8640	自力更生*		8666	阻挡	动
8614	壮观*	形	8641	自杀*	动	8667	阻拦	动
8615	壮烈*	形	8642	自私自利		8668	阻挠	动
8616	壮志	名	8643	自卫	动	8669	组合*	动
8617	追查	动	8644	自行	副	8670	钻石	名
8618	追悼	动	8645	自由市场*	名	8671	嘴巴	名
8619	追赶	动	8646	踪迹*	名	8672	罪犯	名
8620	追究*	动	8647	宗旨	名	8673	罪名	名
8621	追问	动	8648	棕色	名	8674	罪状	名
8622	准许	动	8649	总的来说		8675	尊	动
8623	准则*	名	8650	总额*	名	8676	尊称*	名
8624	卓越*	形	8651	总和	名	8677	尊严	名
8625	啄	动	8652	总计	动	8678	遵循	动
8626	酌情	动	8653	总数	名	8679	遵照	动
8627	着	动	8654	总务	名	8680	琢磨*	动
8628	着想	动	8655	纵横*	形	8681	做工	动、名
8629	咨询	动	8656	走访	动	8682	作案	动
8630	资产*	名	8657	走狗	名	8683	作法*	名
8631	资助	动	8658	走漏	动	8684	作废	名
8632	滋味	名	8659	走私	动	8685	做主	动
8633	滋长	动	8660	走向	名	8686	座右铭*	名
8634	籽	名						

1-2 韩语词语集合(1,020个,频序)

1	看	助词	8	不会		14	那样做/那么做	
2	氏	名	9	不知道		15	这种	
3	是这样的		10	情趣	名	16	住进	
4	是那样的		11	情境	名	17	想要	
5	收到		12	快~了		18	(好)像~一样	
6	还有		13	已经~了		19	带有	动
7	那种							

20	人际	名	59	一天		96	这时		代
21	下次		60	一日		97	这个时候		
22	掉	助词	61	还好	形	98	察看		动
23	百分之~		62	情分	名	99	解开		动
24	正是	动	63	共同体	名	100	~的时候		
25	某个	代	64	一个人		101	快点儿		
26	心肠	名	65	一次		102	露出		
27	哪儿	代	66	心胸	名	103	显出		
28	不一样		67	看出		104	解脱		动
29	碰面	动	68	认出		105	吓一跳		
30	给~看		69	大部分	名	106	多样		
31	让~看		70	一部分	名	107	暴露出来		
32	这次		71	竖立	动	108	午后		
33	缝隙	名	72	家族	名	109	古时/古时候	名
34	我国	名	73	家人	名	110	会长		名
35	住	助词	74	关联	动	111	董事长		名
36	第一次	名	75	气氛	名	112	大叔		名
37	抓住		76	情调	名	113	这天/这一天	
38	不能		77	角色	名	114	走进		
39	站起来		78	国内	名	115	很近		
40	放进		79	站出来		116	周边		名
41	放在		80	这期间		117	父母		名
42	位子	名	81	这段时间		118	那天/那一天	
43	查出		82	带着		119	扶起		
44	研究	名	83	做得好		120	扶起来		
45	世上	名	84	可能性	名	121	外公		名
46	去(一)趟		85	努力	名	122	早就		副
47	剩下	动	86	走(一)趟		123	不管怎(么)样	
48	分开	动	87	子女	名	124	定做		动
49	快(要)~了		88	募集	动	125	调(度数)		动
50	关心	名	89	募捐	动	126	扔掉		
51	也是		90	登场	动	127	扔了		
52	是呀!		91	水准	名	128	全国		名
53	是啊!		92	机能	名	129	维		名
54	像~似的		93	一霎那/霎那 名	130	拿出/拿出来	
55	好像~似的			间		131	第一	数、形
56	什么!	叹	94	一刹那/刹那 名	132	到此为止	
57	原封不动地			间		133	行了		
58	真的		95	瞬间/一瞬间 名	134	怎么办		

135	各个	代	173	伸直	动	211	草丛	名
136	挪动	动	174	铺开	动	212	没有了	
137	长大		175	工场	名	213	浮现	动
138	物件	名	176	现有	动	214	现实主义	名
139	政客	名	177	现存	动	215	触到	
140	消费者	名	178	忘掉	动	216	工钱	名
141	不愿意		179	忘了		217	薪资	名
142	长官	名	180	提出	动	218	被害	
143	基准	名	181	出示	动	219	忍住	
144	劳动者	名	182	委员会	名	220	留下	
145	邻里	名	183	有关人员	名	221	西洋	名
146	完美	形	184	指责	动	222	拿来	
147	～个月		185	指摘	动	223	带来	
148	一句话		186	很久		224	拿过来	
149	意识形态	名	187	过世	动	225	带过来	
150	越来越多		188	逝世	动	226	细嫩	形
151	混蛋	名	189	出场	动	227	细腻	形
152	人气	名	190	五月	名	228	公演	动
153	公寓	名	191	装满		229	男女	名
154	实际上		192	主	动	230	九月	名
155	那个地方		193	因	动、介	231	清澈	形
156	那儿/那里	代	194	竞技	动	232	六月	名
157	指派	动	195	恒常	副	233	腰身	名
158	支使	动	196	盏	名	234	球门	名
159	使唤	动	197	地域	名	235	救活	
160	什么时候		198	最高		236	要看什么	
161	何时	名	199	演剧	动	237	动向	名
162	传下来		200	分野	名	238	破裂	动
163	不一样了		201	底子	名	239	爆裂	动
164	三国时代	名	202	四月		240	入学考试	
165	祈愿	动	203	纠葛	名	241	青少年	名
166	聚会	名	204	芥蒂		242	嗯	
167	播音员	名	205	几天		243	找找看	
168	主持人	名	206	找回来		244	找一找	
169	过日子/过生活		207	什么(问题)都没有/都不		245	代销	动
						246	三月	名
170	过下去		208	企业管理	名	247	财阀	名
171	活下去		209	森林	名	248	学长/师兄	名
172	打开	动	210	树丛	名	249	学姐/师姐	名

250	身高	名	289	手指头	名	327	意味	名、动
251	转机	名	290	喂	叹	328	成了	
252	要是	连	291	呵	叹	329	好了	
253	正直	形	292	咳	叹	330	行了	
254	光阴	名	293	倾注	动	331	好极了	
255	领悟	动	294	贯注	动	332	七月	名
256	实名制	名	295	清扫	动	333	十二月	名
257	随随便便	形	296	有关系		334	加上	
258	剪断	动	297	余数	名	335	烧开	
259	切断	动	298	医师	名	336	停住	
260	截断	动	299	很健康		337	去找	
261	砍断	动	300	上次		338	去看	
262	游玩	动	301	各位	代	339	去拿	
263	树根	名	302	主人公	名	340	空气	名
264	与否/能否	副	303	放着		341	奥运	名
265	早(一)点儿	副	304	~之际	名	342	奥林匹克	名
266	盖章	动	305	明朗	形	343	糕	名
267	午前	名	306	俏丽	形	344	糕饼	名
268	铺子	名	307	地上	名	345	年糕/黏糕	名
269	充分地		308	崽子	名	346	坪	名
270	家里/家中	名	309	经得起	动	347	一周/一个星期	
271	布景	名	310	经得住				
272	杀死	动	311	忍得住		348	给予	动
273	掉落	动	312	挺得住		349	清楚地	
274	脱落	动	313	挡住		350	分明	形、副
275	运营	动	314	塞住		351	示威	动
276	过错	名	315	媒体	名	352	淋湿	
277	职位	名	316	拘捕	动	353	最大	
278	摇动	动	317	理念	名	354	农耕	动、名
279	挥动	动	318	侍奉	动	355	农事	名
280	电视剧	名	319	奉养	动	356	再加上	
281	拔	动	320	石子	名	357	灰暗	形
282	许久	名	321	一模一样		358	昏暗	形
283	年轻人	名	322	说话	动、名	359	新妇	名
284	走近	动	323	打斗	动	360	有关系	
285	视角	名	324	不怎样/不怎么样		361	问问看	
286	韩文	名				362	搽	动
287	颤抖	动	325	文化遗产	名	363	素材	名
288	每天	名	326	餐馆	名	364	尽力	动

365	十月	名	403	跌倒	动	441	活过来	
366	变大		404	摔倒	动	442	被解决	
367	大了		405	摔跤	动、名	443	被解除	
368	增大	动	406	庭院	名	444	被释放	
369	稽查	动、名	407	急着		445	强硬	形
370	寄存	动	408	忙着		446	强劲	形
371	服饰	名	409	足够	形、动	447	强有力	形
372	传闻	名	410	被发现		448	看破	动
373	子女	名	411	上个月	名	449	看穿	动
374	八月	名	412	书桌	名	450	往里看	
375	白花花	形	413	多的是		451	大蒜	名
376	白皑皑	形	414	高了		452	大妈	名
377	皮包	名	415	提高了		453	大娘	名
378	这么一点/那么一点	代	416	第二		454	活用	动
379	腐败行为		417	出色	形	455	想起来	
380	弄错		418	所得	名	456	浮现	动
381	搞错		419	角色	名	457	浮上脑海	
382	伸出		420	时钟	名	458	钳	动
383	挨打	动	421	指导者	名	459	屏幕	名
384	丛书	名	422	慢慢地/慢慢		460	代表性	名
385	被抓		423	委员长	名	461	有了	
386	公克	量	424	日本帝国/日帝	名	462	主妇	名
387	~口人		425	更好		463	专业人员	
388	起~作用		426	好多了		464	职业选手	
389	餐具	名	427	艺术家	名	465	均衡	形
390	器皿	名	428	轻轻地		466	部族	名
391	议会总选		429	悄悄地		467	部落	名
392	劳动组织		430	呆呆地		468	二月	名
393	房地产	名	431	外来	形	469	看守	动、名
394	不动产	名	432	一、二/两(个)		470	看护	动、名
395	祖上	名	433	演技	名	471	打搅	动
396	阴险	形	434	一月	名	472	突显	动
397	巨型	形	435	证券市场	名	473	大会主席	
398	不可能		436	股市	名	474	这样做/这么做	
399	百姓	名	437	传来		475	站起来	
400	外国人	名	438	听来		476	大学校长	
401	好一会儿	名	439	一步一步地		477	后半	
402	断绝	动	440	一点一点地		478	跑去	

479	不方便		518	祭祀	动	557	市场行销	
480	不便	形	519	化妆品	名	558	广播台	名
481	中世纪	名	520	粗大	形	559	发光	动
482	样式	名	521	大学生	名	560	预想	动
483	不断地		522	今	代	561	瞩目	动
484	模特儿	名	523	迁移	动	562	证券	动
485	凉爽	形	524	搬迁	动	563	意见一致	
486	姑母/姑妈	名	525	搬家	动	564	协议	动、名
487	刚好	形、副	526	稀少	形	565	发达国家	
488	卖淫/卖春	动	527	顺便去		566	先进国	
489	民主化		528	顺道		567	受苦	动
490	公务员	名	529	顺路	动	568	受折磨	
491	不要做了		530	地基	名	569	不一会儿	
492	住手	动	531	走去		570	弟子	名
493	就此作罢		532	走着去		571	奶酪	名
494	府上	名	533	走路去		572	在野党	名
495	大规模	形	534	劳动人民		573	贪欲	名
496	事实上	名	535	政治家	名	574	安静地	
497	惜	动	536	百货商场	名	575	静静地	
498	油脂	名	537	溜走	动	576	中小企业	
499	倾泻	动	538	溜出去		577	实情	名
500	用语		539	民主主义	名	578	笔者	名
501	洗手间	名	540	白色	名	579	协力	动
502	卫生间	名	541	辛苦了		580	劳资	名
503	谐和	形	542	调料/调味料	名	581	担当	动
504	股价	名	543	近处	名	582	担任	动
505	原子核	名	544	对答	动	583	担负	动
506	辛劳	形	545	失手	动	584	漫画	
507	发疯	动	546	料理	动	585	卡通	名
508	追踪	动	547	葛藤	名	586	藐视	动
509	混杂	动	548	平素		587	偷偷地	
510	掺杂	动	549	食粮		588	暗地里	
511	保安	名	550	规制	名	589	想起来	
512	删除	动	551	妊娠	动	590	记起来	
513	删掉	动	552	统合	动	591	抬高	动
514	删去	动	553	同僚	名	592	胎儿	名
515	成真		554	苦闷	形	593	徒然	形、副
516	自然主义	名	555	大选	动	594	空	形、动、名、副
517	丢掉	动	556	市场营销		595	水里	

596	水中		634	整编	动	672	胡椒粉	名
597	营业	动	635	导入		673	竞争力	名
598	开门	动	636	引言	名	674	全身	名
599	必要性	名	637	前奏	名	675	精神上	
600	逗留	动	638	前言	名	676	钓鱼	动
601	滞留	动	639	序论	名	677	闯进	
602	腾出		640	开场白	名	678	看上去	动
603	空出		641	鞋子		679	鱿鱼	
604	十一月	名	642	卵	名	680	零用钱	名
605	打包	动	643	走在前面		681	零花钱	名
606	提起	动	644	好久以前		682	以～为主	
607	添加	动	645	泡菜	名	683	相传	动
608	洋葱	名	646	面生	形	684	相机	
609	不正常		647	眼生	形	685	痛症	
610	一种		648	不亚于/不次于	动	686	河川	
611	树枝	名				687	无条件	动
612	闭上		649	不低于	动	688	设定	动
613	闭起来		650	联系上了		689	执政党	
614	合上		651	连接上了		690	历史学家	名
615	合起来		652	连结好了		691	研究者	名
616	主卧室/主卧房		653	豆	名	692	研究人员	
			654	分手	动	693	找到	
617	（还）没～完		655	船长	名	694	星期六	名
618	无意识	形	656	纯正	形	695	警官	名
619	推延	动	657	纯真	形	696	戏院	
620	税金	名	658	款式	名	697	戏园子	
621	实际情况		659	代码	名	698	大门	
622	肉体	名	660	密码	名	699	秘书长	
623	洋溢	动	661	编码	动、名	700	书生	
624	溢出	动	662	大事	名	701	市内	
625	错过	动	663	谎话	名	702	室内	
626	大气层	名	664	谎言	名	703	联结/连结	动
627	回头看		665	假话	名	704	契约	名
628	转身看		666	面对面地		705	脸红	动
629	再来		667	通通	副	706	听懂	
630	脑子里		668	依存	动	707	听明白	
631	牛肉	名	669	中餐	名	708	王朝	名
632	平生	名	670	中饭	名	709	缘分	
633	相当于	动	671	筋疲力尽		710	因缘	名

711	著作权	名	750	领头	名	789	大幅	形
712	版权	名	751	屋顶	名	790	被诬为	
713	真挚	形	752	畜牲/畜生	名	791	伸出	
714	摇动	动	753	禽兽	名	792	伸开	
715	飞走		754	窗外		793	站在前头	
716	飞去		755	催促	动	794	领头	动
717	多了		756	文本	名	795	打头	动
718	建于		757	巢	名	796	政治权	名
719	建立于		758	巢穴	名	797	未婚女子	
720	酒吧	名	759	脱去		798	处女	名
721	拘票	名	760	脱掉		799	庆典	名
722	逮捕证	名	761	脱下		800	颤动	
723	拘捕证	名	762	揭开	动	801	颤抖	动
724	全体的		763	摘掉		802	相逢	动
725	折半	动	764	灯光	名	803	相见	动
726	对半	动	765	火光	名	804	相遇	动
727	散开	动	766	社团	名	805	昏过去/晕过去	
728	写字		767	派系	名			
729	大企业		768	圆圈	名	806	昏倒/晕倒	动
730	道具	名	769	完美	形	807	母的	
731	魅力	名	770	寺庙	名	808	雌的	
732	两天		771	作业人员		809	影像	名
733	戏曲	名	772	从业人员		810	乃至	连
734	非要	副	773	一段时间		811	跑过来	
735	阴影	名	774	海鸥	名	812	环顾	动
736	大众文化		775	牧师	名	813	环视	动
737	率直	形	776	两边		814	掠过	
738	坦率	形	777	摘除	动	815	丢了	
739	直率	形	778	情意		816	丢失了	
740	试图	动	779	运动场	名	817	睡着了	
741	因特网	名	780	地上	名	818	即时	副
742	分界	名、动	781	每年		819	即刻	副
743	不怎么~	副	782	学弟/师弟	名	820	韩服	
744	杀价	动	783	学妹/师妹	名	821	心慌	形、动
745	砍价	动	784	后辈	名	822	方便面	名
746	跟着	动、连	785	休假	动	823	张开	动
747	船夫	名	786	景气	形	824	要洗的衣物	
748	低着		787	溪谷	名	825	洗好的衣物	
749	低下	形	788	国会议员		826	食用油	名

编号	词	词性
827	炒菜油	
828	开通	形、动
829	疲困	形
830	韩语/韩国话	名
831	畏缩	动
832	怯	动、形
833	国际化	动
834	筋肉	名
835	被碾过	
836	漫	动
837	约定	动
838	约好	
839	说好	
840	仇人	名
841	质地	名
842	负责人	名
843	责任者	名
844	嗜好	名
845	货单	名
846	物品项目	
847	商品种类	
848	稻田	名
849	傻瓜	名
850	指责	动
851	非难	动
852	三十	数
853	申诉	动
854	控告	动
855	立脚	
856	立足	
857	抖搂	动
858	掸	动
859	那位	代
860	那个人	
861	论争	名
862	捆绑	动
863	捆扎	动
864	调味品	名
865	几十~	
866	数十~	
867	母语	名
868	儒教	名
869	理性	名、形
870	重要性	名
871	奴隶制	名
872	脑	
873	对外	动
874	封套	名
875	纸袋	名
876	袋子	
877	众生	名
878	追忆	动
879	恣意	形
880	香气	名
881	本地	名
882	个人的	
883	愕然	形
884	瑞格舞	名
885	每年	
886	栖息	动
887	烧酒	名
888	手掌	名
889	轿车	名
890	私车	名
891	汽车	名
892	尴尬	形
893	难为情	形
894	腼腆	形
895	打捞	动
896	决定性	名
897	打碎	
898	向前看	
899	冷症/寒症/惧冷症/畏冷症	
900	情谊	名
901	群	名、量、形
902	应该的	
903	应当的	
904	铭记	动
905	铭刻	动
906	第二天	
907	除去	动
908	擦掉	
909	擦拭	动
910	麻油	名
911	香油	名
912	好奇心	
913	高位	名
914	小道	
915	小巷子	
916	小路	
917	企划	动
918	企划案	
919	草草	副
920	转身	动
921	童话	名
922	作对	动
923	第三	
924	业绩	名
925	功业	名
926	从政者	名
927	政治活动家	
928	咖啡厅	名
929	自卑情结	
930	查对	动
931	研讨	动
932	飞来	
933	途中	名
934	显眼	形
935	活下来了	
936	活过来了	
937	杀人	
938	夸耀	动
939	吹嘘	动
940	中盘	名
941	大盘	名
942	各国	名

#	词	词性	#	词	词性	#	词	词性
943	斟酌	动	970	餐桌	名	996	持有人	名
944	教科书	名	971	饭桌	名	997	贪心	名
945	坚持不懈地		972	将官	名	998	交出	
946	不懈地		973	将校	名	999	回复	动
947	不懈	形	974	将领	名	1000	探究	动
948	托～福	动	975	在野	动	1001	个人电脑	名
949	～等地		976	定下来		1002	流出来	
950	祈求	动	977	织品/织物	名	1003	溢出来	
951	祈祷	动	978	纺织品	名	1004	简单地	
952	出乎意料		979	拄（拐杖）	动	1005	江水	名
953	意想不到		980	诊（脉）	动	1006	河水	名
954	次长	名	981	创作剧	名	1007	最终的	
955	烧掉		982	强壮	形	1008	最后的	
956	毁掉		983	是这样吗？		1009	显示器	名
957	解体	动	984	肯定的		1010	准备好了	
958	～个国家		985	贷出		1011	出演	动
959	腌	动	986	倒过来		1012	无视	动
960	随心所欲地		987	反过来		1013	卒业	动
961	脉络	名	988	翻过来		1014	统制	动
962	儿媳妇	名	989	海边	名	1015	官吏	名
963	托付	动	990	献给	动	1016	民	名
964	拜托	动	991	献出		1017	事前	名
965	使用者	名	992	唤起	动	1018	抗争	动
966	安装好了		993	员工	名	1019	实业界	名
967	设置好了		994	所有者	名	1020	企业界	名
968	首都圈		995	持有者	名			
969	首都周边							

1-3 中国流行语词语集合(35个)

非典（名）	神舟五号	伊拉克战争	全面建设小康社会	十六届三中全会	三峡工程	社保基金	奥运公园
六方会谈	新一届中央领导集团	反倾销调查	振兴东北	南水北调	商务部（名）	银监会（名）	奥运市场开发

续表

全球经济复苏	人民币升值压力	战后重建	世界卫生组织	印巴停火	中东和平路线图	生化武器	世界艾滋病日
人类基因图谱	恐怖事件	环球小姐	疫情(名)	疑似(动)	隔离(动)	冠状病毒	应急预案
口罩(名)	消毒(动)	发烧世界					

备注：扣除了重复的"非典"、"伊拉克战争"、"三峡工程"、"社保基金"、"六方会谈"等词语。

1-4 韩国特色、流行和补充词集合(296个)

泡菜汤	年糕汤	松饼	大酱	大酱汤	甜辣酱	嫩海带汤	生鱼片
寿司	韩式石锅拌饭	紫菜卷(包)饭	炸酱面	韩式烤肉	烤五花肉	参鸡汤	水冷面(韩式冷面)
皮萨饼(比萨饼)	意大利面	汉堡	炸鸡	可口可乐	百事可乐	雪碧	清酒
米酒	炮弹酒	百岁酒	人参茶	大麦茶	红参	水参	人参
草莓	柿子	李子	菠萝(凤梨)	香瓜	猕猴桃	橙子	石榴
柿饼	柚子茶	芝麻叶	黄花鱼	带鱼	比目鱼	海豚	河豚
小鱼干(鳀鱼)	辣椒粉	虾酱	牡蛎(海蛎子)	生菜	沙拉	韭菜	水芹菜
胡萝卜(红萝卜)	茼蒿	炸猪排	泥鳅	秋刀鱼	三文鱼	鳗鱼	鲳鱼
鲷鱼	蚌	蛤蜊	鲍鱼	扇贝	银杏		牛尾汤
牛排骨汤	小勺子(儿)/汤匙/调羹	茶匙	地暖	独户独院	韩式传统民居	越野车	跑车
高速大巴	机场专线大巴	面包车	区间车	私家车	打的(打车)	数码相机	MP3

续表

随身听	摔跤	射箭	跆拳道	花牌	爬山	高尔夫	躲避球
马拉松赛跑	曲棍球	跳绳	保龄球	台球	手球	滑翔飞行	蹦极
冰球	田径运动	跨栏跑	举重	拳击	板球	花样滑冰	拔河
竞走	剑道	柔道	合气道	单打	双打	慢跑	短道速滑
接力赛跑	荡秋千	玩跷跷板	烫发	染发	焗油	足疗	桑那(浴)
按摩	夜总会/迪厅	MT（学生活动）	玄琴	假面舞	首尔	光州	大田
大邱	釜山	仁川	青瓦台	民俗村	雪岳山	三八线	板门店
景福宫	昌德宫	仁寺洞	梨泰院	海云台	济州岛	汉拿山	南北军事分界线
同学会/同窗会	社团活动（小组活动）	学术节/艺术节	上网	个人网站	电脑游戏	光盘	移动硬盘
硬盘	软盘	液晶显示器	光电鼠标	笔记本电脑	声卡	耳麦	麦克风
掌上电脑(PDA)	扫描仪	打印机	复印机	投影仪	内存	手写笔	服务器
光纤	音箱	微软	网卡	网站	电子词典	网吧	氧吧
网虫	整容	减肥	卡拉OK	搞笑gag	茶母	大长今	李英爱
池珍熙	裴勇俊	安在旭	车太铉	全智贤	宋慧乔	张东健	金喜善
河利秀	崔智友	李秉宪	李舜臣将军	世宗大王	郑周永	朴正熙	金大中
卢武铉	朴槿惠	乌龟船	重感冒	流感	满天星	凤仙花	迎春花
百合花	无穷花	蒲公英	玉兰花	杜鹃花	莲花	康乃馨	杜鹃花
枫树	葵花	手机	化妆品	美容手术	打工	补习班	王大(受歧视并被孤立者)

续表

扫墓	祭祀	家教	大韩航空	韩亚航空	中国民航	中国东方航空	仁川国际机场
金浦机场	现代企业	大宇汽车	乐天企业	三星企业	起亚汽车	LG 企业（集团）	首脑会谈
乐透彩	萨达姆	恐怖主义	反恐战争	单边主义	恐怖袭击	自杀性炸弹（人弹）	世贸组织（WTO）
信用不良者	伊拉克派兵	大国家党	民主党	开放的我们党	自民联	洗牌	大规模杀伤性武器（WMD）
雅典奥运会	黑旗团（BLACK BANNER）	美伊战争	高句丽史	歪曲历史	议会选举	布什	美国大选
本·拉登	总统弹劾案	博约会	自由贸易协定（FTA）	照相手机	克隆	迁都	行政都市
宪法法庭	内审成绩（学业成绩）	国民年金/养老金	国家安全法	禽流感	疯牛病	韩币/韩元	奥运
奥林匹克	世界杯（足球赛）	世界杯足球场	太极旗	贬值	升值	手机作弊	手机短信

备注：其中已经删除了"洋葱"、"麻油（香油）"、"鱿鱼"、"酒吧"、"瑞格"、"烧酒"、等词语，因为在韩国前3,000词语中已经收录了，另外，删除了"非典"，在2003年中国主流报纸流行词语中也已经收录了，删除了"芝麻"、"萝卜"、"黄瓜"、"面条儿"、"樱花"、"兰花"、"菊花"、"音响"、"键盘"、"软件"、"硬件"，在汉语词语模块中已经收录了。

附录 2　韩国语料库的素材来源

<한국어 교재> 韩语教材

2XT_901	고려대 한국어 1	572
2XT_902	고려대 한국어 6	10,610
2XT_903	연세대 한국어 6	10,156
2XT_904	서울대 한국어 3	3,391
2XT_905	고려대 한국어 5	3,000
2XT_906	고려대 한국어 4	2,585
2XT_907	고려대 한국어 3	2,328
2XT_908	고려대 한국어 2	1,178
2XT_909	연세대 한국어 5	8,909
2XT_910	연세대 한국어 4	6,764
2XT_911	연세대 한국어 3	3,617
2XT_912	연세대 한국어 2	2,081
2XT_913	연세대 한국어 1	1,462
2XT_914	서울대 한국어 2	2,008
2XT_915	서울대 한국어 1	1,056
2XT_916	서상규, 기초조선어	5,937
2XT_917	조선어입문 1 (答믄妗적)	825
2XT_918	조선어입문 2 (答믄妗적)	7,396
2XT_919	INTEGRATED KOREAN: BEGINNING	3,128
2XT_920	INTEGRATED KOREAN: INTERMEDIATE	4,778

<교과서> 教科书

2XT_801	6차교육과정 초등학교 읽기 5-2	5,403
2XT_802	6차교육과정 초등학교 사회 5-2	5,782
2XT_803	6차교육과정 초등학교 자연 5-2	1,391
2XT_804	6차교육과정 초등학교 생활의길잡이 6	5,816

2XT_805	6차교육과정 초등학교 체육 6	2,711
2XT_806	6차교육과정 초등학교 실과 6	2,497
2XT_807	6차교육과정 초등학교 읽기 6-1	6,638
2XT_808	6차교육과정 초등학교 도덕	5,371
2XT_809	6차교육과정 초등학교 사회 6-1	5,141
2XT_810	6차교육과정 초등학교 자연 6-1	1,446
2XT_811	6차교육과정 초등학교 슬기로운생활 1-1	675
2XT_812	6차교육과정 초등학교 바른생활 1-1	515
2XT_813	6차교육과정 초등학교 생활의길잡이 1-2	475
2XT_814	6차교육과정 초등학교 생활의길잡이 2-1	2,415
2XT_815	6차교육과정 초등학교 바른생활 2-1	1,483
2XT_816	6차교육과정 초등학교 생활의길잡이 2	3,206
2XT_817	6차교육과정 초등학교 체육 3	1,737
2XT_818	6차교육과정 초등학교 읽기 3-1	4,248
2XT_819	6차교육과정 초등학교 사회 3-1	1,588
2XT_820	6차교육과정 초등학교 실과 4	3,278
2XT_821	6차교육과정 초등학교 자연 4-1	1,245
2XT_830	중학교 체육 1, 보진재, 1995	5,032
2XT_831	중학교 체육 1, 보진재, 1995	5,075
2XT_832	중학교 체육 1, 보진재, 1995	3,013
2XT_833	중학교 도덕 3, 교육부, 1997	5,253
2XT_834	중학교 환경, 교육부, 1995	5,262
2XT_835	중학교 환경, 교육부, 1995	4,954
2XT_836	중학미술, 한샘출판, 1995	2,558
2XT_837	중학교 사회 1, 교육부, 1995	4,965
2XT_838	중학교 사회 1, 교육부, 1995	5,042
2XT_839	중학교 사회 1, 교육부, 1995	4,949

〈교양〉基本教养（基础教育教材）

2XT_021	현암사, 여성의 일곱가지 콤플렉스, 1992	11,874
2XT_022	조환규, 컴퓨터 이야기, 창작과비평사, 1992	7,942
2XT_023	김문환, 컴퓨터와 법, ㈜정보시대, 1993	10,141
2XT_060	유시민, 내머리로 생각하는 역사이야기, 한샘, 1994	10,107

2XT_061	전국연합, 알기 쉬운 인권 지침, 녹두, 1993	7,153
2XT_064	김성우, 문화의 시대, 민음사, 1994	18,479
2XT_066	정용선, 한국의 사상, 한샘, 1994	17,591
2XT_067	김영자, 한국의 복식미, 민음사, 1992	14,368
2XT_068	강만길 외, 한국사, 한길사, 1994	27,307
2XT_070	임순덕, 읽고 떠나는 국토 순례, 집문당, 1994	10,973
2XT_077	이상우, 연극속의세상읽기, 내일을여는책, 1991~1995	14,410
2XT_078	하은경, 그러나 매춘은 없다, 새길, 1994	13,581
2XT_079	이두희, 한국의 마케팅 사례, 박영사, 1993	16,016
2XT_080	강명구, 대중문화의 비판적 해석, 민음사, 1994	22,887
2XT_081	진중권, 미학 오디세이, 새길, 1994	8,997
2XT_084	권재술 외, 이 하늘 이 바람 이 땅, 한샘, 1993	17,597
2XT_085	이승우, 엄마 이렇게 낳아 주세요, 새길, 1994	11,328
2XT_088	조성우, 농민이야기주머니, 녹두, 1992	13,771
2XT_103	김지하, 생명, 솔, 1992	23,092
2XT_107	손일락, 식도락 보헤미안, 새길, 1995	11,379
2XT_110	백낙청, 현대문학을 보는 시각, 솔, 1992	21,091
2XT_112	김우창, 심미적 이성의 탐구, 솔, 1992	25,519
2XT_116	박은아, 창조적인 글쓰기, 새길, 1994	8,478
2XT_126	과천문화원, 과천문화사, 1994	14,155
2XT_707	유시춘 외, 여성 이야기 주머니, 녹두, 1993	9,651
2XT_712	위기철, 고맙다 논리야, 사계절, 1992	6,238

<문학> 文学

2XT_001	유기성, 아름다운 그 시작, 삼신각, 1994	17,096
2XT_002	권정생, 바닷가아이들, 창작과비평사, 1988	7,782
2XT_003	정혜진, 배낭여행, 민음사, 1994	17,354
2XT_017	이주홍, 아름다운 고향, 창작과비평사, 1980	8,457
2XT_037	김상순 외, 떠도는 배들, 한국경제신문사, 1978~1994	20,763
2XT_063	김소진, 열린 사회와 그 적들, 솔, 1993	19,072
2XT_074	하일지, 경마장에서 생긴 일, 민음사, 1993	15,313
2XT_086	박일문, 살아남은자의 슬픔, 민음사, 1992	15,782
2XT_087	윤후명, 너도밤나무 나도밤나무, 민음사, 1992	5,971

2XT_095	한승원, 포구, 장락, 1994	18,656
2XT_097	박완서, 한말씀만 하소서, 솔, 1994	11,562
2XT_102	유홍종, 슬픈 시인의 바다, 장락, 1994	10,866
2XT_122	이인성, 마지막 연애의 상상, 솔, 1992	11,805
2XT_123	김영현, 해남 가는 길, 솔, 1992	19,703
2XT_702	정종명, 숨은 사랑, 동아출판사, 1993	9,541
2XT_703	홍성원, 먼동 1, 문학과 지성사, 1993	9,646
2XT_711	곽재구, 아기참새 찌꾸, 국민서관, 1992	7,262
2XT_B21	송하춘, 하백의 딸들, 문학과 지성사, 1994	19,376
2XT_B43	유시춘, 닫힌 교문을 열며, 사계절, 1990	15,223
2XT_B46	구효서, 낯선 여름	16,798

〈신문〉 新闻

2XT_005	조선일보 경제(90)	15,637
2XT_007	조선일보 사회(91)	3,014
2XT_010	조선일보 사설(92)	7,474
2XT_011	조선일보 경제(93)	6,396
2XT_012	조선일보 문화(93)	4,572
2XT_013	조선일보 생활(93)	6,694
2XT_014	조선일보 과학(93)	710
2XT_015	조선일보 과학(93)	23,173
2XT_016	조선일보 기타, 해설(통계, 93)	1,771
2XT_025	동아일보 사설(90)	8,552
2XT_026	동아일보 사회(91)	2,123
2XT_028	동아일보 사설(91)	8,180
2XT_029	동아일보 종합(92)	4,087
2XT_031	동아일보 과학(92)	513
2XT_032	동아일보 외신(92)	3,627
2XT_033	동아일보 기타, 해설(92)	4,998
2XT_034	동아일보 사회(93)	27,445
2XT_035	동아일보 칼럼(93)	11,595
2XT_045	한겨레신문 사회(90)	4,758
2XT_046	한겨레신문 외신(90)	10,293

2XT_050	한겨레신문 칼럼(91)	6,283
2XT_051	한겨레신문 사설(91)	9,108
2XT_052	한겨레신문 과학(92)	2,514
2XT_054	한겨레신문 북한(92)	12,029
2XT_055	한겨레신문 종합(93)	19,196
2XT_056	한겨레신문 문화(93)	12,268
2XT_057	한겨레신문 생활(93)	3,416
2XT_058	한겨레신문 생활(93)	10,133
2XT_106	일간스포츠(1994/9/15~1994/9/25)	2,343
2XT_108	스포츠서울(1995/06/21-1995/07/06)	6,595
2XT_704	스포츠서울 일반(98-10)	3,835
2XT_705	스포츠서울 축구(98-10)	3,135
2XT_B29	한국일보 북한(96-02)	4,284
2XT_B30	한국일보 사설(96-11)	13,726
2XT_B31	중앙일보 북한(96-03)	1,848
2XT_B32	중앙일보 사설(96-03)	13,998
2XT_B34	경향신문 북한(96-01)	2,129
2XT_B35	경향신문 과학(96-07)	13,478
2XT_B36	경향신문 사설(96-04)	7,981

<잡지> 杂志

2XT_038	월간 에세이 94 년 8 월	9,372
2XT_075	레이디경향(1994/05~08)	11,246
2XT_076	레이디경향(1994/9~11)	12,809
2XT_090	뉴스피플(1993/7/1~1993/9/3)	10,089
2XT_091	뉴스피플(1993/7/8~1993/11/24)	12,822
2XT_092	뉴스피플(1993/7~1993/8)	10,080
2XT_105	여의주(쌍용 사보),1994	17,752
2XT_109	수필문학진흥회, 수필공원 94 봄, 한샘, 1994	21,471
2XT_115	우리교육 중등용 10 월호, 1994	21,820
2XT_706	한겨레신문사, 씨네 21 167 호,1998	9,909
2XT_708	중앙일보사, 라벨르 9 월호, 1998	30,199
2XT_709	경향신문사, 주간경향 1994/09~1994/11	15,626

2XT_710	조선일보사, 월간조선 158 호, 1993	19,014
2XT_B16	월간에세이 94 년 1 월	7,070

〈대본〉 剧本

2XT_714	보고 또 보고 1 회	2,872
2XT_715	보고 또 보고 10 회	3,156
2XT_716	보고 또 보고 45 회	2,820
2XT_717	육남매 20 회	5,572
2XT_718	육남매 4 회	5,108
2XT_719	육남매 30 회	4,814
2XT_720	남자셋 여자셋 1998 년 9 월 7 일분	1,982
2XT_721	영웅신화 11 회	5,152
2XT_722	영웅신화 18 회	4,831
2XT_723	MBC 베스트극장 300 화, 전등사	6,297
2XT_724	테마게임 139 회	4,523
2XT_725	혼자서도 잘해요(신기한 돌)	1,717

〈구어〉 口语

2XT_C01	여성시대 3 부/4 부, 96/04/01	5,603
2XT_C02	경영학과 토론(금융실명제), 1993 년	5,491
2XT_C03	경영학과 토론 2(논문주제)	6,384
2XT_C04	서클 YCC 잡담, 1990 년	7,813
2XT_C05	대인관계, 1992 년 4 월 10 일	11,334
2XT_C06	일상대화_잡담 1	2,733
2XT_C07	일상대화_잡담 2	3,686
2XT_C08	경영학과 토론(델타조)	5,293

〈기타〉 其他

2XT_004	김정일, 네 마음속의 블루진을 찢어라, 새길, 1994	14,959
2XT_020	이오덕, 웃음이 터지는 교실, 창작과비평사, 1991	8,609
2XT_036	최래옥, 말딸과 함께 춤을, 집문당, 1994	19,802
2XT_065	고은, 나 고은, 민음사, 1994	14,754
2XT_701	이계진, 뉴스를 말씀드리겠습니다 딸꾹!, 우석, 1991	12,808
2XT_713	이오덕 엮음, 이사 가던 날, 창작과 비평사,1991	7,565

附录3　HSK四级词汇使用度调查问卷(2003年)

你在中国生活了几年？_____年　你的名字：_____　年龄：_____　HSK级数：_____

依照你在中国生活的经验对下面词汇的使用度进行评价。请在适当的空格里标上"×"。

甲级词（1033）：

词汇	非常常用	常用	普通	不常用	没用过
A					
啊（叹）					
啊（助）					
矮（形）					
爱（动）					
爱人（名）					
安静（形）					
安排（动、名）					
B					
八（数）					
把（量）					
把（介）					
爸爸（名）					
吧（助）					
白（形）					
百（数）					
摆（动）					
班（名、量）					
搬（动）					
半（数）					
半天（名）					
办（动）					
办法（名）					
办公室（名）					

续表

帮助(动)					
饱(形)					
抱(动)					
报(名)					
杯(名、量)					
杯子(名)					
北(名)					
北边(名)					
倍(量)					

附录 4　韩语前 3,000 高频词(频度序)

序号	韩语词语	中文词语
1	것 01	的
2	하다 01	作、做
3	있다 01	有、在
4	있다 01	在、有
5	되다 01	成为
6	수 02	办法
7	하다 01	做、办、搞
8	나 03	我
9	그 01	那
10	없다 01	没有
11	않다	不
12	사람	人
13	우리 03	我们
14	이 05	这
15	그 01	她、它、他
16	아니다	不是
17	보다 01	看
18	등 05	等（等等）
19	때 01	～的时候
20	거 01	表示抽象的东西、现象、事情、关系代词 that、是～的、
21	보다 01	～看
22	같다	一样
23	주다 01	给
24	대하다 02	对
25	가다 01	去、走
26	년 02	年

27	한 01	一
28	말 01	语言、语文
29	일 01	事情
30	이 05	这
31	때문	因为、由于
32	말하다	告诉、讲、说
33	위하다 01	为了的为
34	그러나	但是
35	오다 01	来
36	알다	知道、明白
37	씨 07	姓氏的氏
38	그렇다	是、对、是的、是这样的、是那样的
39	크다 01	大
40	또	又、再、还
41	일 07	天、日
42	사회 07	社会
43	많다	多
44	안 02	不、没有
45	좋다 01	好
46	더 01	更
47	받다 01	收、收到、接受、得到
48	그것	那个
49	집 01	家
50	나오다	出来
51	따르다 01	跟着的跟
52	그리고	还有
53	문제 06	问题
54	그런 01	那样、那种

55	살다 01	住		88	듣다 01	听
56	저 03	我		89	다 03	都、全、全部、全都
57	못하다	不会		90	좀 02	有点儿、稍微
58	생각하다	想		91	들다 01	住进
59	모르다	不知道		92	싶다	想、想要、好像~似的
60	속 01	里面		93	보이다 01	看见
61	만들다	制做、做、包水饺的包		94	가지다	带、带有、拿
62	데 01	地方、情况		95	함께	一起
63	두 01	两、二		96	아이 01	小孩子
64	앞	前面		97	지나다	经过
65	경우 03	情形、情况		98	많이	多
66	중 04	其中、正在进行中的中		99	시간 04	时间、时候
67	어떤	什么、哪个、某		100	너 01	你
68	잘 02	好		101	주다 01	给、拿给、交给的给
69	그녀	她		102	인간 01	人间、人际、人类、人（不礼貌）
70	먹다 02	吃		103	사실 04	事实
71	오다 01	表示继续：好起来的起来、下来、快~了、已经~了		104	나다 01	出生、揭发、揭露、暴露
72	자신 01	自己、自身		105	이렇다	这样
73	문화 01	文化		106	어머니 01	妈妈、母亲
74	원 01	元		107	눈 01	眼睛
75	생각 01	想法		108	뭐	什么
76	어떻다	怎么样、怎样、如何		109	점 10	点
77	명 03	名、位、个		110	의하다 01	依照、依据、根据、依
78	통하다	通过电话的通、相通		111	시대 02	时代
79	그러다	那样做		112	다음 01	下次、其次
80	소리 01	声音		113	이러하다	这样
81	다시 01	再		114	누구	谁
82	다른	别的		115	전 08	前、前面
83	이런 01	这种、这些		116	곳 01	地方
84	여자 02	女人、女子		117	여러	许多、若干
85	개 10	个		118	안 01	里面、里边、里头
86	정도 11	程度		119	하나	一
87	뒤 01	后面、后边、后头		120	세계 02	世界

121	버리다 01	花掉了、吃掉了的掉		155	어디 01	哪儿
122	위 01	上面、上边、上头		156	몸 01	身体
123	운동 02	运动		157	얼굴 01	脸
124	퍼센트	百分比、百分之		158	들어가다 01	进去
125	학교	学校		159	왜 02	为什么
126	자기 04	自己		160	나타나다	出现
127	가장 01	最		161	말다 03	不要
128	대통령	总统		162	지역 03	地区、地域
129	가지 04	种类的种		163	다르다 01	不一样、不同
130	들다 04	拿		164	모습 01	样子
131	시작하다 01	开始		165	물 01	水
132	바로 02	就是、正是		166	만나다	见面、见、碰面、碰见
133	어느 01	哪个、某个		167	내다 02	修
134	그래서	所以		168	보이다 02	给~看、让~看
135	무엇	什么		169	쓰다 01	写
136	정부 08	政府		170	이것	这个
137	모든	一切、全部		171	없이	没有
138	번 04	号、次		172	이번 01	这次
139	그거	那个		173	길 01	路
140	돈 01	钱		174	생활	生活
141	국가 01	国家		175	쓰다 03	使用、用
142	그런데	可是、但是		176	지금 03	现在
143	날 01	有一天的天		177	뿐 01	只有、只是的只
144	여기 01	这儿、这里		178	사이 01	缝隙、关系
145	모두 01	都、全部、全都		179	방법	方法
146	여성 01	女性		180	새롭다	新
147	친구 02	朋友		181	우리나라	我国
148	마음 01	心、心肠		182	내다 02	忍得住、挡住的住
149	후 08	后		183	앉다	坐下的坐
150	가다 01	~下去、~着		184	처음	第一次
151	놓다 01	写下来、打开来的来		185	손 01	手
152	관계 05	关系		186	몇	几
153	아버지	爸爸、父亲		187	그때	那时
154	남자 02	男人、男子		188	과정 03	过程

189	삶	人生		224	힘 01	力量、力气
190	갖다 01	有、带有		225	너무 01	太
191	찾다	找		226	나라 01	国家
192	특히	特别、尤其、特		227	부르다 01	叫
193	시 10	点种、点、小时、时		228	의미 02	意义、意思、含义
194	이상 05	以上		229	자리 01	位子、地方
195	지금 03	现在		230	밝히다	查出、指明、查明、表明、揭发、揭露
196	나가다	出去		231	죽다 01	死
197	이야기	故事		232	이미 01	已经
198	교육	教育		233	쪽 05	方向、方
199	사다	买		234	정치 03	政治
200	경제 04	经济		235	국민	人民、国民
201	아직 01	还		236	생명	生命
202	잡다 01	抓、抓住		237	얘기	谈话、故事
203	같이	一起		238	학생	学生
204	선생님	老师、先生		239	연구 03	研究
205	예술	艺术		240	엄마	妈妈、母亲
206	서다 01	立、站		241	이름	名字
207	못 04	不能；不		242	하나	一
208	역사 04	历史		243	내리다 01	下雪、下雨、取下行李的下
209	읽다	读、念		244	사건 01	事件
210	이제 01	现在		245	및	及、以及
211	결과 02	结果		246	쉽다	容易
212	내용 02	内容		247	짓다 01	盖、建
213	물론 01	当然		248	또한	并且
214	동안 01	期间、两年里的里		249	이유 04	理由
215	책 01	书		250	또는	或者、还是
216	일어나다	站起来		251	필요하다	需要、必要
217	당신 02	您		252	글	字、文字、文章
218	시장 04	市场		253	생기다	有（孩子）、长（痘子）
219	넣다	放进、放、放在		254	사용하다 03	使用、用
220	중요하다 02	重要		255	남편 01	先生、丈夫、爱人
221	무슨	什么		256	들어오다	进来
222	느끼다 02	感觉、感到、觉得				
223	어렵다	难				

257	밖	外面、外头、外边		291	부분 01	部分
258	세상 01	世上		292	기업 01	企业
259	작다 01	小		293	거기 01	那里、那儿
260	타다 02	坐车的坐		294	변화	变化
261	대학 01	大学		295	아들	儿子
262	작품 01	作品		296	뜻	意思
263	상황 02	状况、情况、情形		297	아 02	呀！啊！
264	가운데	中间		298	기다리다	等
265	보내다	寄、送、派遣、派		299	떨어지다	掉
266	두다 01	放		300	선거 04	选举
267	즉 01	也就是、就是、即		301	관하다 02	有关
268	따라서	因此、所以		302	분 08	分钟、分
269	상태 01	状态		303	그냥	没什么
270	이후 02	以后		304	나누다	分、分开
271	당시 02	当时		305	이용하다 01	利用
272	문학 01	文学		306	거의 01	几乎
273	더욱	更		307	곧 01	就、马上、快～了、快要～了
274	아주 01	非常、很		308	중심 01	中心
275	지방 05	地区、地方		309	활동 02	活动
276	밤 01	夜晚、晚上、夜里、夜间		310	오늘	今天
277	높다	高		311	서로 01	互相
278	최근	最近		312	관심 01	关心
279	채 09	（穿）着（衣服）		313	역시 01	也是、还是
280	현실 02	现实		314	이거 01	这个
281	환경 02	环境		315	애 02	小孩儿、小孩子
282	컴퓨터	电脑、计算机		316	광고 02	广告
283	먼저	首先、先		317	나다 01	睡觉后的后
284	다니다	去～回来、上学、走遍		318	방 07	房间
285	얼마나	多少、多		319	정신 12	精神
286	자체 02	本身		320	이르다 01	到达、抵达
287	열다 02	开		321	땅 01	土地
288	머리 01	头、头脑、脑子、脑袋		322	이루다 01	达到、实现
289	묻다 03	问		323	아침	早上、早晨
290	남다 01	剩、剩下、剩余		324	웃다	笑
				325	현상 04	现象

326	두다 01	保管起来、挂起来的起来		360	남 01	别人
327	떠나다	离开		361	하루 01	一天、一日
328	기술 01	技术		362	그림 01	画儿
329	전체 01	全体		363	적 03	过（表经验）
330	그래 01	是呀！是啊！		364	터 02	~关系、~情况、打算、想要
331	얻다 01	得到		365	마시다	喝
332	아름답다	美丽、漂亮、美好		366	치다 02	打、拍
333	끝 01	最后、结束		367	혼자 01	独自、一个人、自己
334	민족	民族		368	나가다	出去
335	간 10	间		369	제도 01	制度
336	조사 30	调查		370	이제 01	现在
337	듯 01	好像、像~似的、好像~似的		371	교수 06	教授
338	입	口、嘴		372	술 01	酒
339	뭐	什么！		373	사랑 01	爱情、爱
340	그대로	照旧、原封不动地		374	의식 03	意识
341	영화 01	电影		375	전화 07	电话
342	필요	需要、必要		376	끝나다	结束
343	줄 04	方法		377	돌아오다	回来
344	하늘 01	天、天空		378	맞다 01	对
345	년대	年代		379	아빠	爸爸、父亲
346	과학	科学		380	걸리다 01	挂、花（时间）
347	듯하다	似的		381	지키다 01	保护、保卫
348	자연 01	自然		382	한번	一次
349	정말 01	真的、真、实在、确实		383	커피	咖啡
350	구조 08	构造、结构		384	가슴 01	内心、胸、心胸
351	대상 11	对象		385	체제 02	体制
352	결국	结果、结局、归根到底、最后		386	길다 02	长
353	밥 01	饭		387	바라보다	看
354	입다 01	穿		388	알아보다	看出、认出
355	오히려	反而		389	회사 04	公司
356	프로그램	程序		390	맛 01	味儿、味道
357	네 03	好、是		391	대부분	大部分
358	정책 02	政策		392	산업	产业
359	이루어지다	实现、（美梦）成（真）		393	매우 01	很、非常
				394	오르다	上、上升、上涨

395	음식	菜、食物、饮食		429	나이 01	年龄、年纪
396	표정 03	表情		430	우선 02	首先
397	꼭 03	一定		431	믿다	相信
398	일부 02	一部分		432	바꾸다	换
399	요즘	最近		433	낳다 01	生
400	계획 01	计划		434	바 03	表示所述内容的方法、事情、既然～就、所言的所
401	느낌	感觉		435	정보 06	信息、情报
402	얼마	多少		436	열리다 02	开
403	고개 01	颈、头		437	개념	概念
404	성격 02	性格、个性		438	좋아하다	喜欢
405	계속 04	继续		439	그리다 02	画
406	세기 03	世纪		440	만큼	表程度、限度、原因、依据
407	세우다 01	建立、建起		441	배우다 01	学习
408	아내 01	妻子、太太、老婆		442	시 13	诗
409	가족 01	家族、家人、家庭		443	역할	角色、作用
410	민중	民众、群众		444	옆	旁边儿
411	현재 02	现在		445	행동	行动、行为
412	사상 15	思想		446	어 02	哎呀!
413	세 01	三		447	국내 02	国内
414	세력	势力		448	비하다	比较、比
415	놓다 01	放		449	기관 11	机关
416	발전 01	发展		450	입장 04	立场
417	차 06	车		451	만하다	可
418	놀다 01	玩		452	예 08	例、例子、例如、如
419	향하다	朝、向		453	아래 01	下面、下边
420	관련	关联、关系、相关		454	방식 01	方式
421	형태	形态、形状、样子		455	영향 04	影响
422	각 01	各		456	지배 01	支配
423	도시 03	都市、城市		457	그럼 01	那么
424	작업 01	工作		458	나서다	站出来
425	분위기	气氛、情调		459	흐르다 01	流
426	그러하다	那样		460	저 04	那
427	자기 04	自己		461	깊다	深
428	측	侧、边		462	배 02	船

463	내 09	内		497	언니	姐姐
464	모양 02	形状、样子；模样		498	단체 02	团体
465	산 01	山		499	분 01	人、位
466	새 06	新		500	알려지다	出名、有名
467	하지만	但是、可是		501	가능하다	可能
468	조건 02	条件		502	능력 02	能力
469	문 05	门		503	주장하다 01	主张
470	꽃 01	花		504	자식 01	子女
471	단계 03	阶段		505	돌리다 04	旋转、转
472	올리다 01	上升、上、提高		506	불 01	火
473	그동안	这期间、这段时间		507	주민	居民
474	교사 09	教师		508	모으다	收集、收藏、凑、攒、募集、募捐
475	갑자기	突然		509	자료 03	资料
476	넘다 01	越、越过、过、超		510	존재	存在
477	지니다	存、带着		511	개발	开发
478	바람 01	风		512	학년	学年、年级
479	잘하다	做得好		513	신문 10	报纸
480	마을 01	村庄、村子		514	가지다	有、带有
481	어리다 03	小、年轻		515	이해하다 02	理解、了解、明白
482	대표	代表		516	제품 02	制品
483	가능성	可能性		517	분야	领域、分野
484	방향 01	方向		518	선생 01	先生（表尊敬）、老师
485	대회 02	大会、比赛		519	돌아가다	回去
486	목소리	声音		520	사업 04	事业、生意
487	노래 01	歌、歌曲		521	행위	行为
488	바다	海		522	수준	水准、水平
489	힘들다	累		523	지난해	去年
490	공부 01	学习、读书		524	표현	表现
491	움직이다	动、活动、运行、运转		525	기분 01	心情、情绪、气氛
492	의원 05	议员		526	금융	金融
493	이론 01	理论		527	대 06	代
494	노력 01	努力		528	젊다	年轻
495	못하다	不会		529	동시 02	同时
496	전혀 01	全、完全		530	옷 01	衣服、服装

序号	韩语	中文
531	기능 03	性能、功能、机能
532	순간 03	霎那、瞬间、刹那、一瞬间
533	전쟁	战争
534	전 08	前、之前
535	꿈 01	梦、梦想
536	할머니	奶奶、姥姥、老太太、老太婆
537	회의 04	会议
538	방송 01	广播
539	이야기하다	说、讲
540	나무 01	树
541	자다 01	睡觉的睡
542	사회적	社会的
543	연극	戏剧、演出、演剧
544	오늘	今天
545	마찬가지	一样
546	걷다 02	走
547	노동 03	劳动
548	이때	这时
549	과거 03	过去
550	가치 06	价值
551	시간 04	时间、小时
552	집단	集团、集体
553	현대 01	现代
554	그랬	是的
555	살펴보다	察看
556	장관 02	领导、长官
557	차이	差异
558	풀다	解开、解决、解题的解、放松
559	시절 01	时代、时期、时光、~的时候;时节
560	물건	东西、物件
561	직접	直接、亲自
562	개인 02	个人
563	근데 01	对了(by the way)
564	발 01	脚
565	작가 01	作家
566	효과 01	效果
567	불교	佛教
568	끌다	拉
569	대로 01	依照、按照、照
570	인식	认识
571	자금 08	资金
572	빨리	快、赶快、快点儿
573	시작되다 01	开始
574	개혁	改革
575	둘 01	两、二
576	말다 03	不要、别
577	설명하다	说明
578	우주 02	宇宙
579	시기 05	时机
580	마치 03	好像
581	살 04	岁
582	생산	生产
583	바라다 01	希望
584	강하다 02	强
585	경험	经验
586	음악 01	音乐
587	최고 02	最好、最高
588	나타내다	露出、显出
589	아프다	疼、疼痛、痛
590	적다 02	很少的少
591	벗어나다	脱离、摆脱、解脱
592	비 01	雨
593	고향 02	故乡、家乡、老家
594	놀라다	吃惊、吓一跳
595	다양하다 01	多样
596	울다 01	哭
597	농민	农民

598	드러나다	露出、暴露出来		632	경찰 04	警察
599	은행 02	银行		633	맡다 01	担任、承担、承包
600	지내다 01	过、度过		634	저녁	晚上
601	결혼	结婚		635	한편	一方面
602	동생 01	弟弟、妹妹		636	그러면	那么
603	법 01	法律、法		637	기자 05	记者
604	소설 03	小说		638	넓다	大、宽敞、宽大、宽阔、宽广、宽
605	예 06	是的、是		639	시험 03	考试、测验、测试
606	오후 02	下午、午后		640	잠 01	（睡）觉
607	질서 03	秩序		641	주로 01	主要、主
608	고대 04	古代、古时候		642	훨씬	更、显著、大大
609	담다 01	装		643	면 05	面、边
610	모이다 01	集合、召集、聚在一起的聚		644	토지 02	土地
611	시민	市民		645	통일 02	统一
612	회장 07	会长、董事长		646	들어서다	进入、走进
613	빠르다	快		647	건강 03	健康
614	스스로	自己		648	가깝다	很近；近
615	아기 01	小孩、婴儿		649	건물 03	建筑、建筑物
616	아저씨	先生、大叔、叔叔		650	시설 03	设施、设备
617	옛날	古时、古时候、古代		651	외국 02	外国
618	이날	这天		652	밑 01	下面、下边
619	제대로	好好地、好好、好好儿		653	어른 01	大人、成人
620	달 05	月亮、月		654	주변 04	周边、周围
621	던지다	投、扔		655	대신 03	代、代替、替
622	참 01	真（好）		656	원인 02	原因
623	공간 05	空间		657	팔다	卖
624	이곳	这儿、这里		658	차례 01	次序、顺序
625	딸 01	女儿		659	군 05	军
626	마지막	最后		660	열심히	努力、热心
627	벌이다	摆（东西）、开始（讨论）、展开		661	일하다	做
628	병원 02	医院		662	재산	财产
629	수사 18	搜查、查、调查		663	조금 01	有点儿、一点儿
630	자세 02	姿势、态度		664	팀 01	队
631	강조하다	强调		665	부모 01	父母

666	약간	稍微、有点儿、若干
667	언어 01	言语
668	요구하다	要求
669	올라가다	上去
670	첫	初
671	감독 02	监督、导演、监工
672	그날	那天
673	사실 04	事实
674	자주 01	经常、常常
675	당하다 01	受伤的受
676	삼다 02	交、做、认他做哥哥的认做
677	약 03	大约、大概、约
678	기간 07	期间
679	담배	香烟
680	일으키다	扶起来、引起
681	일단 01	一旦
682	할아버지	爷爷、祖父、外公、外祖父、老大爷/大爷、老爷
683	조직	组织
684	태어나다	出生
685	공장 02	工厂、工场
686	벌써	早已、早就
687	즐기다 01	享受、喜爱
688	지 02	
689	환자 03	患者、病人
690	변하다	变
691	사고 12	事故
692	그래도	还是(虽然~还是的还是)
693	아무리	不管怎样
694	맞추다 01	定做、对、配(眼镜)、调(度数)
695	쌀	米、大米
696	일반 02	一般
697	재미있다	有意思
698	가르치다 01	教

699	대화 06	对话
700	막다 01	堵、挡
701	올해	今年
702	형 01	哥哥、兄
703	달리 01	不同
704	버리다 01	扔掉
705	붙이다	贴、粘
706	인물	人物
707	늘	总(是)
708	모두 01	全部
709	전국 03	全国
710	계급 02	阶级
711	마치다 02	结束、完成
712	전 07	全
713	다만 01	只是
714	도움	帮助
715	가정 06	家庭
716	걸다 02	挂
717	빠지다 02	掉、减
718	멀다 02	远
719	버스 02	公共汽车
720	차원 01	维、度
721	오늘날	如今
722	잠시	暂时
723	농업	农业
724	대다 01	出、拿出、摸、提供
725	식 04	式
726	의견 01	意见
727	무대 06	舞台
728	사진 07	照片/相片
729	주장 03	主张
730	표현하다	表现
731	인하다 01	因为、由于、因
732	이상하다	奇怪、异常
733	제일 04	第一

734	붙다	贴、粘、靠、通过		769	구체적	具体的
735	아마 01	也许		770	기회 03	机会
736	얘기하다	聊天儿、聊、谈		771	실시하다 03	实施
737	잇다 01	接、连接		772	장치 07	装置
738	조금 01	稍微、有点儿		773	지구 04	地球
739	경기 11	比赛、竞技		774	번째	第
740	목적 03	目标		775	소비자	消费者、用户
741	태도 03	态度		776	싫다 01	不愿意、讨厌
742	남성 01	男性		777	정치적	政治的
743	주위 02	周围		778	규모	规模
744	대책 03	对策		779	기준 03	基准、准则、标准
745	그만 02	到此为止		780	말 11	末
746	발생하다	发生		781	반드시	一定
747	다리 01	腿		782	셈 01	要、算是
748	아무 01	什么		783	전략 03	策略、战略
749	어쩌다 01	怎么办、怎么着		784	갖추다	具备
750	재료 01	材料		785	그러니까	所以、因此
751	각각 01	各个		786	대다 01	过度、过分
752	결코	决不		787	받아들이다	接受
753	옮기다	搬、挪动;移动、挪		788	값	价、价格、价钱
754	항상	总(是)、恒常		789	현장 03	现场
755	해 01	太阳、年		790	건설	建设
756	잃다	遗失、丢		791	꺼내다	拿出
757	자유 03	自由		792	노동자	劳动者、工人
758	책임	责任		793	동네	邻里
759	바꾸다	改变、换;改		794	언제나	总是
760	비슷하다 02	相似		795	완전히	完全、完美、完善
761	심하다	过分、严重		796	자동차	汽车
762	경쟁	竞争		797	전하다	转告、转交、传
763	달러	美元		798	존재하다	存在
764	사랑하다	爱		799	개월	个月
765	아니 02	呀!啊!		800	맞다 02	迎接
766	여름 01	夏天、夏季、夏		801	별로 01	不怎么样、一般
767	자라다 01	长大、生长		802	어린이 01	儿童、小孩儿
768	회 08	回		803	정하다 03	决定、定

804	한마디	一句话		839	관점 02	观点
805	유지하다 02	维持		840	귀 01	耳朵
806	이데올로기	意识形态		841	귀족 01	贵族
807	공부하다	学习、读书		842	기본	基本
808	대중 02	大众		843	미터 02	公尺
809	늘어나다	增加、越来越多		844	사라지다	消失
810	닦다 01	擦、刷		845	어떠하다	怎么样、怎样、如何
811	만 01	满		846	감정 06	感情
812	말씀	话		847	기억 02	记忆
813	괜찮다	不错		848	놈 01	混蛋
814	눈물 01	眼泪		849	인기 01	人气
815	각종	各种、各式各样		850	배 01	肚子
816	빛	光		851	아파트	公寓
817	아니 01	不、没有		852	가끔	有时、有时候
818	피하다	避、躲、躲避		853	구성 07	结构、构造、构成
819	거치다 01	经过、经历		854	술 06	口
820	나아가다	前进		855	실제로	实际上
821	야 04	呀！啊！		856	짧다	短
822	지식 02	知识		857	고맙다 01	感谢、谢谢、感激
823	현재 02	现在		858	관리 04	管理
824	여전히	仍然、仍旧		859	권력 02	权力
825	주인 01	主人		860	그곳	那个地方、那儿、那里
826	발견하다 01	发现		861	달다 05	给
827	선 14	线		862	보다 02	更、更加
828	인류 01	人类		863	비롯하다	开始
829	특징	特征		864	체계 03	体系
830	드리다 01	赠送、给		865	과연 01	果然
831	선수 05	选手		866	들리다 03	听见
832	형식 01	形式		867	달리다 04	跑
833	마련하다	准备		868	바쁘다	忙
834	반 07	半		869	이전 03	以前
835	발표하다	发表		870	인정하다	承认、认可、认定
836	주제 04	主题		871	자 18	者
837	걸치다	披、搭		872	중앙 01	中央
838	겪다	经历、经受				

873	나쁘다 01	坏		908	아무 01	谁
874	불구하다 02	不顾、不管		909	웃음	笑
875	사태 06	事态、局势、局面		910	기계 07	机器、机械
876	시키다 01	指派、支使、使唤		911	모양 02	样子、形状（物品）、模样
877	게임	游戏		912	물질 02	物质
878	국제 02	国际		913	아나운서	播音员
879	그룹 01	集团、组		914	뉴스	新闻
880	인생 01	人生		915	살아가다	生活、过日子、过生活
881	전통 06	传统		916	펴다	打开、伸直、铺、展开、铺开
882	기르다	养、培养		917	문화적	文化的
883	원리 02	原理		918	배 09	倍
884	잔 03	杯子、杯、盏		919	수업 04	课
885	조사하다 12	调查		920	겨울	冬天、冬季、冬
886	커다랗다	大、巨大		921	종교	宗教
887	사내 01	男子		922	층 02	层
888	있다 01	有、在		923	검찰 02	检察
889	주체 02	主体		924	자연스럽다	自然
890	시인 10	诗人		925	장 22	张
891	언제 01	什么时候、何时		926	기존	现有、现存
892	외 04	外		927	돌다	循环、转、传（消息传开）
893	평가 03	评价、评估		928	식사 03	餐、饭
894	내려오다	下来、传下来		929	안다 01	抱、搂
895	위치 01	位置		930	이해 06	理解、了解
896	줄이다	缩短、缩小		931	잊다 01	忘记、忘掉、忘
897	행정 01	行政		932	제시하다 01	提出、出示
898	가격 03	价格		933	반 11	班
899	달라지다	不一样了		934	불과하다	不过、只是
900	비다 01	空		935	차지하다 01	占、占领、占据、占有
901	삼국	三国		936	혹은	或者、或
902	손님	客人		937	엄청나다	巨大
903	원하다 02	希望、祈愿、愿		938	위원회	委员会
904	통신 01	通讯、通信		939	편 04	方向
905	확인하다	确认		940	텔레비전	电视
906	모임 01	聚会		941	파악하다	把握、掌握
907	수 26	数				

942	편 09	篇
943	실천 01	实践
944	노력하다 01	努力
945	보호 01	保护
946	요소 04	要素、因素
947	씻다	洗（脸、手、水果）
948	한편	同时
949	늦다	迟、晚
950	당 14	党
951	이웃	邻居
952	편지 02	书信、信、信件
953	공동 02	共同
954	까닭	原因、理由
955	방안 01	方案
956	센티미터	公分
957	팔 01	胳膊/胳臂
958	분명하다 01	清楚、清晰、分明
959	분석 02	分析
960	소녀 02	少女
961	지나가다	经过
962	차 03	次
963	상품 03	商品
964	공동체	共同体
965	설명	说明
966	훌륭하다	出色、优秀、杰出
967	관계자	有关人员
968	새로	新
969	세 13	岁
970	이어지다	连接、接
971	티브이	电视
972	봄 01	春天、春季、春
973	종류 02	种类
974	낮다	低、矮、差
975	어깨 01	肩膀、肩
976	지적하다	指责、批评、指摘
977	부부 03	夫妇、夫妻
978	오래 02	很久
979	요구 03	要求
980	키우다	抚养、养育、抚育、培育、喂
981	눕다 01	躺、卧
982	발달하다	发展、发达
983	발전하다 01	发展
984	여행 02	旅行、旅游
985	죽음 01	死、去世、死亡、过世、逝世
986	고통	痛苦
987	등장하다 01	登场、出场
988	공 01	球
989	듯이 01	似的、像
990	어울리다	配、适合
991	오월 01	五月
992	쉬다 03	休息
993	알리다	告诉
994	차다 01	装满
995	측면	侧面
996	과 10	系
997	멀리 01	远
998	빼다 01	抽、拔、删、去
999	예정 02	预定
1000	오빠	哥哥
1001	일 05	工作、事、事情、活儿
1002	즐겁다	高兴、快乐、快活
1003	한계	界限
1004	흔히	经常、常、常常、时常
1005	바탕 01	底子、底、本质
1006	사월 02	四月
1007	싸우다	吵架、打架、作战、战斗、打仗

1008	언제 01	何时、什么时候
1009	예쁘다	漂亮、美丽
1010	갈등	纠葛、芥蒂、矛盾、葛藤
1011	느껴지다	感觉、感到
1012	방침 02	方针
1013	역사적	历史的
1014	의지 06	意志
1015	전문 08	专门
1016	정확하다 01	正确、确实、确定
1017	초기 04	初期
1018	나중 01	后来、以后
1019	등 01	背
1020	맛있다	好吃
1021	며칠	几天
1022	신경 04	神经
1023	찾아오다	找回来
1024	투쟁	斗争
1025	미 14	美
1026	사용 04	使用
1027	시선 03	视线
1028	아무런	什么（问题）都没有/都不
1029	언론	言论
1030	투자 02	投资
1031	요인 03	因素、原因
1032	지원 02	支援、志愿
1033	결정하다 01	决定
1034	경영 02	经营、企业管理
1035	드러내다	露出、暴露出来
1036	목표	目标
1037	성장 01	成长
1038	숲 01	树林、森林、树丛、草丛
1039	없어지다	没有了
1040	작년	去年
1041	내려가다	下去、下降
1042	떠오르다	浮现
1043	리얼리즘	现实主义
1044	미치다 02	达到、触到
1045	새벽 01	清晨
1046	쓰레기	垃圾
1047	얼른 02	赶快、赶紧、快
1048	임금 03	工资、工钱、薪金/薪水、薪资
1049	피해 01	被害、遇害
1050	한 06	
1051	무섭다	可怕
1052	직장 05	工作单位、单位
1053	참다	忍耐、忍住、忍
1054	크기	大小、尺寸
1055	고기 01	肉
1056	남기다	留、留下、剩、剩下
1057	서양	西洋、西方
1058	주요 01	主要、重要
1059	지나치다	过分、过度、超过
1060	가져오다	拿来、带来、拿过来
1061	냄새	气味
1062	부드럽다	嫩、细腻、细嫩、柔软
1063	여기다	认为、觉得、以为
1064	이 04	~者、~人、位
1065	조치 04	措施
1066	회담	会谈
1067	공연 02	公演、演出
1068	남녀	男女
1069	내놓다	拿出来
1070	떼다 01	撕
1071	만들어지다	作为
1072	속도 01	速度
1073	심각하다 02	严重、厉害
1074	준비	准备
1075	계속되다 02	继续、连续

1076	구월 02	九月
1077	맑다 01	晴、晴朗、清澈
1078	소년 01	少年
1079	소식 04	消息
1080	유월 01	六月
1081	작용 01	作用
1082	허리 01	腰、腰身
1083	골 14	球门
1084	공업 01	工业
1085	그중	其中
1086	노인 01	老人
1087	벌다 02	挣、赚
1088	살리다	救活
1089	새 03	鸟
1090	영어 02	英语/英文
1091	출신	出身
1092	결정 01	决定
1093	경향 02	倾向
1094	기록 02	纪录
1095	나름	要看什么
1096	대답하다	回答、对答
1097	반면 02	相反、反面
1098	썰다 01	切
1099	움직임	动向、动静
1100	이미지	形象
1101	터지다	破、破裂、爆破、爆裂
1102	특성 01	特性、特点
1103	교장 03	校长
1104	벗다	脱
1105	업무 02	业务
1106	입시 04	入学考试
1107	준비하다	准备
1108	청소년	青少年
1109	돕다	帮助、帮忙、帮
1110	응 01	嗯
1111	이기다 01	克服、战胜
1112	찾아보다	寻找、找、找找看、找一找
1113	취하다 01	采取、采用、取
1114	다루다 01	代卖、操作、操纵
1115	달 05	月、月亮
1116	사장 15	老板
1117	삼월	三月
1118	재벌 02	财阀
1119	정권 04	政权
1120	그렇지만	但是、可是、不过、然而
1121	삼 06	三
1122	선배	前辈、学长、学姐、师兄、师姐
1123	업체	企业
1124	키 01	个子、身高
1125	구하다 01	寻求、求
1126	국회	国会
1127	그러므로	所以、因此
1128	포함하다 02	包含、包括
1129	걱정	担心、操心、担忧
1130	결혼하다	结婚
1131	계기 04	转机
1132	비록 01	虽然、尽管
1133	띠다 01	带、含
1134	만약	如果、假如、假使、假若、要是、万一
1135	바르다 03	端正、正直
1136	세월 02	岁月、日子、光阴、时光
1137	숨 01	呼吸
1138	행사 01	活动
1139	깨닫다	觉悟、觉醒、领悟、领会、觉察
1140	누나 01	姐姐
1141	신 09	神
1142	왕 04	王
1143	점점 01	渐渐、逐渐、越来越~

1144	질문	提问、问题		1178	뜨겁다	热、烫
1145	특별	特别		1179	뿌리	树根、根本、根源、根
1146	판단	判断		1180	수입 02	输入、进口
1147	해결하다	解决		1181	초 03	初
1148	거리 08	距离		1182	해방 05	解放
1149	계속하다 03	继续、连续、一直		1183	그리하여	所以、因此
1150	그치다	停、停止		1184	낮	白天
1151	근처	附近、近处		1185	여부 01	与否、能否
1152	너무나	太、过于		1186	일찍	早、早点
1153	높이다	提高		1187	직원 03	职员
1154	부정 02	否定		1188	찍다 02	盖章
1155	사정 07	情况、事情、问题		1189	가볍다	轻、轻松、轻便
1156	실명제	实名制		1190	내부 04	内部、里面、里头
1157	눈치	眼色		1191	다소 01	多少
1158	도대체	到底、究竟		1192	상대 04	对方、对象
1159	막 02	胡乱、随便、随随便便		1193	오전 02	上午、午前
1160	부모님	父母		1194	피부 02	皮肤
1161	수출 03	出口、输出		1195	가게	商店、铺子
1162	이른바	所谓		1196	가득 01	满
1163	계시다	在		1197	그저	只、光、就
1164	그 02	那!		1198	도 05	度（限度）
1165	문명 03	文明		1199	벽 06	墙、墙壁、壁
1166	자르다 01	剪断、切断、截断、砍断		1200	장군 04	将军
1167	데리다	带		1201	무역 02	贸易
1168	마리 01	只、匹、头		1202	부담 01	负担
1169	무척 01	很、非常、极		1203	약속	约会
1170	비용 03	费用		1204	인사 02	打招呼
1171	비행기	飞机		1205	줄 01	绳子
1172	옳다 01	对		1206	쳐다보다	注视、凝视
1173	원래 01	原来、本来		1207	충분히	充分、充分地
1174	처리 02	处理、解决		1208	대 15	台
1175	최초	最初		1209	신체 02	身体
1176	꼴 01	样子、形状		1210	에너지	能量、体力、能源
1177	놀이 01	游戏、游玩、玩意儿		1211	위원 01	委员
				1212	정리하다	整理、整顿

1213	집안 01	家里、家中		1248	협상 01	协商、协议
1214	배경 01	背景、布景		1249	교통 01	交通
1215	죽이다 01	杀、杀害、杀死		1250	기구 15	机构
1216	논의 02	讨论、议论		1251	따지다 01	追问、追究、追查
1217	단순하다	单纯		1252	법 01	法、法律
1218	반대 03	反对		1253	성과 01	成果、成就
1219	법칙	法则、法规		1254	오랜	好久、许久、很久
1220	빠지다 01	掉、掉落、脱落		1255	젊은이	年轻人
1221	소금 01	盐		1256	후보 04	候选人
1222	오염	污染		1257	거래 02	交易
1223	운영 03	运营、营业		1258	거리 01	路、道路、街
1224	자전거	自行车		1259	과제 04	课题、作业
1225	참여하다	参与、参加		1260	근거	根据
1226	탓	过错、错		1261	기록하다	纪录
1227	푸르다	绿、蓝、青		1262	다가오다	走近
1228	개	其中		1263	불다 01	吹、刮
1229	그래	对、是、是的		1264	시각 04	视角
1230	목 01	脖子、颈		1265	이끌다	带、带动、带头、带领
1231	발표 01	发表、公布		1266	종합	综合
1232	범죄	犯罪、犯法		1267	한글 01	韩文
1233	위 05	地位、职位、位子		1268	가을 01	秋天、秋季、秋
1234	흔들다	摇动、挥动		1269	개발하다	开发
1235	기초 06	基础		1270	내일	明天
1236	논리	逻辑、理论		1271	떨다 01	发抖、颤抖、抖
1237	드라마	电视剧		1272	매일	每天
1238	뽑다	选、拔、选拔		1273	손가락	手指、手指头、指头
1239	피우다 01	抽、点		1274	수단 01	手段、手法
1240	감각 02	感觉		1275	욕망	欲望、野心
1241	그니까	因此		1276	원칙	原则
1242	미리 01	预先、事先		1277	자 04	喂、咳、呵、嘿
1243	부족하다	不足、不够		1278	자유롭다	自由
1244	인사 03	礼节、礼貌、打招呼		1279	적극적	积极、积极性
1245	저희 01	我们		1280	판매	出售、贩卖、销售
1246	진행되다	进行		1281	형성 01	形成
1247	독자 04	读者				

1282	기울이다	倾注、贯注		1317	축구04	足球
1283	길이01	长短		1318	형님	大哥、兄
1284	장면04	场面、情况、情景		1319	놓이다	放着
1285	점차02	逐渐、渐渐		1320	당장02	当场、马上、立刻
1286	톤01	吨		1321	무렵	～之际
1287	혐의	嫌疑		1322	밝다	亮、明亮、光亮、光明、明朗
1288	관련되다	关联、有关系		1323	사물10	事物
1289	급04	级		1324	일반적	一般、通常、普通
1290	나머지	剩余、余数		1325	장소05	地点、场所
1291	날씨01	天气、气候		1326	곱다02	漂亮、好看、美丽、俏丽、美
1292	당국02	当局		1327	바닥01	地板、地面、地上、地下
1293	더불다	一起、一块儿		1328	사항02	事项、条件
1294	동물	动物		1329	새끼02	小子、孩子、崽子
1295	의사12	医师、医生、大夫		1330	생각되다	感到、认为、以为
1296	개방04	开放		1331	서비스	服务、招待
1297	건강하다02	健康、很健康		1332	선택하다	选择
1298	미래02	未来、将来		1333	심다01	种、植、种植、栽
1299	앞서	先前、上次		1334	적다01	写
1300	여러분	诸位、各位、大家		1335	코01	鼻子
1301	왜냐하면	因为		1336	간단하다02	简单
1302	인구01	人口		1337	고등학교	高中
1303	기대하다	期待、期望、指望		1338	공개02	公开
1304	네02	四		1339	교실	教室、课堂
1305	도착하다01	抵达、到达		1340	스스로	自己
1306	병04	病、毛病、疾病		1341	견디다	忍耐、忍、挺、耐、经得起、经得住、忍受、耐用、忍得住、挺得住
1307	소프트웨어	软件		1342	기사10	消息
1308	흘리다	流		1343	따위	～之类
1309	반응	反应		1344	막히다	挡住、塞住
1310	주인공	主人公、主人翁		1345	매체	媒体、媒介
1311	당연하다01	当然、应当、应该		1346	별01	星、星星
1312	따뜻하다	温暖、温和、暖和、暖		1347	복잡하다	复杂
1313	따로	单独				
1314	비판01	批判、批评				
1315	빌리다	借				
1316	세대02	世代、代				

1348	뿌리다	洒		1383	불리다 04	点名、叫、点
1349	영역 03	领域		1384	싸움	打架、打、战斗、打仗、打斗
1350	체험	体验、体会		1385	자꾸 01	老（是）、总（是）
1351	구속 02	拘捕		1386	차리다	摆、准备
1352	규정하다 03	规定		1387	해외	海外
1353	때로	有时、有时候		1388	그리 02	不怎样、不怎么样、不怎么
1354	어쩌면	怎么办、怎么着		1389	뜨다 01	漂、浮
1355	극복하다 01	克服		1390	문화재	文化遗产
1356	불법 01	非法、不法		1391	미소 05	微笑
1357	비밀	秘密		1392	보통	普通、一般
1358	색 03	颜色、色		1393	식당	食堂、餐厅、餐馆、饭馆
1359	쓰이다 03	用、使用		1394	의미하다 02	意味、意味着
1360	일정하다	固定		1395	이래 03	以来
1361	다지다	巩固、加强		1396	체육	体育
1362	밝혀지다	揭发、查明		1397	구성되다	构成
1363	아까	刚刚、刚才、刚		1398	독특하다	独特
1364	알맞다	合适		1399	땀 01	汗
1365	이념	理念		1400	사례 05	事例
1366	희다	洁白		1401	소개하다 01	介绍
1367	가리키다 01	指		1402	잘되다	成了、好了、行了、好极了
1368	모시다	侍奉、奉养、陪		1403	추진하다 02	推进
1369	발달	发达、发展		1404	칠월	七月
1370	수많다	无数		1405	틀 01	模型、架子、框
1371	잘못	错误、过错、错、过失		1406	평균	平均
1372	치르다	考		1407	혁명	革命
1373	평화 02	和平		1408	훈련	训练
1374	공사 02	工程		1409	흐름	趋势、趋向
1375	돌 02	石头、石子		1410	십이월	十二月
1376	똑같다	一样、一模一样		1411	쌓이다	积累、堆积
1377	박사 01	博士		1412	이익 02	利益
1378	성 07	性		1413	쥐다 01	抓
1379	전문가	专家		1414	컵	杯子、杯
1380	단지 04	只是、仅仅		1415	게다가	加上
1381	말씀하다	说话、讲、说、讲话		1416	끓이다 01	烧、烧开
1382	무용 03	舞蹈				

1417	논문	论文		1451	권리	权利
1418	멈추다	停、停止、停住		1452	끝내다	结束、完成
1419	사용되다	使用		1453	대답	回答、对答
1420	오랫동안	很久		1454	시작 01	开始
1421	위기 01	危机		1455	어려움	困难
1422	정당 07	政党		1456	일주일	一周、一个星期
1423	종이 01	纸、纸张		1457	자원 04	资源
1424	찾아가다	去找、去看、去拿		1458	춤 01	舞、舞蹈
1425	폭력	暴力		1459	넘기다	翻
1426	혹시 01	有时候、有时、万一、如果、也许、或是		1460	드리다 01	给、给予、赠送、呈；致
				1461	물체	物体
1427	늘다 01	提高		1462	분명히	清楚地、分明、明确、清楚
1428	양 20	量				
1429	이 09	二、两		1463	시위 04	示威
1430	절차 02	次序、顺序、步骤、程序、手续		1464	아무것	什么（东西）
				1465	온 01	全
1431	진짜	真的		1466	젖다 01	淋湿
1432	계시다	在		1467	제외하다	除了~以外；除外
1433	공기 06	空气		1468	최대	最大
1434	닿다 01	够（得着）		1469	평소	平常、平素
1435	물론 01	当然		1470	견해 02	见解
1436	속하다 02	属于、属		1471	깨끗하다	干净、清洁
1437	올림픽	奥运、奥林匹克		1472	농사 01	农耕、农事
1438	이외 01	以外		1473	더구나 01	尤其、再加上
1439	재미 01	趣味		1474	안정 01	安定、稳定
1440	제공하다 02	提供		1475	어둠	黑、黑暗、灰暗、昏暗
1441	증가하다 01	增加		1476	어둡다	黑、黑暗、灰暗、昏暗
1442	기대 03	期待、期望		1477	어쨌든	反正、不管怎（么）样
1443	떡 01	糕、糕饼、年糕、黏糕		1478	주택	住宅
1444	식물 02	植物		1479	경제적	经济的、经济
1445	옛 01	古、旧、故		1480	고장 01	地方、地区、地带
1446	외치다 01	喊叫、喊		1481	관련하다	关联、有关系
1447	적어도	至少		1482	눈길 01	眼神、目光、视线、眼光、眼色
1448	진정하다 01	真正		1483	물어보다	问问看
1449	편하다	方便、便利		1484	미안하다	对不起、不好意思、抱歉
1450	평 02	坪				

1485	밀다 01	推		1520	싣다 01	载
1486	스트레스	压力		1521	쌓다	堆
1487	음 01	啊		1522	어서 01	快、赶快
1488	인사 01	人士		1523	자녀 01	子女
1489	주어지다	具备		1524	제목 02	题目
1490	고려하다 01	考虑		1525	짓 01	行动、行为
1491	과일 01	水果		1526	판결	判决
1492	널리	广泛		1527	팔월	八月
1493	농촌	农村		1528	하얗다	白、雪白、白花花、白皑皑
1494	올라오다	上来		1529	희망	希望
1495	챙기다	整理、照顾		1530	가방 01	行李、书包、皮包、包
1496	고르다 01	选择、选拔、挑选、选		1531	군대 03	军队
1497	바르다 01	糊、涂、搽		1532	그만큼	这么一点、那么一点
1498	벌어지다 02	开始		1533	무어 01	什么
1499	소재 05	素材、材料		1534	비로소	才
1500	전망 03	展望		1535	비리 08	腐败行为
1501	포기하다 01	放弃		1536	상대방 02	对方
1502	형성되다	形成		1537	서구 02	西方
1503	고치다 01	修理、纠正、改正、修改		1538	소유 03	所有
1504	그림자	影子		1539	시골	乡下
1505	눈 04	雪		1540	실수 01	失误、错误、失手
1506	다하다	完成、尽、尽力		1541	잘못되다	弄错、搞错
1507	마침내	终于、最后		1542	치료	治疗
1508	비교하다	比较		1543	폭 06	幅
1509	시월 01	十月		1544	호 14	号
1510	커지다	变大、大了、增大		1545	내밀다	伸、伸出
1511	한쪽	一方面		1546	맞다 03	挨打
1512	검사 03	检查、稽查		1547	부문 06	部门
1513	결론 02	结论		1548	시리즈	系列、丛书
1514	기반 01	基础		1549	임신 02	怀孕、妊娠
1515	들이다 02	进来		1550	잡히다 02	被抓
1516	맡기다	寄、寄存		1551	해 01	年
1517	박물관	博物馆		1552	규정 04	规定
1518	복식 02	服饰		1553	그램	公克、克
1519	소문 02	传闻				

1554	밭01	田、田地、农田		1589	대형04	大型、巨型
1555	분석하다02	分析		1590	따다01	摘
1556	식구01	～口人、口		1591	문제점	问题
1557	아예	干脆		1592	본격적	正式、正式的
1558	어찌	怎么		1593	불가능하다	不可能
1559	울리다01	响		1594	인제01	现在
1560	작용하다01	起～作用		1595	충격02	冲击
1561	확실하다	确实		1596	퍼지다	蔓延、扩散
1562	개선01	改善		1597	금방01	马上
1563	그릇01	餐具、器皿		1598	남쪽	南方、南面、南边
1564	글자	文字、字		1599	누르다01	压
1565	바람직하다	适当、妥当		1600	미술	美术
1566	연구하다02	研究		1601	백성	百姓、老百姓
1567	착하다	善良		1602	상당히	相当
1568	총선	议会总选		1603	색깔	颜色、色彩
1569	개03	狗、犬		1604	요리05	菜、料理
1570	노조02	工会、劳动组织		1605	유명하다01	有名、出名、著名
1571	라디오	收音机		1606	자네01	你
1572	마련	应当、肯定、必定、必然		1607	기13	气
1573	미적01	美的		1608	꽤01	很、相当
1574	부동산	房地产、不动产		1609	다섯	五
1575	신화04	神话		1610	서로01	互相、相互、彼此
1576	양25	小姐		1611	외국인	外国人
1577	점10	～分、～块		1612	한참	半天、好一会儿；好久
1578	직업	职业		1613	군사04	军事
1579	거두다	收回、取得、收、获得		1614	끊다	断、戒、断绝
1580	국민학교	小学、国民小学		1615	넘어가다01	跌、跌倒、摔、摔倒、摔跤
1581	방학	放假		1616	담기다01	盛、装
1582	범위	范围		1617	마당	院子、庭院
1583	조상07	祖先、祖上		1618	모순01	矛盾
1584	철학	哲学		1619	부인01	夫人、太太
1585	검다02	黑、阴险		1620	서두르다	着急、急忙、急着、忙着
1586	곁01	旁、侧		1621	지적05	指点、指摘、指责
1587	근본적	根本、根本的		1622	짝01	对、双
1588	너희	你们				

1623	참으로	的确、真的、确实		1658	늙다	老
1624	충분하다 01	足够、充分		1659	단위 02	单位（计量单位）
1625	기쁘다	高兴、欢喜、愉快		1660	둘째	第二
1626	뛰다 02	跳、蹦		1661	뛰어나다	出色
1627	숙제 03	作业		1662	무겁다	重、沉重
1628	앞두다	～前		1663	바람 01	因为、由于
1629	예산 02	预算		1664	상상 07	想象
1630	온갖	各种		1665	소득	所得
1631	우려 01	忧虑		1666	수도 09	首都
1632	우산 01	雨伞		1667	역 06	角色
1633	기쁨	高兴、喜悦		1668	인식하다	认识
1634	깊이 02	深度		1669	자 14	字
1635	꾸미다	装饰、布置		1670	침대 02	床
1636	늘리다	提高		1671	공 80	共
1637	무릎	膝盖		1672	권 01	卷、册
1638	발견되다	被发现		1673	뜨다 05	睁
1639	보호하다	保护		1674	맺다	缔结、建立、结
1640	부리다 02	使（坏心眼、小聪明）		1675	수요 06	需要
1641	시스템	系统、体系		1676	스타	明星
1642	이용 01	利用		1677	시계 01	钟、钟表、时钟
1643	지난달	上个月		1678	위 80	胃
1644	지르다 03	喊叫		1679	입술	嘴唇
1645	참여	参与		1680	잎 01	叶子
1646	협정	协定		1681	중간 01	中间
1647	걸음	步		1682	지도자	领导、指导者
1648	겨우	才		1683	천천히	慢慢地
1649	마르다 01	瘦		1684	구성하다	构成
1650	비교적	比较		1685	대체로	大体
1651	애쓰다	辛苦了、辛苦		1686	때리다 01	打、揍
1652	올바르다	正确		1687	몹시	太、十分、非常
1653	책상 01	桌子、书桌		1688	문득 01	突然、忽然
1654	춥다	冷		1689	스포츠	运动
1655	흔하다	多的是		1690	위원장	委员长
1656	노예	奴隶		1691	일제 02	日本帝国、日帝
1657	높아지다	高了、提高了		1692	저기 01	那里/那儿

1693	특별하다	特别		1727	증시 80	证券市场、股市
1694	효과적	效果的、功效的		1728	첫째	第一
1695	가까이	近		1729	확대 02	扩大
1696	낫다 02	好些、更好、好多了		1730	회원	会员
1697	넘어서다	过		1731	내세우다	提倡
1698	볶다	炒		1732	도서관	图书馆
1699	생산하다	生产		1733	들려오다	传来、听来
1700	언젠가	什么时候		1734	자본주의	资本主义
1701	예술가	艺术家		1735	조금씩	一步一步地、一点一点地
1702	의도 02	意图		1736	조미료	调料
1703	저지르다	闹、犯		1737	풀리다	被解决、被解除、被释放
1704	줄어들다	缩小、缩短		1738	강력하다	强、强硬、强劲、强有力、强大、强盛
1705	처리하다	处理		1739	들여다보다	看破、看穿、往里看
1706	가만히	静悄悄、悄悄、轻轻地、悄悄地、呆呆地		1740	마늘	大蒜
1707	건 04	件		1741	선물 03	礼物、礼品
1708	교회 02	教会		1742	습관	习惯
1709	대개 03	大概		1743	아주머니	大妈、大娘、大嫂
1710	열 03	十		1744	위험	危险、风险
1711	외부 02	外界、外来、外部、外面		1745	지하	地下
1712	한두	一、二（个）		1746	활용하다	活用
1713	한때	一时		1747	가꾸다	打扮
1714	화 06	火		1748	고민	苦恼、苦闷
1715	흙 01	土		1749	떠올리다	想起来、浮现、浮上脑海
1716	가난하다	穷苦、穷、贫苦、贫困、贫穷		1750	맨 01	第、最、只有、只
1717	고객 04	顾客		1751	법률	法律
1718	과학자	科学家		1752	상처 02	伤口
1719	관광 02	观光、旅游、旅行		1753	상호 04	互相、相互、彼此
1720	살아오다	活过来		1754	좁다 01	窄、狭窄
1721	상대적	相对		1755	지하철	地铁
1722	수술 05	手术		1756	집다 01	捡、夹、钳
1723	식품 01	食品		1757	현 04	现
1724	연기 10	演技		1758	화면 05	画面、屏幕、银幕
1725	일월 01	一月				
1726	조 13	条				

1759	군 04	君
1760	대표적	代表性
1761	만일 01	万一
1762	사회적	社会的
1763	생겨나다	出现、有了
1764	이어 01	接着
1765	주부 03	主妇
1766	진리	真理
1767	태양 02	太阳
1768	틀림없다	没错、确实
1769	프로 03	专业人员、职业选手
1770	피다 01	开
1771	확보하다 01	确保
1772	공급 02	供应、供给
1773	도로 07	道路、马路、公路
1774	동료	同事、同僚
1775	잘못	错
1776	지다 05	背
1777	채우다 03	占、占据
1778	균형	平衡、均衡
1779	기본적	基本、基本的
1780	부족 05	部族、部落
1781	사무실	办公室
1782	의혹	疑惑
1783	이월 01	二月
1784	일요일	星期日/星期天
1785	접근	接近、靠近
1786	지켜보다	看守、看护
1787	학문 02	学问
1788	개성 03	个性、性格
1789	끼치다 02	添、打扰、打搅
1790	달리다 01	挂
1791	더하다	加
1792	띠다 01	突显
1793	무너지다	塌、垮、倒塌、坍塌、倒
1794	보통	普通
1795	쓰다 02	戴
1796	의장 12	大会主席
1797	이러다	这样做、这么做、这样一来
1798	일어서다	站起来
1799	죄 03	罪
1800	참 01	真是的！对了！
1801	총장 01	大学校长
1802	핵심	核心
1803	후반 01	后半
1804	단순히	单纯
1805	달려가다	跑去
1806	방문 03	访问
1807	불만	不满
1808	불편하다 01	不方便、不便
1809	실제 02	实际
1810	종 09	种
1811	피 02	血
1812	강 01	江、河
1813	검토하다	检讨
1814	관객	观众
1815	동작 03	动作
1816	뜻하다	意味着
1817	막 01	刚、刚才、刚刚
1818	밀리미터	毫米
1819	비싸다	贵
1820	숫자	数字
1821	열 07	热、烧、火
1822	왼쪽	左边
1823	중세 02	中世纪
1824	택시	出租汽车
1825	통합	合并、统合
1826	펼치다	展开、打开

1827	계산 01	计算		1862	잡지	杂志
1828	꼬리 01	尾巴		1863	통치 03	统治
1829	놀랍다	惊人		1864	거부하다	拒绝、否决
1830	심지어	甚至于		1865	공무원	公务员
1831	양식 04	方式、形式、样式		1866	그만두다	算了、就此作罢、行了、不要做了、住手
1832	예전 01	以前		1867	댁 01	府上
1833	저 05	啊		1868	반갑다	高兴
1834	전기 15	电气、电		1869	부족 01	不足、不够
1835	주식 03	股票、股份		1870	실시 03	实施
1836	추구하다 01	追求		1871	운명 01	命运、命
1837	틀리다 01	错		1872	자본 02	资本
1838	파괴	破坏		1873	재정 05	财政
1839	끊임없이	不断、不断地		1874	차라리	宁肯、宁可、宁愿
1840	모델	模特儿		1875	학자 01	学者
1841	붓다 02	倒		1876	다녀오다	去（一）趟
1842	상식 06	常识		1877	달다 03	扣、钉
1843	상표 02	商标		1878	대규모	大规模
1844	시원하다	凉快、凉爽		1879	동 09	同
1845	아니하다	不		1880	민간	民间
1846	어디 01	哪里		1881	법원 01	法院
1847	의식하다 02	意识		1882	비디오	录像
1848	고모 01	姑姑、姑母、姑妈		1883	사실상	事实上
1849	궁금하다 01	好奇		1884	아끼다	珍惜、爱惜、惜
1850	둘러싸다	包围		1885	이쪽 02	这边
1851	딱 03	正好、刚好		1886	전제 08	前提
1852	뛰다 01	跳		1887	주 80	股
1853	매춘	卖淫、卖春		1888	지대 07	地带、地区
1854	민주화	民主化		1889	특정	特定
1855	보도 04	报导/报道		1890	판단하다	判断
1856	살피다 01	观察		1891	행복하다	幸福
1857	생존	生存		1892	굽다 01	烤
1858	십	十		1893	기름 01	油、油脂
1859	않다	不		1894	실천하다 01	实践
1860	약하다 01	弱、衰弱		1895	쏟아지다	倾泻
1861	잘못하다	做错、错				

1896	연습 03	练习		1930	적절하다	合适、妥当、适当
1897	오른쪽	左边		1931	정상 11	最高、首脑
1898	용어 02	用语		1932	제사 07	祭祀
1899	익히다 02	练		1933	주말 02	周末
1900	정서 06	情绪		1934	지혜 02	智慧
1901	지도 03	地图		1935	참새 01	麻雀
1902	지위 04	位子、地位		1936	화장품	化妆品
1903	풍부하다	丰富		1937	굵다	粗、粗大
1904	화장실	厕所、洗手间、卫生间		1938	규제	限制、控制、规制
1905	기억하다 02	记得		1939	깨끗이	干净
1906	발언 02	发言		1940	낡다 01	陈旧
1907	식량 03	粮食、食粮		1941	내년	明年、来年
1908	실험	实验		1942	농산물	农产品
1909	용기 02	勇气		1943	눈앞	眼前
1910	조화 07	谐和、和谐、协调/谐调、调和		1944	대학생	大学生
1911	주가 05	股价		1945	방문하다	访问
1912	토론 01	讨论		1946	붉다 01	红
1913	하여금	使、使得		1947	사고 14	思考
1914	핵	核、原子核		1948	순서	顺序
1915	고급 02	高级		1949	아무래도	还是
1916	고생	辛苦、辛劳		1950	연구소	研究所
1917	몫	份		1951	올 02	今
1918	미치다 01	发疯、疯		1952	위대하다 01	伟大
1919	밟다	踩、追踪		1953	이사 14	迁移、搬迁、搬家
1920	상당하다 02	相当		1954	지배하다 01	支配、统治
1921	섞다	混合、混杂、掺杂、混		1955	틈 01	缝隙、缝
1922	수석 02	首席		1956	가령 05	即使
1923	안보 02	保安		1957	강화 04	强化、加强
1924	양상 08	样子		1958	거대하다	巨大
1925	없애다	删、删除、删掉、删去		1959	닫다 02	关
1926	유지 09	维持		1960	드물다	罕见、稀少
1927	의회 02	议会		1961	들르다	顺便去、顺道、顺路
1928	이뤄지다	实现、成真		1962	매달리다	埋头
1929	자연주의	自然主义		1963	생일 02	生日

1964	섬 03	岛		1998	파도	波浪、波涛
1965	이하 02	以下		1999	흰색	白色
1966	참석하다	出席、参加		2000	가수 11	歌手、歌星
1967	토대	地基		2001	단 09	单
1968	해결 02	解决		2002	대선 80	大选
1969	행복 02	幸福		2003	마케팅	市场营销、市场行销
1970	걸어가다	走去、走着去、走路去		2004	방송국	广播台、电视台、电台
1971	근로자	工人、劳动人民、劳动者		2005	빛나다	发光、灿烂、闪耀
1972	글쎄 01	是呀！是啊！		2006	숨다 01	藏、躲、躲藏
1973	목숨	生命、命		2007	실리다 01	登、刊登
1974	백화점	百货商场、商场		2008	압력	压力
1975	변화하다	变化		2009	예금 01	存款
1976	병 05	瓶		2010	예상되다	预料、预想、预计
1977	빠져나가다	溜走、溜、溜出去		2011	인력 01	人力
1978	안녕하다	平安、安宁		2012	입학	入学
1979	여론 02	舆论		2013	주목하다	瞩目、重视、注目、注视
1980	의복 01	衣服		2014	증권 01	证券、股票
1981	체조 02	体操		2015	직후	之后
1982	출발하다	出发		2016	차량 01	车辆
1983	커뮤니케이션	沟通、通讯		2017	출산 02	生育、生产、出产
1984	현실적	现实的、现实		2018	합의 01	意见一致、协议
1985	화제 07	话题		2019	근대 03	近代
1986	결정되다 01	决定		2020	노릇 01	工作、当、做（爸爸的）
1987	고양이	猫		2021	달하다 01	达到、到达
1988	공격 02	攻击		2022	뚜렷하다	明显、清楚、清晰
1989	나 03	我		2023	리 06	道理、理由、理
1990	물가 02	物价		2024	물다 02	叼、衔
1991	민주주의	民主主义		2025	선진국	发达国家、先进国
1992	불안 01	不安		2026	시달리다	受苦、受折磨
1993	소중하다	贵重、宝贵、珍贵		2027	약 07	药
1994	여유	多余、剩余、富余		2028	어느새	不一会儿、不知不觉（间）
1995	의문 02	疑问		2029	장애 02	障碍
1996	중학교	初中		2030	재판 06	裁判、审判
1997	킬로미터	公里				

2031	저쪽	那边		2064	생각나다	想起来、记起来
2032	제자 01	弟子、徒弟		2065	우유 02	牛奶
2033	창문	窗、窗户		2066	인상 03	提高、抬高
2034	초 07	秒		2067	차갑다	冷、凉、冷淡
2035	치즈	奶酪		2068	철저하다	彻底
2036	회복	恢复、回复		2069	태아 02	胎儿
2037	구역 04	区域		2070	관찰하다	观察
2038	대응 02	对应		2071	괜히	徒然、空、白
2039	반대하다 01	反对		2072	끼다 03	插、夹、戴
2040	발휘하다	发挥		2073	날개 01	翅膀
2041	소비 05	消费		2074	녀석	家伙
2042	심장 02	心脏		2075	눈빛 01	眼神
2043	아이고	哎呀、哎哟		2076	단지 08	区、区域
2044	야당	在野党		2077	두르다	绕、围、披
2045	욕구	贪欲、欲望		2078	드디어	终于
2046	유일하다 03	唯一/惟一		2079	물속	水里、水中
2047	조용히	安静、安静地、悄悄、悄悄地、静悄悄、静静地		2080	민주 02	民主
				2081	설계 02	设计
2048	중소기업	中小企业		2082	성공하다	成功
2049	직접적	直接的、直接		2083	소나무	松树
2050	진실 02	真实、事实、实情		2084	여기저기	到处
2051	필자 02	笔者		2085	여인 01	女人
2052	협력	合作、协力、协作		2086	운영하다	经营、营运、营业、开门
2053	가스	煤气		2087	유역 02	流域
2054	계층	阶层		2088	일대 03	一带
2055	구멍	洞、孔		2089	평가하다	评价、评、评审
2056	노사 07	劳资		2090	표 04	票
2057	담당	担任、担当、负责		2091	필요성	必要性
2058	대 80	大		2092	감추다	藏、隐藏、隐瞒
2059	만화 10	漫画、卡通		2093	누리다 01	享受、享有
2060	먹이다	喂		2094	머무르다	留、呆、逗留、停留、滞留
2061	무시하다	藐视、蔑视、看不起、无视		2095	모 15	某
2062	보도하다 02	报导/报道		2096	부위 04	部位
2063	살짝 01	偷偷、悄悄、偷偷地、悄悄地、暗地里、暗中		2097	비우다 01	腾、空、腾出、空出
				2098	설치하다 01	装、装置、设置

2099	십일월	十一月		2134	실시되다	实施
2100	싸다 01	包、包装、打包		2135	아마도	可能、恐怕、大概
2101	아울러	并且、同时		2136	안방 02	主卧室
2102	제기하다 03	提起		2137	앓다	患、得、害
2103	지시 02	指示		2138	어제 01	昨天
2104	질환	疾病		2139	업계 01	行业、实业界、企业界
2105	추세 03	趋势		2140	오직 01	惟一（唯一）、唯独
2106	형성하다	形成		2141	위험하다	危险
2107	형제 01	兄弟		2142	이데올로기적	意识形态的
2108	화려하다	华丽、豪华		2143	자신 02	自信
2109	거울 01	镜子		2144	잠시	暂时
2110	덧붙이다	添加、添		2145	졸업하다	毕业、卒业
2111	딴 03	别的		2146	증거	证据
2112	몇몇	有些、有一些		2147	초점 03	焦点
2113	무기 05	武器		2148	포함되다 01	包含、包括
2114	세계적	世界的		2149	헌법	宪法
2115	안전 03	安全		2150	호랑이	老虎
2116	양파	洋葱		2151	강화하다 02	强化
2117	이상 12	异常、反常、不正常		2152	공포 08	恐怖
2118	일종 03	一种		2153	권위	权威
2119	처지	处境		2154	덜 01	少、（还）没～完
2120	촬영	摄影		2155	둥글다 01	圆
2121	타다 01	烧		2156	무의식	无意、无意识
2122	틀다	扭、扭转		2157	미루다	推迟、推延、拖延
2123	형편 01	情况、情形		2158	본래	本来
2124	가지 01	树枝		2159	부엌	厨房
2125	감다 01	闭上、闭、闭起来		2160	세금 01	税、税金
2126	고추 01	辣椒		2161	세포 02	细胞
2127	규칙 02	规则、规章		2162	실정 04	实际情况、实情
2128	본질 02	本质、本性		2163	영양 05	营养
2129	비치다 01	照、透（明）		2164	육체 03	肉体
2130	빵 01	面包		2165	입구 02	入口
2131	서서히	徐徐、缓缓、慢慢		2166	잔뜩	（装）满
2132	스승 01	老师		2167	적극	积极
2133	신분 02	身份/身分				

2168	최소한	起码、至少		2201	앞서다	先、走在前面
2169	펼쳐지다	展开		2202	여건 01	条件
2170	경험하다	经验		2203	오래전	好久以前
2171	그이 01	他/她		2204	자격 04	资格
2172	넘치다	洋溢、溢出		2205	통제 02	控制、统制
2173	놓치다	失去、错过、失掉、失		2206	계단 04	阶段
2174	대기 07	大气层		2207	김치 01	泡菜
2175	독립	独立		2208	끄덕이다	点
2176	돌아보다	回头看、转身看		2209	낯설다	陌生、面生、眼生
2177	또다시	再来		2210	높이 01	高度
2178	머릿속	脑子里		2211	닮다	像
2179	북쪽	北边		2212	마음속	心里、心中
2180	불안하다	不安		2213	못지않다	不亚于、不低于
2181	쇠고기	牛肉		2214	반영하다	反映
2182	위반 03	违反		2215	범주 05	范畴
2183	주 26	周		2216	뼈	骨、骨头
2184	카드	卡、卡片		2217	성장하다 01	成长
2185	평생	平生、一生、一辈子		2218	소속 01	所属
2186	해당하다 04	相当于		2219	연결되다	联系上了、连接上了、连结好了
2187	간부 05	干部		2220	장사 01	买卖
2188	개편 01	改编、整编		2221	제작 02	制作
2189	관념 02	观念		2222	제한 01	限制
2190	굉장히	巨大、宏伟、壮观		2223	차다 02	踢
2191	그까			2224	추진 02	推进
2192	단어	生词、单词		2225	취하다 03	醉
2193	덮다	盖		2226	콩 01	豆子、豆
2194	도와주다	帮助、帮、帮忙		2227	한숨 02	一口气
2195	도입	引进、导入、引言、前奏、前言、序言、序论、开场白		2228	헤어지다	分手
				2229	구입하다 03	购买
2196	몰다 01	开、赶		2230	날다 01	飞
2197	배우 01	演员		2231	너머	那边
2198	비추다	照		2232	동기 07	动机
2199	신발	鞋、鞋子		2233	마련	准备
2200	알 01	蛋、卵		2234	살 01	肉
				2235	선장 06	船长

2236	설탕	糖		2269	정 20	情
2237	순수하다 02	纯粹、纯、纯正、纯真		2270	정신적	精神上
2238	스타일	款式、式样		2271	증상 01	症状
2239	시점 02	起点		2272	출연하다 02	演出、表演、出演
2240	싸다 05	便宜		2273	칼 01	刀、刀子
2241	의사 02	意思		2274	한꺼번에	一下子、一起、一次
2242	제기되다	提出		2275	강제 01	强制、强迫
2243	집중 02	集中		2276	건너다	过
2244	코드 02	代码、密码、编码		2277	깨다 01	醒
2245	큰일 01	大事		2278	낚시	钓鱼
2246	거짓말	谎话、谎言、假话		2279	다가가다	接近
2247	구체적	具体的、具体		2280	뛰어들다	闯、闯进
2248	대단하다	厉害/利害、了不起		2281	문자 02	文字
2249	대단히	非常		2282	묻다 01	沾
2250	마주 01	面对面地		2283	비롯되다	开始
2251	세계관	世界观		2284	슬프다	伤心、悲哀、悲伤
2252	어제 01	昨天		2285	신부 10	新娘、新妇
2253	온통	全、全部、通通		2286	여겨지다	看上去、看起来、看样子、看来
2254	의존하다	依靠、依存、依赖		2287	오징어	鱿鱼、墨鱼、乌贼、墨斗鱼
2255	자세히	仔细		2288	요금 01	费、费用
2256	점심	午饭、午餐、中饭		2289	용돈	零用钱、零花钱
2257	정확히 01	正确		2290	위주	以~为主
2258	지치다 01	累、疲劳、疲倦、疲乏、筋疲力尽		2291	음료	饮料
2259	청년	青年		2292	의자 03	椅子
2260	혀 01	舌头		2293	전자 06	电子
2261	확대하다 02	扩大		2294	전해지다	流传、相传、传
2262	후춧가루	胡椒粉		2295	전환 03	转换
2263	건설하다	建设、建筑、建造		2296	지경 02	地步、境地
2264	경쟁력	竞争力		2297	진행 02	进行
2265	마침 02	正好		2298	카메라	照相机、相机
2266	신용 01	信用		2299	통증	痛症
2267	연락 02	联络		2300	편리하다	便利、方便
2268	온몸	全身		2301	하천 02	河川、河流
				2302	현금 04	现金
				2303	화학 01	化学

2304	활발하다	活泼		2339	솜씨	手艺
2305	가리다 03	分清、辨别、分辨、分别		2340	시내 03	市内
2306	거칠다	粗		2341	신 02	高兴
2307	그나마	幸亏		2342	신앙	信仰
2308	그야말로	的确、实在		2343	실내	室内
2309	껍질	皮		2344	쏟다	倒、流
2310	남부 01	南部		2345	연결하다 01	连接、连结、联结
2311	명령 01	命令		2346	외교 01	外交
2312	몰래 01	偷偷、偷偷地		2347	조처	措施
2313	무조건	无条件		2348	주머니	口袋
2314	반장 08	班长		2349	감사 13	审查、监察
2315	부근 03	附近		2350	계약	合同、合约、契约
2316	선택	选择		2351	과장 07	科长
2317	설정하다 02	设定		2352	극 05	剧
2318	여당 01	执政党		2353	나란히	并（排、肩）
2319	역사가	历史学家		2354	다방 02	茶馆
2320	연구자	研究者		2355	대목 01	～时
2321	연기자	演员		2356	부끄럽다	害羞、脸红、惭愧
2322	워낙	非常		2357	성공 01	成功
2323	정리 09	整理		2358	수행하다 02	完成
2324	조그맣다	小		2359	신청 01	申请
2325	줄기 01	梗、秆		2360	실로 01	真的
2326	찾아내다	找到		2361	아픔	痛
2327	토요일	星期六		2362	알아듣다	听懂、听明白
2328	현행 01	现行		2363	약간	一点儿、若干
2329	경찰관	警官、警察		2364	연기 09	烟、烟雾
2330	권하다	劝		2365	왕조 02	王朝
2331	극장	剧院、剧场、戏院、戏园子		2366	이동 03	移动
2332	끝내	终于、终究、始终		2367	인연 03	缘分、因缘
2333	대문 03	大门		2368	일행 01	一行
2334	더욱이	更		2369	저작권	著作权、版权
2335	별도 01	另外、另、额外		2370	접어들다	进入
2336	비극	悲剧		2371	정신적	精神的
2337	비서관	秘书长		2372	지도 09	指导
2338	선비 01	书生		2373	지식인	知识分子

2374	진지하다	真挚、真诚		2409	매력	魅力
2375	치다10	算		2410	백05	百
2376	호흡	呼吸		2411	보험	保险
2377	흔들리다	摇动、摇晃		2412	부럽다	羡慕
2378	근본	根本		2413	부장07	部长
2379	기온	气温		2414	섞이다	混合、混
2380	날아가다	飞走、飞去		2415	소03	牛
2381	많아지다	多了		2416	심리01	心理
2382	바위01	岩石		2417	심정01	心情
2383	버릇01	习惯		2418	쏘다01	射、打
2384	비판하다	批判、批评		2419	아줌마	大嫂、大妈
2385	빨갛다	红		2420	위치하다	位置
2386	세워지다	建于、建立于		2421	이룩하다	实现
2387	술집	酒吧		2422	이틀01	两天
2388	쉬다04	呼吸		2423	적자02	赤字
2389	영장02	拘票、逮捕证		2424	전달하다02	传达、转达
2390	오랜만	好久		2425	정말로	真的
2391	유통04	流通		2426	추다02	跳
2392	일부러	故意		2427	켜다01	打、点、开（火）
2393	전체적	全体的、全体		2428	코너	角落
2394	절반	折半、对半		2429	행동하다	行动
2395	접근하다	接近		2430	형사02	刑事
2396	정작01	真的、实际、实际上		2431	희곡	戏曲
2397	편안하다01	舒服、舒适		2432	감동02	感动
2398	풍경01	风景		2433	공항02	机场
2399	확실히	确实		2434	군인	军人
2400	흩어지다	分散、散开		2435	굳이	坚决、非要、非~不可、一定
2401	갈다02	磨		2436	그늘	阴影
2402	교류01	交流		2437	급하다	急
2403	글쓰기	写作、写字		2438	달걀	鸡蛋
2404	기후05	气候		2439	대중문화	大众文化
2405	내내01	一直		2440	마련되다	准备、准备好了
2406	대기업	大企业		2441	마루03	地板
2407	대응하다	对应		2442	무게	重量
2408	도구10	道具、工具		2443	물기	水分

2444	성적 04	成绩		2478	지붕	屋顶
2445	솔직히	率直、坦率、正直、直率、坦白		2479	지원하다 01	支援
2446	시도하다 03	试图		2480	진짜	真、真的
2447	아니요	不是、不对		2481	짐승	畜牲/畜生、禽兽
2448	양반 03	贵族		2482	짙다 02	浓
2449	예절	礼节、礼貌		2483	창밖	窗外
2450	원시 04	原始		2484	청소 06	打扫、清扫
2451	인상 06	印象		2485	촉구하다	催促、催
2452	인터넷	因特网		2486	침묵	沉默
2453	자치 06	自治		2487	텍스트	文本、课文
2454	적용하다	适用		2488	표면	表面
2455	전통적	传统的、传统		2489	햇살	阳光
2456	참가하다 01	参加		2490	객관적	客观的、客观
2457	치마 01	裙子		2491	걱정하다	担心、挂念、操心
2458	친척	亲戚		2492	경제적	经济的
2459	특정하다	特定		2493	구름 01	云
2460	호텔	饭店、旅馆、旅店		2494	구석 01	角落
2461	경계 04	分界、界限、边界		2495	끄다 01	关
2462	공식 01	公式		2496	담당하다	担当、担任、担负
2463	그다지	不怎么、不大		2497	둥지	巢穴、穴、巢
2464	긴장	紧张		2498	발전시키다	发展
2465	깎다	杀价		2499	벗기다 02	脱、摘、摘掉、脱去、脱掉、脱下、揭开
2466	다리 02	桥梁、桥		2500	부대 08	部队
2467	대 06	代		2501	불빛	灯光、火光
2468	따라가다	跟随、跟、跟着		2502	서클	小组、社团、派系、圆圈、园
2469	머물다	留		2503	시청자	观众
2470	명예 01	名誉、名声		2504	실체 02	实体
2471	뱃사람	船夫		2505	어차피	反正、无论如何、无论
2472	부처 04	部门		2506	엄격하다 02	严格、严厉
2473	숙이다	低、低着、低下		2507	완벽하다	完美、完善
2474	아가씨	小姐、姑娘		2508	완전하다 01	完
2475	온도	温度		2509	일다 01	起
2476	이마 01	额头		2510	절 01	寺庙、寺
2477	절대로	绝对				

2511	조합01	组合		2545	국회의원	国会议员
2512	종업원	作业人员、从业人员、职工、职员		2546	다투다	争吵、争、争夺
2513	증가01	增加		2547	대폭01	大幅
2514	출연02	演出、表演		2548	도저히	根本、完全
2515	학기02	学期		2549	몰리다01	被诬为
2516	한동안	一段时间		2550	부여하다01	赋予
2517	항쟁	抗战、抗争		2551	뻗다	伸出、伸开、蔓延、产生
2518	후기03	后期		2552	생활하다	生活
2519	갈매기	海鸥		2553	솔직하다	直率、率直、坦率、坦白
2520	계절01	季节		2554	안타깝다	可惜
2521	대립03	对立		2555	앞장서다	站在前头、带头、领头、打头
2522	만지다	摸		2556	요청하다	邀请、邀
2523	목사05	牧师		2557	이르다03	早
2524	바늘	针		2558	일치하다	一致
2525	버티다	坚持		2559	젓다01	搅、搅拌
2526	부15	部		2560	정치권	政治权
2527	분포하다02	分布		2561	처녀	姑娘、未婚女子、处女
2528	비중01	比重		2562	축제01	庆典
2529	상징	象征		2563	터뜨리다	爆、爆炸、爆破
2530	수입01	收入		2564	학습	学习
2531	아이디어	主意		2565	개발되다	开发
2532	양쪽	两边		2566	높이02	高
2533	예컨대	比如、比方、例如、比如说、比方说		2567	당연히01	当然
2534	운동장	运动场、操场		2568	대비하다04	准备
2535	전개02	展开		2569	동쪽	东边
2536	접촉	接触		2570	떨리다01	颤动、颤抖、抖
2537	지상01	地上		2571	마구01	乱、胡乱
2538	짐01	行李		2572	만남	见面、相逢、相见、相遇
2539	풀02	草		2573	미디어	媒体、媒介
2540	해마다	每年		2574	복도04	走廊、走道
2541	후배06	学弟、学妹、师弟、师妹、后辈		2575	수상09	首相
2542	휴가01	休假		2576	쓰러지다	昏过去、昏倒、晕过去、晕倒
2543	경기05	景气		2577	어미01	母亲、母的、雌的
2544	계곡01	溪谷、峡谷				

2578	영상 01	影像、图像、画面	2613	탑 02	塔
2579	영혼 02	灵魂	2614	한복	韩服
2580	운전사	司机	2615	활동하다 01	活动
2581	자랑스럽다	骄傲	2616	건축 01	建筑
2582	잠깐	一会儿	2617	귀엽다	可爱
2583	적당하다 02	适当	2618	답답하다	闷
2584	적용되다	适用	2619	당황하다	惊慌、心慌、慌乱
2585	주 26	周	2620	동일하다	同一
2586	지속적	持续、继续	2621	떨어뜨리다	掉
2587	진행하다	进行	2622	똑같이	一样、一抹一样
2588	차별	差别	2623	라면 01	方便面
2589	곳곳	到处、处处	2624	말 05	马
2590	구분 06	区分	2625	밀가루	面粉
2591	금지 04	禁止	2626	바깥	外边
2592	내지 01	乃至、到、从～到	2627	바지 01	裤子
2593	달려오다	跑过来	2628	벌리다 01	张开、打开、展开
2594	둘러보다	环顾、环视	2629	보고서	报告
2595	분노	愤怒	2630	보관하다	保管
2596	비교 01	比较	2631	부딪치다	碰、撞
2597	선언 01	宣言	2632	빨래	要洗的衣物、洗好的衣物
2598	소위 06	所谓	2633	상하다 02	受伤、伤
2599	스치다 01	掠过	2634	설치 02	设置、装置、装
2600	여섯	六	2635	식용유	食用油、油、炒菜油
2601	역사적	历史的	2636	싫어하다	讨厌
2602	열차 02	火车	2637	업종 01	行业
2603	요즈음	最近、近来	2638	연출 02	导演
2604	유난히	特别、格外	2639	테이블	桌子
2605	의무 01	义务	2640	트이다	开通、开放(思想)
2606	잃어버리다	丢了、丢失了	2641	피곤하다	疲劳、疲惫、疲乏、疲困、疲倦
2607	잠깐	一下子、瞬间	2642	한국어	韩语、韩国话
2608	잠들다	睡着了	2643	한자 02	汉字
2609	정식 01	正式	2644	겁 05	畏缩、胆怯、怯、畏惧
2610	조용하다 01	安静	2645	과학적	科学的
2611	즉시	立刻、即时、即刻、立即	2646	관리 01	官员、官僚、官吏
2612	최선 02	尽力、最好、尽量			

2647	국제화	国际化		2681	별 02	别的
2648	근육	肌肉、筋肉		2682	보람	意义
2649	기류 03	气流		2683	부작용	副作用
2650	깔리다 01	被碾过、蔓延、漫		2684	비난	指责、非难、批评
2651	도입하다	引进		2685	빚다	捏
2652	민 80	老百姓、民		2686	삼십	三十
2653	사전 13	事先、事前		2687	신고 01	申报、控诉、告、申诉、控告
2654	산소 03	氧气		2688	야구 02	棒球
2655	석유 01	石油		2689	어떡하다	怎么办
2656	소리치다	叫喊、喊叫、叫喊		2690	예상 02	预料、预想、预测
2657	시 06	市		2691	위협	威胁
2658	신선하다 03	新鲜		2692	이 03	牙齿
2659	안경 03	眼镜		2693	이론적	理论的
2660	약속하다	约定、约好、说好、约		2694	이상 09	理想
2661	연합 03	联合		2695	입각하다 02	立脚、立足
2662	예술적	艺术的		2696	잠기다 02	浸、泡
2663	인격	人格		2697	저항	抵抗
2664	장 25	章		2698	주고받다	交往、往来
2665	적 13	敌人、仇人		2699	주먹	拳头
2666	조심하다 02	小心		2700	지지 06	支持
2667	질 08	质、质量、品质、质地		2701	털다	掸、抖、抖搂
2668	찌르다	刺		2702	경고 04	警告
2669	책임자	负责人、责任者		2703	공개하다	公开
2670	총 06	总		2704	과목 02	课、科、科目
2671	취미 04	爱好、嗜好、兴趣		2705	구경 01	观看、参观、观赏
2672	표 02	表		2706	그분	那位、那个人
2673	품목 01	货单、物品项目、商品种类		2707	근무	工作、办公、上班
2674	확대되다 02	扩大		2708	논쟁	争论、论争
2675	거실 02	客厅		2709	뇌물	贿赂
2676	공산당	共产党		2710	달아나다	跑去
2677	논 01	稻田、农田		2711	묶다	绑、捆、扎、捆绑、捆扎
2678	덥다 01	热		2712	성명 10	声明
2679	둘째	第二		2713	소스 01	调料、调味料、调味品
2680	바보	傻瓜、傻子、笨蛋		2714	수십	几十～、数十～

2715	신다	穿		2750	중생 04	众生
2716	우리말	母语		2751	지다 02	落、掉
2717	유교 02	儒教		2752	추억	回忆、追忆、记忆
2718	이불 01	被子		2753	하여튼	无论如何、反正、不管怎（么）样
2719	이성 08	理性				
2720	일상 04	日常		2754	함부로	随便、恣意、胡乱、随意
2721	자동 01	自动				
2722	장래	将来		2755	향기 01	香味、香气
2723	전개되다	展开		2756	현지 03	现场、当地、本地
2724	죄송하다	抱歉、对不起		2757	가늘다	细
2725	중요성	重要性		2758	개인적	个人的
2726	크다 01	大、长大		2759	겉 01	外表、表面
2727	탤런트	演员		2760	굽히다	弯曲、弯、屈服
2728	특별히	特别		2761	근무하다	工作、上班、值班、办公
2729	품질 03	品质		2762	깜짝 02	愕然、吃惊
2730	회견	会见		2763	넓히다	扩大
2731	훔치다 02	偷、偷窃		2764	대 11	对
2732	흔적	痕迹		2765	떠들다 01	吵、吵闹
2733	고전 02	古典		2766	레게	瑞格舞
2734	과학적	科学的		2767	매년	每年
2735	구분하다 03	区分、分类、区别		2768	발생	发生
2736	그럼 02	那么		2769	서식하다	栖息
2737	금리 01	利息		2770	성립	成立
2738	노예제	奴隶制		2771	셋	三
2739	뇌 03	脑		2772	소주 05	烧酒
2740	대외 02	对外		2773	손바닥	手掌
2741	봉투 02	封套、信封、纸袋、袋子、袋		2774	승용차	轿车、私车、汽车
2742	분명 01	分明、明确		2775	어색하다 02	尴尬、难为情、腼腆
2743	사설 04	社论		2776	얹다	搁、放
2744	승리	胜利		2777	의학 02	医学
2745	오류 03	错误		2778	임의	随意、任意
2746	위상 02	地位		2779	장점 02	优点、长处
2747	의료 02	医疗		2780	적당히	适当
2748	좌우 01	左右		2781	줍다 01	捡
2749	주 03	驻		2782	진출 02	进入、进军

2783	창조 03	创造		2817	합치다	合并、合
2784	킬로그램	公斤		2818	호기심	好奇心
2785	평범하다	平凡、普通		2819	개벽 01	开辟
2786	프로 04	节目、项目		2820	고위 04	高位
2787	홍보 01	广告		2821	골목 01	胡同、小道、小巷、小路
2788	확인 02	确认		2822	기운 01	力气、干劲、精神、精力
2789	가루 01	粉		2823	기획 01	企划
2790	건지다	捞、打捞		2824	대충 01	草草、马虎、草率、随便、大概
2791	결정적	决定性、决定的		2825	돌아서다	转身、转、转向
2792	깨지다	破、破裂、破碎、打破、打碎		2826	동화 07	童话
2793	내다보다	向前看、展望		2827	두껍다	厚
2794	냉증	冷症、惧冷症、畏冷症		2828	맞서다	作对
2795	대량 01	大量		2829	모자라다	缺
2796	동행 01	同行		2830	박다 01	钉、嵌
2797	들 01	平原		2831	본성 02	本性
2798	떼 01	群		2832	상상하다 03	想象/想像
2799	마땅하다	应该的、应当的		2833	생산력	生产力
2800	바로잡다	纠正		2834	셋째	第三
2801	박히다	铭记、铭刻、刺、扎		2835	안전하다	安全
2802	방금 01	刚才、刚刚、刚		2836	업적	业绩、成就、功绩、功业
2803	생선	鱼		2837	여사 04	女士
2804	슬픔	悲哀、悲伤		2838	유학 04	留学
2805	아무렇다	没什么		2839	이르다 02	告诉
2806	이용되다	利用		2840	이케	这样
2807	이튿날	第二天		2841	인민 01	人民
2808	임시 02	临时		2842	장비 07	装备
2809	제거하다	清除、除去、消除		2843	정치인	从政者、政治活动家
2810	줄다	减少、减、少		2844	정치적	政治的
2811	지구 03	地球		2845	졸업	毕业
2812	지우다 01	擦掉、抹掉、抹去		2846	집행	执行
2813	참기름	芝麻油、麻油、香油		2847	처벌	处罚
2814	통 10	桶		2848	카페	咖啡厅
2815	특수 02	特殊		2849	콤플렉스	自卑情结
2816	팬 03	～迷		2850	검토	检讨、检查、查对、研讨

2851	공약 01	公约		2886	감안하다	斟酌
2852	그다음	其次		2887	교과서	教科书、教材
2853	기법 01	技巧		2888	그려지다	描绘
2854	끓다	沸腾、开		2889	꾸준히	坚持不懈地、不懈地、不断地、不断、不懈
2855	날아오다	飞来		2890	년도	年度、年
2856	농담 01	玩笑		2891	다수	多数
2857	닭	鸡		2892	덕분	托~福
2858	담임	担任		2893	돼지	猪
2859	도중 04	途中		2894	두드리다	敲
2860	두드러지다	突出、显眼		2895	등지 02	~等地
2861	맥주	啤酒		2896	무리 08	勉强、无理
2862	모래 01	后天		2897	물음 01	问
2863	물질적	物质的		2898	빌다 01	祈求、求、祈祷
2864	살아남다	活下来了、活过来了		2899	수영 02	游泳
2865	살인	杀人		2900	스님	和尚
2866	성질	性质		2901	썩다	腐烂、腐败、腐朽
2867	수용하다 05	容纳		2902	어머님	母亲
2868	신호 01	信号		2903	엉뚱하다	出乎意料、意想不到
2869	실상 02	真相、实情		2904	여보 01	喂
2870	아버님	父亲		2905	잊어버리다	忘、忘记、忘掉
2871	용액	溶液		2906	정면 01	正面
2872	의심하다	怀疑、疑心		2907	조각 05	雕刻、雕塑
2873	인 02	人		2908	차장 03	次长
2874	잇따르다	跟随、跟、跟着		2909	침해	侵害
2875	자랑하다 01	夸耀、夸		2910	태우다 01	烧掉、烧毁、烧
2876	자판 01	键盘		2911	해석 04	解释、解答
2877	적용	适用		2912	해체 03	解体
2878	전기 09	前期		2913	가리다 02	挡
2879	중반 03	中盘		2914	개국 01	~个国家
2880	지시하다	指示		2915	개체 02	个体
2881	출발	出发		2916	계산하다	计算
2882	허용하다	容许		2917	규정되다	规定
2883	혼란 02	混乱		2918	근원	根源
2884	가르침	指导、教导		2919	기차 01	火车
2885	각국	各国				

No.	Korean	Chinese
2920	담그다	泡、腌、浸
2921	마음대로	随意、随心所欲地
2922	맥락	脉络
2923	며느리	媳妇、儿媳妇
2924	믿음	信心
2925	발견 01	发现
2926	보고 03	报告
2927	부탁하다	托付、拜托
2928	사용자	使用者
2929	사회주의	社会主义
2930	설치되다 01	安装好了、设置好了
2931	수도권	首都圈、首都周边
2932	식탁	餐桌、饭桌
2933	실패하다 01	失败
2934	영원하다	永远
2935	우연히	偶然
2936	자극 01	刺激
2937	장교 03	军官、将官、将校、将领
2938	재야 01	在野
2939	정해지다	定下来
2940	주도하다 01	主导
2941	직물	织品、纺织品
2942	직접	直接
2943	진보 02	进步
2944	짚다 01	拄（拐杖）、诊（脉）
2945	창작극	创作剧
2946	총리 01	总理
2947	칭찬	称赞
2948	튼튼하다	结实、健壮、强壮
2949	햇빛	阳光
2950	공원 03	公园
2951	그래요	是这样吗？
2952	긍정적	肯定、肯定的
2953	논의하다	讨论
2954	대출 03	贷款、贷出
2955	덕 05	福
2956	돌보다	照顾
2957	뒤집다	反、倒、颠倒、倒过来、反过来、翻过来
2958	먼지 01	灰尘、灰
2959	바닷가	海边、海岸
2960	바치다 01	缴、献、献给、献出
2961	반하다 03	反~
2962	발표되다	发表
2963	부정하다 06	否定
2964	불러일으키다	唤起
2965	사원 04	职员、员工、职工
2966	소유자	所有者、持有者、持有人
2967	식민지	殖民地
2968	썹다 01	嚼
2969	아무튼	无论如何
2970	안되다 01	不行、不许、不可
2971	액수 03	数额、额
2972	왠지	为什么
2973	욕심	贪心
2974	우승 05	冠军、优胜
2975	익다 01	熟
2976	제출하다 02	交、提交、交出、提出
2977	조심스럽다	小心、小心翼翼
2978	직전 02	~之前
2979	짐작하다	估计、斟酌
2980	탐구 02	寻求、探索、探究
2981	택하다	选择
2982	터 01	地基
2983	풍기다	散发、发出
2984	피시 03	个人电脑
2985	흘러나오다	流出来
2986	가구 03	家庭

2987	간단히	简单地
2988	강물	江水
2989	거꾸로	倒过来、反过来、翻过来、反
2990	궁극적	最终的、最后的
2991	극히	极
2992	기여하다	贡献、捐献
2993	꼭 02	一定、非~不可

2994	날짜 01	日期
2995	대륙 01	大陆
2996	되게	非常
2997	뒤따르다	跟、跟踪、跟随
2998	리듬	节奏
2999	매매춘	卖淫、卖春
3000	모니터	显示器

附录 5 韩语前 3,000 高频词中为《HSK》甲级词
(719 个,音序)

啊	矮	爱	爱人	安静	爸爸	白	百
摆	班	搬	办	办法	办公室	半	半天
帮助	抱	杯子	杯	北边	倍	比	比较
比赛	边	便宜	变	变化	表	表现	表演
别	别的	别人	病	不	不错	不同	不要
部分	擦	才	菜	参观	参加	操场	草
层	查	长	常	常常	朝	车	成
成绩	吃	抽	出	出发	出来	出去	出现
出租汽车	除了~以外	穿	船	窗	床	吹	春天
春	次	从~到	错	错误	打	大	大概
大家	大学	大夫	代表	带	戴	但是	当
当然	刀	倒	到	道理	得	得到	的
~的时候	等/等等	低	地方	弟弟	第	点	点钟
电	电话	电视	电影	掉	丢	东边	东西
冬天	冬	动	动物	都	读	短	对
对不起	多	多少	儿子	二	发生	发现	发展
翻	反对	饭	饭店	方便	方法	方向	房间
访问	放	放假	飞	飞机	非常	分(动词)	分
分钟	丰富	风	夫人	服务	父亲	负责	附近
复杂	改	改变	干净	感到	感谢	干部	刚
刚才	高	高兴	搞	告诉	哥哥	歌	个
各	各种	给	根	跟	更	工厂	工人
工业	工作	公共汽车	公斤	公里	公园	够	姑娘
故事	刮	挂	关	关系	观看	观赏	广播
贵	国家	过	过去	还	还是	孩子	海
喊	汉字	好	好吃	好看	好像	号	喝
合适	河	黑	很	红	后	后边	忽然
互相	花儿	花(动词)	化学	话	画	画儿	坏
换	回	回答	回来	回去	活儿	活动	火车
或者	机场	机会	机器	鸡	鸡蛋	基本	基础

续表

急	集合	几	计划	技术	继续	寄	加	
家	家庭	坚持	间	检查	简单	见	见面	
件	建设	健康	江	将来	讲	交	教	
脚	叫	教室	教育	接	街	接着	节目	
结束	姐姐	解决	介绍	借	今年	今天	紧张	
近	进来	进去	进行	经常	经过	经济	经验	
精神	酒	旧	就	决定	觉得	咖啡	开	
开始	看	看见	考试	科学	可能	可是	克	
课	课文	口	哭	快	块	困难	拉	
来	劳动	老	老师	蓝	累	冷	离开	
礼物	里	里边	历史	立刻	利用	例如	脸	
练习	凉快	两	亮	了解	领导	流	留	
六	旅行	路	绿	乱	妈妈	马	马上	
买	卖	满	忙	没有	妹妹	门	面包	
民族	名字	明年	明天	母亲	拿	哪里	那	
那个	那里	那儿	那么	那样	南边	难	内	
内容	您	你	你们	年	年级	年纪	年轻	
念	牛	牛奶	农村	农民	农业	努力	女儿	
暖和	拍	派	旁边儿	跑	朋友	碰	批评	
啤酒	篇	票	漂亮	瓶	破	其中	起	
起来	汽车	前	钱	墙	桥	青年	轻	
清楚	情况	晴	秋天	秋	取得	去	去年	
全	全部	全体	确实	热	人	人民	认识	
认为	日	日子	容易	肉	三	山	商店	
上	上边	上来	上去	上午	上学	少	社会	
身体	深	什么	生产	生词	生活	生日	声音	
胜利	剩	十	十分	时间	时候	实践	实现	
食堂	使用	世界	市	事	事情	是	收	
手	首都	书	舒服	熟	树	双	谁	
水	水果	水平	睡觉	睡	说	说明	思想	
死	四	送	算	虽然	岁	所以	所有	
他	她	它	太	太阳	态度	谈	糖	
躺	讨论	特别	疼	踢	提高	体育	天	
天气	条	条件	跳	听	听见	停	通	
通过	同时	头	突然	图书馆	推	腿	脱	
外	外边	外国	完成	完全	玩	晚	晚上	
忘	危险	伟大	位	为	为什么	喂	文化	

续表

文学	文章	问	问题	我	我们	五	午饭
希望	习惯	洗	喜欢	系	细	下	下边
下来	下去	下午	夏	夏天	先	先生	现代
现在	相信	响	想	向	像	消息	小
小孩(儿)	小孩子	小姐	小时	笑	鞋	写	谢谢
心	辛苦	星期日/星期天	新	新闻	信	信封	幸福
需要	许多	学习	学校	雪	呀	言语	研究
颜色	眼睛	演出	样子	药	要	要求	也许
一	一般	一点儿	一定	一会儿	一起	一块儿	一切
一样	一直	衣服	医生	医院	已经	以后	以前
以为	艺术	意见	意义	因此	因为	音乐	银行
英语/英文	应该	影响	永远	用	尤其	游泳	有
有名	有时候	有些	有意思	又	鱼	愉快	雨
语言	元	原来	圆	远	月	月亮	云
运动	在	再	早	早上	早晨	怎么	怎么样
怎样	增加	占	站	张	长	掌握	着急
找	照顾	着	这	这儿	这里	这个	这些
这样	真	真正	正确	政府	政治	知道	只
纸	指	中	中间	钟	种	重	重要
周	周围	猪	主要	主意	住	装	准备
桌子	字	自己	自行车	总(是)	走	足球	组织
嘴	最	最初	最后	最近	昨天	作	坐
做	作业	学生	意思	城市	知识	休息	

5—1 韩语前 1,000 高频词中为《HSK》甲级词
(482 个,频度序)

的	作	做	有	在	办法	办	搞
我	那	没有	不	人	我们	这	她
他	它	看	等/等等	～的时候	一样	给	对
去	走	年	一	语言	事情	因为	告诉
讲	说	为	但是	来	知道	大	又

续表

再	还	天	日	社会	多	好	更	
收	得到	那个	家	出来	跟	问题	那样	
住	想	两	二	情况	其中	中	什么	
吃	下来	自己	文化	元	怎么样	怎样	位	
个	通	声音	别的	这些	后边	听	都	
全	全部	看见	带	拿	一起	小孩子	经过	
时间	时候	你	这样	妈妈	母亲	眼睛	点	
谁	前	地方	许多	里边	世界	上边	运动	
学校	最	种	政府	一切	号	次	钱	
国家	可是	这儿	这里	朋友	心	后	~下去	
~着	关系	爸爸	父亲	身体	脸	进去	为什么	
出现	不要	不同	样子	水	见面	见	写	
这个	路	生活	使用	用	现在	只	方法	
新	坐	手	几	找	特别	尤其	点钟	
小时	出去	故事	教育	买	经济	老师	先生	
艺术	站	历史	读	念	内容	当然	里	
书	您	放	重要	感到	觉得	难	太	
叫	意思	意义	死	已经	方向	政治	人民	
学生	名字	下	容易	或者	还是	需要	字	
文章	长	爱人	进来	外边	小	大学	中间	
寄	送	派	因此	以后	文学	非常	很	
晚上	高	最近	先	上学	多少	开	头	
问	剩	部分	那里	那儿	变化	儿子	呀	
啊	掉	分钟	分	分(动词)	利用	马上	活动	
今天	互相	小孩(儿)	房间	精神	实现	早上	早晨	
笑	离开	技术	全体	漂亮	最后	结束	民族	
间	好像	口	嘴	电影	科学	真	确实	
饭	穿	是	成	别人	画儿	过	喝	
打	拍	酒	爱	电话	回来	挂	花(动词)	
咖啡	长(chang)	上	菜	一定	计划	继续	家庭	
思想	三	发展	车	玩	朝	向	各	
城市	工作	边	年纪	相信	换	喜欢	画(动词)	
学习	旁边儿	比较	比	例如	下边	影响	那么	
流	深	船	内	山	条件	门	花儿	
提高	突然	风	年轻	代表	比赛	歌	海	
累	动	完全	姐姐	有名	可能	年级	了解	
回去	水平	去年	表现	同时	衣服	广播	树	

续表

睡	演出	劳动	过去	现代	领导	解决	东西
脚	拉	认识	快	别	说明	岁	生产
希望	经验	音乐	疼	雨	哭	农民	银行
弟弟	妹妹	下午	装	集合	月亮	月	女儿
摆	医院	查	态度	考试	睡觉	主要	健康
近	外国	周围	卖	努力	一点儿	言语	要求
上去	经常	常常	交	大概	组织	工厂	变
一般	有意思	教	今年	哥哥	总(是)	完成	帮助
远	公共汽车	农业	出	意见	通过	也许	谈
接	发生	腿	搬	太阳	丢	改变	改
夏天	夏	回	机会	第	要	建设	工人
汽车	决定	增加	擦	满	话	不错	各种
知识	发现	半	基本	有时候	短	感谢	谢谢
听见	跑	忙	以前	坏	杯子	杯	外
机器	新闻	倍	课	冬天	冬	层	张
抱	忘	班	占	电视	掌握	篇	洗
晚	信	清楚	春天	春	低	矮	批评
躺	旅行	足球	像	休息	系	抽	所以
起来	准备						

5—2 韩语前 1,001 到 2,000 高频词中为《HSK》甲级词（160 个,频度序）

事	活儿	高兴	常	正确	好吃	肉	留
认为	以为	晴	消息	工业	英语/英文	回答	破
脱	虽然	日子	一直	停	附近	飞机	原来
最初	热	根	早	轻	上午	商店	就
墙	讨论	反对	自行车	参加	错	绿	蓝
基础	进行	街	作业	吹	刮	秋天	秋
明天	天气	一块儿	动物	医生	大夫	将来	大家
四	病	应该	暖和	借	立刻	亮	好看
孩子	服务	简单	教室	复杂	颜色	刚才	刚
合适	指	错误	食堂	体育	介绍	纸	够

续表

旧	喊	真正	方便	困难	翻	除了~以外	干净
黑	对不起	推	水果	农村	上来	照顾	雪
检查	白	才	所有	克	怎么	响	研究
小姐	块	取得	放假	你们	南边	五	半天
夫人	着急	双	愉快	跳	辛苦	桌子	冷
老	重	首都	床	钟	十分	忽然	件
十	条	图书馆	礼物	习惯	危险	接着	办公室
星期天/星期日	加	倒	戴	访问	江	河	贵
出租汽车	电	凉快	哪里	幸福	实践	练习	丰富
明年	红	伟大	关	生日	瓶	出发	公里

5—3 韩语前2,001到3,000高频词中为《HSK》甲级词（77个,频度序）

当	道理	药	窗	安静	负责	牛奶	票
有些	面包	得	昨天	少	圆	北边	周
干部	生词	鞋	踢	飞	糖	便宜	午饭
青年	表演	刀	开始	化学	算	舒服	百
牛	机场	急	鸡蛋	成绩	饭店	紧张	桥
姑娘	课文	云	起	坚持	主意	操场	草
东边	乱	一会儿	到	从~到	六	火车	马
碰	汉字	市	表	观看	参观	观赏	信封
胜利	细	公斤	节目	鱼	鸡	啤酒	猪
游泳	喂	永远	公园	熟			

附录6 韩语前3,000高频词中为《HSK》乙级词
(903个,音序)

哎呀	爱好	爱情	安全	按照	拔	白	白天
班长	办公	帮	帮忙	包	包括	宝贵	保护
保卫	报导/报道	报告	报纸	抱歉	背	被子	本来
本质	鼻子	比如	必然	必要	毕业	闭	避
标准	表面	并	并且	病人	不断	不管	不过
不好意思	不行	不许	布置	步	部	部长	部队
部门	材料	采取	采用	踩	餐厅	藏	册
厕所	测验	插	差	产生	超	超过	吵
彻底	沉默	称赞	成长	成功	成果	成就	成立
成为	承认	程度	传	传统	闯进	创造	吃惊
翅膀	充分	出口	出生	出席	初	厨房	处理
刺	粗	摧	存	存在	措施	搭	达到
打扮	打扰	大会	大量	大陆	大米	大人	大小
大型	大约	呆	代	代替	袋	单	单词
单位	担任	担心	蛋	当地	当时	挡	党
刀子	岛	到达	到处	到底	倒	道路	登
的确	敌人	抵达	地带	地区	地点	地方	地面
地下	地球	地图	地位	电视台	电台	调查	跌
定	动作	洞	斗争	读书	读者	独立	堵
肚子	度	度过	断	堆	队	对	对方
对象	对话	吨	多数	躲	儿童	耳朵	发表
发出	发达	发抖	发挥	发言	法律	反应	反映
反正	犯	范围	方案	方式	方针	放弃	非~不可
费	费用	分别	分析	份	愤怒	风景	否定
浮	幅	改革	改善	改正	盖	概念	干脆
赶	赶快	赶紧	感动	感激	感觉	感情	刚刚
高度	告	胳膊/胳臂	搁	革命	个人	个体	个子
根本	根据	更加	工程	工会	工具	工资	公开
公路	公司	供给	巩固	共	共产党	共同	贡献
狗	构成	构造	估计	姑姑	古	古代	骨头

续表

故乡	故意	顾客	观察	观点	观众	冠军	管理
光	光明	广泛	广告	规定	规模	国际	果然
过程	害	含	汗	毫米	好好儿	好久	好些
合	合同	合作	和平	黑暗	嘿	后来	后面
后天	厚	呼吸	胡乱	随便	互相	环境	恢复
回忆	会见	会谈	会议	混	活泼	火	或
获得	机关	机械	积极	积极性	积累	及	级
即	极	急忙	集体	集中	几乎	计算	记得
记忆	记者	纪录	季节	加强	家乡	夹	价格
价值	坚决	肩	捡	减	减少	建立	建筑
渐渐	讲话	交通	骄傲	教材	教师	教授	阶段
阶级	接触	接近	接受	结构	结婚	结论	结实
解	解放	解释	解答	仅仅	尽	尽管	尽量
近来	进步	进口	进入	禁止	经历	颈	警察
镜子	纠正	究竟	就	就是	巨大	拒绝	具备
具体	剧场	距离	决定	绝对	觉悟	军	军队
军事	开辟	开放	看不起	看样子	看来	考	考虑
烤	靠	科	科长	科学家	可	可爱	可怕
克服	客人	肯定	空间	孔	恐怕	控制	口袋
扣	裤子	快乐	宽	捆	扎	扩大	垃圾
捞	老(是)	老百姓	老板	老虎	老人	老太太	礼貌
里面	理解	理论	理想	理由	力量	力气	厉害/利害
了不起	立	立场	立即	利益	例	例子	连续
联合	练	凉	粮食	聊天儿	聊	邻居	临时
另外	另	录像	旅馆	论文	落	马虎	马路
买卖	猫	毛病	矛盾	贸易	没错	没什么	煤气
美	美丽	美好	美术	美元	梦	米	秘密
面	秒	民	民主	名	明亮	明确	明显
命令	命运	摸	磨	某	模样	目标	哪个
内部	里面	那边	奶奶	耐用	男人	南部	南方
南面	脑子	脑袋	闹	能力	能源	年代	年龄
粘	鸟	扭	浓	女人	女士	暖	判断
旁	陪	碰见	批判	批评	披	匹	皮
皮肤	疲劳	漂亮	平安	平常	平均	平原	破坏
铺	普通	妻子	期间	其次	其中	奇怪	企业
气候	气温	前进	前面	强	强大	强调	悄悄
敲	桥梁	切	亲戚	亲自	青	轻松	倾向

续表

情景	情形	情绪	穷	求	区	区别	取
劝	缺	确定	裙子	群众	然而	绕	热心
人口	认	仍	仍然	日常	日期	如	如果
如何	如今	弱	洒	色	杀	伤	伤心
商场	商品	上班	办公	上面	烧	火	稍微
少年	舌头	设备	设计	射	伸	神	神经
生	生命	生意	生长	绳子	失败	失去	诗
石头	石油	时代	时期	实际	实现	实验	实在
食品	食物	使	始终	世纪	市场	事件	事实
事物	事先	事业	适当	适合	试用	收入	收音机
手段	手术	手续	手指	首先	受	瘦	书包
叔叔	舒适	属于	树林	数	数字	刷	摔
司机	撕	速度	算了	随便	所谓	塔	台
太太	烫	讨厌	特点	特殊	提倡	提供	题目
体会	体系	替	天气	添	田	贴	停止
通讯	同	统一	统治	桶	痛	痛苦	偷
偷偷	投	透	突出	涂	土	土地	脱离
外交	外面	弯	忘记	危机	微笑	违反	围
尾巴	委员	未来	位置	味道	胃	喂	温度
温暖	文明	文字	稳定	污染	无论	无数	武器
物价	物质	西方	系统	体系	下面	显著	现实
现象	线	限制	羡慕	献	乡下	相当	相反
相互	相似	享受	想法	想象/想像	项目	消费	消失
小说	小心	小学	效果	校长	心情	心脏	新鲜
信心	星星	行动	行李	形成	形式	形象	形状
醒	性	性格	性质	兴趣	兄弟	胸	修
修理	修改	选	选举	选择	学期	学问	雪白
血	寻找	训练	压	严格	严重	研究所	盐
眼镜	眼泪	眼前	演员	阳光	养	腰	邀请
爷爷	业务	叶子	夜晚	夜里	一方面	一生	一辈子
一时	一下子	一致	医学	依据	根据	依靠	移动
疑问	以及	以来	以上	以外	以下	议会	议论
异常	意志	因此	因素	引起	印象	应当	必然
迎接	营养	营运	影子	勇气	优点	优秀	由于
油	有点儿	有关	有时	右边	原因	原则	院子
约	约会	越来越	暂时	责任	扎	摘	窄
展开	战斗	战胜	战争	章	丈夫	招待	照

续表

透	照片/相片	哲学	这边	针	真理	真实	争
争论	睁	整理	正好	正式	政策	之后	之前
支持	支援	执行	直接	职工	职业	植物	只是
只有	指导	指示	至少	制度	制作	质量	秩序
中心	中央	终于	种	重量	重视	逐渐	渐渐
主人	主张	著名	抓	专家	专门	转	转告
状况	状态	撞	仔细	资料	资源	自动	自然
自由	综合	总理	总统	走道	组	最好	尽量
醉	左边	左右	作家	作品	作为	作用	

6—1 韩语前1,000高频词中为《HSK》乙级词（314个，频度序）

成为	由于	接受	里面	包	前面	情形	哪个
某	想法	如何	名	女人	程度	后面	有点儿
稍微	事实	出生	依据	根据	时代	其次	地方
上面	总统	就是	男人	地区	碰见	修	过程
以上	抓	立	期间	市场	感觉	力量	力气
表明	生命	事件	及	以及	盖	建	并且
理由	文字	丈夫	外面	作品	状况	因此	状态
当时	夜晚	夜里	现实	环境	首先	脑子	脑袋
企业	选举	有关	没什么	几乎	就	中心	广告
到达	抵达	土地	达到	实现	现象	美丽	漂亮
美好	调查	年代	自然	实在	构造	结构	对象
政策	制度	教授	爱情	保护	保卫	胸	公司
味道	食物	叔叔	性格	世纪	建立	妻子	太太
群众	形状	年龄	生	概念	诗	作用	行动
哎呀	机关	立场	可	例	例子	如	下面
方式	阶段	教师	超	存	大会	读书	理论
能力	主张	转	火	资料	存在	报纸	理解
事业	生意	心情	情绪	代	战争	之前	梦
奶奶	老太太	会议	价值	集体	解	时期	直接
亲自	个人	作家	效果	按照	照	赶快	改革
强	最好	痛	脱离	故乡	家乡	吃惊	度过

续表

结婚	法律	小说	秩序	古代	好好儿	投	扔
空间	展开	强调	警察	担任	一方面	记者	宽
测验	显著	面	统一	进入	设备	大人	代替
替	原因	军	队	初	受	认	大约
引起	爷爷	老大爷/大爷	享受	病人	米	大米	对话
堵	挡	贴	粘	人物	阶级	只是	减
度	如今	暂时	摸	提供	照片/相片	奇怪	靠
聊天儿	聊	目标	材料	移动	自由	责任	相似
严重	美元	生长	地球	讨厌	规模	标准	具备
价格	转告	传	迎接	儿童	刷	眼泪	光
避	躲	经历	前进	仍然	主人	线	人类
形式	发表	披	搭	观点	耳朵	消失	感情
记忆	肚子	有时	感激	管理	更加	体系	果然
承认	中央	不管	国际	组	传统	养	巨大
位置	客人	通讯	数	机械	物质	铺	忘记
不过	或	实践	因素	党	邻居	共同	方案
胳膊/胳臂	分析	商品	优秀	差	肩	喂	痛苦
适合	拔	必要	模样	热心	约	定	发达
异常	即						

6—2 韩语前 1,001 到 2,000 高频词中为《HSK》乙级词（348 个，频度序）

快乐	战斗	矛盾	方针	意志	专门	确定	后来
背	神经	斗争	美	支援	成长	树林	垃圾
赶紧	工资	可怕	单位	大小	西方	超过	措施
会谈	撕	作为	速度	连续	少年	腰	其中
老人	鸟	决定	倾向	记录	相反	切	形象
特点	校长	业务	帮忙	帮	克服	战胜	寻找
采取	老板	然而	个子	求	包括	担心	尽管
含	如果	呼吸	觉悟	神	渐渐	逐渐	越来越
判断	距离	停止	否定	到底	究竟	胡乱	随便

出口	所谓	文明	匹	极	费用	本来	处理
烫	根本	进口	解放	白天	轻松	内部	皮肤
贸易	约会	绳子	充分	能源	委员	整理	杀
议论	盐	污染	营运	青	颈	地位	选
事先	礼貌	读者	交通	成果	成就	好久	道路
综合	发抖	手指	手段	原则	嘿	积极	积极性
形成	情景	吨	级	天气	开放	未来	人口
毛病	反应	应当	温暖	暖	批评	明亮	光明
事物	普通	地点	地面	地下	招待	选择	种
鼻子	公开	忍	耐用	星星	洒	体会	规定
秘密	巩固	加强	刚刚	陪	发达	无数	考
和平	工程	石头	性	专家	仅仅	讲话	老(是)
浮	微笑	餐厅	以来	构成	汗	平均	革命
训练	积累	利益	烧	论文	危机	手续	属于
以外	植物	古	至少	资源	明确	平常	稳定
黑暗	反正	不好意思	抱歉	考虑	广泛	涂	放弃
修理	纠正	改正	修改	影子	尽	终于	结论
堆	题目	雪白	行李	书包	军队	对方	乡下
幅	伸	部门	田	干脆	改善	适当	狗
工会	收音机	肯定	必然	职业	获得	小学	范围
哲学	旁	大型	摘	正式	南方	南面	压
美术	老百姓	相当	著名	互相	军事	断	跌
摔	院子	急忙	的确	布置	使	系统	步
瘦	想象/想像	共	册	睁	胃	叶子	好些
闹	犯	悄悄	一时	土	穷	顾客	科学家
手术	食品	扩大	提倡	强大	打扮	只有	相互
窄	捡	真理	没错	供给	马路	公路	接近
学问	添	打扰	实际	血	观众	动作	毫米
数字	右边	计算	尾巴	破坏	倒	姑姑	正好
报导/报道	观察	弱	统治	拒绝	算了	命运	扣
同	录像	这边	地带	烤	油	左边	练
地图	厕所	记得	发言	粮食	实验	勇气	份
踩	混	议会	粗	控制	眼前	研究所	岛
以下	出席	商场	平安	猫	物价	宝贵	疑问
色	采用	取	台				

6—3 韩语前2,001到3,000高频词中为《HSK》乙级词 (241个,频度序)

单	电视台	电台	藏	登	重视	之后	明显
那边	秒	恢复	发挥	消费	心脏	真实	合作
煤气	洞	孔	看不起	凉	彻底	白	插
夹	翅膀	区	绕	围	民主	设计	成功
到处	呆	指示	兄弟	镜子	武器	安全	异常
扭	闭	本质	透	恐怕	害	毕业	老虎
厨房	营养	失去	独立	违反	一生	一辈子	单词
赶	演员	蛋	高度	反映	骨头	买卖	制作
限制	醉	集中	具体	厉害/利害	了不起	依靠	仔细
疲劳	舌头	建筑	刀子	一下子	醒	闯进	伤心
看样子	看来	费	活泼	分别	皮	南部	命令
偷偷	班长	劝	剧场	始终	另外	另	外交
口袋	合同	科长	并	指导	气温	批判	故意
舒适	风景	磨	交流	气候	工具	羡慕	部长
射	感动	坚决	重量	印象	适用	裙子	亲戚
旅馆	桥梁	温度	绝对	浓	催	沉默	表面
阳光	部队	无论	严格	职工	学期	季节	针
部	收入	比如	接触	争	产生	邀请	一致
走道	司机	骄傲	禁止	愤怒	近来	立即	尽量
塔	可爱	裤子	报告	撞	伤	民	石油
新鲜	眼镜	约	联合	章	敌人	小心	质量
刺	爱好	兴趣	共产党	告	理想	支持	办公
上班	争论	捆	扎	被子	日常	自动	会见
偷	区别	袋	左右	落	回忆	当地	弯
对	吵	成立	搁	医学	优点	创造	项目
捞	大量	平原	临时	减少	桶	特殊	合
开辟	马虎	厚	缺	女士	执行	突出	后天
性质	教材	不断	多数	敲	解释	解答	个体
信心	失败	进步	总理	称赞	结实	献	不行
不许	冠军	估计	发出	贡献	非~不可	日期	大陆
科							

附录7 韩语前3,000高频词中为《HSK》丙级词
(508个,音序)

唉哟	安定	把握	摆脱	绑	包含	包围	保管
保险	暴露	爆炸	悲哀	背景	本身	比方	彼此
必定	壁	边界	便利	表情	波浪	博士	博物馆
不安	不大	不对	不够	不顾	不可	不满	不是
不怎么样	不足	步骤	财产	财政	裁判	惭愧	灿烂
操心	操作	操纵	侧	测试	茶馆	差别	常识
场面	吵架	炒	车辆	沉重	承担	承包	程序
盛	迟	尺寸	冲击	出身	初期	初中	处处
传达	窗户	春季	纯	刺激	凑	村庄	村子
打架	打破	打扫	打仗	打招呼	大大	大哥	大嫂
大众	代	带动	带头	带领	单纯	单独	导演
底	抵抗	地板	地步	电脑	电子	雕刻	钉
冬季	动机	动静	抖	豆子	独特	独自	端正
堆积	对立	对了	多余	法院	反	反而	犯罪
饭馆	方	放松	沸腾	分布	分明	分散	粉
疯	佛教	夫妻	腐朽	负担	改编	干劲	高级
高中	歌曲	格外	个性	各式各样	根源	公布	公式
功能	攻击	供应	购买	古典	股	固定	观看
观念	规则	过分	喊叫	好	好奇	河流	核
痕迹	后头	宏伟	胡同	怀疑	欢喜	缓缓	患
灰尘	灰	混合	混乱	机构	肌肉	即使	疾病
集团	计算机	技巧	家伙	假如	假使	假若	价
价钱	架子	监督	检讨	见解	建造	将军	交易
角落	搅	教导	阶层	揭露	洁白	结	结果
尽力	近代	进军	浸	经营	惊人	警告	竞争
就是说	居民	局面	剧	剧院	卷	军官	军人
开发	靠近	可惜	客观	客厅	课堂	空	恐怖
夸	跨	快活	宽阔	辣椒	老婆	姥姥	里头
理	连接	联络	量	灵魂	领会	领域	溜
流传	流域	留学	搂	旅游	逻辑	闷	梦想

续表

迷	勉强	面粉	民间	明白	命	模型	末
陌生	目光	耐	男子	嫩	能量	捏	宁可
扭转	农田	奴隶	女子	偶然	泡	培养	培育
配	疲倦	贫苦	贫穷	品质	平凡	平衡	评价
评	气	气氛	气味	强迫	墙壁	清晨	清除
消除	清洁	清晰	情	情报	秋季	区域	趣味
权利	权力	拳头	人间	人力	人士	忍耐	忍受
任意	仍旧	容许	溶液	柔软	若干	色彩	删
伤口	上升	上头	少女	社会主义	社论	摄影	申请
身份/身分	深度	神话	审查	甚至于	生存	声明	剩余
失掉	诗人	时常	时机	时节	实施	使得	事故
是的	势力	收集	衰弱	水分	税	思考	似的
松树	算是	缩短	缩小	塌	谈话	探索	特
特征	提问	体操	体力	天空	田地	挑选	停留
挺	通常	头脑	徒弟	团体	推迟	推进	妥当
外界	外部	外头	外祖父	弯曲	完善	玩笑	玩意儿
万一	往来	威胁	维持	味儿	温和	卧	无论如何
舞蹈	舞台	物体	媳妇	喜爱	喜悦	戏剧	细胞
峡谷	下降	夏季	现	宪法	相对	香烟	象征
小组	协定	协作	写作	心理	信号	信息	行为
行业	行政	形态	幸亏	性能	宣言	旋转	学年
学者	循环	压力	牙齿	烟	严厉	岩石	眼光
氧气	摇晃	夜间	一带	一口气	一行	医疗	依照
疑心	义务	意识	意味着	银幕	引进	饮料	婴儿
优胜	游戏	有一些	宇宙	语文	预先	原理	原始
愿	越	运转	杂志	栽	载	早已	赠送
沾	占领	占有	战略	障碍	召集	照相机	者
这样一来	珍贵	珍惜	争夺	挣	整顿	正面	证据
政党	政权	症状	之类	支配	知识分子	职员	殖民地
指点	指头	志愿	制作/制做	治疗	质	致	智慧
种类	种植	周末	住宅	注视	驻	转达	赚
装备	装饰	装置	追求	姿势	资本	资本主义	资格
资金	自身	自信	自治	宗教	总	走廊	祖父
祖先	嘴唇	罪	作战				

7—1　韩语前 1,000 高频词中为《HSK》丙级词
（146 个,频度序）

不是	语文	明白	制做/制作	自身	女子	后头	人间
揭露	暴露	依照	若干	里头	上头	男子	结果
方	谈话	外头	就是说	夜间	电脑	计算机	本身
头脑	剩余	天空	似的	反而	程序	好	独自
意识	味儿	上升	表情	个性	老婆	势力	形态
气氛	侧	信息	行为	支配	越	村庄	村子
歌曲	运转	团体	旋转	居民	收集	凑	开发
学年	领域	性能	功能	梦想	姥姥	戏剧	集团
是的	放松	对了	佛教	资金	宇宙	时机	摆脱
召集	婴儿	姿势	承担	承包	宽阔	测试	大大
代	财产	监督	导演	香烟	祖父	外祖父	早已
喜爱	事故	配	舞台	连接	过分	竞争	夏季
实施	装置	末	算是	价	价钱	完善	不怎么样
维持	大众	各式各样	仍旧	特征	赠送	权力	者
不顾	局面	游戏	培养	原理	诗人	评价	缩短
缩小	行政	空	愿	冬季	宗教	循环	搂
占领	占有	把握	迟	清晰	少女	春季	种类
夫妻	培育	卧	旅游	删	特	分明	战略
情报	时节						

7—2　韩语前 1,001 到 2,000 高频词中为《HSK》丙级词
（186 个,频度序）

快活	时常	底	吵架	打架	作战	打仗	初期
志愿	经营	下降	清晨	忍耐	尺寸	气味	嫩
柔软	挣	赚	出身	动静	操作	操纵	政权
包含	操心	假如	假使	假若	万一	端正	领会
提问	玩意儿	根源	职员	墙壁	将军	负担	打招呼

续表

注视	能量	体力	整顿	背景	单纯	公布	犯罪
逻辑	预先	不足	不够	机构	交易	带动	带头
带领	秋季	抖	指头	场面	疾病	温和	单独
大哥	通常	地板	种植	栽	高中	课堂	挺
耐	忍受	之类	固定	洁白	博士	舞蹈	饭馆
意味着	独特	推进	模型	架子	堆积	政党	壁
量	步骤	趣味	喊叫	便利	权利	致	物体
见解	清洁	安定	住宅	目光	眼光	压力	人士
挑选	博物馆	载	治疗	田地	农田	妥当	必定
神话	祖先	冲击	色彩	气	彼此	盛	指点
欢喜	喜悦	深度	装饰	协定	奴隶	沉重	卷
结	嘴唇	炒	外界	外部	贫苦	贫穷	相对
资本主义	大嫂	伤口	现	银幕	供应	平衡	靠近
塌	垮	这样一来	罪	不满	检讨	惊人	甚至于
追求	常识	好奇	包围	生存	衰弱	杂志	命
资本	财政	宁可	学者	钉	民间	法院	珍惜
股	使得	核	高级	疯	混合	周末	智慧
思考	即使	溜	体操	攻击	不安	珍贵	多余
初中	波浪						

7—3 韩语前 2,001 到 3,000 高频词中为《HSK》丙级词（176 个,频度序）

灿烂	人力	车辆	近代	障碍	裁判	徒弟	窗户
区域	哎哟	协作	阶层	家伙	松树	流域	一带
评	停留	有一些	摄影	扭转	辣椒	规则	缓缓
身份/身分	患	行业	自信	证据	宪法	恐怖	推迟
税	细胞	失掉	改编	观念	引进	资格	陌生
豆子	一口气	购买	动机	纯	疲倦	建造	联络
情	症状	强迫	沾	悲哀	饮料	电子	流传
地步	照相机	河流	幸亏	剧院	审查	剧	茶馆
惭愧	申请	烟	一行	知识分子	摇晃	岩石	分散
写作	保险	心理	传达	转达	角落	军人	水分

续表

不对	原始	自治	边界	公式	不大	打扫	客观
小组	无论如何	严厉	对立	分布	象征	比方	峡谷
争夺	可惜	搅	爆炸	走廊	灵魂	差别	处处
宣言	格外	义务	尽力	闷	面粉	保管	肌肉
氧气	质	品质	总	客厅	捏	威胁	牙齿
抵抗	往来	拳头	警告	观看	绑	声明	痕迹
古典	宏伟	社论	医疗	驻	弯曲	任意	进军
平凡	粉	打破	清除	消除	迷	胡同	干劲
留学	装备	技巧	沸腾	玩笑	信号	溶液	怀疑
疑心	夸	容许	混乱	教导	勉强	腐朽	正面
雕刻	媳妇	社会主义	偶然	刺激	军官	反	灰尘
灰	殖民地	不可	优胜	探索	浸	泡	理

附录8 韩语前3,000高频词中为《HSK》丁级词
（436个，音序）

爱惜	安宁	暗中	百分比	棒球	包	包装	暴力
爆	爆破	悲剧	悲伤	本性	本质	笨蛋	蹦
比重	辨别	波涛	不法	不知不觉（间）	部位	参与	餐
草率	侧面	策略	差异	查明	产业	长处	长短
场所	吵闹	陈旧	成人	呈	持续	赤字	出产
出名	出色	出售	除外	处罚	处境	纯粹	次序
存款	打包	大体	贷款	担忧	胆怯	当场	当局
抵达	地铁	缔结	颠倒	点名	电气	雕塑	都市
对策	对应	躲避	躲藏	额	额外	法	法则
法规	反常	犯法	范畴	贩卖	方面	非法	分辨
分类	分清	风险	缝	否决	夫妇	服装	福
抚养	抚育	腐烂	腐败	副作用	富余	赋予	歌手
歌星	跟随	跟踪	梗	秆	公尺	公分	公约
功绩	沟通	股票	股份	骨	故	挂念	官僚
官员	观光	观赏	光亮	规章	归根到底	贵重	贵族
国会	国民	过度	过失	过于	海岸	海外	害羞
含义	罕见	豪华	合并	和约	和尚	和谐	核心
后期	候选人	糊	华丽	画面	话题	怀孕	患者
会员	贿赂	或是	肩膀	监察	检察	建筑	健壮
键盘	交往	焦点	搅拌	缴	叫喊	教会	揭发
杰出	节奏	结局	戒	界限	金融	经受	惊慌
慌乱	颈	境地	静悄悄	捐献	决不	觉醒	觉察
嚼	君	卡	卡片	刊登	看起来	抗战	科目
课题	控诉	苦恼	宽敞	宽大	宽广	框	扩散
来年	老家	老太婆	老爷	冷淡	礼节	礼品	利息
流通	旅店	麻雀	埋头	蔓延	媒介	描绘	蔑视
民众	名誉	名声	明星	内心	那时	男性	年度
宁肯	宁愿	凝视	农产品	女性	挪	派遣	判决
疲惫	疲乏	漂	评估	评审	破裂	破碎	期待

续表

期望	起点	起码	气流	前辈	前期	前提	强化
强盛	强制	侵害	轻便	晴朗	穷苦	贫困	区分
屈服	趋势	趋向	全都	权威	犬	确保	确认
人格	人生	认可	认定	容纳	入口	入学	软件
散发	杀害	傻子	闪耀	善良	商标	上涨	烧毁
设施	设置	申报	审判	生产力	生育	失	失误
时	时光	实体	世代	世界观	市民	式	式样
事例	事态	局势	事项	视线	收藏	收回	手法
手艺	首脑	首席	首相	受伤	书信	输出	输入
属	数额	顺序	寺	搜查	随意	岁月	所属
坦白	特定	特性	疼痛	腾	提交	体验	体制
调和	同事	同行	同一	偷窃	投资	图像	拖延
外表	王	唯一/惟一	唯独	畏惧	无理	无意	舞
膝盖	系列	狭窄	先前	衔	嫌疑	现场	现金
现行	相关	相通	香味	享有	销售	小心翼翼	小子
协商	协调/谐调	协议	心里	心中	新娘	薪金/薪水	信件
信仰	信用	星	刑事	兄	需要	徐徐	序言
选拔	选手	穴	雪白	寻求	烟雾	言论	眼色
眼神	养育	邀	要素	野心	一旦	依	依赖
遗失	疑惑	议员	意图	饮食	隐藏	隐瞒	用户
忧虑	舆论	雨伞	预定	预料	预测	预计	预算
欲望	越过	运行	攒	怎么着	展望	占据	照旧
真诚	真是的	真相	争吵	值班	植	纸张	指明
指望	制品	终究	钟表	诸位	主导	主人翁	主题
主体	注目	转换	转交	转向	壮观	追问	追究
追查	准则	揍	组合				

8—1 韩语前 1,000 高频词中为《HSK》丁级词
（98 个，频度序）

相通	全都	揭发	百分比	女性	那时	人生	含义	
指明	查明	派遣	抵达	照旧	结局	归根到底	内心	
体制	产业	上涨	颈	民众	相关	都市	越过	

续表

运行	议员	出名	收藏	攒	制品	金融	服装
老太婆	差异	时光	疼痛	老家	法	市民	搜查
宽敞	宽大	宽广	建筑	设施	成人	次序	顺序
一旦	老爷	患者	式	男性	对策	怎么着	决不
挪	遗失	用户	准则	策略	过度	现场	转交
躲避	选手	主题	经受	贵族	公尺	事态	局势
主体	评估	确认	检察	餐	占据	要素	书信
信件	公分	出色	杰出	肩膀	夫妇	抚养	养育
抚育	侧面	预定	依	时	国民	饮食	兄
认可	认定						

8—2 韩语前 1,001—2,000 高频词中为《HSK》丁级词（159 个,频度序）

界限	本质	视线	言论	投资	薪金/薪水	晴朗	方面
特性	前辈	寻求	国会	担忧	岁月	觉醒	觉察
王	过于	眼色	输出	输入	轻便	凝视	杀害
法则	法规	参与	犯法	选拔	礼节	协商	协议
追问	追究	追查	候选人	课题	手法	欲望	野心
出售	贩卖	销售	长短	嫌疑	当局	先前	诸位
期待	期望	指望	软件	主人翁	世代	属	当场
光亮	场所	事项	小子	植	媒介	星	体验
非法	过失	点名	海外	漂	事例	框	趋势
趋向	纸张	暴力	故	舞	呈	除外	眼神
糊	展望	判决	雪白	失误	系列	怀孕	善良
犬	收回	蔓延	扩散	戒	蹦	预算	忧虑
雨伞	膝盖	缔结	需要	明星	钟表	大体	揍
意图	静悄悄	教会	穷苦	贫困	观光	会员	强盛
礼品	风险	苦恼	狭窄	地铁	画面	君	确保
同事	疑惑	真是的	核心	合并	电气	股票	股份

续表

商标	否决	宁肯	宁愿	爱惜	前提	特定	和谐
协调/谐调	首席	首脑	麻雀	陈旧	农产品	缝	强化
罕见	埋头	舆论	沟通	话题	贵重	富余	波涛
歌手	歌星	或是	来年	安宁	不法	调和	

8—3 韩语前2,001到3,000高频词中为《HSK》丁级词（179个，频度序）

闪耀	躲藏	刊登	存款	预料	预计	入学	注目
生育	衔	不知不觉（间）	审判	对应	唯一/惟一	蔑视	暗中
冷淡	评审	隐藏	隐瞒	享有	部位	腾	包
包装	打包	华丽	豪华	反常	处境	规章	本性
徐徐	唯独	焦点	权威	无意	拖延	入口	起码
失	卡	卡片	序言	心里	心中	范畴	骨
所属	纯粹	式样	起点	世界观	依赖	疲乏	信用
强制	悲伤	新娘	看起来	转换	境地	现金	分清
辨别	分辨	梗	秆	现行	终究	悲剧	手艺
信仰	监察	合约	捐献	害羞	烟雾	真诚	流通
赤字	刑事	坦白	旅店	跟随	名誉	名声	挂念
穴	实体	寺	组合	抗战	后期	比重	争吵
赋予	邀	搅拌	爆	爆破	首相	图像	持续
区分	惊慌	慌乱	同一	受伤	设置	疲惫	胆怯
畏惧	气流	叫喊	人格	傻子	笨蛋	副作用	申报
控诉	棒球	预测	交往	科目	观赏	贿赂	偷窃
分类	利息	随意	香味	外表	屈服	值班	吵闹
破裂	破碎	同行	草率	转向	生产力	功绩	处罚
公约	容纳	真相	键盘	前期	描绘	年度	无理
和尚	腐烂	腐败	雕塑	侵害	烧毁	主导	健壮
贷款	福	颠倒	海岸	缴	嚼	数额	额
提交	小心翼翼	散发	跟踪	节奏	出产	长处	官员
官僚	壮观	额外					

附录9 韩语前3,000高频词没包含在《HSK》的词
（1,020个，频度序）

看(助词)	氏	是这样的	是那样的	收到	还有	那种	不会
不知道	情趣	情境	快～了	已经～了	那样做/那么做	这种	住进
想要	(好)像～一样	带有	人际	下次	掉(助词)	百分之～	正是
某个	心肠	哪儿	不一样	碰面	给～看	让～看	这次
缝隙	我国	住(助词)	第一次	抓住	不能	站起来	放进
放在	位子	查出	研究(名)	世上	去(一)趟	剩下	分开
快要～了	关心	也是	是呀！	是啊！	像～似的	好像～似的	什么！
原封不动地	真的	一天	一日	情分	还好	共同体	走(一)趟
一个人	一次	心胸	看出	认出	大部分	一部分	竖立
家族	家人	关联	气氛	情调	角色	国内	站出来
这期间	这段时间	带着	做得好	可能性	努力	子女	募集
募捐	水准	霎那/霎那间	刹那/刹那间	瞬间/一瞬间	这时	察看	解开
～的时候	快点儿	露出	显出	解脱	吓一跳	多样	暴露出来
午后	古时/古时候	会长	董事长	大叔	这天/这一天	走进	很近
周边	父母	那天/那一天	扶起	扶起来	外公	早就	不管怎(么)样
定做	调(tiáo)	扔掉	仍了	全国	维	拿出/拿出来	第一
到此为止	行了	怎么办	各个	挪动	长大	消费者	不愿意
基准	劳动者	邻里	完美	～个月	一句话	意识形态	越来越多
混蛋	人气	公寓	实际上	那个地方	那儿/那里	指派	支使
使唤	什么时候	何时	传下来	不一样了	三国时代	祈愿	聚会
播音员	过日子	过生活	过下去	活下去	打开	伸直	铺开
现有	现存	忘掉	忘了	提出	出示	委员会	有关人员
指责	指摘	很久	过世	逝世	登场	出场	五月

续表

装满	长官	物件	主(动词)	工场	因(动、介)	竞技	恒常
盏(名)	地域	最高	机能	演剧	分野	底子	四月
纠葛	芥蒂	几天	找回来	企业管理	森林	树丛	草丛
什么~都没有/都不	没有了	浮现	现实主义	触到	工钱	薪资	被害
忍住	留下	西洋	拿来	带来	拿过来	细嫩	细腻
公演	男女	九月	清澈	六月	腰身	球门	救活
动向	破裂	爆裂	入学考试	青少年	嗯	找找看	要看什么
代销	三月	财阀	学长/师兄	学姐/师姐	身高	转机	找一找
正直	光阴	领悟	实名制	随随便便	剪断	切断	截断
砍断	游玩	树根	与否/能否	早(一)点儿	盖章	午前	铺子
充分地	家里/家中	布景	杀死	掉落	脱落	运营	过错
职位	摇动	挥动	电视剧	拔	许久	年轻人	走近
视角	韩文	颤抖	每天	手指头	喂	呵	咳
倾注	贯注	关联	有关系	余数	医师	很健康	上次
各位	主人公	放着	~之际	明朗	俏丽	地上	崽子
经得起	经得住	忍得住	挺得住	挡住	塞住	媒体	拘捕
理念	侍奉	奉养	石子	一模一样	说话	打斗	不怎么样/不怎样
文化遗产	餐馆	意味	成了	好了	行了	好极了	七月
十二月	加上	烧开	停住	去找	去看	去拿	空气
奥运	奥林匹克	糕	糕饼	年糕/黏糕	坪	一周/一个星期	给予
清楚地	分明	示威	淋湿	最大	农耕	农事	再加上
灰暗	昏暗	要是	关联	有关系	问问看	搽	素材
尽力	十月	变大	大了	增大	稽查	寄存	服饰
传闻	子女	八月	白花花	白皑皑	皮包	这么一点儿/那么一点儿	腐败行为
弄错	搞错	伸出	挨打	丛书	被抓	公克	~口人
起~作用	餐具	器皿	议会总选	劳动组织	房地产	不动产	日本帝国/日帝
祖上	阴险	巨型	不可能	百姓	外国人	好一会儿	断绝
跌倒	摔倒	摔跤	庭院	急着	忙着	足够	被发现

续表

上个月	书桌	多的是	高了	提高了	第二	出色	所得
角色	时钟	指导者	慢慢地/慢慢	委员长	一步一步地	一点一点地	一、二/两（个）
更好	好多了	艺术家	轻轻地	悄悄地	呆呆地	外来	看破
演技	一月	证券市场	股市	传来	听来	主妇	专业人员
活过来	被解决	被解除	被释放	强硬	强劲	强有力	有了
看穿	往里看	大蒜	大妈	大娘	活用	想起来	浮现
浮上脑海	钳	屏幕	代表性	二月	看守	看护	打搅
职业选手	均衡	部族	部落	大学校长	后半	跑去	不方便
突显	大会主席	这样做/这么做	站起来	模特儿	凉爽	姑母/姑妈	刚好
中世纪	打开	样式	不断地	住手	就此作罢	府上	大规模
卖春/卖淫	民主化	公务员	不要做了	用语	洗手间	卫生间	谐和
事实上	惜	油脂	倾泻	追踪	混杂	掺杂	保安
股价	原子核	辛劳	发疯	自然主义	最高	祭祀	化妆品
删除	删掉	删去	成真	搬迁	搬家	稀少	顺便去
粗大	大学生	今	迁移	走着去	走路去	劳动人民	葛藤
顺道	顺路	地基	走去	民主主义	白色	辛苦了	调料
百货商场	溜走	溜出去	平素	食粮	洋葱	不正常	一种
近处	对答	失手	料理	苦闷	大选	市场营销	市场行销
规制	妊娠	统合	同僚	证券	意见一致	协议	（还）没~完
广播台	发光	预想	瞩目	不一会儿	弟子	奶酪	在野党
发达国家	先进国	受苦	受折磨	卒业	实情	笔者	协力
贪欲	安静地	静静地	中小企业	漫画	卡通	藐视	偷偷地
劳资	担当	担任	担负	胎儿	徒然	空	水里
暗地里	想起来	记起来	抬高	逗留	滞留	腾出	空出
水中	营业	开门	必要性	溢出	错过	大气层	回头看
十一月	打包	提起	添加	平生	相当于	整编	导入
树枝	闭上	闭起来	主卧室	开场白	鞋子	卵	走在前面
税金	实际情况	肉体	洋溢	不亚于	不低于	联系上了	连接上了
转身看	再来	脑子里	牛肉	纯正	纯真	款式	无意识
引言	前奏	前言	序论	谎话	谎言	假话	推延
好久以前	泡菜	面生	眼生	中饭	筋疲力尽	胡椒粉	竞争力
连结好了	豆	分手	船长	看上去	鱿鱼	零用钱	零花钱
代码	密码	编码	大事	河川	无条件	设定	执政党

续表

面对面地	通通	依存	中餐	星期六	警官	戏院	戏园子
全身	精神上	钓鱼	闯进	室内	连结/联结	契约	脸红
以～为主		相机	痛症	因缘	著作权	版权	巢穴
历史学家	研究者	研究人员	找到	多了	建于	建立于	酒吧
大门	秘书长	书生	市内	折半	对半	散开	写字
听懂	听明白	王朝	缘分	戏曲	非要	阴影	大众文化
真挚	摇动	飞走	飞去	试图	因特网	传统的	分界
拘票	逮捕证	拘捕证	全体的	低着	低下	额头	屋顶
大企业	道具	魅力	两天	文本	国际化	筋肉	仇人
率直	坦率	直率	船夫	揭开	摘掉	灯光	火光
不怎么～	杀价	砍价	跟着	寺庙	作业人员	从业人员	一段时间
畜牲/畜生	禽兽	窗外	催促	比方说	运动场	地上	每年
巢	脱去	脱掉	脱下	景气	溪谷	国会议员	大幅
社团	派系	圆圈	完美	领头	打头	政治权	未婚女子
海鸥	牧师	两边	比如说	相见	相遇	昏过去/晕过去	昏倒/晕倒
学弟/师弟	学妹/师妹	后辈	休假	跑过来	环顾	环视	掠过
被诬为	伸出	伸开	站在前头	睡着了	即时	即刻	韩服
庆典	颤动	颤抖	相逢	要洗的衣物	洗好的衣物	食用油	炒菜油
母的	雌的	影像	乃至	处女	丢了	丢失了	官吏
心慌	方便面	张开	开通	疲困	韩语/韩国话/韩国语	萎缩	怯
被碾过	漫	约定	约好	说好	负责人	责任者	清扫
嗜好	货单	物品项目	商品种类	捆绑	傻瓜	指责	非难
三十	申诉	控告	稻田	立脚	立足	抖搂	掸
那位	那个人	论争	捆扎	调味品	几十～	数十～	母语
儒教	理性	重要性	奴隶制	脑	对外	封套	纸袋
袋子	众生	追忆	恣意	香气	本地	个人的	愕然
瑞格舞	每年	栖息	烧酒	手掌	轿车	私车	汽车
尴尬	难为情	腼腆	打捞	决定性	打碎	向前看	咖啡厅
冷症	惧冷症	畏冷症	群	应该的	应当的	铭记	铭刻
第二天	除去	擦掉	芝麻油	麻油	香油	好奇心	高位
小道	小巷	小路	企划	草草	转身	童话	作对

续表

大盘	第三	业绩	功业	从政者	政治活动家	话下来了	活过来了
自卑情结	查对	研讨	途中	显眼	教科书	劫持不懈地	不懈地
杀人	夸耀	中盘	各国	斟酌	祈祷	出乎意料	意想不到
吹嘘	不懈	托~的福	~等地	祈求	~个国家	腌	随心所欲地
将领	将校	次长	烧掉	解体	安装好了	设置好了	首都圈
脉络	儿媳妇	托付	拜托	使用者	定下来	织品	纺织品
首都周边	餐桌	饭桌	将官	在野	肯定的	贷出	倒过来
挂	诊	创作剧	强壮	是这样吗	唤起	员工	所有者
反过来	翻过来	海边	献给	献出	探究	个人电脑	流出来
持有者	持有人	贪心	交出	回复	溢出来	显示器	准备好了
简单地	江水	河水	出演	最终的	最后的	无视	统制
官吏	民	事前	新妇	抗争	实业界	企业界	合上
合起来	不便	这个时候	带过来				
看（助词）	氏	是这样的	是那样的	收到	还有	那种	不会
不知道	情趣	情境	快~了	已经~了	那样做/那么做	这种	住进
想要	（好）像~一样	带有	人际	下次	掉（助词）	百分之~	正是
某个	心肠	哪儿	不一样	碰面	给~看	让~看	这次
缝隙	我国	住（助词）	第一次	抓住	不能	站起来	放进
放在	位子	查出	研究	世上	去（一）趟	剩下	分开
快要~了	关心	也是	是呀！	是啊！	像~似的	好像~似的	什么！
原封不动地	真的	一天	一日	情分	还好	走（一）趟	一个人
一次	心胸	看出	认出	大部分	一部分	竖立	家族
家人	关联	气氛	情调	角色	国内	站出来	这期间
这段时间	带着	做得好	可能性	努力	子女	募集	募捐
水准	一霎那/霎那间	一刹那/刹那间	瞬间/一瞬间	这时	察看	解开	~的时候
快点儿	露出	显出	解脱	吓一跳	多样	暴露出来	午后
古时/古时候	会长	董事长	大叔	这天/这一天	走进	很近	周边
父母	那天/那一天	扶起	扶起来	外公	早就	不管怎（么）样	定做

续表

调(tiáo)	扔掉	仍了	全国	维	拿出/拿出来	第一	到此为止
行了	怎么办	各个	挪动	长大	消费者	不愿意	基准
劳动者	邻里	完美	～个月	一句话	意识形态	越来越多	混蛋
人气	公寓	实际上	那个地方	那儿/那里	指派	支使	使唤
什么时候	何时	传下来	不一样了	三国时代	祈愿	聚会	播音员
主持人	过日子/过生活	过下去	活下去	打开	伸直	铺开	现有
现存	忘掉	忘了	提出	出示	委员会	有关人员	指责
指摘	很久	过世	逝世	政客	出场/登场	五月	装满
长官	物件	主(动词)	工场	因(动、介)	竞技	恒常	盏(名)
地域	最高	机能	演剧	分野	这个时候		

9—1 韩语前 1,000 高频词没包含在《HSK》的词（198 个，频度序）

看(助词)	氏	是这样的	是那样的	收到	还有	那种	不会
不知道	情趣	情境	快～了	已经～了	那样做/那么做	这种	住进
想要	(好)像～一样	带有	人际	下次	掉(助词)	百分之～	正是
某个	心肠	哪儿	不一样	碰面	给～看	让～看	这次
缝隙	我国	住(助词)	第一次	抓住	不能	站起来	放进
放在	位子	查出	研究	世上	去(一)趟	剩下	分开
快要～了	关心	也是	是呀！	是啊！	像～似的	好像～似的	什么！
原封不动地	真的	一天	一日	情分	还好	走(一)趟	一个人
一次	心胸	看出	认出	大部分	一部分	竖立	家族
家人	关联	气氛	情调	角色	国内	站出来	这期间
这段时间	带着	做得好	可能性	努力	子女	募集	募捐
水准	一霎那/霎那间	一刹那/刹那间	瞬间/一瞬间	这时	察看	解开	～的时候
快点儿	露出	显出	解脱	吓一跳	多样	暴露出来	午后
古时/古时候	会长	董事长	大叔	这天/这一天	走进	很近	周边
父母	那天/那一天	扶起	扶起来	外公	早就	不管怎(么)样	定做

续表

调(tiáo)	扔掉	仍了	全国	维	拿出/拿出来	第一	到此为止
行了	怎么办	各个	挪动	长大	消费者	不愿意	基准
劳动者	邻里	完美	~个月	一句话	意识形态	越来越多	混蛋
人气	公寓	实际上	那个地方	那儿/那里	指派	支使	使唤
什么时候	何时	传下来	不一样了	三国时代	祈愿	聚会	播音员
主持人	过日子/过生活	过下去	活下去	打开	伸直	铺开	现有
现存	忘掉	忘了	提出	出示	委员会	有关人员	指责
指摘	很久	过世	逝世	政客	出场/登场	五月	装满
长官	物件	主(动词)	工厂	因(动、介)	竞技	恒常	盏(名)
地域	最高	机能	演剧	分野	这个时候		

9—2 韩语前 1,001 到 2,000 高频词没包含在《HSK》的词（355 个,频度序）

底子	四月	纠葛	芥蒂	几天	找回来	什么~都没有/都不	企业管理
森林	树丛	草丛	没有了	浮现	现实主义	触到	工钱
薪资	被害	忍住	留下	西洋	拿来	带来	拿过来
细嫩	细腻	公演	男女	九月	清澈	六月	腰身
球门	救活	要看什么	动向	破裂	爆裂	入学考试	青少年
嗯	找找看	找一找	代销	三月	财阀	学长/师兄	学姐/师姐
身高	转机	要是	正直	光阴	领悟	实名制	随随便便
剪断	切断	截断	砍断	游玩	树根	与否/能否	早(一)点儿
盖章	午前	铺子	充分地	家里/家中	布景	杀死	掉落
脱落	运营	过错	职位	摇动	挥动	电视剧	拔
许久	年轻人	走近	视角	韩文	颤抖	每天	手指头
喂	呵	咳	倾注	贯注	关联	有关系	余数
医师	很健康	上次	各位	主人公	放着	~之际	明朗
俏丽	地上	崽子	经得起	经得住	忍得住	挺得住	挡住
塞住	媒体	拘捕	理念	侍奉	奉养	石子	一模一样

续表

说话	打斗	不怎么样/不怎样	文化遗产	餐馆	意味	成了	好了
行了	好极了	七月	十二月	加上	烧开	停住	去找
去看	去拿	空气	奥运	奥林匹克	糕	糕饼	年糕/黏糕
坪	一周/一个星期	给予	清楚地	分明	示威	淋湿	最大
农耕	农事	再加上	灰暗	昏暗	关联	有关系	问问看
搽	素材	尽力	十月	变大	大了	增大	稽查
寄存	服饰	传闻	子女	八月	白花花	白皑皑	皮包
这么一点儿/那么一点儿	腐败行为	弄错	搞错	伸出	挨打	丛书	被抓
公克	～口人	起～作用	餐具	器皿	议会总选	劳动组织	房地产
不动产	祖上	阴险	巨型	不可能	百姓	外国人	好一会儿
断绝	跌倒	摔倒	摔跤	庭院	急着	忙着	足够
被发现	上个月	书桌	多的是	高了	提高了	第二	出色
所得	角色	时钟	指导者	慢慢地/慢慢	委员长	日本帝国/日帝	更好
好多了	艺术家	轻轻地	悄悄地	呆呆地	外来	一、二/两(个)	演技
一月	证券市场	股市	传来	听来	一步一步地	一点一点地	活过来
被解决	被解除	被释放	强硬	强劲	强有力	看破	看穿
往里看	大蒜	大妈	大娘	活用	想起来	浮现	浮上脑海
钳	屏幕	代表性	有了	主妇	专业人员	职业选手	均衡
部族	部落	二月	看守	看护	打搅	突显	大会主席
这样做/这么做	站起来	大学校长	后半	跑去	不方便	中世纪	打开
样式	不断地	模特儿	凉爽	姑母/姑妈	刚好	卖春/卖淫	民主化
公务员	不要做了	住手	就此作罢	府上	大规模	事实上	惜
油脂	倾泻	用语	洗手间	卫生间	谐和	股价	原子核
辛劳	发疯	追踪	混杂	掺杂	保安	删除	删掉
删去	成真	自然主义	最高	祭祀	化妆品	粗大	大学生
今	迁移	搬迁	搬家	稀少	顺便去	顺道	顺路

续表

地基	走去	走着去	走路去	劳动人民	劳动者	百货商场	溜走
溜出去	民主主义	白色	辛苦了	调料/调味廖	近处	对答	失手
料理	葛藤	平素	食粮	规制	妊娠	统合	同僚
苦闷	不便	带过来					

9—3 韩语前2,001到3,000高频词没包含在《HSK》的词（467个,频度序）

大选	市场营销	市场行销	广播台	发光	预想	瞩目	证券
意见一致	协议	发达国家	先进国	受苦	受折磨	不一会儿	弟子
奶酪	在野党	贪欲	安静地	静静地	中小企业	实情	笔者
协力	劳资	担当	担任	担负	漫画	卡通	蔑视
偷偷地	暗地里	想起来	记起来	抬高	胎儿	徒然	空
水里	水中	营业	开门	必要性	逗留	滞留	腾出
空出	十一月	打包	提起	添加	洋葱	不正常	一种
树枝	闭上	闭起来	主卧室	（还）没～完	无意识	推延	税金
实际情况	肉体	洋溢	溢出	错过	大气层	回头看	转身看
再来	脑子里	牛肉	平生	相当于	整编	导入	引言
前奏	前言	序论	开场白	鞋子	卵	走在前面	好久以前
泡菜	面生	眼生	不亚于	不低于	联系上了	连接上了	连结好了
豆	分手	船长	纯正	纯真	款式	提出	代码
密码	编码	大事	谎话	谎言	假话	面对面地	通通
依存	中餐	中饭	筋疲力尽	胡椒粉	竞争力	全身	精神上
钓鱼	闯进	看上去	鱿鱼	零用钱	零花钱	以～为主	相机
痛症	河川	无条件	设定	执政党	历史学家	研究者	研究人员
找到	星期六	警官	戏院	戏园子	大门	秘书长	书生
市内	室内	连结/联结	契约	脸红	听懂	听明白	王朝
缘分	因缘	著作权	版权	真挚	摇动	飞走	飞去
多了	建于	建立于	酒吧	拘票	逮捕证	拘捕证	全体的
折半	对半	散开	写字	大企业	道具	魅力	两天

续表

戏曲	非要	阴影	大众文化	率直	坦率	直率	试图
因特网	传统的	分界	不怎么~	杀价	跟着	船夫	低着
低下	额头	屋顶	畜性/畜生	禽兽	窗外	催促	文本
巢穴	巢	脱去	脱掉	脱下	揭开	摘掉	灯光
火光	社团	派系	圆圈	完美	寺庙	作业人员	从业人员
一段时间	海鸥	牧师	两边	比如说	比方说	运动场	地上
每年	学弟/师弟	学妹/师妹	后辈	休假	景气	溪谷	国会议员
大幅	被诬为	伸出	伸开	站在前头	领头	打头	政治权
未婚女子	庆典	颤动	颤抖	相逢	相见	相遇	昏过去/晕过去
昏倒/晕倒	母的	雌的	影像	乃至	跑过来	环顾	环视
掠过	丢了	丢失了	睡着了	即时	即刻	韩服	心慌
方便面	张开	要洗的衣物	洗好的衣物	食用油	炒菜油	开通	疲困
韩语/韩国话/韩国语	萎缩	怯	国际化	筋肉	被碾过	漫	约定
约好	说好	仇人	质地	负责人	责任者	嗜好	货单
物品项目	商品种类	稻田	第二	傻瓜	指责	非难	三十
申诉	控告	立脚	立足	抖搂	掸	那位	那个人
论争	捆绑	捆扎	调味品	几十~	数十~	母语	儒教
理性	重要性	奴隶制	脑	对外	封套	纸袋	袋子
众生	追忆	恣意	香气	本地	个人的	愕然	瑞格
每年	栖息	烧酒	手掌	轿车	私车	汽车	尴尬
难为情	腼腆	打捞	决定性	打碎	向前看	冷症/寒症/俱冷症/畏冷症	情谊
情意	群	应该的	应当的	铭记	铭刻	第二天	除去
擦掉	擦拭	麻油	香油	好奇心	高位	小道	小巷子
小路	企划	草草	转身	童话	作对	嵌	第三
业绩	功业	从政者	政治活动家	咖啡厅	自卑情结	查对	研讨
途中	显眼	话下来了	活过来了	杀人	夸耀	中盘	各国

续表

斟酌	教科书	劫持不懈地	不懈地	不懈	托~的福	~等地	祈求
祈祷	出乎意料	意想不到	吹嘘	将领	次长	烧掉	解体
~个国家	腌	随心所欲地	脉络	儿媳妇	托付	拜托	使用者
安装好了	设置好了	首都圈	首都周边	餐桌	饭桌	将官	在野
定下来	织品/织物	纺织品	拄	诊	创作剧	强壮	是这样吗
肯定的	贷出	倒过来	反过来	翻过来	海边	献给	献出
唤起	员工	所有者	持有者	持有人	贪心	交出	砍价
探究	个人电脑	流出来	简单地	江水	最终的	最后的	溢出来
显示器	准备好了	出演	处女	回复	无视	卒业	统制
官吏	民	事前	将校	新妇	抗争	实业界	企业界
清扫	合起来	合上					

附录10 韩语前3,000高频词中的外来词

韩国语料中的频度排序	韩语词语	汉语词语	原出处
124	퍼센트	百分比、百分之	percent
282	컴퓨터	电脑、计算机	computer
356	프로그램	程序	program
383	커피	咖啡	coffee
664	팀 01	队	team
719	버스 02	公共汽车	bus
763	달러	美元	dollar
806	이데올로기	意识形态	Ideologie（德）
843	미터 02	公尺	meter
851	아파트	公寓	apartment
879	그룹 01	集团、组	group
913	아나운서	播音员、主持人	announcer
914	뉴스	新闻	news
940	텔레비전	电视	television
956	센티미터	公分	centimeter
971	티브이	电视	TV
1043	리얼리즘	现实主义	realism
1083	골 14	球门	goal
1100	이미지	形象	image
1210	에너지	能量、体力、能源	energy
1237	드라마	电视剧	drama
1286	톤 01	吨	ton
1307	소프트웨어	软件	software
1331	서비스	服务、招待	service
1414	컵	杯子、杯	cup

1437	올림픽	奥运、奥林匹克	Olympic
1486	스트레스	压力	stress
1548	시리즈	系列、丛书	series
1553	그램	公克、克	gram
1571	라디오	收音机	radio
1983	커뮤니케이션	沟通、通讯	communication
1997	킬로미터	公里	kilometer
2003	마케팅	市场营销、市场行销	marketing
2035	치즈	奶酪	cheese
2053	가스	煤气、汽油	gas
2142	이데올로기적	意识形态的	ideologie
2184	카드	卡、卡片	card
2238	스타일	款式、式样	style
2244	코드 02	代码、密码、编码	code
2298	카메라	照相机、相机	camera
2428	코너	角落	corner
2452	인터넷	因特网	internet
2460	호텔	饭店、旅馆、旅店	hotel
2487	텍스트	文本、课文	text
2502	서클	小组、社团、派系、圆圈、园	circle
2531	아이디어	主意	idea
2573	미디어	媒介、媒体	media
2623	라면 01	方便面	Ramen（日）
2639	테이블	桌子	table
2713	소스 01	调料、调味料、调味品	sauce
2727	탤런트	演员	talent
2766	레게	瑞格（舞）	reggae
2784	킬로그램	公斤	kilogram

2786	프로 04	节目、项目	program
2816	팬 03	~迷	pan
2848	카페	咖啡厅	café（法）
2849	콤플렉스	自卑情结	complex
2984	피시 03	个人电脑	PC
2998	리듬	节奏	rhythm
3000	모니터	显示器	monitor

附录11　韩语前3,000词中分布在《HSK》的汉字词（877个，音序）

百	班	半	倍	比较	比	变	变化
表	表现	病	部分	参加	层	车	成绩
出发	次	大	大概	代表	当然	等	地方
点	电话	动物	对	多少	二	发生	发展
反对	方法	方向	访问	分	丰富	夫人	附近
复杂	干部	个	各	各种	工业	公园	关系
国家	过去	汉字	号	后	化学	回	活动
机会	基本	基础	急	计划	技术	继续	家庭
间	检查	简单	件	建设	健康	江	将来
教室	教育	解决	紧张	进行	经济	经验	精神
决定	科学	可能	劳动	历史	利用	练习	旅行
门	民族	内	内容	年	农村	农民	农业
努力	篇	票	瓶	前	青年	全	全体
确实	热	人	人民	认识	三	山	社会
身体	生产	生活	生日	胜利	十	时间	实践
食堂	使用	世界	市	事情	首都	说明	思想
岁	所有	太阳	态度	讨论	特别	体育	条
条件	通	同时	图书馆	外	外国	完全	危险
为	伟大	文化	文学	问题	希望	习惯	先生
现代	现在	向	消息	幸福	学生	学习	学校
言语	研究	药	要求	一般	衣服	以后	以前
艺术	意见	意思	银行	英语	影响	永远	有名
运动	增加	张	真正	正确	政府	政治	知识
中	中间	种	重要	周	周围	主要	准备
字	自己	组织	最初	最近	安全	班长	保护
报道	报告	本来	本质	必要	避	表面	不过
部	部长	部队	部门	材料	彻底	沉默	称赞
成长	成功	成果	成立	程度	充分	除	处理
传	传统	创造	存在	大会	大陆	大型	代
单	单位	担任	当时	党	道路	地带	地球

续表

地图	地下	地位	调查	定	动作	斗争	读者
独立	度	对	对话	对象	多数	发表	发达
发挥	发言	法律	反应	反映	范围	方案	方式
方针	费用	分析	愤怒	风景	否定	幅	改革
改善	概念	感动	感觉	感情	革命	个人	个体
根本	根据	公开	供给	共	共产党	共同	构成
构造	古代	故乡	顾客	观察	观点	管理	广告
规定	规模	国际	果然	过程	合	呼吸	相互
环境	会见	会谈	会议	活泼	或	机关	机械
积极	级	极	即	集中	计算	记忆	记者
纪录	季节	价格	价值	建筑	渐渐	交流	交通
教师	教授	阶段	阶级	接触	接近	结婚	结论
解放	解释	进步	禁止	警察	巨大	剧场	距离
决定	绝对	军	军队	军事	开辟	开放	考虑
克服	空间	扩大	老人	理解	理论	理想	理由
立场	利益	例	联合	临时	论文	矛盾	贸易
美	美术	秘密	面	秒	民主	名	命令
某	目标	目的	内部	南部	能力	年代	女人
判断	批判	皮肤	平均	破坏	普通	期间	企业
气候	气温	强	强调	亲戚	倾向	情绪	求
劝	热心	人口	人类	人物	日常	弱	色
商品	少年	设计	神	神经	生命	失败	诗
石油	时代	实际	实践	实验	食品	世纪	市场
事件	事实	事物	事业	适当	适用	收入	手段
手术	伤	数字	速度	所谓	塔	特殊	提供
题目	体系	同	统一	统治	桶	土地	外交
危机	微笑	违反	委员	未来	位置	胃	温度
文明	文字	污染	武器	物价	物质	现实	现象
线	相当	想象	消费	小说	效果	校长	心情
心脏	新鲜	行动	形成	形式	模样	性	性格
性质	兄弟	选举	选择	学期	学问	训练	严格
研究所	眼镜	业务	一致	医学	移动	疑问	以来
以上	以外	以下	异常	议会	意志	印象	营养
勇气	原因	原则	约	约束	暂时	责任	展开
战争	章	哲学	真理	真实	整理	正式	政策
支持	支援	执行	直接	职业	植物	指导	指示
制作	秩序	中心	中央	主人	主张	专门	状况

续表

状态	仔细	资料	资源	自动	自然	自由	综合
总理	醉	左右	作家	作品	作用	安定	把握
包含	保管	保险	背景	壁	便利	表情	博士
博物馆	不安	不满	不足	财产	财政	裁判	侧
差别	常识	场面	车辆	冲击	出身	初期	传达
大众	单纯	抵抗	电子	雕刻	动机	独特	对立
法院	反	犯罪	分布	分明	佛教	负担	改编
改善	高级	个性	根源	公式	攻击	古典	观念
规则	核	痕迹	混乱	机构	集团	监督	检讨
见解	将军	阶层	结果	近代	经营	警告	竞争
剧	卷	军人	开发	恐怖	理	理解	量
灵魂	领域	流域	留学	末	民间	男子	奴隶
女子	偶然	品质	平凡	评价	气	情	情报
区域	权力	权利	人间	人力	人士	任意	溶液
若干	少女	社会主义	摄影	申请	身份	神话	甚至于
生存	声明	诗人	时节	时机	实施	事故	势力
思考	特	特征	体操	团体	推进	外部	万一
威胁	维持	舞台	物体	细胞	现	宪法	象征
协定	心理	信号	行动	行为	行政	形态	性格
宣言	学年	压力	严格	一带	一行	医疗	疑心
义务	意识	饮料	优胜	宇宙	原理	原始	愿
杂志	战略	障碍	者	正面	证据	政党	政权
症状	支配	职员	殖民地	治疗	质	智慧	种类
周末	住宅	装备	装置	追求	姿势	资本	资本主义
资格	资金	自身	自信	自治	宗教	总	罪
安宁	暴力	悲剧	本性	比重	波涛	不法	部位
参与	侧面	差异	产业	赤字	除外	处罚	纯粹
大体	当场	当局	场所	时	电气	都市	对策
对应	法	法则	反面	范畴	贩卖	夫妇	副作用
歌手	公约	观光	贵族	国会	海外	核心	后期
华丽	画面	话题	患者	会员	检察	焦点	教会
结局	金融	君	科目	课题	苦恼	来年	礼节
流通	民众	名誉	男性	年度	女性	判决	期待
气流	前期	前提	强化	强制	侵害	区分	趋势
权威	确保	确认	人格	人生	认定	入口	入学
商标	设置	生产力	实体	世代	世界观	市民	式
事例	事态	事项	视线	首席	首相	输出	输入

续表

顺序	搜查	岁月	所属	特定	体验	体制	调和
同行	同一	投资	王	唯一	无理	嫌疑	现场
现金	现行	协商	信仰	信用	刑事	兄	需要
徐徐	选手	言论	要素	一旦	疑惑	议员	意图
饮食	忧虑	舆论	雨伞	欲望	展望	制品	主导
主题	主体	注目	转换	组合			

11—1 韩语前3,000词中分布在《HSK》甲级词的汉字词（197个，音序）

百	班	半	倍	比较	比	变	变化
表	表现	病	部分	参加	层	车	成绩
出发	次	大	大概	代表	当然	等	地方
点	电话	动物	对	多少	二	发生	发展
反对	方法	方向	访问	分	丰富	夫人	附近
复杂	干部	个	各	各种	工业	公园	关系
国家	过去	汉字	号	后	化学	回	活动
机会	基本	基础	急	计划	技术	继续	家庭
间	检查	简单	件	建设	健康	江	将来
教室	教育	解决	紧张	进行	经济	经验	精神
决定	科学	可能	劳动	历史	利用	练习	旅行
门	民族	内	内容	年	农村	农民	农业
努力	篇	票	瓶	前	青年	全	全体
确实	热	人	人民	认识	三	山	社会
身体	生产	生活	生日	胜利	十	时间	实践
食堂	使用	世界	市	事情	首都	说明	思想
岁	所有	太阳	态度	讨论	特别	体育	条
条件	通	同时	图书馆	外	外国	完全	危险
为	伟大	文化	文学	问题	希望	习惯	先生
现代	现在	向	消息	幸福	学生	学习	学校
言语	研究	药	要求	一般	衣服	以后	以前

续表

艺术	意见	意思	银行	英语	影响	永远	有名
运动	增加	张	真正	正确	政府	政治	知识
中	中间	种	重要	周	周围	主要	准备
字	自己	组织	最初	最近			

11—2 韩语前 3,000 词中分布在《HSK》乙级词的汉字词（353 个，音序）

安全	班长	保护	报道	报告	本来	本质	必要
避	表面	不过	部	部长	部队	部门	材料
彻底	沉默	称赞	成长	成功	成果	成立	程度
充分	除	处理	传	传统	创造	存在	大会
大陆	大型	代	单	单位	担任	当时	党
道路	地带	地球	地图	地下	地位	调查	定
动作	斗争	读者	独立	度	对	对话	对象
多数	发表	发达	发挥	发言	法律	反应	反映
范围	方案	方式	方针	费用	分析	愤怒	风景
否定	幅	改革	改善	概念	感动	感觉	感情
革命	个人	个体	根本	根据	公开	供给	共
共产党	共同	构成	构造	古代	故乡	顾客	观察
观点	管理	广告	规定	规模	国际	果然	过程
合	呼吸	相互	环境	会见	会谈	会议	活泼
或	机关	机械	积极	级	极	即	集中
计算	记忆	记者	纪录	季节	价格	价值	建筑
渐渐	交流	交通	教师	教授	阶段	阶级	接触
接近	结婚	结论	解放	解释	进步	禁止	警察
巨大	剧场	距离	决定	绝对	军	军队	军事
开辟	开放	考虑	克服	空间	扩大	老人	理解
理论	理想	理由	立场	利益	例	联合	临时
论文	矛盾	贸易	美	美术	秘密	面	秒
民主	名	命令	某	目标	目的	内部	南部
能力	年代	女人	判断	批判	皮肤	平均	破坏
普通	期间	企业	气候	气温	强	强调	亲戚

续表

倾向	情绪	求	劝	热心	人口	人类	人物
日常	弱	色	商品	少年	设计	神	神经
生命	失败	诗	石油	时代	实际	实践	实验
食品	世纪	市场	事件	事实	事物	事业	适当
适用	收入	手段	手术	伤	数字	速度	所谓
塔	特殊	提供	题目	体系	同	统一	统治
桶	土地	外交	危机	微笑	违反	委员	未来
位置	胃	温度	文明	文字	污染	武器	物价
物质	现实	现象	线	相当	想象	消费	小说
效果	校长	心情	心脏	新鲜	行动	形成	形式
模样	性	性格	性质	兄弟	选举	选择	学期
学问	训练	严格	研究所	眼镜	业务	一致	医学
移动	疑问	以来	以上	以外	以下	异常	议会
意志	印象	营养	勇气	原因	原则	约	约束
暂时	责任	展开	战争	章	哲学	真理	真实
整理	正式	政策	支持	支援	执行	直接	职业
植物	指导	指示	制作	秩序	中心	中央	主人
主张	专门	状况	状态	仔细	资料	资源	自动
自然	自由	综合	总理	醉	左右	作家	作品
作用							

11—3 韩语前 3,000 词中分布在《HSK》丙级词的汉字词（186 个，音序）

安定	把握	包含	保管	保险	背景	壁	便利
表情	博士	博物馆	不安	不满	不足	财产	财政
裁判	侧	差别	常识	场面	车辆	冲击	出身
初期	传达	大众	单纯	抵抗	电子	雕刻	动机
独特	对立	法院	反	犯罪	分布	分明	佛教
负担	改编	改善	高级	个性	根源	公式	攻击
古典	观念	规则	核	痕迹	混乱	机构	集团
监督	检讨	见解	将军	阶层	结果	近代	经营
警告	竞争	剧	卷	军人	开发	恐怖	理

续表

理解	量	灵魂	领域	流域	留学	末	民间
男子	奴隶	女子	偶然	品质	平凡	评价	气
情	情报	区域	权力	权利	人间	人力	人士
任意	溶液	若干	少女	社会主义	摄影	申请	身份
神话	甚至于	生存	声明	诗人	时节	时机	实施
事故	势力	思考	特	特征	体操	团体	推进
外部	万一	威胁	维持	舞台	物体	细胞	现
宪法	象征	协定	心理	信号	行动	行为	行政
形态	性格	宣言	学年	压力	严格	一带	一行
医疗	疑心	义务	意识	饮料	优胜	宇宙	原理
原始	愿	杂志	战略	障碍	者	正面	证据
政党	政权	症状	支配	职员	殖民地	治疗	质
智慧	种类	周末	住宅	装备	装置	追求	姿势
资本	资本主义	资格	资金	自身	自信	自治	宗教
总	罪						

11—4　韩语前 3,000 词中分布在《HSK》丁级词的汉字词（141 个,音序）

安宁	暴力	悲剧	本性	比重	波涛	不法	部位
参与	侧面	差异	产业	赤字	除外	处罚	纯粹
大体	当场	当局	场所	时	电气	都市	对策
对应	法	法则	反面	范畴	贩卖	夫妇	副作用
歌手	公约	观光	贵族	国会	海外	核心	后期
华丽	画面	话题	患者	会员	检察	焦点	教会
结局	金融	君	科目	课题	苦恼	来年	礼节
流通	民众	名誉	男性	年度	女性	判决	期待
气流	前期	前提	强化	强制	侵害	区分	趋势
权威	确保	确认	人格	人生	认定	入口	入学
商标	设置	生产力	实体	世代	世界观	市民	式
事例	事态	事项	视线	首席	首相	输出	输入
顺序	搜查	岁月	所属	特定	体验	体制	调和
同行	同一	投资	王	唯一	无理	嫌疑	现场

续表

现金	现行	协商	信仰	信用	刑事	兄	需要
徐徐	选手	言论	要素	一旦	疑惑	议员	意图
饮食	忧虑	舆论	雨伞	欲望	展望	制品	主导
主题	主体	注目	转换	组合			

附录12 在 DCC 流通语料库 61,746 个词的词语表中,流通度为 58 和 58 以下的词(236 个)

词汇	流通度	级	词性
瞻仰	58	丁	动
游击	57	丁	动
牧业	57	丁	名
方程	57	丁	名
服气	57	丁	动
附和	56	丁	动
疲乏	56	丁	形
石灰	56	丁	名
照旧	56	丁	形
病号	55	丁	名
猿人	55	丙	名
刷子	55	丙	名
链子	55	丁	名
零碎	55	丁	形
娇气	55	丁	形
钩子	54	丙	名
短处	54	丁	名
泄气	54	丁	
必修	54	丙	动
布告	54	丙	名
颤动	54	丙	动
抄写	54	乙	动
云彩	53	丁	名
完蛋	53	丁	
肃清	53	丁	动
大无畏	53	丁	形
大锅饭	53	丁	
挂念	53	丁	动
活该	53	丙	动

词	频	等级	词性
叫嚷	53	丁	动
歼灭	52	丙	动
记性	52	丁	名
打猎	52	丁	
毛线	52	丙	名
溶液	52	丙	名
追悼	52	丁	动
好样的	52	丁	
次品	52	丁	名
纳闷儿	51	丁	
指南针	51	丙	名
挺立	51	丁	动
声调	50	甲	名
告辞	50	丙	动
便条	49	乙	名
假若	49	丙	连
复辟	49	丁	动
衰弱	49	丙	形
认得	49	乙	动
山岭	48	丁	名
迷糊	48	丙	形
伶俐	48	丁	形
贫民	48	丁	名
胡来	48	丁	动
造句	48	乙	
毯子	47	乙	名
亭子	47	丙	名
贤惠	47	丁	形
侍候	46	丁	动
亮光	46	丁	名
乞求	46	丁	动
批改	45	丁	动
水力	45	丙	名
复述	45	乙	动
着凉	45	丙	
忠贞	44	丁	形
凶恶	44	丙	形
凄惨	44	丁	形

习题	43	丁	名
焦炭	43	丁	名
候补	43	丁	动
磁铁	43	丁	名
炊事员	42	丁	名
螺丝钉	42	丁	名
恭敬	41	丁	形
秉性	41	丁	名
参阅	41	丁	动
尊称	40	丁	名
加急	40	丁	动
稿纸	40	丁	名
气功	40	丁	名
箩筐	39	丁	名
谜语	39	丙	名
温带	39	丙	名
笨蛋	39	丁	名
成心	39	丁	形
空儿	38	乙	名
拘束	38	丁	形
唯物论	38	丁	名
请帖	37	丁	名
旷课	37	丁	
斧子	37	丁	名
倍数	37	丁	名
巴结	36	丁	动
照会	36	丁	名
恩情	36	丁	名
短促	36	丁	形
粗粮	36	丁	名
老成	36	丁	形
呜咽	36	丁	动
秋收	35	丁	动
溶化	35	丁	动
矿藏	35	丁	名
开化	34	丁	动
气喘	34	丁	动
眼色	34	丁	名

附录12 在DCC流通语料库61,746个词的词语表中,流通度为58和58以下的词(236个)

椭圆	33	丁	形
穷苦	32	丁	形
害处	32	乙	名
幻灯	32	丙	名
前赴后继	32	丁	
沾光	32	丁	
坐班	31	乙	
混合物	31	丁	名
狠毒	31	丁	形
勤恳	31	丁	形
违犯	31	丁	动
稳当	30	丁	形
跳远	30	丁	名
冒进	30	丁	动
栗子	30	丁	名
自满	30	丙	形
珠子	30	丁	名
暴风骤雨	29	丁	
潦草	29	丁	形
叫唤	29	丁	动
假使	29	丙	连
错字	29	丙	名
倒爷	29		名
公债	29	丁	名
叛变	29	丁	动
肾炎	29	丁	名
桑树	28	丁	名
播送	28	丙	动
养料	28	丙	名
惩办	27	丁	动
领子	27	丁	名
小数	27	丁	名
旷工	27	丁	
国际主义	26	丁	名
倒腾	26	丙	动
通顺	26	丙	形
瑞雪	26	丁	名
碍事	26	丁	

词	频次	等级	词性
妖怪	25	丁	名
拍子	25	丙	名
巫婆	25	丁	名
葵花	25	丁	名
现钱	24	丁	名
演算	24	丁	动
专政	24	丙	动、名
宗派	24	丙	名
插秧	24	丙	
出神	24	丁	
灾荒	23	丁	名
亏待	23	丁	动
筛子	22	丁	名
桅杆	21	丁	名
失约	21	丁	
电动机	21	丁	名
带劲	21	丁	形
交点	21	丁	名
开饭	20	丙	
电钮	20	丁	名
挑拨	20	丁	动
座儿	19	丙	名
絮叨	19	丁	动、形
译员	19	丁	名
唯心主义	19	丁	名
兜儿	19	丁	名
分辩	18	丁	动
叉子	18	乙	名
走漏	17	丁	动
半拉	17	乙	
水蒸气	17	丁	名
分母	16	丁	名
碟子	16	丁	名
化合	16	丙	动
雹子	16	丁	名
禾苗	15	丁	名
申述	15	丁	动
山冈	14	丁	名

附录12 在DCC流通语料库61,746个词的词语表中,流通度为58和58以下的词(236个)

晌午	14	丁	名
插嘴	14	丁	
沿儿	13	丙	名
泰然	13	丁	形
发奋图强	13	丁	
国库券	13	丁	名
电炉	12	丙	名
大气压	12	丁	名
稻子	12	丁	名
混纺	12	丁	名
怠工	11	丁	
谈天	11	丁	
逃荒	11	丁	
手巾	10	丁	名
导体	10	丁	名
缎子	10	丁	名
拐弯儿	10	丙	
叨唠	10	丁	动
绸子	9	丁	名
伯母	9	乙	名
可巧	9	丙	副
舅母	8	丙	名
公尺	8	丁	量
别字	7	丙	名
谗言	7	丁	名
电铃	7	丙	名
蛾子	7	丁	名
唯心论	7	丁	名
汽船	6	丙	名
车床	6	丁	名
流寇	5	丁	名
年头儿	4	丁	名
假条	4	乙	名
带儿	4	丙	名
叙谈	4	丁	动
犯浑	3	丁	
搞鬼	3	丁	
各别	2	丁	形

有口无心	2	丁		
超产	2	丁		
来回来去	1	丁		
烟卷儿	1	丁	名	
遥控	0	丁	动	
选定	0	丁	动	
樱花	0	丁	名	
墨水儿	0	乙	名	
药水儿	0	丙	名	
蝇子	0	丁	名	
保护	0	乙	动、名	
包干儿	0	丁	动	
浮动	0	丁	动	
好好儿	0	乙	形	
模糊	0	丙	形	
纽扣儿	0	丁	名	
校徽	0	丁	名	

附录13 《HSK》四级词汇流通度在58和58以下并经专家干预过的词(148个)

词汇	流通度	级	词性
诬蔑	58	丙	动
昌盛	58	丁	形
瞻仰	58	丁	动
游击	57	丁	动
牧业	57	丁	名
方程	57	丁	名
附和	56	丁	动
疲乏	56	丁	形
石灰	56	丁	名
病号	55	丁	名
猿人	55	丙	名
肃清	53	丁	动
大无畏	53	丁	形
大锅饭	53	丁	
叫嚷	53	丁	动
歼灭	52	丙	动
打猎	52	丁	
溶液	52	丙	名
追悼	52	丁	动
好样的	52	丁	
次品	52	丁	名
指南针	51	丙	名
挺立	51	丁	动
复辟	49	丁	动
伶俐	48	丁	形
侍候	46	丁	动
亮光	46	丁	名
乞求	46	丁	动
忠贞	44	丁	形

词	频次	等级	词性
凶恶	44	丙	形
凄惨	44	丁	形
焦炭	43	丁	名
候补	43	丁	动
炊事员	42	丁	名
秉性	41	丁	名
尊称	40	丁	名
加急	40	丁	动
箩筐	39	丁	名
成心	39	丁	形
斧子	37	丁	名
倍数	37	丁	名
照会	36	丁	名
矿藏	35	丁	名
开化	34	丁	动
椭圆	33	丁	形
前赴后继	32	丁	
坐班	31	乙	
混合物	31	丁	名
冒进	30	丁	动
叫唤	29	丁	动
倒爷	29	丁	名
公债	29	丁	名
叛变	29	丁	动
桑树	28	丁	名
旷工	27	丁	
国际主义	26	丁	名
演算	24	丁	动
宗派	24	丙	名
插秧	24	丙	
出神	24	丁	
亏待	23	丁	动
桅杆	21	丁	名
电动机	21	丁	名
带劲	21	丁	形
交点	21	丁	名
开饭	20	丙	
絮叨	19	丁	动、形

附录13 《HSK》四级词汇流通度在58和58以下并经专家干预过的词(148个)

译员	19	丁	名
半拉	17	乙	
水蒸气	17	丁	名
分母	16	丁	名
化合	16	丙	动
申述	15	丁	动
晌午	14	丁	名
沿儿	13	丙	名
泰然	13	丁	形
国库券	13	丁	名
怠工	11	丁	
逃荒	11	丁	
导体	10	丁	名
缎子	10	丁	名
绸子	9	丁	名
车床	6	丁	名
流寇	5	丁	名
带儿	4	丙	名
叙谈	4	丁	动
犯浑	3	丁	
超产	2	丁	
烟卷儿	1	丁	名

附录14 《HSK》8,822词中,学生问卷与教师问卷调查同属"没用过"的词(200个)

掰	半径	编者按	秉性	搏斗	不卑不亢	不正之风	埠
裁军	仓促	层出不穷	诧异	岔	蝉	猖狂	澄清
齿轮	绸子	锄	炊事员	锤	摧残	磋商	大肆
大无畏	大有可为	怠工	倒爷	的确良/涤纶	缔结	掂	点缀
定性	镀	渡口	缎子	舵	讹	奋发图强	帆
反馈	犯浑	防汛	诽谤	俘虏	斧子	甘蔗	竿
秆	歌咏	根深蒂固	梗	汞	硅	国库券	过滤
浩浩荡荡	禾苗	红领巾	葫芦	豁	甲板	坚韧	歼灭
茧	僵	焦炭	教唆	接班	晋升	兢兢业业	茎
揪	举世瞩目	军阀	开垦	勘探	磕	可歌可泣	控诉
库存	库房	框	矿藏	矿井	矿区	矿工	葵花
涝	垒	犁	篱笆	沥青	连滚带爬	廉政	镰刀
磷	伶俐	硫酸	流寇	漏税	骡子	罗列	箩筐
酶	镁	门市部	猛然	面面俱到	渺小	蔑视	谬论
尼龙	批复	批示	坯	劈	萍水相逢	评审	屏障
谱曲	沏	奇花异草	岂不	乞求	砌	恰到好处	恰如其分
牵制	千瓦	前赴后继	嵌	锹	侨胞	窃听	侵蚀
氢	蜻蜓	确凿	热泪盈眶	熔	绒	腮	晌午
梢	少先队	哨兵	呻吟	审理	肾炎	时而	探头探脑
藤	田间	条文	挑衅	挺拔	艇	统战	投机倒把
椭圆	豌豆	万古长青	汪洋	妄图	污蔑	诬陷	呜咽
衔	衔接	镶	屑	锌	形而上学	叙谈	絮叨
冶炼	以身作则	议定书	铀	榆树	蕴藏	灶	凿
瞻仰	斩草除根	斩钉截铁	沼泽	阵线	争先恐后	志	掷
致电	置	终究	啄	酌情	籽	自负盈亏	总司令

附录 15 《HSK》8,822 词中,被筛选出去的词
(262 个)

掰	半径	半拉	倍数	编者按	鞭子	秉性	病号
搏斗	不卑不亢	不正之风	埠	插秧	仓促	层出不穷	诧异
岔	蝉	昌盛	猖狂	超产	车床	成心	澄清
齿轮	绸子	锄	炊事员	锤	次品	摧残	磋商
大锅饭	大无畏	大有可为	打猎	带儿	带劲	怠工	大肆
导体	倒爷	的确良/涤纶	缔结	电动机	掂	点缀	定性
镀	渡口	缎子	舵	讹	恩情	奋发图强	帆
反馈	犯浑	方程	防汛	诽谤	分母	俘虏	斧子
附和	复辟	甘蔗	竿	秆	歌咏	根深蒂固	梗
公债	汞	硅	国库券	国际主义	过滤	好样的	浩浩荡荡
禾苗	红领巾	葫芦	化和	混合物	豁	加急	甲板
坚韧	歼灭	茧	僵	交点	焦炭	叫唤	叫嚷
教唆	接班	晋升	兢兢业业	茎	揪	举世瞩目	军阀
开饭	开化	开垦	勘探	磕	可歌可泣	控诉	库存
库房	框	矿藏	矿井	矿区	矿工	葵花	亏待
涝	垒	犁	篱笆	沥青	连滚带爬	廉政	镰刀
磷	伶俐	硫酸	流寇	陆	漏税	骡子	罗列
箩筐	冒进	酶	镁	门市部	猛然	面面俱到	渺小
蔑视	谬论	牧业	尼龙	叛变	批复	批示	坯
劈	疲乏	萍水相逢	评审	屏障	谱曲	凄惨	沏
奇花异草	岂不	乞求	砌	恰到好处	恰如其分	牵制	千瓦
前赴后继	嵌	锹	窃听	侵蚀	氢	蜻蜓	确凿
热泪盈眶	溶液	熔	绒	腮	桑树	晌午	梢
少先队	哨兵	申述	呻吟	审理	肾炎	石灰	时而
侍候	肃清	水蒸气	泰然	探头探脑	逃荒	藤	田间
条文	挑衅	挺拔	挺立	艇	统战	投机倒把	椭圆
豌豆	万古长青	汪洋	妄图	桅杆	污蔑	诬蔑	诬陷
衔	衔接	镶	屑	锌	凶恶	形而上学	叙谈
絮叨	烟卷儿	沿儿	演算	冶炼	以身作则	议定书	译员

续表

铀	游击	榆树	猿人	蕴藏	灶	凿	瞻仰
斩草除根	斩钉截铁	沼泽	照会	阵线	争先恐后	指南针	志
掷	致电	置	忠贞	终究	追悼	啄	酌情
籽	自负盈亏	宗派	总司令	尊称	坐班		

15-1 《HSK》8,822 词中,最终被筛选出去的词(136个)

半径	倍数	病号	薄膜	埠	残	插秧	偿(动)
惩(动)	柴油	超产	齿轮	锄	炊事员	锤	达(动)
带儿	氮	弹(名)	倒爷	导体	的确良/涤纶	电报	电动机
电流	顶(名)	定量	定性	渡口	舵	恶(形)	讹
二氧化碳	伐(动)	法郎	方程	分母	分子	伏(动)	复(动、副)
复辟	纲(名)	工序	公顷	公债	汞	购(动)	硅
桂冠	国际主义	恒星	化和	悔(动)	激素	击(动)	碱
焦炭	尽(动)jǐn	均(形)	军阀	库房	矿	牢房	棱
犁	立方	联(动)	镰刀	临(动)	磷	流寇	略(动)
冒进	酶	镁	膜	叛变	坯	平方	萍水相逢
千瓦	嵌	侵蚀	氢	溶液	熔	厦(名)shà	晌午
梢	哨兵	石灰	识(动)	始(动)	司令	司令部	思(动)
手榴弹	肃清	泰然	逃荒	艇	投标	投产	投机倒把
桅杆	畏(动)	污(形)	无偿	锡	下放	屑(名、动)	锌
行星	形而上学	旋(动)xuán	押韵	沿儿	氧化	冶金	冶炼
铀	游击	寓(动)	猿人	瞻仰	站岗	照会	殖民主义
直径	志	置	众(形)	自负盈亏	宗派	总督	总司令

附录16 韩语前3,000词中被删除的词(35个)

韩语语料中的排序	韩语词语	汉语词语	词性
542	사회적	社会的	관
688	지02		의
769	구체적	具体的	명
777	정치적	政治的	관
917	문화적	文化的	관
1013	역사적	历史的	관
1050	한06		명
1279	적극적	积极的	명
1573	미적01	美的	관
1587	근본적	根本的	명
1650	비교적	比较的	부
1694	효과적	效果的、功效的	명
1721	상대적	相对的	명
1760	대표적	代表的	명
1762	사회적	社会的	명
1779	기본적	基本的	명
1984	현실적	现实的	명
2049	직접적	直接的	명
2114	세계적	世界的	명
2142	이데올로기적	意识形态的	관
2191	그까		접

韩语语料中的排序	韩语词语	汉语词语	词性
542	사회적	社会的	관
688	지02		의
769	구체적	具体的	명
777	정치적	政治的	관
917	문화적	文化的	관
1013	역사적	历史的	관
1050	한06		명
1279	적극적	积极的	명
1573	미적01	美的	관
1587	근본적	根本的	명
1650	비교적	比较的	부
1694	효과적	效果的、功效的	명
1721	상대적	相对的	명
1760	대표적	代表的	명
1762	사회적	社会的	명
1779	기본적	基本的	명
1984	현실적	现实的	명
2049	직접적	直接的	명
2114	세계적	世界的	명
2142	이데올로기적	意识形态的	관
2191	그까		접

附录17 2003年中国主流报纸流行词(35个)

非典	神舟五号	伊拉克战争	全面建设小康社会	十六届三中全会	三峡工程	社保基金	奥运公园
六方会谈	新一届中央领导集团	反倾销调查	振兴东北	南水北调	商务部	银监会	奥运市场开发
全球经济复苏	人民币升值压力	战后重建	世界卫生组织	印巴停火	中东和平路线图	生化武器	世界艾滋病日
人类基因图谱	恐怖事件	环球小姐	疫情	疑似	隔离	冠状病毒	应急预案
口罩	消毒	发烧世界					

备注:扣除了重复的"非典"、"伊拉克战争"、"三峡工程"、"社保基金"、"六方会谈"等词语。

附录18 韩国特色、流行和补充词问卷调查
(2004年8月20日)

请写出你认为在和中国人交往时常用到的韩国词语。
食的方面：

穿的方面：

住的方面：

行的方面：

娱乐方面：

其他：

附录19 韩国特色、流行和补充词(296个)

泡菜汤	年糕汤	松饼	大酱	大酱汤	甜辣酱	嫩海带汤	生鱼片
寿司	韩式石锅拌饭	紫菜卷(包)饭	炸酱面	韩式烤肉	烤五花肉	参鸡汤	水冷面(韩式冷面)
皮萨饼(比萨饼)	意大利面	汉堡	炸鸡	可口可乐	百事可乐	雪碧	清酒
米酒	炮弹酒	百岁酒	人参茶	大麦茶	红参	水参	人参
草莓	柿子	李子	菠萝(凤梨)	香瓜	猕猴桃	橙子	石榴
柿饼	柚子茶	芝麻叶	黄花鱼	带鱼	比目鱼	海豚	河豚
小鱼干(鳀鱼)	辣椒粉	虾酱	牡蛎(海蛎子)	生菜	沙拉	韭菜	水芹菜
胡萝卜(红萝卜)	茼蒿	炸猪排	泥鳅	秋刀鱼	三文鱼	鳗鱼	鲳鱼
鲷鱼	蚌	蛤蜊	鲍鱼	扇贝	银杏		牛尾汤
牛排骨汤	小勺子(儿)/汤匙/调羹	茶匙	地暖	独户独院	韩式传统民居	越野车	跑车
高速大巴	机场专线大巴	面包车	区间车	私家车	打的(打车)	数码相机	MP3
随身听	摔跤	射箭	跆拳道	花牌	爬山	高尔夫	躲避球
马拉松赛跑	曲棍球	跳绳	保龄球	台球	手球	滑翔飞行	蹦极

续表

冰球	田径运动	跨栏跑	举重	拳击	板球	花样滑冰	拔河
竞走	剑道	柔道	合气道	单打	双打	慢跑	短道速滑
接力赛跑	荡秋千	玩跷跷板	烫发	染发	焗油	足疗	桑那（浴）
按摩	夜总会/迪厅	MT（学生活动）	玄琴	假面舞	首尔	光州	大田
大邱	釜山	仁川	青瓦台	民俗村	雪岳山	三八线	板门店
景福宫	昌德宫	仁寺洞	梨泰院	海云台	济州岛	汉拿山	南北军事分界线
同学会/同窗会	社团活动（小组活动）	学术节/艺术节	上网	个人网站	电脑游戏	光盘	移动硬盘
硬盘	软盘	液晶显示器	光电鼠标	笔记本电脑	声卡	耳麦	麦克风
掌上电脑（PDA）	扫描仪	打印机	复印机	投影仪	内存	手写笔	服务器
光纤	音箱	微软	网卡	网站	电子词典	网吧	氧吧
网虫	整容	减肥	卡拉OK	搞笑gag	茶母	大长今	李英爱
池珍熙	裴勇俊	安在旭	车太铉	全智贤	宋慧乔	张东健	金喜善
河利秀	崔智友	李秉宪	李舜臣将军	世宗大王	郑周永	朴正熙	金大中
卢武铉	朴槿惠	乌龟船	重感冒	流感	满天星	凤仙花	迎春花
百合花	无穷花	蒲公英	玉兰花	杜鹃花	莲花	康乃馨	杜鹃花

附录 19　韩国特色、流行和补充词(296 个)　345

续表

枫树	葵花	手机	化妆品	美容手术	打工	补习班	王大(受歧视并被孤立者)
扫墓	祭祀	家教	大韩航空	韩亚航空	中国民航	中国东方航空	仁川国际机场
金浦机场	现代企业	大宇汽车	乐天企业	三星企业	起亚汽车	LG 企业(集团)	首脑会谈
乐透彩	萨达姆	恐怖主义	反恐战争	单边主义	恐怖袭击	自杀性炸弹(人弹)	世贸组织(WTO)
信用不良者	伊拉克派兵	大国家党	民主党	开放的我们党	自民联	洗牌	大规模杀伤性武器(WMD)
雅典奥运会	黑旗团(BLACK BANNER)	美伊战争	高句丽史	歪曲历史	议会选举	布什	美国大选
本·拉登	总统弹劾案	博约会	自由贸易协定(FTA)	照相手机	克隆	迁都	行政都市
宪法法庭	内审成绩(学业成绩)	国民年金/养老金	国家安全法	禽流感	疯牛病	韩币/韩元	奥运
奥林匹克	世界杯(足球赛)	世界杯足球场	太极旗	贬值	升值	手机作弊	手机短信

备注:其中已经删除了"洋葱"、"麻油(香油)"、"鱿鱼"、"酒吧"、"瑞格"、"烧酒"、等词语,因为在韩国前 3,000 词语中已经收录了,另外,删除了"非典",在 2003 年中国主流报纸流行词语中也已经收录了,删除了"芝麻"、"萝卜"、"黄瓜"、"面条儿"、"樱花"、"兰花"、"菊花"、"音响"、"键盘"、"软件"、"硬件",在汉语词语模块中已经收录了。

后 记

这本小书主要是在我的博士学位论文的基础上修改补充而成的。在此书即将付梓之际,容我怀着感恩的心向所有关心、爱护和帮助过我的老师、朋友和家人们表达我由衷的感谢。

我是一个有福的人,在我生命的过程中,总是有许多良善心谦的好人,用他们温暖、有力的双手支持着我。在韩国说这是"人福"。是的,我是一个有"人福"的人。

记得在我获得硕士学位的毕业典礼上(美国北伊利诺州立大学),学校颁发了一个特别的奖给一位65岁取得博士学位的泰国老太太。38年前她在北伊念完硕士以后,就因为家庭和工作的缘故回国去了,等到60岁退休了之后,又回到北伊读博以完成她的心愿。当时我被她的求学毅力感动万分。后来,我也因为家庭和工作的关系,随着我先生回到韩国,未能继续我的学业。但我比她幸运,没等到退休就读上了博士,并在许多大手、小手的支持下顺利地取得博士学位。

我要向我的恩师张普教授表达我最诚挚的感谢,感谢张普教授收容了我这个外来取经者。张普教授超拔的智慧和严谨务实的治学态度开阔了我的知识领域和研究视野,假如说将来有一天我在研究上有点创意,在学术上有点进步,在工作上有点成就,那都是张老师悉心指导,身教言教的结果。他对学生无限的关怀和包容,以及求真求实的精神都将会一直伴着我,鼓励着我继续我的人生路。

感谢在我学习期间不把我这个外来取经者当作异类,反而给予我真挚友情和呵护的师兄、师姐和同窗们。他们使我在北京的学习生活更加愉快,更有意义。而且每一次与他们的讨论,都使我获益良多。

感谢在我选题之初,给予我大力支持的谢小庆教授、鲁健骥教授和曹右琦教授。谢老师的"符合教育的'因材施教'原则……是一项有意义的研究",鲁老师对我在"中介语"方面的研究和对"中介语"的界定的肯定;以及曹老师的"这种研究要展开"愈加确定了我选题的决心。

感谢陆俭明教授和黄昌宁教授对我选题的肯定,使我对自己要走的路,更有信心。陆老师的一句:"我一看到这个选题,就非常高兴,在一次学术会议上,我已经提出了这样的思路……"给了我很大的鼓舞。我还要感谢我论文开题的专家组教授们对我的论文给予中肯的建议和对我的鼓励。他们渊博的知识、深厚的学术涵养和学者的风范,都给了我很大的激励,使我受益匪浅。

感谢为我处理韩国语料、填写问卷调查、审阅语料的韩国和中国的汉语教师们以及又松大学的学生们。没有他们的帮助，我的研究是无法顺利进行的。

感谢北京大学出版社的领导和老师们，感谢他们给了我出版此书的机会，特别是沈岚老师对我的信任和支持。

我也要感谢我的公公朴鸿凤教授和我的婆婆梁公承女士，在我读博期间不断地鼓励我、支持我。感谢我的先生朴赞一教授对我的理解和支持，感谢我女儿、我儿子给了我精神上很大的安慰，没让我操心他们的学业。也感谢生我养我的父母亲，友我护我的大姐、大哥、小哥和妹妹，以及如父如母般爱我疼我的奥地利籍的谷寒松神父，西班牙籍的丁德贞修女，是他们使我体会到人间的美，世界的好，使我能用一个比较客观进取的平衡心态面对我的人生。

是的，我是一个有"人福"的人，有这么多的大手、小手支撑着我，虽然这一路求学、工作和兼顾家庭走来很辛苦，但若没有这些大手、小手支撑着我，我也许根本走不下去。最后，让我再一次衷心地感谢这些在我生命里有形、无形的大手、小手，感谢我所深信的"天主"！让我向你们说一声："你们辛苦了！"，希望在我未来的研究和教学生涯中，我能用严谨求实的治学精神和认真怀爱的教学态度来向你们表示我的感激和最高的敬意。谢谢你们！！

甘瑞瑗

2005年2月28日于韩国大田又松大学